应用型高级法律人才系列教材

国际经济法实务教程

主　编　张晓君 谷昭民

撰稿人　（按撰写章节先后为序）

张晓君　戴　军　何智慧　曾文革
陈咏梅　米　良　杨光明　赵　克
徐忆斌　刘亚军　陈　敏　陈雨松
谷昭民

中国人民大学出版社
·北京·

作者简介（按撰写章节先后排序）

张晓君：西南政法大学国际法学院院长、教授、博士生导师
戴　军：重庆市渝北区人民法院院长、兼职硕士生导师
何智慧：西南政法大学国际法学院副教授、硕士生导师
曾文革：重庆大学法学院教授、博士生导师
陈咏梅：西南政法大学国际法学院教授、硕士生导师
米　良：北京外国语大学法学院教授、博士生导师
杨光明：重庆市秀山县人民法院院长、法学博士
赵　克：重庆市第五中级人民法院法官、法学博士生
徐忆斌：西南政法大学国际法学院副教授、硕士生导师
刘亚军：西北政法大学国际法学院副院长、教授、硕士生导师
陈　敏：中国国际经济贸易仲裁委员会西南分会秘书长、兼职硕士生导师
陈雨松：中国商务部条约法律司处长、兼职硕士生导师
谷昭民：中国法学会对外联络部主任、中国法学学术交流中心主任、兼职教授

总 序

法学是研究法律现象及其规律的科学。法学的实践性、技术性要求法学教育密切关注社会现实，尤其要与法律职业形成衔接与互动机制，以更好地实现法学的社会功能，推进社会发展。社会分工的不断细化对应用型法律实务人才应具备的能力提出了更高的标准——熟练运用法律解决社会问题、化解社会纠纷、平衡利益冲突，进而维护社会秩序、实现社会公正。这种在应用法律的过程中融汇法学知识与社会现实的法律实务能力，既要求法律人才对法学知识精准理解，对社会、人性、案件细节等准确把握，更需要综合法律规范与事实情况，将职业技能和品质融会贯通。因此，作为法学教育的重要目标之一，法律实务能力培养必须以法律职业为导向，使知识结构、职业技能、职业伦理的学习与训练统筹兼顾，为经济发展和社会管理输送优秀的应用型高级法律实务人才。

近年来，各高校、科研院所及法律职业培训机构在应用型高级法律实务人才培养方面进行了有效探索。西南政法大学作为全国法学教育的重要基地，六十余年的法学教育经验积淀成型“论辩文化”和“实务人才培养”两个鲜明的办学特色；不断丰富和完善法律实务教育内涵的课堂教学与社会实践，初步构建具有西政特色的法律实务教育体系。以此为基础，西南政法大学在法律硕士研究生的教育培养中进行大胆实践。2010 年，西南政法大学作为教育部首批确定的 19 所高水平法律硕士培养单位，参与了国家专业学位教育综合改革试点工作，在深化应用型高级法律实务人才教育改革、探寻应用型高级法律实务人才培养需求、开拓具有鲜明特色的法律实务教育模式等方面进行了有益的探索与创新：

——为丰富课堂教学手段，学校将课堂教学改革与考试制度改革紧密结合，通过“模拟法庭”、“法律诊所”、“案例分析报告”、“实践调研报告”等多样化的日常实务性教学内容，将真实案例纳入课堂教学，引导学生进行思考、讨论和演练，并聘请实务专家进行指导。

——为开拓学生的法律实践视野，学校广邀实践经验丰富的法律专家举办“律师面对面”、“实务课堂”、“法官论坛”、“律师周讲课堂”、“实务大讲堂”等系列讲座，聘请法律实务专家担任校外兼职导师，邀请他们实质性地参与学生培养方案制定、课程设置和日常教学工作等培养工作。

——为弥补学院派法学教育在实务教学方面的不足，学校坚持学生到一线实践，通过与地方基层法律实务部门合作，建立了规模化法律实务实习基地，确立了“律师助理制度”、“法官助理制度”、“检察官助理制度”、“警官助理制度”等具有创新价值的实习制度。

——为增强人才培养的针对性和适应性，学校与法律实务部门深入合作，开展联合订单培养工作试点，不仅为学生提供了较高的法律实践平台，还为法律实务部门建立了稳定的专业人才储备。

霍姆斯说：“法律的生命从来不是逻辑，而是经验”。应用型法律实务人才教育应当侧重于实务能力的培养，既要掌握扎实的法学“知识”，更要具备丰富的法律“经验”。在教学过程中充分体现实务的理念，将法学原理与法律实践密切结合，将学生对法律实践的零散认知升华为系统的法律实务能力训练，成为实务课程教学的重要任务。为此，急需一套能简明扼要地阐明法律精义、条分缕析地叙述法律逻辑、深入浅出地讲授实践案例的优质教科书，作为课堂教学的重要载体。

针对目前实务性法学教材比较匮乏的问题，我校结合长期培养经验，充分发挥师资力量雄厚与实务经验丰富的优势，将教材建设作为定位人才培养、凝练教学特色和强化实践环节的重要途径，组织编写了这套“应用型高级法律人才系列教材”，旨在为法律硕士专业研究生、法律实务工作者及重视实务教学的法学本科生提供一套理论与实务并重的特色教材。

与其他法学教材相比，本套教材主要有以下几个特点：

第一，多方合作、体系完整。本套教材分为两类：必修课教材和选修课教材。必修课教材涵盖了法律硕士专业学位研究生培养的全部学位课程，选修课教材则主要精选西南政法大学教学效果优良、师资力量雄厚、学科体系成熟的特色研究生课程。教材原则上实行双主编制，主编分别由来自实践部门和教学研究机构具有高级职称以上的专家、学者担任，编委成员中1/3来自法律实务部门，1/3为其他法律硕士培养单位院校的教师，西南政法大学校内编委成员不超过编委总人数的1/3，力求最大限度地保证教材体系的完整性、内容的充实性与学习的实用性。

第二，立足基础、突出应用。本套教材对于一些与基本知识关系不大的内容（如性质、特征、意义、历史沿革、中外对比等），或简述要领，或略而不谈，以突出重点、突出应用。同时，为透彻讲述知识的关联性、逻辑性，增强文本的形象性、可读性，在教材中适当使用了实务图表，如票据背书的举例图片、知识列举性的表格等，更便于学生理解和把握知识框架结构和内部逻辑关系。

第三，案例丰富、融会贯通。本套教材运用了丰富的实践案例，将知识讲授与案例评析有机结合，避免“两张皮”。真正做到以案说法，用案例突出、引导和解释重点知识，突出案例与知识的互动。

第四，启发思维、侧重能力。本套教材重视实务思维和实践能力的专门培养，每章设疑难问题、延伸阅读等板块，引导学生进行法律思维训练。

第五，立体多元、新旧并重。本套教材将配套建设背景知识、延伸阅读、图片音像、法律法规等网络资源，为教学、研习提供多元化、全方位的立体化服务。

第六，篇幅适中、便于使用。本套教材篇幅严格控制，一般不超过30万字，个别课程内容较多的也控制在60万字以内。每本教材各章的篇幅内容也较为均衡。

本套教材得以面世，首先要感谢校内外多位主编、编委和作者们的精诚合作和辛勤笔耕；还要感谢中国人民大学出版社的大力支持，特别感谢郭虹编辑对教材编写和出版的精心策划和宝贵建议。西南政法大学副校长孙长永教授、法律硕士学院院长李燕教授在教材设计和编写方面做了大量的开创性工作；西南政法大学研究生部（法律硕士学院）培养管理办公室的各位工作人员，在教材编写和出版过程中做了大量耐心细致的工作。还有很多为本套教材默默付出辛劳的人员，教材编委会一并表示诚挚的敬意和谢忱。

是为序。

付子堂　谨识

2012年初春

编写说明

国际经济法是一门新兴的法律学科，在前人不断的研究、探索中飞速发展。该学科内容边缘综合、实务操作性强、实用主义明显等特点逐渐显现出来，不但突破了很多法律科学的传统，更逐渐成为反映和引领经济全球化这一时代背景的主要法律载体。受西南政法大学应用型高级法律人才系列教材编委会的委托，我们组织编写了《国际经济法实务教程》这本教材。

本教材在编写中着重选取了国际经济交往领域，包括国际贸易法、国际投资法、国际工程承包与劳务合作法、国际知识产权法、国际商事仲裁法、国际税法、国际金融法、世界贸易组织法以及法律外交等具有典型性和重要性的法律实务问题进行介绍和解析。每章主要包括：内容摘要、知识要点、案例评析、疑难问题、实务训练、课后练习及延伸阅读等板块。希望通过本教材，帮助法律硕士研究生在掌握国际经济法基础理论的同时，能够拓展其分析和运用国际经济法律规范处理国际经贸中复杂问题的能力。

参加编写的人员除来自高校从事法学教育的教师外，还有来自司法、行政、仲裁等实务部门的专家、学者。本教材的具体写作分工为：导论：张晓君；第一章：张晓君、戴军：第二章：何智慧；第三章：曾文革；第四章：陈咏梅；第五章：米良；第六章：杨光明、赵克；第七章：徐忆斌；第八章：刘亚军；第九章：陈敏；第十章：陈雨松；第十一章：谷昭民。

由于作者水平有限，错误之处在所难免。恳请各位专家和读者批评、指正。

编者

2013 年 8 月

目　录

导　论

一、国际经济法概述

国际经济法是调整国际经济关系的法律规范的统称，或者说是调整国际经济法主体之间在国际经济交往中所形成的各种关系的法律规范的总和。国际经济法是伴随着国际经济交往的产生和发展而逐步形成的一门新兴的独立的法律部门，具有主体的多元性、调整对象的特殊性、法律规范的多样性等特征。

（一）国际经济法主体的多元性

国际经济法主体是能够在国际经济交往中享有权利和承担义务的人，具体包括国家、法人、自然人以及其他组织。

国家作为国际经济法主体有其特殊性，一方面国家可以制定和组织实施立法，管制本国涉外经济活动；另一方面国家可以直接参与国际经济投资贸易活动。前者具有典型的主权性质。在后一种情况下所产生的法律责任将涉及国家及其财产豁免的理论和实践问题。此外，作为国际经济法主体的国家，广义上还包括不具有主权性质的特别行政区域，在世界贸易组织体制下称之为单独关税区，即指一国范围内具有行政边界，享有行政、立法和独立的司法等权力，并能在一定范围内从事对外社会经济活动和签署条约，享有特别权利并承担义务的行政区域。例如，我国的台湾、澳门和香港地区。

法人是国际经济交往中最为活跃的主体。法人有国内法人和国际法人之分。国内法人是依据一国国内法成立的，拥有自己的机构和财产，能以自己名义享有权利和承担义务的社会组织。国内法人还包括非政府国际组织（NGO）。非政府国际组织在国际社会经济生活中发挥着越来越大的作用和影响。法人能力的确定一般适用法人的属人法，而法人国籍的确定依各国立法确定的标准而定。外国法人必须经过内国的承认方能在内国以法人形式存在并从事经营活动。各国可以根据本国国情和有关国际条约，给予外国法人超国民待遇或低国民待遇、国民待遇或最惠国待遇。国际法人通常是国际经济组织，是国家之间为了共同的经济目标和宗旨，依共同缔结的章程或条约而成立的、具有经济职能和常设机构的法律实体。例如，1995 年成立的世界贸易组织（WTO）就是根据《建立世界贸易组织协定》成立的。国际经济组织具有国际法律人格，其能力来源于成员国的授权，能力范围取决于规定该组织的特定宗旨和目的的章程或条约。国际经济组织具有国家的特殊性，既有公法性质也有私法性质的能力，一方面可以作为民商事主体；另一方面亦可成为管制国际经济的主体，享有为实现其宗旨和履行其职能所必需的特权或豁免。

自然人是国际经济交往活动中较为常见的当事人，早期的国际经济交往大多在自然人之间进行。各国法律和国际条约大都承认，具有权利能力和行为能力的自然人是国际经济法律关系的合格主体。这即是说，自然人成为国际经济法主体的资格取决于其所具有的权利能力和行为能力。自然人的权利能力和行为能力与其本身有密切的联系，因此，一般依其属人法来确认，即依其国籍所属国的法律确定。然而，由于法律制度的差异，严格实行属人法原则，会给国际经济交往带来困难或障碍。因而，基于保护国内交易安全和维护经济秩序等考虑，实践中，一些国家和条约在适用自然人属人法的同时亦对其有所限制，规定可以行为地法作为准据法来确定自然人在国际经济交往活动中的行为能力。例如，我国司法解释规定："外国人在我国领域内进行民事活动，如依其本国法律为无民事行为能力而依我国法律为有行为能力，应当认为有民事行为能力"。但不管怎样，外国自然人在其他国家享有何种权利和待遇，仍要取决于其他国家的法律和有关条约的规定。

其他组织主要指非法人组织，即不具有法人资格但享有权利和承担义务的社会组织。非法人组织的国际经济法主体资格和能力亦取决于有关国家的法律和条约的规定。例如，我国宪法规定，允许外国企业和其他经济组织或者个人依据中国法律规定在中国投资，同中国的企业或者其他经济组织进行各种经济形式的合作。中国与日本《关于鼓励和相互保护投资协定》中对相互投资的"公司"的界定为："在中华人民共和国方面，系指企业、其他经济组织和社团"；"在日本方面，系指社团法人、合伙、公司和团体，不论其是否有限责任、是否法人或是否以营利为目的"。

（二）国际经济法调整对象的特殊性

国际经济法的调整对象是国际经济法所调整的社会关系，也即国际经济关系，涉及面广且内涵复杂，与国内经济法、国际公法及国际私法的调整对象相比较，有其特殊性。不仅包括国际法上的关系，也包括国内法上的关系，而且在一项具体的国际经济关系中，往往同时涉及双重的法律关系。因此，国际经济法调整的国际经济关系包括国家、国际经济组织、法人、自然人和其他组织之间及其相互之间所产生的经济关系。综述而言，国际经济法的调整对象包括横向的国际经济关系和纵向的国际经济关系。

横向的国际经济关系强调的是经济活动中主体的自愿、权利和平等性。包括两类关系：一是国际经济法主体相互之间从事国际经济交易活动所产生的关系，如在贸易、投资及技术转让等领域的交易活动；二是国家间、国际经济组织间及其相互之间为促进国际经济发展进行合作与协调所产生的关系，如国家间签署双边或多边的经济条约、世界银行与借款国在经济改革与政策调整方面的合作等。

纵向的国际经济关系强调的是经济活动中主体的责任、义务和不平等性。包括两类关系：一是国家对国际经济活动进行管制所产生的经济关系，如外商投资审批、外贸管制、海关监管、外汇管制等；二是国际经济组织依据国际条约对一国的涉外经济管制活动进行干预所产生的经济关系，如 WTO 争端解决机构对成员方争端案件的管辖和裁决等。

根据调整的国际经济关系的内容不同，国际经济法可以划分为国际贸易法、国际投资法、国际金融法、国际知识产权法、国际税法、国际经济组织法和国际经济争端解决等部门法律。

（三）国际经济法律规范的多样性

国际经济法律规范的多样性是指国际经济法的渊源或者说表现形式的多样性。国际经济法既包括实体性的规范，又包括程序性的规范。不仅有强制性规范，也有任意性规范。具体而言，国际经济法的表现形式主要包括国际经济条约、国内经济立法、国际经济惯例和重要国际组织规范性决议。

国际经济条约是指国家、国际组织间或相互之间为确定彼此经济权利义务而达成的书面协议。国际经济条约是国际法最重要的渊源。国际经济条约既包括调整国际经济关系的专门性的经济条约，又包括调整国际关系的条约中的相关条款。根据缔结或参与条约的成员方数量，国际经济条约分为双边、区域和多边条约三种类型。双边经济条约是两个国家之间在贸易、投资、税收等领域缔结的条约，其拘束力仅限于缔约双方；区域经济条约是两个以上的国家为促进区域经济一体化，协调各成员方社会经济法律政策而缔结的条约，其缔结主体仅限于区域内的国家，不对区域外国家开放签署；多边经济条约是两个以上国家缔结的条约，向世界各国开放签署，多边经济条约对国际经济影响最为深远，其是否有拘束力并在多大范围内有拘束力，取决于各国政府或立法机关的签署、批准或参与。

国内经济立法包括成文法和判例法。各国为调整本国涉外经济关系而制定的法律是国际经济法重要的渊源。判例作为国际经济法的渊源大多存在于英美判例法国家。各国调整涉外经济的立法体例主要有统一例和分立例。统一例是指国内经济立法既适用于国内经济关系，又适用于涉外经济关系。采此例的多为发达国家。分立例是指分别制定调整涉内和涉外的经济关系的法律，同时并行对经济生活发生作用。采此例的多为发展中国家。也有一些国家兼采两种立法例。例如，我国《合同法》适用于国内和涉外合同。但对内资和外资在国内设立的公司却分别适用公司法和外商投资法。各国根据经济主权原则可以自主进行经济立法，但相关立法必须与本国参与的条约一致，并尊重相关国际法准则。

国际经济惯例是指在长期的国际经济交往实践中逐步形成的，具有较为明确和固定内容的、当事人愿意采用并遵守的习惯性做法和行为规范。国际经济惯例是国际经济法的主要渊源之一，与严格意义上的法律不同。国际经济惯例的形成不是基于国家立法或国家之间的协议，其构成须具备两个要素：一是行为要素，即同样的行为做法经过反复的实践和重复；二是心理要素，即当事人认为应当遵守，有一种类似“法律约束力”的心理认知。国际经济惯例可分为调整国家之间经济关系的惯例（国际公法意义上的惯例）和调整法人、自然人间或其相互之间及其与国家和国际经济组织之间的经济关系的惯例（国际商务惯例）。后者在国际经济交往实践中被大量使用。现代国际商务惯例大都经由非政府国际性组织或商业团体编撰。经过编撰的惯例，仍然是一种任意性规范，对当事人没有普遍拘束力，只有在交易当事人明确同意适用某种惯例的情形下，该惯例才对特定交易的当事人产生法律拘束力。而且，当事人可以根据交易的具体情况和需要，作出与惯例不符的约定。但在某些特定情况下，尽管交易当事人没有明确同意选择适用某种惯例，此种惯例也可能适用于他们之间的交易关系。例如，不少国家的立法或一些国际条约就承认国际惯例的效力。根据我国《民法通则》的有关规定，我国法律和我国缔结或参加的国际条约没有规定的，可以适用国际惯例。根据《联合国国际货物销售合同公约》的有关规定，“除非另有协议，当事人应视为默示地同意对他们的合同或合同的订立适用双方当事人已知道或理应知道的惯例，而这种惯例，在国际贸易上，已为有关特定贸易所涉同类合同的当事人所广泛知道并为他们所经常遵守”。

重要国际组织的规范性决议是指全球性的国际组织依程序通过或制定的有关国际经济内容的规范性文件。根据国际法一般原理，国际组织本身无立法权，国际组织的决议不同于经国家缔结或批准的国际条约，一般只具有“建议”效力，不必然具有法律拘束力。然而，重要国际组织因其对国际社会政治经济生活产生巨大影响和发挥重要作用，所以其所作出的规范性决议或规定，如果为国际社会认可，所确立的原则在实践中为各国普遍遵守，其就获得了条约的确信，从而成为国际经济法的渊源。例如，联合国大会通过的《关于自然资源永久主权宣言》、《建立新的国际经济秩序宣言》及《建立国际经济新秩序行动纲领》、《各国经济权利与义务宪章》等，已经成为发展中国家和发达国家之间开展经济交往活动的基本准则。

二、国家经济主权原则

国家经济主权原则是指国家在经济上享有独立自主的权力，对其财富、自然资源以及在其境内从事的经济活动享有永久主权，包括拥有权、管理权和处置权，并得以自由行使这些权利。国家经济主权原则是国际经济法的首要原则，是国家主权原则在经济领域和经济事务方面的具体体现。它构成了国际经济法的基础和核心，是建立国际经济新秩序的基础。

（一）国家经济主权原则的形成

国家经济主权原则是广大发展中国家在争取建立国际经济新秩序斗争过程中倡导和维护的基本原则。近现代史上，曾出现过许多受西方列强经济掠夺、政治上实行强权政治的殖民地国家，第二次世界大战后，许多曾经是殖民地的发展中国家纷纷取得了政治上的独立，成为新兴的民族国家。但是作为条件，许多国家不得不保留原殖民统治者或宗主国在当地的经济上的特权，本国的自然资源和经济命脉仍受控于外国公司，经济上仍处于无主权或主权不完整的状况。经济主权是一个国家参与国际经济活动的基本条件，也是一国自身经济发展的基础。因此，改变发达国家为中心的旧的国际经济秩序，建立国家平等、体现经济主权、发达国家对发展中国家承担更多历史责任的国际经济新秩序，就成为发展中国家长期为之奋斗的目标。经过多年的努力，国际社会已经就国家经济主体问题达成共识，国际经济新秩序已逐步构建。国家经济主权原则在联合国的许多重要决议中得以确立。近几十年来，联合国大会先后通过了《关于自然资源永久主权的决议》（1962 年）、《各国经济权利与义务宪章》（1974 年）、《建立新的国际经济秩序宣言》及《建立国际经济新秩序行动纲领》（1974 年）等重要的规范性文件，正式确认和完善了国家经济主权原则，成为国际社会处理国家经济主权的纲领性文件。

（二）国家经济主权原则的内容

国家经济主权原则的主要内容可以概括为经济事务权、自然资源权、经济监管权和国有化征收权四个方面。

经济事务权指的是各国管理本国经济事务的独立自主权力及对国际经济事务的参与和决策权力。各国有权自主选择适合本国实际情况的经济制度，制定各种经济发展政策和缔结与参与国际经济条约，不受外部干涉和妨碍。国家在国际经济事务上的参与权和决策权是国际经济主权的重要保证。各国在法律上平等，有权充分地和切实有效地参加解决世界性的经济事务的决策过程，并且分享由此而来的各种效益。当然，主权国家在享有权利的同时，也要承担相应的国际义务，但这种义务是基于某种主权权利的行使而进行的让渡或限制。

自然资源权指的是各国对其境内自然资源享有永久主权。一国的自然资源是该国生存和发展的物质基础，各国对其境内一切自然资源享有永久主权是国家经济主权的核心内容。各国必须根据主权平等原则，互相尊重，以促进各民族及各国自由行使其对自由资源的主权。各国对其境内的自然资源有权自由开发、利用和处置，包括有权实行国有化或把所有权转移给本国国民。任何国家不得阻碍这一主权权利的行使。所有遭受外国占领、殖民统治或民族隔离的国家、地区和民族，在其资源受到剥削、损耗时均有权要求偿还和充分的赔偿。同时，外国资本在参与开发他国自然资源时，应尊重并不损害东道国有关自然资源的主权。

经济监管权是指各国对其境内一切经济活动包括外国投资以及跨国公司活动有权进行监督和管理。对境内外国资本和跨国公司活动的管辖权是从国家对自然资源的永久主权和属地管辖权原则引申出来的，已成为国家经济主权的重要组成内容。每个国家有权按照其法律和规章，并依据其国家目标和优先次序，对其国家管理范围内的外国投资加以管理和行使权利，任何国家不得被迫对国外投资给予优惠待遇。各国有权管理和监督其国家管辖范围内的跨国公司的活动，并采取措施保证这些活动遵守其法律和符合其社会经济政策。跨国公司不得干涉东道国内政。

国有化征收权是指各国对境内外国资产有权收归国有或征用。国有化征收措施直接或间接地剥夺了他国国民的投资财产。间接的措施是指东道国阻止投资者正当行使所有权，而不实际取得财产本身的所有权，如过度或任意地征税，禁止红利分配，强制性的高利息贷款，强制性地增加工资，拒绝发给必需的进出口许可证等。在国际投资法律实践中，一国在行使国有化征收权时，需要遵循一定条件和原则，诸如公共利益需要、措施的非歧视性以及给予适当补偿等。

（三）国家经济主权原则的发展

经济全球化是商品、技术、服务等各类生产要素的跨国流动，这种流动体现的是经济的自由化，经济全球化将全球连接成一个共同的大市场，使得各国经济相互依赖程度日益加深，各国经济的发展由此受益。

各国的经济主权在经济全球化时代或多或少被约束和限制，其目的是促进各国经济自由化，从而发展经济。中国在 2010 年 GDP 超过日本成为全球第二大经济体，正是得益于世界贸易体制和经济全球化规则的实施。这种发展是以经济主权的适度让渡来获取的，即成员方将其部分经济主权让渡给国际组织，由国际组织来规范各国经济主权的行使，其集合各成员方的授权来制约和约束成员国的经济主权。实际上这是一种主权行使方式的转换，即从更高的超国家组织形式来延伸本国的经济主权至他国，从而保障本国的国际经济利益。

随着国际性和区域性经济组织的纷纷成立，各国在加入这些组织时均需承担一定的义务，这种义务也意味着将本属于本国固有的某种经济主权进行让渡。成员国自愿放弃部分国家经济政策制定权和经济管理权，以便从国际或区域层面制定政策，规范和指导其经济活动。例如，乌拉圭回合谈判形成的世界贸易体制对经济主权原则与国际经济自由化进行了协调。要加入 WTO 必须一揽子接受相关协议，国家通过协议确定彼此在对外经济活动管理方面的权利义务关系，使得本来可由一国依经济主权原则自行决定的事项受到约束和限制，关税、配额、许可等进出口管理措施不得任意制定和实施，并以此作为相关涉外经贸法律的立法标准。当今绝大多数国家对外贸易管理制度和措施都已置于 WTO 的各类规则之下。欧盟的形成，使得经济上的边境已不复存在，一些成员国甚至已放弃了货币发行权。IMF 要求申请国在获得货币基金组织的援助时，必须严格按照其提出的经济指标及要求去行事。2010 年，欧盟决定提供 1 100 亿欧元的分期贷款拯救希腊债务危机，前提是希腊必须推行经济紧缩政策，并进行一系列结构改革，检查小组每三个月检查一次希腊执行改革及节约措施的情况，视其结果决定每笔贷款的发放等。

国家经济主权受到约束和限制是基于国家自愿放弃和让渡，是经济主权原则对经济全球化所作出的积极回应。这不同于历史上发展中国家的经济主权丧失，不能因此认为经济主权在弱化，事实上这是一种强化。由于经济主权的让渡是以促进全球范围内的经济自由化为原则的，因而，对于妨碍经济自由化的行为或者损害本国全球化下利益的行为可以采取严格管制措施，从而更好地实现对本国海外利益的保障。因此，国家经济主权原则作为国际经济法基本原则的地位仍旧不能动摇。

三、重要国际经济组织

国际经济组织是国际政治和经济发展到一定阶段的产物，国际经济组织在组织制定和执行国际经济法中发挥的作用越来越大，给现代国际经济关系带来了深刻变化和影响，如第二次世界大战后有国际经济秩序三大支柱之称的世界贸易组织、国际货币基金组织、世界银行。

（一）世界贸易组织（Word Trade Organization，WTO）

世界贸易组织成立于1995年1月1日，是在关税与贸易总协定（GATT）基础上，根据1994年4月在摩洛哥马拉喀什签订的《建立世界贸易组织协定》而成立的多边性国际贸易组织，是当今全面调整和规范各国贸易法律政策和贸易关系的最为重要的国际经济组织。中国于2001年12月11日成为WTO成员方。

世界贸易组织总部设在瑞士日内瓦，其主要机构有部长会议、总理事会、秘书处。部长会议是最高权力机构，由各成员的部长级代表组成。每两年至少召开一次会议，有权对各多边贸易协定所涉及的一切问题依程序作出决定并在其职能范围内采取行动；总理事会是部长会议休会期间的执行机构，由各成员派驻日内瓦的代表组成，履行贸易政策审议及组织解决争端等职责，总理事会下设货物贸易、服务贸易、与贸易有关知识产权理事会，负责监督执行有关协定；秘书处是日常工作机构，由部长会议任命一名总干事负责，任期4年。

世界贸易组织的宗旨可以概括为四个方面：一是提高生活水平，保证充分就业和大幅度稳步提高实际收入和有效需求；二是扩大货物与服务的生产和贸易，合理、充分地利用世界资源，实现可持续发展；三是确保发展中国家成员的贸易、经济增长；四是建立一个完整的、更有活力的和持久的多边贸易体系，加强体制目标的实现。

世界贸易组织有五大职能：一是促进多边贸易协议的执行、管理和运作；二是为各成员处理多边贸易关系提供场所；三是管理实施争端解决的规则与程序；四是管理实施贸易政策评审机制；五是与国际货币基金组织和世界银行合作，协调制定全球经济政策。

世界贸易组织规则涵盖货物贸易、服务贸易、与贸易有关知识产权三大领域的规则和有关贸易争端解决的规则与程序。世界贸易组织规则是当代国际经济法的重要内容。

（二）国际货币基金组织（International Monetary Found，IMF）

国际货币基金组织成立于1945年12月27日，根据1944年7月在美国新罕布什尔州布雷顿森林召开的联合国货币金融会议通过的《国际货币基金协定》组建，1947年11月成为联合国的一个专门机构。中国是IMF的创始国之一。1991年，IMF在北京设立常设代表处。IMF总部设在华盛顿。组织机构由理事会、执行董事会、总裁和常设职能部门等组成。理事会是该组织的最高决策机构，执行董事会负责处理基金组织的日常业务，行使基金协定和理事会赋予的权力。总裁是 IMF 的最高行政长官，由执行董事会推选，并兼任执行董事会主席，负责处理 IMF 的日常事务，任免职员。总裁在理事会和执行董事会会议上没有投票权，在执行董事会表决双方票数相等时，才有一票投票权。根据惯例，总裁通常由欧洲人担任，而世界银行行长则由美国人出任，总裁在执行董事会的指导下处理基金组织的日常业务。IMF 设有 16 个职能部门，负责经营业务活动。

国际货币基金组织的宗旨是：促进国际货币合作；推动国际贸易的扩大和平衡发展，从而促进和保持高水平的就业和实际收入；稳定外汇汇率，避免各国间竞争性的货币贬值；消除妨碍国际贸易的外汇管制；通过贷款帮助成员国调整国际收支中的暂时性不平衡，建立起国际财政支持制度。该组织的主要活动是：当会员国出现暂时的收支困难的时候，给予财政、资金的援助，帮助会员国克服困难；此外还向那些受出口收入变动影响、生产初级产品的国家提供特别的补偿贷款。会员国有义务提供经济资料，并在外汇政策和管理方面接受该组织的监督。

IMF 对国际货币体系的监督主要围绕汇率政策展开，依据三条原则对成员国的汇率政策进行监督：一是成员国不得操纵汇率以阻碍国际收支平衡的调节或谋取对其他成员国不公平的比较优势；二是在成员国由于对付该国货币汇率短期变动而造成混乱时，国际货币基金组织可命令成员国干预该国的外汇市场；三是实施干预政策时应当适当考虑其他成员国的利益。

（三）世界银行集团（The World Bank Group，WB）

世界银行集团包括 5 个成员组织，即国际复兴开发银行（IBRD）、国际开发协会（IDA）、国际金融公司（IFC）、多边投资担保机构（MIGA）和解决投资争端国际中心（ICSID）。“世界银行”通常用来指国际复兴开发银行和国际开发协会，指称单个银行时即指国际复兴开发银行。

国际复兴开发银行（IBRD）根据 1944 年《国际复兴开发银行协定》于 1945 年 12 月 27 日成立，总部设在华盛顿，1947 年 11 月起成为联合国专门机构之一，是世界上最大的政府间金融机构。其成员仅限于参加国际货币基金组织的会员国家。其宗旨是通过提供贷款、担保和非贷款服务（包括分析和咨询服务）来促进可持续的发展，以此减少中等收入国家和有信誉的较贫穷国家的贫困。它向会员国提供发展经济的中长期贷款。贷款对象为会员国政府、国营企业和私营企业。非政府的借款者必须由政府担保。

世界银行的主要机构有理事会、执行董事会。理事会是最高权力机构，每年与国际货币基金组织联合召开年会。执行董事会是负责处理日常业务的机构。世界银行行长一般由美国总统提名，行长同时兼任国际开发协会会长、国际金融公司主席和多边投资担保机构的主席等职务。中国于 1945 年加入世界银行，是该组织的创始国之一，1980 年恢复合法席位，并同时成为国际开发协会的成员国。目前是仅次于美国和日本的第三大股东国。

国际开发协会（IDA）于 1960 年 9 月成立，总部设在华盛顿。凡是国际复兴开发银行的成员都可以参加协会。其宗旨是：帮助世界上欠发达国家促进经济发展，提高生产力，从而提高生活水平，特别是以比通常贷款更为灵活、在国际收支方面负担较轻的条件提供资金，以解决它们在发展方面的需要，从而进一步促进世界银行的开发目标并补充其活动。国际开发协会的一切权利都归于理事会，凡世界银行会员国又是协会会员国者，其指派的银行理事和副理事，依其职权，同时也是协会的理事和副理事。

国际金融公司（IFC）于1956年7月24日成立，总部设在华盛顿。公司的成员必须是国际复兴开发银行的成员。其宗旨是：配合世界银行的业务活动，鼓励经济不发达地区会员国的生产性私营企业的增长，以促进经济发展。国际金融公司为私营企业提供贷款，不要求有关国家政府提供担保。

多边投资担保机构（MIGA）是根据1985年世界银行通过的《多边投资担保机构公约》于1988年成立的，总部设在华盛顿。MIGA是世界银行集团里成立时间最短的机构，其宗旨是通过向外国私人投资者提供政治风险担保，包括征收风险、货币转移限制、违约、战争和内乱风险担保，鼓励其成员国之间的投资，特别是推动外商直接投资流入发展中国家。MIGA还提供技术援助，帮助有关国家制定和实施吸引和保持外国直接投资的战略，并以在线服务的形式免费提供有关投资商机、商业运行环境和政治风险担保的信息。中国于1988年4月30日成为MIGA的创始会员国，目前是仅次于美国、日本、德国、法国和英国的第6大股东国。

解决投资争端国际中心（ICSID）根据1965年世界银行年会通过的《解决国家和其他国家的国民之间投资争端的公约》（简称《1965年华盛顿公约》）于1966年成立，办公地点设在华盛顿的世界银行内。ICSID的宗旨是为外国投资者与东道国政府之间的投资争端提供国际解决途径，即在东道国国内司法程序之外，另设国际调解和国际仲裁程序，促进形成相互信任的气氛，借以鼓励私人投资的国际流动。世界银行或者国际法院的成员国，或者经理事会2/3多数同意的其他国家方可加入《1965年华盛顿公约》。根据公约第5条规定，ICSID的理事会由各国指派的世界银行理事组成，世界银行的行长担任理事会主席。中国于1993年1月7日核准加入，1993年2月6日成为该公约和ICSID的成员国。

（四）世界知识产权组织（The World Intellectual Property Organization，WIPO）

世界知识产权组织于1970年4月26日成立，根据1967年7月14日在斯德哥尔摩签署的《建立世界知识产权组织公约》组建，总部设在日内瓦，现为联合国专门机构之一，中国于1980年6月3日加入。

WIPO的宗旨是：（1）通过国家间的合作，并在合适的时候与其他国际组织协作，促进世界范围内的知识产权保护；（2）保证各联盟间的行政合作。该组织的职能有："促进全世界对知识产权的有效保护，协调各国在知识产权保护方面的立法；执行巴黎联盟及其有关专门联盟和伯尔尼联盟的行政任务；同意担任或参加其他旨在促进知识产权保护的国际协定的行政任务；鼓励缔结促进知识产权国际保护的国际协定；应成员国的请求，在知识产权法律方面提供基础援助；收集并传播有关知识产权的信息，促进这方面的研究并公布研究结果；提供有助于知识产权国际保护的服务，适当办理注册并公布注册材料。”

WIPO设有大会、成员国会议、协调委员会和国际局。大会是世界知识产权组织的最高权力机构。成员国会议讨论在知识产权方面受到普遍关心的事项，并通过对这些事项的建议，及行使公约规定的其他职权。协调委员会保证各联盟间的合作，就一切有关行政、财政和其他事项提出意见，拟定大会的议事草案等。国际局为WIPO的秘书处，由作为WIPO行政总管的总干事领导，负责该组织的日常工作。

（五）欧洲联盟（European Union，EU）

欧洲联盟的前身是欧洲共同体（European Communities，EC），总部设在比利时首都布鲁塞尔。欧共体的宗旨是通过共同市场的建立和各成员国经济政策的逐步接近，促进其内部经济均衡增长。1991年12月，欧洲共同体马斯特里赫特首脑会议通过的《欧洲经济与货币联盟条约》和《政治联盟条约》（通称《马斯特里赫特条约》，以下简称《马约》）于1993年11月1日开始生效，由此确立了建立欧洲经济与货币联盟和政治联盟的目标。以欧共体为基础，成立了欧洲联盟。目前，欧盟共有27个成员国。

欧洲联盟的主要机构有欧洲联盟理事会、欧洲理事会、欧盟委员会、欧洲议会、欧洲法院和欧洲审计院。欧洲联盟理事会是欧共体的决策机构，拥有欧共体的绝大部分立法权。欧洲理事会即欧共体成员国首脑会议，是欧盟的最高权力机构，为欧共体内部建设和对外关系制定大政方针。欧盟委员会是欧盟的常设执行机构，负责欧盟各项法律文件的具体贯彻执行，以及预算和项目的执行，进行特别是商贸和合作方面的国际条约的谈判。欧洲议会是世界上唯一一个通过直选产生的跨国议会，是监督、咨询机构，有部分预算决定权，并可以2/3多数弹劾委员会，迫其集体辞职。欧洲法院是欧盟的司法机构，由部长理事会任命，负责审理和裁决在执行共同体条约和有关规定中发生的各种争执。欧洲审计院负责审计欧盟及其各机构的账目，审查欧盟收支状况，并确保对欧盟财政进行正常管理。

欧盟是经济自由化程度最高的国际组织，也是在内政、国防和外交等方面的同盟。2002年1月1日，欧元正式流通，欧元区的各成员国的原货币从2002年3月1日起停止流通。目前，超过半数的欧盟成员国加入了欧元区。2005年，欧洲议会批准了《欧盟宪法条约》，但由于法国和荷兰在2005年的全民公决中否决了该条约，因而《欧盟宪法条约》至今未生效。

第一章　国际货物贸易法律实务

【内容摘要】

国际货物贸易法律制度是确保国际货物交易活动进行的重要制度安排。国际货物买卖合同当事人可以选择处理合同争议所适用的法律。《联合国国际货物销售合同公约》是目前关于国际货物买卖合同的主要法律，我国是该公约的原始缔约国之一，如果我国与缔约国企业发生纠纷，则可以适用该公约。国际贸易术语的惯例使贸易更便捷，减少了谈判的成本。政府管制国际贸易是当事人开展国际贸易时必须考虑的交易因素。

本章主要围绕着国际货物贸易活动涉及的法律问题展开。重点解读《联合国国际货物销售合同公约》和《国际贸易术语解释通则》，介绍政府管制国际贸易的一般措施。这也是从事国际货物交易活动需要了解和掌握的法律内容。

【知识要点】

一、《联合国国际货物销售合同公约》

(一) 历史沿革

《联合国国际货物销售合同公约》(United Nations Convention on Contracts of International Sales of Goods，简称 CISG 公约) 是由联合国国际贸易法委员会主持制定的，1980 年在维也纳举行的外交会议上获得通过。公约于 1988 年 1 月 1 日正式生效。1986 年 12 月 11 日我国交存核准书，在提交核准书时，提出了两项保留意见：

1. 不同意扩大该公约的适用范围，只同意公约适用于缔约国的当事人之间签订的合同。

2. 不同意用书面以外的其他形式订立、修改和终止合同。

2013年1月16日，我国政府向联合国秘书长正式交存了有关撤销我国在《联合国国际货物销售合同公约》项下的此项“书面形式”声明的申请，并于2013年8月1日正式生效。至此，中国也与绝大多数《联合国国际货物销售合同公约》缔约国一样，不再要求国际货物销售合同必须采用书面形式。中国当时作出此项保留，一定程度上有利于保护中国进出口企业的利益；随着经济形势的改变，撤销保留有效解决了国内法与《联合国国际货物销售合同公约》的冲突，为对外贸易的进一步发展减少了法律障碍，有利于我国积极融入国际社会，充分参与经济全球化进程。

《联合国国际货物销售合同公约》是专门调整国际货物买卖合同关系的多边条约，它充分考虑了国际货物买卖合同关系的特征，为世界上主要贸易大国所接受。因此，它是国际货物买卖相关法律的重要代表，影响了各国对外贸易合同法律内容，极大地促进了国际贸易的发展。

（二）公约的主要内容

《联合国国际货物销售合同公约》分为适用范围、合同的成立、货物买卖和最后条款四个部分，共101条。

1. 公约的基本原则

公约的基本原则包括建立国际经济新秩序的原则、平等互利原则与兼顾不同社会、经济和法律制度的原则。这些基本原则是执行、解释和修订公约的依据，也是处理国际货物买卖关系和发展国际贸易关系的准绳。

2. 适用范围

第一，公约只适用于国际货物买卖合同，即营业地在不同国家的双方当事人之间所订立的货物买卖合同，但对某些货物的国际买卖不能适用该公约作了明确规定。第二，公约适用于当事人在缔约国国内有营业地的合同，但如果根据适用于“合同”的冲突规范，该“合同”应适用某一缔约国的法律，在这种情况下也应适用公约，而不管合同当事人在该缔约国有无营业所。对此规定，缔约国在批准或者加入时可以声明保留。第三，双方当事人可以在合同中明确规定不适用该公约。

3. 合同的订立

包括合同的形式和发价（要约）与接受（承诺）的法律效力。

4. 买方和卖方的权利义务

第一，卖方责任主要表现为三项义务：交付货物；移交一切与货物有关的单据；移转货物的所有权。第二，买方的责任主要表现为两项义务：支付货物价款；收取货物。第三，详细规定了卖方和买方违反合同时的补救办法。第四，规定了风险转移的几种情况。第五，明确了根本违反合同和预期违反合同的含义以及当这些情况发生时，当事人双方所应履行的义务。第六，对免责条件作了明确的规定。

二、国际货物买卖合同的内容和订立

（一）国际货物买卖合同的主要内容

国际货物买卖合同的结构一般有约首、正文和约尾三部分。约首包括合同当事人的基本情况、合同编号、订立时间、地点及鉴于条款。正文包括交易条件、双方权利义务等条款。约尾包括合同份数、附件、文字及效力、生效时间及双方签字等。

国际货物买卖合同的正文是合同的主要内容，包括货物条款（品名、规格、数量和包装）、价格条款、装运条款、保险条款、支付条款、检验条款、不可抗力条款、争端解决条款和法律适用条款等。

（二）国际货物买卖合同的订立

合同是双方当事人的合意，合同的达成往往要经历反复的磋商。就合同订立的程序而言，一项国际货物买卖合同的订立须经过要约和承诺两大阶段。

1. 要约

要约又称为发价或发盘，是一方当事人以订立合同为目的，向一个或一个以上特定当事人所作出的一种意思表示或建议。一项有效的要约必须符合下列条件：

（1）要约须向一个或一个以上特定的人发出。为了邀请对方向自己发出要约而发出的商品目录单、报价单、招标公告以及一般的商业广告，因为不是向一个或一个以上特定的人发出，所以属于要约邀请。但要注意的是，广告的内容如果明确、肯定，则应为要约。如我国《合同法》第 15 条规定，商业广告的内容符合要约规定的，视为要约。

（2）要约人明确表示愿意受其要约约束的意思。要约人要有明确的订约意图，不附有保留条件，一经受要约人承诺，合同即订立。在实践中，要约人的明确订约意图可以从要约的具体内容分析，特别是要约人明确表示要约为不可撤销或者明确提出了订约的详细内容时，通常推定要约人具有订约意图。

（3）要约内容须十分明确。根据《联合国国际货物销售合同公约》的规定，一项确定的要约需要写明货物的名称、明示或默示规定货物的数量或价格、明示或默示规定货物的价格或者确定价格的方法。

在实践中，要约如附有保留条件，则应视为要约邀请。即使受要约人承诺，合同仍不能成立。这就是说，要约的内容必须具备合同成立的主要条款，要约人的订约意图必须肯定而不能含混不清。

（4）要约须送达受要约人。根据《联合国国际货物销售合同公约》的规定，要约送达受要约人的时间即为要约的生效时间。要约在实际送达给受要约人后，即发生法律效力。此时要约人撤回或变更要约均不能阻止要约的生效，否则，属于违反诚实信用原则，构成对先合同义务的违反并应承担相应的缔约过失责任。

值得注意的是，关于送达受要约人的标准，实践中采取的是到达主义。只要受要约人客观上可能知晓要约送达的情况，就视为送达，而不要求受要约人了解要约内容，即使受要约人由于主观原因不了解要约到达与否，也不影响要约的送达。例如，要约成功通过邮件投递至受要约人住所即视为送达，要约即告成立，而无论受要约人是否实际知晓要约内容。相反，如果该要约并未成功投递至受要约人住所，即使受要约人通过其他途径知晓要约的具体内容，也不能认为要约已经生效；此种情形下，如果受要约人进行承诺则为无效，应被视为一项新的要约。

2. 要约的撤回、撤销和失效

（1）要约的撤回（withdrawal）。要约的撤回是指要约人阻止要约生效的行为。要约人通过作出新的意思表示欲使该要约不产生效力。各国法律都承认，要约发出以后，只要尚未送达受要约人，要约人可以随时发出新的意思表示将其追回，即实行“未到可撤”的原则。《联合国国际货物销售合同公约》第 15 条第 2 款也规定，任何要约都是可以撤回的，即使是不可撤销的要约也可以撤回。

实践中有两种情况的要约撤回为有效：一是要约人撤回要约的通知先于要约送达受要约人；二是要约人撤回要约的通知与要约同时送达受要约人。

（2）要约的撤销（revocability）。要约的撤销是指要约生效至受要约人承诺之前，要约人以某种方式使已经生效的要约失效的行为。根据《联合国国际货物销售合同公约》规定，在未成立合同之前，也就是受要约人没有承诺之前，要约可以撤销，但是撤销的通知必须在受要约人发出承诺通知之前送达受要约人，否则该撤销无效。可见，公约采取的是“未承诺可撤”原则。

“未承诺可撤”原则也有例外。公约规定，在两种情形下要约不可撤销：一是要约人在要约中已经明确表示了接受要约的期限，或者在要约内容中以某种方式表明该要约不可撤销。例如，“要约有效期限至×月×日”，“本要约不可撤销”等。二是受要约人有理由信赖该项要约是不可撤销的，并已经根据对该要约的信赖行事。这是指该项要约从内容上看并没有规定接受要约的期间，也没有表明具有不可撤销的性质，但是受要约人有理由认为该要约不可撤销，并已经着手据此行事。在实践中，往往表现为受要约人根据要约内容已经开始准备履行合同的相关工作，比如贷款生产、购买设备等，如果此时要约人撤销要约，将会给受要约人造成重大的财产损失。此时该要约就是不可撤销的。

要约的撤回与要约的撤销的区别在于：第一，时间上的区别，要约的撤回发生在要约生效之前，而要约的撤销发生在要约生效之后；第二，后果上的区别，要约的撤回是使一个未发生法律效力的要约不发生法律效力，而要约的撤销是使一个已经发生法律效力的要约失去法律效力；第三，效力上的区别，要约撤回的通知只要在要约到达之前或与要约同时到达就发生效力，而撤销要约的通知须在受要约人发出承诺通知之前到达受要约人，且不一定能发生法律效力。

（3）要约的失效。要约的失效是指一项要约因为某些具体法律行为的发生而失去法律效力。要约失效后，要约人和受要约人都不再受要约的约束。

要约在下列情况下失效：一是要约因超过承诺的有效期限而失效。即要约因受要约人没有在要约规定的接受期间内作出有效的承诺而失去效力。这一有效期间既可以在要约中明确规定，也可以在要约没有明确规定时，推定一个合理的接受期限。二是要约因要约人的撤回或撤销而失效。三是要约因受要约人的拒绝而失效。受要约人既可以以口头或书面的方式明确告知要约人不接受该要约，也可以通过对要约的内容进行实质性变更而作出一项新的要约（如还盘、还价等）从而使旧要约失效。

3. 承诺

承诺，又称接受，指受要约人接受要约人在要约中所提出的交易条件，并愿意按照这些条件与要约人订立合同的一种意思表示。受要约人一旦作出承诺并生效，合同即告成立，对要约人和承诺人都有约束力，任何一方都不得擅自解除和修改，否则为违反合同义务。对要约构成实质性更改的承诺本身成为一项新的要约，合同并不因此而成立。承诺既包括言词承诺，也包括行为承诺，如付款行为。但是沉默和不作为不能构成有效的承诺。

一项有效承诺主要应具备以下几个要件：

（1）承诺须由受要约人作出。在实践中，如果承诺人的代理人代为作出承诺，必须有承诺人的授权并以承诺人的名义才能作出。

（2）承诺的内容应与要约的内容保持一致。承诺本身即是受要约人完全同意要约内容的意思表示，所以承诺人应当无条件同意要约人在要约中提出的各项主要交易条件，否则构成对要约的实质更改而构成反要约。

（3）承诺须在要约规定的期限内送达要约人。如上文所述，一项要约在规定的有效期内若未得到有效承诺，该要约即告失效。逾期的承诺此时可视为一项新的要约，经要约人承诺之后合同方可生效。要约规定了承诺期限的，承诺应该在该期限内送达，未规定的，即应在一段合理时间内送达。

（4）承诺的送达方式须符合要约的要求。未以要约规定的方式作出的承诺本身不构成有效承诺。

4. 承诺生效的时间

承诺生效的时间具有特殊的重要性，因为承诺生效的时间为合同生效的时间。根据《联合国国际货物销售合同公约》的规定，承诺于表示同意的通知送达要约人的营业地、通讯地址或惯常居所时生效。在承诺送达要约人而生效之前，受要约人可以撤回承诺。与要约的撤回相同，承诺的撤回通知须于承诺送达要约人之前或者同时到达要约人方能生效。

5. 实质性变更和非实质性变更

一项承诺是否构成对要约内容的实质性变更直接关系到该项承诺是否生效或者成为反要约。根据公约的规定，所谓实质性变更，是指承诺对要约中的货物价格、付款、货物质量和数量、交货时间和地点、当事人的赔偿责任范围或解决争端的方式等的添加、限制或更改。此时，该承诺即构成一项新的要约。

其他对要约内容的添加、限制或更改不构成对要约的实质性变更，而属于对要约的非实质性变更。此时，除非要约人在不过分延迟的期间内以口头或者书面通知提出异议，否则该项承诺仍然构成对要约的接受。承诺中所载明的内容即为合同的内容。

6. 逾期的承诺

一项承诺通知如果未在要约规定的期限内送达或者要约没有规定期限的，未在一段合理的期限内送达，即构成逾期的承诺。根据《联合国国际货物销售合同公约》第 21 条的规定，逾期承诺在两种情形下会产生不同的后果：

(1) 因受要约人主观原因造成的送达延迟。该逾期承诺原则上无效，除非要约人毫不迟延地以口头或书面形式表示仍然愿意接受该承诺的效力，则该逾期承诺生效。

(2) 因客观因素造成的送达延迟。该逾期承诺原则上有效，除非要约人毫不迟延地以口头或书面形式表示不愿接受该承诺的效力，则该逾期承诺因逾期而失效。所谓客观因素造成的送达延迟，是指载有承诺的信件或其他书面文件表明，如果传递正常，该承诺通知本来可以及时送达要约人，但由于非受要约人原因的其他因素延误而致的逾期。

三、买卖双方的权利义务

国际货物买卖合同是双务合同，一方的权利是另一方的义务。买卖双方的义务是国际货物买卖合同的核心内容，《联合国国际货物销售合同公约》对此作出了详细的规定。需要明确的是，公约关于买卖双方义务的规定，一般都属于非强制性的规定，即当事人双方可以在合同中排除适用或修改这些规定而作出不同的约定。

(一) 卖方的义务

1. 交货义务

卖方必须按照合同和公约的规定，交付货物，移交一切与货物有关的单据并转移货物所有权。交付货物是卖方的主要义务，一般情形下也是其取得货款的条件。交付货物既包括实际交货，即由卖方将货物置于买方的实际占有之下，也包括象征性交货，即由卖方将控制货物的单据交给买方，由买方在指定地点凭单据向承运人提货。至于交付货物和单据的时间和地点，则由双方在合同中加以约定，如果合同未就此作出约定，则按照公约的以下规定办理。

(1) 关于交付货物的地点。如果双方当事人没有约定履行地点，则卖方没有义务在任何其他特定地点交付货物，其交货义务可能会涉及承运人、特定地点和卖方营业地。具体包括：一是货交第一承运人的地点。当卖方的交货义务涉及运输时，卖方只要把货物交付给第一承运人即算完成了交货义务。交货地点即是货交第一承运人的地点。实践中，“涉及货物的运输”，是指卖方有义务将货物运送给买方，此时，卖方和承运人签订必要的运输合同，并按照通常的运输条件，用适合情况的运输工具，把货物运到指定的运输地点。二是特定地点。当卖方的交货义务不涉及运输时，如果合同所涉及的交易货物是特定物，或特定化的货物，即从指定存货中提取出来，并划拨在该合同项下专供履行该合同而使用的货物，或在某特定地点进行生产制造的货物，则交货地点即是该货物存放或生产的特定地点。三是订立合同时的卖方营业地。当卖方的交货义务既不涉及运输，也不涉及特定物时，卖方应在订立合同时自己的营业所在地向买方提交货物，以便买方运输货物。如果卖方有一个以上的营业地，则以与合同及合同的履行关系最密切的营业地为其营业所在地；如果卖方没有营业地，则以其惯常居所为准。

（2）关于交付货物的时间。公约规定主要有两项：一是如果合同规定有一段时间，或者从合同中可以确定一段时间，除情况表明应由买方选定一个日期外，应在该段时间内任何时候交货。二是如果合同未规定交货日期或交货期，卖方应在订立合同后一段合理时间内交货。按照一般的国际实践，所谓合理时间，是一种事实判断，如有争议则由相关争端解决机构根据货物的性质及合同的其他规定加以决定。

（3）关于交付单据。根据公约的规定，如果卖方有义务移交与货物有关的单据，他必须按照合同所规定的时间、地点和方式移交这些单据。如果卖方在规定时间以前已移交这些单据，他可以在规定时间到达前纠正单据中任何不符合合同规定的情形，但是，此项权利的行使不得使买方遭受不合理的不便或承担不合理的开支，且买方保留公约所规定的要求损害赔偿的任何权利。

需要注意的是，国际货物买卖的货物交付和单据处理是分开进行的，即卖方一般通过承运人运送货物，而由指定的银行收取货款。货物装运单据是买方提取货物、办理运输保险、凭以支付货款的重要文件。

此外，如果双方当事人选择了相关国际商务惯例，如国际商会编纂的《国际贸易术语解释通则》，则按惯例的相关规定处理。

2. 卖方的担保义务

《联合国国际货物销售合同公约》规定卖方要保证提交的货物在各个方面都符合合同的规定，具体包括对所交付货物的质量担保和权利担保。

（1）质量担保，又称为瑕疵担保，是指卖方对其所售的货物的质量、特性或适用性承担的责任。卖方提交的货物除另有约定外，还要满足如下几项要求：

一是货物适用于同一规格货物的通常使用目的；二是货物适用于在订立合同时买方曾明示或默示地通知卖方的任何特定目的，除非情况表明买方并不依赖于卖方的技能和判断力，或者这种依赖对他是不合理的；三是货物的质量与卖方向买方提供的货物样品或样式相同；四是货物按照同类货物通用的方式装箱或包装，如果没有此种通用方式，则按照足以保全和保护货物的方式装箱或包装。

如果卖方交货不符合上述条件，卖方则需要承担交货不符，违反合同的责任。不过，根据《联合国国际货物销售合同公约》第 5 条的规定，因货物瑕疵导致的人身、财产损失等产品责任问题不在公约调整的范围之内。

此外，公约还对卖方承担货物质量担保义务的时间作了明确的规定。一般情况下，只要货物在风险转移到买方时符合合同要求，卖方就不必再承担质量担保义务。除非货物不符合合同要求的情形需要在风险转移到买方之后才能显现出来，而这种质量瑕疵在货物风险转移前就已经存在，则卖方仍应承担质量担保责任。如果双方在合同中约定了货物品质的保证期，在保证期内货物的风险已经完全转移给买方的情况下，仍出现了货物不符合合同的情形，那么卖方仍需要对此负责。也就是说，风险的转移并不能免除卖方在保证期内应承担的责任。

（2）权利担保，也称为追夺担保与权源保护，是指卖方所提交的货物必须是第三者不能提出任何权利要求的货物。卖方在订立合同时应当保证其所售货物的所有权不因存在买方所不知的瑕疵而被追夺，同时也必须保证所售货物不侵犯第三人的知识产权。权利担保的具体含义包括：

一是所有权担保。卖方须向买方担保其有权出售合同项下的货物，应担保货物上不存在任何不为买方所知的留置权、抵押权等他人的权利要求。如果卖方对其所出售的货物不具有完全的权利，该货物上还有他人设定的用益物权或者抵押物权等请求权，卖方必须依法排除这种请求权之后才能出售该货物。许多国家的法律都规定了卖方对所售货物负有的明示或者默示的权利担保义务。明示的担保义务是指在合同中明确说明卖方对所提供的货物拥有所有权，没有侵犯第三方的权利，任何第三方都不能就该货物向买方主张任何的权利。默示的权利担保义务是指卖方所承担的这种责任是依据有关法律的明确规定而产生的，无须双方约定。

二是知识产权担保。卖方须向买方担保合同项下的货物不存在第三方以侵权或其他类似理由提出的合法要求。如卖方出售的货物及其使用不得侵犯第三者的专利权、商标权等。根据公约的规定，第三方可以根据两个国家的法律提出权利请求：一种是根据货物使用地或转售地国家的法律提出，前提是买卖双方在合同中约定了货物的转售地（最终使用地），或在订立合同时卖方知道买方打算把该货物转售到某一国家，则卖方对于第三方依据该国法律所提出的有关知识产权的权利或请求，应对买方承担责任；另一种是根据买方营业地所在国法律提出。

此外，《联合国国际货物销售合同公约》还规定了免除卖方权利担保责任的几种情形：买方同意在有第三方的权利或者要求的条件下接受货物；买方在订立合同时知道或者不可能不知道第三方的知识产权主张和要求；此项权利或要求的发生，是由于卖方要遵照买方所提供的技术图样、图案、程式或者其他规则；卖方不知晓货物被买方销往其他国家；买方不在已知道或者理应知道第三方权利或要求之后一段合理时间内，将此项权利或要求的性质及时通知卖方。

须注意的是，公约并没有明确定义侵犯工业产权或者知识产权的行为，由于各国规定存在差异，因而当双方当事人发生争议时，就需要由解决争议的法院按照冲突规则指引的准据法来判定是否存在侵权行为。

（二）买方的义务

1. 支付货物价款

（1）支付步骤和手续。买方支付价款的义务包括根据合同或有关法律的规定办理付款所需要的步骤和手续。如买方向银行申请开立信用证或所需外汇等。

（2）支付货款的地点。双方对支付货款的地点有约定的，从其约定；没有约定的，根据公约规定为卖方的营业地或者在凭移交货物或单据支付价款时，为移交货物或单据的地点。

（3）支付货款的时间。双方对支付货款的时间有约定的，从其约定；没有约定的，根据公约规定确定为：第一，买方必须于卖方按照合同或公约的规定将货物或有关货物的装运单据交给买方处置时支付货款。卖方可以把买方付款作为移交货物或者单据的条件。第二，如果买卖合同涉及运输，卖方可以把买方付款后方可将货物或者单据移交给买方作为发运货物的条件。第三，买方在没有机会检验货物之前，没有义务支付货款，除非这种机会与双方当事人约定的交货及付款程序相抵触。

2. 收取货物

买方应当采取一切理应采取的行动接收货物，以便卖方能交付货物。这些“理应采取的行动”应由双方在合同当中约定，比如双方在合同中约定 FOB 的交货方式，则买方需要将船名、装船日期等及时通知卖方，以方便卖方交货。

须注意的是，公约提到的“接收货物”与“接受货物”是两个不同的概念。前者不意味着卖方所交付的货物符合合同的约定。即使货物不符合合同约定，买方也应当先行对货物进行善意保管并及时通知卖方，否则如果货物由于买方不按合同接收而价值贬损，买方要承担由此造成的损失和费用。对于货物是否与合同不符合，买方必须在合理时间内检验货物或由他人检验货物，否则，将失去有关货物不符合合同的索赔权利。而后者则意味着买方对卖方所交付的货物的认可。

四、违约及救济措施

（一）违约

违约是指当事人不履行合同约定的义务，可能导致对方当事人遭受损失的行为。根据《联合国国际货物销售合同公约》规定，违约依发生的时间以及违约的程度可划分为预期违约与实际违约、根本违约与非根本违约。

1. 预期违约与实际违约

预期违约是指在合同规定的履行期限到来之前，已经有根据表明当事人将不会履行合同义务或大部分义务。预期违约可以分为根本预期违约和非根本预期违约。根据公约规定，订立合同后、履行期到来前，一方当事人由于下列原因显然将不履行其大部分重要义务，另一方当事人可以中止履行义务：一是被中止方当事人在履行合同的能力或信用方面存在严重缺陷；二是被中止方当事人在准备履行或履行合同的行为方面表明他将不能履行合同中的大部分重要义务。

实际违约则是指在合同规定的履行期届满之后，合同的一方当事人或者双方当事人不履行合同约定的义务。

2. 根本违约与非根本违约

根本违约是指一方当事人违反合同的后果，使得另一方当事人蒙受损害，以至于实际上剥夺了他根据合同规定有权期待得到的东西。除非违反合同的一方并不预知且一个同等资格、通情达理的人处于相同情况中也没有理由预知会发生这种结果。构成根本违约不仅要求在客观上损害达到一定的程度即受害方预期利益的丧失，还要求一定的主观条件，即违约方已经预见这种结果或者第三人能够预知这种结果。

除此之外，其他违约属于非根本违约。

（二）违约救济措施

1. 损害赔偿

损害赔偿是指当事人赔偿因其违约给对方造成的损失。损害赔偿是一种基本的违约救济措施。《联合国国际货物销售合同公约》第 74 条规定：一方当事人违反合同应负的损害赔偿额，应与另一方当事人因他违反合同而遭受的包括利润在内的损失额相等。这即是说，损害赔偿范围是包括利润在内的损失，不过，损害赔偿要遵循合理预见原则，不得超过违约一方在订立合同时可以预见的因其违约而给对方造成的损害的范围，并且，受损方有避免损失扩大的义务。

受损方要求损害赔偿的权利不因其采取其他救济措施而丧失。无论采取其他何种救济方法，如果仍不足以弥补由于对方违约而造成的损失，当事人仍可以继续要求损害赔偿。

2. 实际履行

实际履行是一方当事人在对方迟延给付货款或交付货物时采取的救济措施。实际履行救济措施可以达到买卖双方当初订立合同时预期的目的。实际履行措施在公约的规定中不是很严格。当出现违约时，一方当事人有权要求违约方履行其义务，但法院没有义务作出判决，除非法院依照其本国的法律对不属于公约范围的类似销售合同愿意这样做。这就意味着，当事人采取实际履行救济措施时，存在着法院能否作出实际履行的判决，以及判决的执行与否等不确定的因素。

当卖方违约时，买方可要求卖方交付符合合同约定的货物或者修理、更换或提交替代物等，但应满足四个条件：一是不得采取与此要求相抵触的某种救济办法；二是应给予卖方履行合同的合理宽限期；三是只有交付构成根本违约时，才能要求交付替代物，且应将原物返还；四是法院是否支持实际履行依赖于法院地国法律的规定。

当买方违约时，卖方可要求买方支付价款、收取货物或者履行其他义务，除非卖方已经采取了与此要求相抵触的某种救济方法。同时，卖方仍然应向买方提供合理的宽限期，以便买方履行义务。此外，卖方如果仍拥有合同货物或仍能控制这些货物的处置权，必须按情况采取合理措施，以保全货物直至买方支付价款为止。但如果货物易腐烂或者保全货物要支付不合理费用时，卖方可在通知买方后转售货物。不过，在这种情况下，卖方只能要求损害赔偿，而不能再要求实际履行。

3. 宣告合同无效

宣告合同无效亦即解除合同，是一方当事人根据法律规定或者合同约定，宣告合同效力归于消灭的单方法律行为。根据公约规定，宣告合同无效的情形通常有：一是违约方行为构成根本违反合同（含预期根本违约）；二是违约方在宽限期届满后仍不履行义务或者声明不在宽限期内履行合同。

如果卖方已交货，买方不能宣告合同无效。除非买方在得知交货后的合理时间内宣布合同无效；或者在交货不符的情况下，买方在检验货物后的合理时间内宣告合同无效；或者在规定的宽限期届满后或者在拒绝接受卖方逾期履行义务后的一段合理时间内宣告解除合同。根据公约规定，买方宣布合同无效的声明，只有在向卖方发出通知时才发生效力。

如果买方已经支付了价金，卖方不能宣告合同无效，除非卖方得知迟延履行义务之前，宣告合同无效；或者对于其他违反合同的事件，卖方在得知这种情况的合理时间内宣布合同无效；或者在给予买方的宽限期届满后或在得知买方声明不履行合同的一段合理时间内宣布合同无效。

宣告合同无效解除了双方当事人在合同中的义务，但并不影响合同争端解决条款的实施，也不影响违约损害赔偿措施的实施。

4. 其他救济措施

（1）修理货物。如果卖方交付货物与合同不符，买方可以要求卖方修理，作出补救。当然，该措施适用于货物不符情况并不严重，只需修理即可符合要求的情形。修理既可以由卖方进行，也可以由买方修理后卖方承担费用。

（2）减少价金。当卖方交货与合同不符时，不论货款是否已付，买方都可以要求降低价格。减少的价格应当是按照合同交付的货物在合同规定的期限内的价格与实际交付的货物价格之间的差额。如果减价不足以补偿买方的损失，买方还可以同时请求损害赔偿。不过，买方在下列情况下不得要求减少价金：一是卖方已对交货不符采取了补救办法；二是买方拒绝了卖方对违约采取的补救办法或者未在合理期限内答复卖方提出的补救办法。

五、货物风险转移

货物风险是指非由于当事人双方原因，而因第三方或意外事故造成的货物损害。国际货物买卖中，货物风险何时由卖方转移至买方是十分重要的问题，一般而言，除非当事人有特别约定，否则这种风险是随所有权的转移而转移的。公约规定中不涉及货物所有权的转移问题，采取的是所有权和风险转移分离原则。实践中，货物风险转移问题则交由争端解决机构根据一般原则或由国际私法规则决定适用的国内法律加以处理。公约对于货物风险何时转移的问题，确定了三大原则。

（一）交货转移原则

交货转移的时间即为风险转移的时间点，货物的风险自买方接收货物时起转移至买方承担。由于交货方式不同，相应地有以下几种不同的转移时间。

1. 涉及运输的交货。自货交第一承运人或在约定的特定地点交承运人时风险转移。

2. 在途货物的交货。原则上自订立合同时起风险转移。如果卖方需要买方转移运输单据作为交货凭据，则自货物交付签发单据的承运人时风险转移。

3. 不涉及运输的交货。如果在卖方营业地交货，则自买方接收货物时或无理拒收货物时风险转移。如果在卖方营业地以外的地方交货，则自买方接收货物时或知道应交由其处置时风险转移。

(二) 过失划分原则

过失划分原则是交货转移原则的补充。当卖方发生违约情形时，则货物风险不予转移或者风险倒转至卖方；或者当买方发生违约情形时，风险提前转移。

(三) 国际惯例优先原则

如果当事人对货物风险转移选择了有关贸易术语的国际惯例，则风险转移优先适用于这些惯例的规定。

需要注意的是，划拨是风险转移的前提条件，只有货物被特定化，划拨至合同项下，才能产生风险转移的问题。

六、国际贸易术语

国际贸易术语是在长期的国际贸易实践中形成的习惯做法。如果交易双方在合同中约定了采用某一个贸易术语，则该术语对双方有约束力。《国际贸易术语解释通则》（International Rules for the Interpretation of Trade Terms）是国际商会为统一解释贸易术语而邀请各方面的专家和学者制定的一套国际规则，源自 In [ternational] +Co [mmercial] +Terms，故该通则习惯上被称为 Incoterms，意译为国际贸易术语，即用以表示买卖双方权利义务的简短用语或其缩写。国际商会最新制定的《国际贸易术语解释通则》为 2010 年版本。《2010 年国际贸易术语解释通则》根据交易术语所适用的运输方式包含了 11 种贸易术语。

(一) 适用于任何运输方式的贸易术语

1. EXW (全称为 EX Works)

EXW 的中文意思是工厂交货（指定地点）。此术语下卖方义务最小，卖方将货物在约定地点交给买方处置即完成交货义务。此术语下约定的地点指卖方的工厂、仓库等，由于是在卖方工厂完成交货，故该术语又称为“内陆交货合同”。在此术语下，货物的风险自交货时转移。

依该术语，卖方的义务是：(1) 履行交货义务，即在其所在地（一般为工厂或仓库）将货物交给买方；(2) 承担交货前的风险和费用。买方的义务是：(1) 必须承担在卖方所在地受领货物后的全部费用和风险；(2) 办理出口清关手续。

2. FCA (全称为 Free Carrier)

FCA 的中文意思是货交承运人（指定地点）。卖方办理出口结关手续，在指定地点将货物提交给买方指定的承运人以完成交货义务。

承运人包括实际承运人和运输合同承运人，有时还包括货运代理人。如果买方指示卖方将货物交付给一个非承运人的货运代理人，当货物在其监管之下时，卖方被视为履行了交货义务。当卖方将货物提交承运人监管时，货物的一切风险和费用由卖方转移给买方。

FCA是适用范围最广泛的一种贸易术语。FCA术语中对铁路、公路、内河运输的货物承运人有明确的解释：（1）铁路运输：当货物构成一整车货（或一集装箱整箱货）时，卖方将货物以适当的方式装入货车或集装箱由承运人接收后，视为履行了交货义务；（2）公路运输：当装货在卖方所在地进行时，卖方须将货物装入买方提供的车辆后，视为履行交货义务；（3）内河运输：当装货在卖方所在地进行时，卖方将货物装上买方指定的船舶时，视为履行了交货义务。

3. CPT（全称为 Carriage Paid to）

CPT的中文意思是运费付至（指定目的地）。卖方将货物交给承运人并及时通知买方即完成交货义务。当然，卖方须办理出口清关手续，负责安排运输并支付运费，提供商业发票、运输单据并承担货交承运人之前的一切风险和费用。

4. CIP（全称为 Carriage and Insurance Paid to）

CIP的中文意思是运费及保险费付至（指定目的地）。卖方不仅要办理出口结关手续，支付货物运至指定目的地的运费，订立运输合同，还要办理货物在运输途中灭失或损坏风险的保险，订立保险合同并支付保险费。买方从货物交付承运人时起，承担货物灭失或损坏的风险及其他额外费用。当由后续承运人将货物运至约定目的地时，风险从货物交付第一承运人时起从卖方转移给买方。

5. DAT（全称为 Delivered at Terminal）

DAT的中文意思是指在指定目的地或目的港的集散站交货，"Terminal"可以是任何地点，如码头、仓库、集装箱堆场或者铁路、公路或航空货运站等。它是2010年版本新增术语，取代了先前的DEQ。

6. DAP（全称为 Delivered at Place）

DAP的中文意思是指在指定目的地交货。它与DAT的主要区别在于，DAT下卖方需要承担货物由目的地（港）运输工具上卸下的费用，DAP下卖方只需在指定目的地使货物处于买方控制之下，而无须承担卸货费。它也是2010年版本新增术语，取代了先前的DAF、DES和DDU三个术语。

7. DDP（全称为 Delivered Duty Paid）

DDP的中文意思是完税后交货。此术语下卖方义务最大。该术语下，卖方的义务是办完进口结关手续，在指定目的地将处于运输工具上的货物交给买方处置，并承担将货物运至指定目的地前的一切风险和费用，包括办理进口结关手续，缴纳各种税、费。

（二）仅适用于水上运输方式的贸易术语

1. FAS（全称为 Free Alongside Ship）

FAS的中文意思是船边交货。在该术语下，卖方的义务是办理出口清关手续，在合同规定的日期或期限内，将符合合同的货物运至买方指定的装运港船边即完成交货义务，风险自此转移至买方。该术语仅适用于海运或内河运输。

2. FOB（全称为 Free on Board）

FOB的中文意思是船上交货。卖方的义务是：（1）提供符合合同规定的货物和单证或相等的电子单证；（2）办理出口许可证及其他货物出口手续，交纳出口捐、税、费；（3）按照约定的时间、地点，依照港口惯例将货物装上买方指定的船舶，并给买方以充分的通知；（4）承担在货物装船前的风险和费用。

3. CIF（全称为 Cost，Insurance and Freight）

CIF的中文意思是成本、保险费加运费（指定目的港）。CIF术语是较常用的术语。在该术语下，卖方义务是：（1）提供符合合同规定的货物和单证或相等的电子单证；（2）办理出口许可证及其他货物出口手续，并交纳出口捐、税、费；（3）订立运输合同，将货物按惯常航线在指定日期装运至指定目的港，并支付运费；（4）订立保险合同，交纳基本保险费；（5）承担货物装至船上以前的风险及除运费和保险费以外的费用。

4. CFR（全称为 Cost and Freight）

CFR的中文意思是成本加运费（指定目的港）。在按CFR术语成交时，价格构成中不包括保险费，也就是说，买方要自行投保并支付保险费用。其余关于交货地点、买卖双方责任、风险及费用的划分等事项都与CIF术语相同。

七、国际贸易管制

国家管制国际贸易由来已久。古代雅典城邦国家曾对其谷物出口加以限制，15世纪的重商主义者主张用国家权力手段对贸易实行管制。第一次世界大战前，各国政府主要是用关税措施限制他国商品的输入。第二次世界大战后，除关税措施外，又出现了许多新的措施，统称为“非关税措施”。国际贸易管制主要就是通过关税和非关税措施进行的，从贸易自由化角度看，这两种措施常常成为各国限制他国产品进口从而实施贸易保护主义的有力手段，又可称为关税壁垒和非关税壁垒。

（一）管制国际贸易的关税措施

关税（Customs Duty/Tariff Duty）是一国海关根据其法律规定，代表国家对进出关境货物征收的一种税。关境又称税境，是一国海关征收关税的地域范围，它直接决定着一国行使关税主权的权力范围大小。

1. 分类

根据货物进出的流向可以将关税分为进口税、出口税和过境税。进口税（Import Duty）是一国海关在外国货物进入本国关境时所征收的一种关税，纳税义务人一般为本国的进口商。除了对进口商品征收正常的进口关税外，进口国有时还制定和实施某些特别的进口关税，称为“进口附加税”，如反倾销税等。出口税（Export Duty）是一国海关在本国货物出口境外时所征收的一种关税，纳税义务人一般为本国的出口商。大多数国家不征收出口关税，仅针对一些国内市场短缺或本国工业生产所必需的少数产品征收。过境税（Transit Duty）是一国海关对通过其关境运往第三国的外国货物所征收的一种关税。目前只有少数国家征收过境税。

根据一国确定关税的独立程度，可将关税分为自主关税和协定关税。自主关税，又称固定关税（National Tariff），是指一国不受贸易条约或协定的约束，根据本国国情独立自主地制定关税法规和条例，并据以征收的关税。该关税构成了一国的法定固定关税，税率通常较高，适用于与征税国没有贸易协定或没有获得特殊优惠关税的国家的商品。协定关税（Convention Tariff），指一国通过双边或多边贸易谈判而确定的关税。该关税税率一般比自主关税低，适用于与征税国订有关税贸易协定的国家的商品。

从征收方法上说，包括从价征税、从量征税、复合征税和选择征税。从价征税（Ad Valorem Duty）指按照进口商品的价值确定税额。从量征税（Specific Duty）指以货物在进出境时的重量、数量、容积、体积、长度、面积等度量衡的某一单位作为标准征收税收。各国大都对一些价格波动幅度较大和较频繁以及价格较难确定的进口货物规定从量征税。复合征税（Compound Duty）指对同一进出口货物同时征收从价税和从量税，并以其中一种税为主的征税方式，所以又称混合关税。混合关税在计征手续上较为烦琐，但在价格发生变动时，可以减轻价格对关税保护作用与财政收入的影响。选择征税（Alternative Duty）是指对同一进出口货物既规定从价税，又规定从量税，海关从中选择税额较高的税收计征。

2. 海关税则和关税税率

海关税则（Customs Tariff），也称关税税则，是指一国制定的对一切应税、免税和禁止进出口的商品加以系统分类的一览表，内容主要包括税则号、商品名称、征税标准、计税单位、税率等。海关税则是一国海关征收关税、行使征管权的具体依据。根据对同一税目税率的多少，可将各国的海关税则分为单式税则和复式税则。单式税则也称一栏税则，即对每个税目只规定一个税率，对来自所有国家的商品按同一税率征收。复式税则的税率通常有基本税率、协定税率、优惠税率、暂定税率等。复式税则使得一国的贸易政策具有一定的灵活性和针对性，关税的经济杠杆调节作用能够得到充分发挥。

关税税率（Tariff Rates）是指海关对货物征收关税时计算税额的比率。关税税率是关税政策的核心和具体化，是一国保护本国产业的基本措施，也是多边贸易谈判的主要议题。

3. 保税制度

保税制度是指经批准，境内企业进口的货物，在海关指定的场所储存、加工、装配，暂缓缴纳各种进口税费的一种海关监管业务制度。海关指定的保税区域一般有为国际商品贸易服务的保税仓库、保税区、寄售代销和免税品商店，为加工制造服务的进口来料加工、保税工厂、保税集团等。

（二）管制国际贸易的非关税措施

非关税措施（Non-tariff）是指除关税措施以外的其他一切直接或间接限制外国商品进口的法律和行政措施。当非关税措施用于限制贸易的目的时，通常称其为

"非关税壁垒"。由于关税措施不太灵活，税率的制定须经立法程序，执行较严格。而且，高关税不但不能阻止进口，反而容易招致他国的报复，特别是经过多轮多边关税减让谈判后，关税税率大幅度降低，关税的保护作用已大大减弱。因而，非关税措施的适用更为普遍。

与关税措施相比，非关税措施有以下几个方面的优势：一是非关税措施主要依靠行政措施和命令实施，而行政措施的采用不受法律程序约束，较为灵活、便捷，同时又可以针对某个国家或某种产品而实施；二是非关税措施有一定的隐蔽性、欺骗性和歧视性，往往以履行正常的海关手续和要求等为借口，间接地达到保护的目的；三是非关税措施不易受汇率变化的影响，完全可以避开汇率的变化而达到既定的目的；四是各国对非关税措施缺少有效的监督和控制，WTO虽然对非关税措施有所禁止或限制，但很多是一般性的禁止或限制，同时有许多例外条款。

在国际贸易管理实践中，各国常用的非关税措施有进出口许可证措施、进出口配额措施、外汇管理措施、进出口商品检验措施、反倾销、反补贴措施和保障措施等。反补贴、反销售和保障措施是WTO允许的贸易救济措施，目前已成为各国保护国内产业的重要工具。所谓反补贴（Countervailing），是指进口国针对出口国对某一出口产品给予财政或公共性的经济补贴而采取的限制进口的措施。所谓反倾销（Antidumping），是指一国出口商以低于其国内市场价格或低于成本的价格将货物销售到进口国，以致对进口国国内产业造成了实质损害或实质损害的威胁，或对建立国内相关产业造成实质阻碍时，进口国对该产品的进口实施限制的措施。所谓保障措施（Safeguards），是指因不可预见的发展导致某一产品的进口数量激增，以致对生产同类或直接竞争产品的国内产业造成严重损害或严重损害的威胁时，进口国对该产品的进口实施限制的措施。反倾销和反补贴措施针对的是不公平的贸易行为，保障措施则纯粹出于对本国产业的保护，针对的是公平的贸易行为，WTO规则对这三种非关税措施的实施均规定有限制条件。

【案例评析】

一、案例一

1. 案情简介

2010年，我国甲公司与某国乙公司签订了向乙公司出口一批一级棉花的合同，但合同中没有约定争端解决和法律适用的条款。

2. 基本问题

《联合国国际货物销售合同公约》的适用问题。

3. 知识内容

《联合国国际货物销售合同公约》（CISG公约）是由联合国国际贸易法委员会主持制定的，1980年在维也纳举行的外交会议上获得通过。公约于1988年1月1

日正式生效。截止到2005年上半年，已有包括我国在内的65个国家核准和参加了该公约。

《联合国国际货物销售合同公约》规定了公约的适用范围。第一，公约只适用于国际货物买卖合同，即营业地在不同国家的双方当事人之间所订立的货物买卖合同，但对某些货物的国际买卖不能适用该公约作了明确规定。第二，公约适用于当事人在缔约国内有营业地的合同，但如果根据适用于“合同”的冲突规范，该“合同”应适用某一缔约国的法律，在这种情况下也应适用该公约，而不管合同当事人在该缔约国有无营业所。对此规定，缔约国在批准或者加入时可以声明保留。第三，双方当事人可以在合同中明确约定不适用该公约（适用范围不允许缔约国保留）。

本案中，我国是公约缔约国，如果某国也是公约缔约国，乙公司在此缔约国国内有营业地，由于双方在合同中没有约定争端解决和法律适用的条款，则我国甲公司与某国乙公司所签订的合同自动适用CISG公约；如果某国不是公约缔约国，根据我国加入公约时所作的保留，我国与非缔约国当事人订立的合同将不适用CISG公约。根据这一保留，当中国当事人与来自非公约缔约国的当事人之间订立的国际货物销售合同发生争议，没有就法律适用问题达成协议，我国法院将根据冲突法的指引决定适用中国的法律时，只能适用中国国内法，而不适用公约。在国内法领域，我国《民法通则》第145条规定，涉外合同的当事人可以选择处理合同争议所适用的法律，法律另有规定的除外。涉外合同的当事人没有选择的，适用与合同有最密切联系国家的法律。《合同法》第126条也规定：“涉外合同的当事人可以选择处理合同争议所适用的法律，但法律另有规定的除外。涉外合同的当事人没有选择的，适用与合同有最密切联系的国家的法律。”本案如若根据冲突法的指引决定适用中国的法律，则应按照最密切联系原则进行处理。

二、案例二

1. 案情简介

中国某公司（卖方）应澳大利亚某公司（买方）的要求，发出“出售某农产品300公吨，每公吨CIF悉尼120美元，即期装运”的电传。对方接到后再三要求中方增加数量、降低价格，并延长有效期。中方又发出“450公吨，价格每公吨CIF悉尼115美元，有效期8月25日”的电传，对方于8月22日来电表示接受，并附“需提供良好适合海运的袋装”的文字。中方在接电后发现国际市场农产品价格暴涨，遂回电拒绝成交，并称“货物在接到贵方电传前已出售”。澳商来电要求中方履行合同，否则将由中方承担违约责任。

2. 基本问题

合同成立中的承诺问题。

3. 知识内容

承诺是指受要约人无条件接受要约人在要约中所提出的交易条件，并愿意按照这些条件与要约人订立合同的一种意思表示。受要约人一旦作出承诺并生效，合同即告成立，对要约人和承诺人都有约束力，任何一方都不得擅自解除和修改，否则将构成违反合同义务。

对要约构成实质性更改的承诺本身成为一项新的要约，合同并不因此而成立。承诺既包括言词承诺，也包括行为承诺，如付款行为。但是沉默和不作为不能构成有效的承诺。承诺生效的要件包括：

（1）承诺必须由受要约人作出。在实践当中，如果承诺人的代理人代为作出承诺，必须有承诺人的授权并以承诺人的名义才能作出。（2）承诺的内容应与要约的内容保持一致。承诺本身即是受要约人完全同意要约内容的意思表示，所以承诺人应当无条件同意要约人在要约中提出的各项主要交易条件，否则可能构成对要约的实质更改而构成反要约。（3）承诺须在要约规定的有效期限内送达要约人。如上文所述，一项要约在规定的有效期内若未得到有效承诺，该要约即告失效。逾期的承诺此时可视为一项新的要约，经要约人承诺之后合同方可生效。要约规定了承诺期限的，承诺应该在该期限内送达，未规定的，则应在一段合理时间内送达。（4）承诺的送达方式必须符合要约提出的要求。非以要约规定的方式作出的承诺本身不构成有效承诺。

一项承诺是否构成对要约内容的实质性变更直接关系到该项承诺是否生效或者是否成为反要约。根据《联合国国际货物销售合同公约》的规定，所谓实质性变更，是指承诺对要约中的货物价格、付款、货物质量和数量、交货时间和地点、当事人的赔偿责任范围或解决争端等的添加、限制或更改。此时，该承诺即构成一项新的要约。而其他对要约内容的添加、限制或更改不构成对要约的实质性变更，即属于对要约的非实质性变更。此时，除非要约人在不过分延迟的期限内以口头或者书面通知提出异议，否则该项承诺仍然构成对要约的接受。承诺中所载明的内容即为合同的内容。

本案中，中方第一次发出的电传即为要约，澳大利亚某公司接到要约后对要约内容进行变更，提出“增加数量、降低价格，并延长有效期”，已构成实质性变更，合同未成立。中方第二次发出要约后，澳方提出的“需提供良好适合海运的袋装”的要求仅构成对要约内容的非实质性变更，不是实质性变更，故合同成立，双方均受合同约束，中方有义务按照合同内容出售货物。中方声称“货物在接到贵方电传前已出售”，此行为已经构成根本违约，澳方有权宣布撤销合同，并有权要求损害赔偿或者采取其他救济方法。

三、案例三

1. 案情简介

（1）销售合同规定出售一级质量的谷物，FOB 卖方某城市，卖方装运了一级谷物，但是在运输中谷物遭受湿损，到达目的港时货物质量变成三级而非合同要求的一级，买方以货物不符合合同为由向卖方索赔，卖方以货物在风险转移给买方时与合同相符为由予以拒绝。

（2）孟买的卖方向纽约的买方出售 5 000 码纺织品，合同详细说明买方是用该商品来制作夏季服装，在 3 个月的海洋运输中海水渗入包装箱，引起半数货物湿损，根据合同（属于装运合同），买方承担了该风险损失，接受了货物，在后来制作成衣时买方发现织物染料褪色，所制作的服装没有商销性。原因主要是印染工序不合格。

2. 基本问题

货物相符义务。

3. 知识内容

案例（1）

在国际货物买卖中，货物风险主要指货物在高温、水浸、火灾、盗窃、查封等非正常情况下发生的短少、变质或灭失等损失。划分风险的目的就是确立这些损失应当由谁来承担。《联合国国际货物销售合同公约》对风险转移确定了以下原则：

（1）以交货时间确定风险转移。公约第 69 条第 1 款规定，从买方接收货物时起，风险转移于买方承担。（2）过失划分原则。从交货时间起，风险从卖方转移于买方。这一原则的适用有一个前提，即风险的转移是在卖方无违约责任的情况下，假如卖方发生违约行为，则上述原则不予适用。（3）国际惯例优先。公约第 9 条第 1 款规定，双方当事人业已同意的任何惯例和他们之间确立的任何习惯做法，对双方当事人均有约束力。（4）划拨是风险发生转移的前提条件。根据公约的规定，货物在划拨到合同项下前，风险不发生转移。

案例（1）中，买卖双方选择了 FOB 这种贸易术语，则 FOB 规定的风险分担原则优先于公约的规定。

根据《2010 年国际贸易术语解释通则》，在 FOB 条件下，货物自装运港装上船时，风险即由卖方转移至买方。本案例中，货物在风险转移给买方时与合同相符，则卖方已经完成了交货义务，因此在运输中谷物遭受湿损而导致的损失，应该由买方承担。买方以货物不符合合同为由向卖方索赔的请求不能成立。

案例（2）

质量担保又称为瑕疵担保，是指卖方对其所售的货物的质量、特性或适用性承担的责任。根据公约第 35 条第 2 款的规定，卖方提交的货物除了应符合合同的规定之外，还应符合如下几项要求：（1）货物适用于同一规格货物通常使用的目的；（2）货物适用于在订立合同时曾明示或默示地通知卖方的任何特定目的，除非情况表明买方并不依赖于卖方的技能和判断力，或者这种依赖对他是不合理的；（3）货物的质量与卖方向买方提供的货物样品或样式相同；（4）货物按照同类货物通用的方式装箱或包装，如果没有此种通用方式，则按照足以保全和保护货物的方式装箱或包装。

如果卖方交货不符合上述条件，则卖方需要承担交货不符，违反合同的责任。但根据公约第 5 条的规定，因货物瑕疵导致的人身、财产损失等产品责任问题不在公约调整的范围之内。

此外，公约还对卖方承担货物质量担保义务的时间作了明确的规定。一般情况下，只要货物在风险转移到买方时符合合同要求，卖方就不必再承担质量担保义务。

除非货物不符合合同要求的情形需要在风险转移到买方之后才能显现出来，而这种质量瑕疵在货物风险转移前就已经存在，则卖方仍应承担质量担保责任。如果双方在合同中约定了货物品质的保证期，在保证期内货物的风险已经完全转移给买方的情况下，仍出现了货物不符合合同的情形，那么卖方仍需要对此负责。也就是说，风险的转移并不能免除卖方在保证期内应承担的责任。

案例（2）中，根据买卖双方的合同要求，卖方应该向买方提供适合“用来制作夏季服装”的纺织品。由于印染工序不合格，导致卖方向买方提供的纺织物质量与合同不符，且这种不符的情况在风险转移到买方前业已存在。尽管这种不符的情况在风险转移后才显露，卖方仍应承担质量责任。

【疑难问题】

1.《联合国国际货物销售合同公约》的效力问题。
2. 违约情形下货物风险转移的责任划分问题。
3. 违约救济措施的适用条件。
4. 实践中贸易术语的选择问题。
5. 贸易管制措施的功能。

实务训练

1. 2012 年 1 月，重庆某公司与新加坡客商洽谈出口茶叶合同，货款支付方式为信用证，价格条件特定（如 CIF 新加坡，200 美元/箱，如 FCA 重庆，150 美元/箱），净化时间为 8 月底前。现新加坡客商请重庆某公司提出合同草案。

请根据基本情况为重庆某公司草拟合同。

2. 我国某出口公司按 CIF 条件，以信用证方式向美国客商出口一批货物，并在规定时间在上海将货物装运上船。装运完毕后，海轮起火，货物全部损失。美国客商知晓后，以不可能收到货物为由，拒绝付款。

请为某出口公司起草律师函，并为解决该纠纷出具法律意见。

课后练习

1.《联合国国际货物销售合同公约》适用于下列哪些合同？（　　）

A. 营业地在不同缔约国的当事人之间所订立的货物销售合同

B. 住所地在不同缔约国的当事人之间所订立的货物销售合同

C. 具有不同缔约国国籍的当事人之间所订立的货物销售合同

D. 在国际私法规则导致适用某一缔约国法律的条件下，营业地在不同国家的当

事人之间所订立的货物销售合同

2. 2010 年 2 月，日本某公司向中国深圳某进出口公司函电："供应 50 台汽车，每台 CIF 日本 3 500 美元，订立合同后两个月装船，不可撤销即期信用证付款，请电复。"深圳某进出口公司收到函电后，立即电复说："我接受：50 台汽车，每台 CIF 香港 3 500 美元，在订立合同后立即装船。"但日本公司未作答复，将汽车出售给了第三人。双方对合同是否成立产生了争议，中国深圳某进出口公司诉至法院。

请问：双方合同是否成立？

3. 中国甲公司向法国乙公司出口一批机床，可能出现这几种情况：

(1) 法国乙公司在签订合同时，告知中方机床将在法国使用。之后法国某制造商依据法国专利法向法国的乙公司提出乙公司进口并使用的机床所运用的技术系对其专利的仿冒。

(2) 法国乙公司在与我国甲公司签订合同时，明确告知甲公司货物将被转售到荷兰。货到荷兰后，一个荷兰的制造商声称这设备是仿冒他在荷兰登记注册的专利制造的，并立即向法院起诉要求停止这种机床在荷兰的使用和销售，并要求法国乙公司赔偿损失。

(3) 法国乙公司在与甲公司签订合同时，明确告知甲公司货物将被转售到法国。但是在合同履行的过程中，由于一些原因，导致机床并没有按计划销往法国，买方将货物另行转售给了荷兰的进口商。荷兰某制造商认为该批机床的进口侵犯了他在荷兰登记注册的专利权。

问题：卖方在上述何种情况下应承担对货物的权利担保义务？

4. (1) 某合同出售一级面粉 300 吨，按 FOB 条件成交，装船时货物经公证人检验，符合合同规定的品质条件，卖方在装船后已及时发出装船通知。但航行途中由于海浪过大，面粉被海水浸泡，品质受到影响。当货物到达目的港时，只能按三级面粉的价格出售，因而买方要求卖方赔偿差价损失。

试问：在上述情况下，卖方对该项损失是否应负责？为什么？

(2) 我方公司以 CFR 贸易术语与某国的甲公司成交一批服装的出口合同，合同规定装运时间为 8 月 15 日前。我方备妥货物，并于 8 月 8 日装船完毕。由于遇星期日休息，我方公司的业务员未及时向买方发出装运通知，导致买方未能及时办理投保手续，而货物在 8 月 8 日晚因火灾被烧毁。

问：货物损失责任由谁承担，为什么？

(3) 有一份 CIF 合同，货物已在合同规定的时间和装运港装船，受载船只离港 4 小时后就触礁沉没。第二天，当卖方凭手中持有的提单、保险单、发票等装运单据 (shipping documents) 要求买方付款时，买方以货物已全部损失为理由，拒绝接受单据和付款。

试问：在上述情况下，卖方有无权利凭规定的单据要求买方付款？为什么？

5. 中国甲公司（卖方）与德国乙公司（买方）签订的国际货物买卖合同中使用了"CIP 汉堡"贸易术语。下列哪一种说法符合该贸易术语的要求？（　　）(2005 年司法考试试卷一第 41 题)

A. 货物应运至汉堡港

B. 货物风险自货交第一承运人时转移

C. 由甲公司负责办理进口手续

D. 甲公司订立多式联运运输合同，乙公司负责办理保险

6.（1）国内某产品生产商向我国商务部申请对从甲国进口的该产品进行反倾销调查。该产品的国内生产商共有100多家。根据我国相关法律规定，下列哪一选项是正确的？（　　）（2010年司法考试试卷一第44题）

A. 任何一家该产品的国内生产商均可以启动反倾销调查

B. 商务部可强迫甲国出口商作出价格承诺

C. 如终裁决定确定的反倾销税高于临时反倾销税，甲国出口商应当补足

D. 反倾销税税额不应超过终裁决定确定的倾销幅度

（2）根据我国法律规定，满足下列哪些条件，商务部才决定采取保障措施？（　　）（2010年司法考试试卷一第85题）

A. 进口产品数量增加

B. 进口产品数量增加是出口方倾销或补贴的结果

C. 进口产品数量增加并对生产同类产品的国内产业造成严重损害

D. 进口产品数量增加并对国内直接竞争产品的产业造成严重损害威胁

7. 甲国公司（卖方）与乙国公司订立了国际货物买卖合同，FOB价格条件，采用海上运输方式。甲、乙两国均为《联合国国际货物销售合同公约》缔约国。

问题一：因当事人已选择了贸易术语，该公约整体是否不再适用于该合同？（2009年司法考试试卷一第40题）

问题二：若两公司就货物所有权是否在货物装到船上时转移发生纠纷，是否也适用该公约解决？

8. 中国某化工产品的国内生产商向中国商务部提起对从甲国进口的该类化工产品的反补贴调查申请。依我国相关法律规定，下列哪一选项是正确的？（　　）（2009年司法考试试卷一第45题）

A. 商务部认为必要时可以强制出口经营者作出价格承诺

B. 商务部认为有必要出境调查时，必须通过司法协助途径

C. 反补贴税税额不得超过终裁决定确定的补贴金额

D. 甲国该类化工产品的出口商是反补贴税的纳税人

延伸阅读

1. ［德］施莱希特里姆．《联合国国际货物销售合同公约》评释．李慧妮译．3版．北京：北京大学出版社，2006

2. 李巍．《联合国国际货物销售合同公约》评释．2版．北京：法律出版社，2009

3. 刘瑛．《联合国国际货物销售合同公约》解释问题研究．北京：法律出版

社，2009

4. 张玉卿．国际货物买卖统一法：联合国国际货物销售合同公约释义．3版．北京：中国商务出版社，2009

5. 张晓君．国际经济法学．厦门：厦门大学出版社，2012

第二章　国际货物运输与保险法律实务

【内容摘要】

国际海上货物运输合同在海商法中占据核心地位，各国的海商法通常都用大量的条款规定有关的内容，而海上保险则是海上运输不可缺少的一环。通过本章的学习应重点掌握提单的功能、国际海上货物运输中承运人的义务与责任、航次租船合同的主要问题以及国际货物多式联运、国际海上货物运输保险的基本问题、国际海上货物运输保险之补偿原则、保险标的的损失与赔偿、保险条款的具体内容等，并从实务的角度，熟悉投保及保险索赔的程序。

【知识要点】

国际货物运输是实现国际货物买卖的重要手段之一，随着运输技术的革新，货物运输的方式也在不断增多，包括海上、陆上、空中以及多式联合运输等多种运输方式，不同的运输方式具有其自身的特点，相辅相成，互相补充，组成一国或地区乃至整个世界统一的运输网。但从国际运输实践看，海运是最普遍的国际货物运输方式。鉴于篇幅的限制，本章重点分析国际海上货物运输的法律问题，而对其他国际货物运输方式的法律问题仅作简单介绍。

一、提单的若干基本问题

（一）调整提单运输的国际条约

国际货物买卖合同项下的货物，多采用件杂货定期班轮运输方式，即由买方或卖方将货物交由承运人运输而由承运人或其代理人签发一种表明货物已在其接管之下的书面凭证，即提单。目前，调整提单运输关系的国际公约有：

1.《统一提单的若干法律规则的国际公约》(简称《海牙规则》)

公约于1924年在布鲁塞尔签订并于1931年6月2日生效。由于公约的草案是由国际海事委员会于1921年在海牙制定的一个提单规则，故简称为《海牙规则》。《海牙规则》采纳了美国《哈特法》的基本原则，规定了承运人最低限度的责任和义务，使船、货双方的利益在此基础上达到了基本的平衡，对于统一国际海上货物运输法律起到了很大的作用，迄今仍是国际海上货物运输法律制度的基础。但国际政治、经济形势的变化和航海、造船技术的进步，打破了这种平衡，国际海事委员会决定对《海牙规则》进行修改。

2.《修改统一提单若干法律规则的国际公约的议定书》(简称《维斯比规则》)

1968年2月23日在布鲁塞尔召开的由53个国家和地区的代表参加的第十二届海洋法外交会议上，通过了《修改统一提单若干法律规则的国际公约的议定书》，简称《维斯比规则》。该议定书于1977年6月23日生效。《维斯比规则》在单位赔偿限额、提单的证据效力、侵权行为之诉、承运人的受雇人或代理人的法律地位、诉讼时效以及适用范围等方面对《海牙规则》作了主要的修改，对维护《海牙规则》基础上的船、货双方利益的平衡起到了一定的作用，但是没有触及《海牙规则》的核心——承运人的责任归责原则，议定书结合原公约被称为《海牙—维斯比规则》。

3.《联合国海上货物运输公约》(简称《汉堡规则》)

联合国贸易和发展会议于1969年4月设立国际航运立法工作组，研究提单的法律问题，1978年3月在联合国海上货物运输会议上通过了《联合国海上货物运输公约》，简称《汉堡规则》，于1992年11月1日生效。《汉堡规则》对《海牙—维斯比规则》作了实质性的修改，在有关承运人的责任问题上废除了"航行过失免责"的规定，基本上落实了过失责任原则，在一定程度上反映了国际统一海事立法的发展趋势，但是，由于《汉堡规则》的缔约国均为航运不发达的发展中国家，因而该公约所希望达到的统一国际海上货物运输法律的目标还难以实现。因此，目前《海牙规则》、《维斯比规则》和《汉堡规则》并行生效，造成现代国际海运法律制度的不统一。

4.《联合国全程或部分海上国际货物运输合同公约》(简称《鹿特丹规则》)

《联合国全程或部分海上国际货物运输合同公约》，是由联合国贸易法委员会制定的，意在取代《海牙规则》、《维斯比规则》和《汉堡规则》，以实现货物运输法律的国际统一 。2009年9月23日于荷兰鹿特丹举行签字仪式，开放供成员国签署，因而该公约又被命名为《鹿特丹规则》。《鹿特丹规则》是当前国际海上货物运输规则之集大成者，不仅涉及包括海运在内的多式联运，在船、货两方的权利义务之间寻求新的平衡点，而且还引入了如电子运输单据、批量合同、控制权等新的内容。此外，公约还特别增设了管辖权和仲裁的内容。该规则的生效实施，无疑将对国际贸易实务和惯例、国际航运及其立法等产生重大影响。[①]

(二) 提单的功能

提单是指用以证明海上货物运输合同和货物已经由承运人接收或者装船，以及承运人保证据以交付货物的单证。[②] 依货物是否已经装船，可将提单分为已装船提单和收货待运提单；依收货人抬头，可将提单分为记名提单、指示提单和不记名提单；依提单有无批注，可将提单分为清洁提单和不清洁提单；依运输方式的不同，可将提单分为直达提单、转船提单和联运提单；依运费是否已付，可将提单分为运费预付提单和运费到付提单。

提单起源于中世纪，起初的提单是一式二联，从骑缝处截开，承运人和托运人各执一联，在目的港拼起来，对缝即交货。提单的英文原名为"bill of lading"，16世纪末，《牛津字典》里才出现"bill of lading"一词，此后一直沿用至今。

1. 提单是海上货物运输合同的证明

对提单本身是否是海上货物运输合同，长期以来在理论界都存在争议。根据传统的英国提单理论，提单本身不是运输合同而是运输合同的证明。在我国，大多数学者认为，提单签发之前运输合同已经成立，因此提单不是运输合同。因为，托运人在订舱之时，已经与承运人就所托运的货物、航线、装卸港口、日期和运费等主要条款达成合意，此时运输合同已经成立，签发提单只是履行合同的一个环节。从形式上看，提单通常也不具备合同的要求，除了在法国是由双方签署的外，一般只有一方签署，只是一种单方文件，既非托运人起草亦非由其签署，如托运人不同意提单条款，无疑可以及时将货物撤回，但是，如果他没有要求退运，并不排除他举证证明在提单签发之前，他与承运人已经订立与提单条款不同的合同。

虽然提单本身不是海上货物运输合同，但提单作为海上货物运输合同的证明，在理论上对确定承运人与托运人的权利、义务起到非常重要的作用。海上货物运输合同在订立过程中大多数时候都没有合同书，甚至在整个订约过程中都是通过口头形式完成的，因此，如何确定双方当事人的权利义务便十分困难。而提单在内容上较为完备，形式上也符合通常有关"书证"的要求，因此，与其他证明材料相比，具有较强的证明力。但是这种证明效力对不同的当事人存在不同的情况：在托运人和承运人之间，提单是承运人已经按照提单上所载货物状况收到货物或者货物已经

---

① 《鹿特丹规则》的生效条件是：该规则于第20份批准书、接受书、核准书或加入书交存之日起1年期满后的下一个月第一日生效。该规则于2009年9月23日在荷兰鹿特丹举行开放供签署仪式的当天，获得了16个国家的签署。至2011年7月21日，共有24个国家签署了这一规则。其中，西班牙于2011年1月19日批准公约。见 http://en.wikipedia.org/wiki/Rotterdam_Rules，访问时间：2011年9月30日。

② 参见《汉堡规则》第1条第7款，我国《海商法》第71条。《鹿特丹规则》第35条采用了运输单证或者电子运输记录的概念。第1条第14款规定："运输单证"系指由承运人或履约方根据运输合同签发的单证，该单证满足下列一项或两项条件：(1) 证明承运人或履约方收到了运输合同项下的货物；(2) 证明或包含一个运输合同。

装船的初步证据，但是，当提单被转让给善意第三人后，提单便成为承运人与第三人之间权利义务的最终证据。①

2. 提单是承运人接收货物的收据

承运人向托运人签发提单，表明提单上所记载的货物已由承运人接收或装船，承运人应保证在目的港向收货人交付提单记载的货物。

提单上通常载有三个方面的内容：识别货物的标志；包数或件数或数量或重量；货物的表面状况。其中件数、数量（通常指体积）或重量中只需记载一项，当然也可以全部记载，视情况而定。但在实务中，通常基于运费的计算和买卖交易上的需要，将三者一并予以记载。根据《汉堡规则》和我国《海商法》，体积或重量二者之一与件数一道，均属于承运人在提单上必须记载的内容。作为法定记载事项，一旦记载，就产生记载的证据效力。

如前所述，当提单在托运人手中时，提单上的上述记载应作为承运人收到货物的一种初步证据，允许承运人向托运人提出反证，证明实际收到的货物和提单上记载的内容不符。② 但提单如转让至善意第三人，即作为对承运人有约束力的最终证据。

3. 提单是货物的权利凭证③

提单是承运人据以向收货人或提单持有人交付货物的权利凭证。在货物交付之前，货物如果在承运人的保管或占有之下。除记名提单外，提单可以流通转让，提单的持有人可以凭提单向承运人提取货物。提单是提单上所载货物的象征，是提单上所载货物的权利凭证。

二、国际海上货物运输中承运人的义务与责任

在海上货物运输法中，以承运人责任为中心的若干相互关联的条款在整体上形成一个体系，即承运人责任体系④，其内容主要包括承运人的义务条款、免责条款以及责任条款等。国际条约中关于承运人的责任体系，比较典型的有三种模式：《海牙规则》模式、《汉堡规则》模式及《鹿特丹规则》所采取的《海牙规则》和《汉堡

---

① 我国《海商法》第 78 条规定：承运人同收货人、提单持有人之间的权利、义务关系，依据提单的规定确定。

② 参见《海牙规则》第 3 条第 4 款。而根据《鹿特丹规则》第 41 条有关合同事项的证据效力问题的规定，如果承运人按照第 40 条规定的情形和方式对合同事项作出了保留，则保留条款涉及的事项不具有证据效力，在此基础上，运输单证或电子运输记录原则上是承运人收到合同事项中所记载货物的初步证据。已转让的运输单证中的记载事项具有最终的证据效力。

③ 提单作为一种单证，其上所表彰的货物权利的性质，在理论上存在着不同的观点，有债权说和物权说之分。在物权说中又存在着所有权说、占有说等不同的观点，如我国海商法学者吴焕宁认为，“谁持有提单，谁就取得了占有货物的权利”。各国立法也差异较大，而有关提单的国际条约，因为都是规范海上货物运输的，对该问题没有涉及，所以只能留待各国国内立法加以解决。《鹿特丹规则》对此问题也没有加以规定。本文鉴于篇幅的限制，不对各种学说进行评析。

④ 参见司玉琢、李志文主编：《中国海商法基本理论专题研究》，303 页，北京，北京大学出版社，2009。

规则》的混合模式。[①]

(一) 责任基础

承运人的责任基础是指海上货物运输国际公约或国内立法中使承运人对其所承运货物的灭失、损坏或迟延交付承担赔偿责任的根据与标准。[②] 关于承运人责任基础的规定在任何一个海上货物运输的国际公约或相应的国内立法中，始终处于中心地位。

1.《海牙规则》下承运人的责任基础，采取的是“不完全过失责任制”，承运人对货物在其责任期间内发生的灭失、损坏是否负责，一般应依据其本人、代理人或受雇人有无过错而定，但是如果货物的灭失、损坏系船长、船员或引航员驾驶船舶或管理船舶的过失所致，以及非承运人本人的过失导致的火灾所致，承运人可以免除责任。

2.《汉堡规则》所采取的责任基础是“完全过失责任制”，废除了航海过失与火灾免责，将承运人的责任完全建立在过错责任基础之上，并且规定除火灾外，采用过错推定原则。在火灾造成货损的情况下，由索赔方承担证明承运人存在过错的举证责任。

3.《鹿特丹规则》采用了类似《汉堡规则》的“完全过失责任制”，但是该公约关于举证责任的规定完全不同于《汉堡规则》，即“管货义务”实行承运人过错推定，实质性举证责任由承运人承担；“免责事项”实行承运人无过错推定，实质性举证责任由索赔方承担；而“适航义务”则是由索赔方完成初步举证，承运人负责对“谨慎处理”和“不适航与货损的无因果关系”举证。[③] 该公约第 17 条的规定具体体现在[④]：

第 1 款明确规定承运人的赔偿责任基础建立在完全过错之上，但是要由索赔人举证证明货物灭失、损坏或迟延交付，或造成、促成货物灭失、损坏或迟延交付的事件或情形是在第四章规定的承运人责任期间内发生的，索赔人举证了上述事项，就推定承运人对货物灭失、损坏和迟延交付有过错。但承运人可以根据本条第 2 款、第 3 款的规定，推翻上述推定。

第 2 款规定承运人可以举证证明其本人或者第 18 条[⑤]述及的任何人没有过错，

---

① 《海牙规则》采取的是“义务+具体免责事由”的模式，《汉堡规则》并未规定承运人的具体义务，而直接规定了关于承运人责任基础的原则性条款，《鹿特丹规则》既规定了承运人的具体义务，又规定了关于承运人责任基础的原则性条款，还保留了“具体免责事由”。参见司玉琢、李志文主编：《中国海商法基本理论专题研究》，305 页，北京，北京大学出版社，2009。

② 参见司玉琢、李志文主编：《中国海商法基本理论专题研究》，304 页，北京，北京大学出版社，2009。

③ 《鹿特丹规则》第 17 条第 1 款与第 2 款在形式上有些类似《汉堡规则》第 5 条第 1 款，是关于承运人责任基础的原则性规定，而该条第 3 款与第 4 款，与《海牙规则》第 4 条第 1 款与第 2 款也有相似之处，即都是对具体免责事由的规定。

④ 参见司玉琢、韩立新主编：《〈鹿特丹规则〉研究》，157 页，大连，大连海事大学出版社，2009。

⑤ 《鹿特丹规则》第 18 条规定：如果下列人的作为或不作为违反本公约对承运人规定的义务，承运人应负赔偿责任：(a) 任何履约方；(b) 船长或船员；(c) 承运人的受雇人或履约方的受雇人；或者 (d) 履行或承诺履行运输合同规定的承运人义务的其他任何人，以该人按照承运人的要求，或在承运人的监督或控制之下直接或间接作为为限。

从而推翻第 1 款中的过错推定，免予承担第 1 款规定的全部或部分赔偿责任。

第 3 款规定承运人还可以通过证明本款规定的 15 项免责事项中的一种或数种事件或情形造成、促成了货物灭失、损坏或迟延交付，从而免除承运人根据本条第 1 款规定所负的全部或部分赔偿责任。

第 4 款规定，如果索赔人能够举证证明系承运人或第 18 条述及的人的过错造成、促成了承运人所依据的免责事件或情形，或者证明系承运人援引的免责事项以外的其他原因导致了货损，并且承运人无法对其他原因的发生举证证明没有过错，则推定承运人有过错，依然要对货损承担赔偿责任。

第 5 款规定，如果索赔人能够举证证明货损是或可能是由于承运人违反了船舶适航义务，或者承运人无法举证证明违反适航义务不是导致货损的原因，或者不能举证证明自己已经尽到了合理谨慎义务，则承运人依然要对货损负责。

第 6 款规定，承运人根据本条规定被免除部分赔偿责任的，仅对其应负赔偿责任的那部分货物灭失、损坏或迟延交付承担赔偿责任。承运人不能举证证明两种原因造成货损的各自比例时，须承担全部赔偿责任。

（二）承运人的义务

1.《海牙规则》对承运人主要设定了两项义务，即第 3 条第 1 款的“适航义务”和第 3 条第 2 款的“管货义务”。

第 3 条第 1 款规定：承运人须在开航前和开航时恪尽职责谨慎处理，使船舶处于适航状态；适当地配备船员、装备船舶和配备供应品；使货舱、冷藏舱和该船其他载货处所能适宜和安全地收受、运送和保管货物。根据该条的规定，承运人有义务恪尽职责使船舶适航。但何谓恪尽职责，船舶适航须符合哪些要求，船舶适航责任期间如何确定等，都有必要进行探讨。第一，恪尽职责的含义：根据普通法，船舶所有人必须对船舶负绝对适航义务，即只要船舶不适航而致货损，无论船舶所有人是否恪尽职责，都必须负赔偿责任。《海牙规则》明确规定承运人只要在开航前和开航当时恪尽职责即可，即负所谓的“相对适航义务”。但对于“恪尽职责”的含义和哪些人必须做到恪尽职责则一直没有权威性的解释，实践中一般认为，承运人本人、其雇佣人员以及独立合同人等都必须做到恪尽职责，否则，承运人就应当负不适航的责任。第二，船舶适航的要求：根据《海牙规则》的规定，船舶适航必须包括船舶的船体、船机即船舶本身的适航和船员配备、船舶装备、供应品配备以及船舶适货三个方面的因素。总之，船舶适航是指船舶具备抵御预定航程中的一般风险，适合运载约定的货物并安全完成航程的能力。第三，船舶适航责任的期间：《海牙规则》要求承运人必须在开航前和开航时恪尽职责使船舶适航。如何解释“开航前和开航时”呢？英国判例法及关于海上货物运输法的专著，都解释为“至少从船舶开始装货至船舶起航时为止的一段时间”。第四，适航的举证责任：在通常情况下，清洁提单持有人有权提取提单项下表面状况良好的货物，如果承运人交不出货，或交不足货，或所交货物表面状况不良，则应初步认定承运人负有赔偿责任。如果承运人不想赔偿，则必须举证证明其本人、其代理人、其雇佣人以及其他人（指从事与履行适航义务有关的工作的人）均已恪尽职责。至于货损乃因恪尽职责仍无法避免所致，或因不可抗力原因所致，同样，货主如以承运人违反恪尽职责使船舶适航的义务为由主张权利，也应承担对于船舶不适航的举证责任。否则，其主张也得不到支持。

第3条第2款规定：除第4条另有规定外，承运人应妥善和谨慎地装载、搬运、配载、运送、保管、照料和卸载所运货物。在海上运输中，这7个环节是承运人管理货物所应承担的义务。该条对管货义务的时间界限没有加以限制，应解释为整个航程的存续期间。主观状态方面要求承运人做到“妥善”和“谨慎”，并且要求此种状态具体地适用于装载、搬移、积载、运输、保管、照料和卸载7种管理货物的行为或措施。客观标准方面应依据预定航程的海上危险、船舶的技术标准和状态及货物的性质和航运习惯等因素确定，受立法技术的限制，该条对此未作具体规定。

值得注意的是，在《海牙规则》下，适航义务是首要义务，违反管货义务有时会演变为违反适航义务。对于管船过失，承运人可以援引免责条款，而对于管货过失，承运人则需要承担赔偿责任，因此，需要将管货过失同管船过失进行清楚的区分。

2.《汉堡规则》以承运人责任基础的原则性条款取代了对承运人义务和具体免责事由的规定。该规则第5条第1款规定：如果引起该项灭失、损坏或迟延交付的事故，如同第4条所述，是在承运人掌管货物的期间发生的，除非承运人证明他本人及其受雇人或代理人为避免该事故发生以及其后果已采取了一切所能合理要求的措施，否则，承运人应对因货物灭失或损坏或迟延交付所造成的损失负赔偿责任。

与《海牙规则》相比，《汉堡规则》淡化了古老的绕航制度①，既没有规定承运人不得绕航的义务，也没有明确规定何谓绕航以及合理绕航可以享受免责。但是，《汉堡规则》增加了迟延交付责任，并为迟延交付单独设置了责任限制。该规则第5条第1款对承运人责任的原则性规定中，明确将迟延交付与货物灭失、损坏并列为损失产生的原因，第2款对“迟延交付”进行了明确的定义：如果货物未能在明确议定的时间内，或虽无此项议定，但未能在按照具体情况对一个勤勉的承运人所能合理要求的时间内，在海上运输合同所规定的卸货港交货，即为迟延交付。第6条对迟延交付造成的经济损失设置了单独的责任限制。

3.《鹿特丹规则》关于承运人义务的规定，以《海牙规则》模式为基础，并加以改造，对适航义务与管货义务进行了规定。该规则第四章的规定既包括承运人的具体义务，也包括承运人的基本义务。② 该规则第11条“货物的运输和交付”为承运人的一般性义务，根据该条规定，承运人应当按照运输合同的规定，将货物运送至目的地，并交付给收货人。同时，为尽量满足对货物交付多样化的需求，该规则还新增加了单证托运人、控制方、持有人等关系方，并赋予他们一定的运输指示权、控制权等。由此引出承运人的具体义务，主要为管货义务（第13条）和管船义务

---

① 参见司玉琢、李志文主编：《中国海商法基本理论专题研究》，313页，北京，北京大学出版社，2009。

② 参见司玉琢、韩立新主编：《〈鹿特丹规则〉研究》，93页，大连，大连海事大学出版社，2009。

（第 14 条）[1]，同时，该规则第 15 条和第 16 条规定了两种例外的情况，即可能形成危险的货物的例外和海上航程期间牺牲货物的例外。此外，公约的其他章节也对承运人的义务有所规定，如第 35 条签发单证的义务。

（三）承运人的免责事项

1.《海牙规则》下承运人的免责是以第 4 条第 2 款所规定的 17 项免责事由为中心展开的，其中除航行过失和管理船舶过失以及火灾外，事实上都属于不可归责于承运人的事由。[2] 第 4 条第 2 款规定：不论承运人或船舶，对由于下列原因引起或造成的灭失或损坏，都不负责：（1）船长、船员、引水员或承运人的受雇人，在驾驶船舶或管理船舶中的行为、疏忽或不履行义务；（2）火灾，但由于承运人的实际过失或私谋所引起的除外；（3）海上或其他可航水域的灾难、危险和意外事故；（4）天灾；（5）战争行为；（6）公敌行为；（7）君主、当权者或人民的扣留或管制，或依法扣押；（8）检疫限制；（9）托运人或货主、其代理人或代表的行为或不行为；（10）不论由于任何原因所引起的局部或全面罢工、工厂停止或限制工作；（11）暴动和骚乱；（12）救助或企图救助海上人命或财产；（13）由于货物的固有缺点、质量或缺陷引起的体积或重量亏损，或任何其他灭失或损坏；（14）包装不充分；（15）标志不清或不当；（16）虽恪尽职责亦不能发现的潜在缺点；（17）非由于承运人的实际过失或私谋，或者承运人的代理人或受雇人的过失或疏忽所引起的其他任何原因；但是要求引用这条免责利益的人应负责举证，证明有关的灭失或损坏既非由于承运人的实际过失或私谋，亦非承运人的代理人或受雇人的过失或疏忽所造成。其中，最具特点也是最重要的免责事由是第 1 项“航行过失免责”与第 2 项“火灾免责”。

2.《汉堡规则》取消了承运人义务的具体规定，没有采用《海牙规则》罗列具体免责事由的模式，取而代之的是关于承运人责任基础的原则性条款。该规则第 5 条第 1 款规定：如果引起该项灭失、损坏或迟延交付的事故，如同第 4 条所述，是在承运人掌管货物期间发生的，除非承运人证明他本人及其受雇人或代理人为避免该事故发生以及其后果已采取了一切所能合理要求的措施，否则，承运人应对因货物灭失或损坏或迟延交付所造成的损失负赔偿责任。

3.《鹿特丹规则》对承运人免责事由的规定采用了与《海牙规则》第 4 条相似的规定方式，即规定了具体的免责事由，体现在第 17 条第 3 款的规定中。但与《海牙规则》不同的是，《鹿特丹规则》取消了“航行过失免责”和“火灾免责”，去掉了已经过时的用词，增加了反映时代特征的内容，并且对免责事由的援引规定了举证责任与举证责任的顺序。如该规则第 17 条第 3 款规定：除证明不存在本条第 2 款所述的过失之外，如果承运人证明下列一种或数种事件或情形造成、促成了灭失、

---

① 《鹿特丹规则》下的适航义务的履行期间从《海牙规则》下的“开航前和开航时”扩展到了整个航程，大大地加重了承运人的适航义务。此外，该规则第四章的具体内容请参见《鹿特丹规则》。

② 参见杨仁寿：《海商法论》，303 页，台北，三民书局，1990。

损坏或迟延交付，也可以免除承运人根据本条第1款规定所负的全部或部分赔偿责任：(1) 天灾；(2) 海上或其他通航水域的风险、危险和事故；(3) 战争、敌对行为、武装冲突、海盗、恐怖活动、暴乱和内乱；(4) 检疫限制；政府、公共当局、统治者和民众的干预或妨碍，包括非由承运人或第18条述及的任何人所造成的滞留、扣留或扣押；(5) 罢工、关厂、停工或劳动力受限制；(6) 船上发生的火灾；(7) 虽谨慎处理仍无法发现的船舶潜在缺陷；(8) 托运人、单证托运人、控制方或根据第33条或第34条托运人或单证托运人对其作为承担责任的其他任何人的作为或不作为；(9) 按照第13条第2款所述及的约定进行的货物装载、操作、积载或卸载，除非承运人或履约方代表托运人、单证托运人或收货人实施该作业；(10) 由于货物固有缺陷、品质或瑕疵而造成的数量或重量损耗或其他任何灭失或损坏；(11) 包装不固或标志欠缺、不清，且包装和标志非由承运人或代其行事的人所为；(12) 救助或企图救助海上人命；(13) 救助或试图救助海上财产的合理措施；(14) 避免或企图避免对环境造成危害的合理措施；或者 (15) 承运人行使第15条和第16条所赋权利的行为。

(四) 承运人责任期间

责任期间是指承运人承担海上货物运输法规定的强制性最低责任的时间范围。[①] 海上货物运输合同中引入“责任期间”这一特殊概念主要是为了适应海上货物运输法的强制性，它不是指合同双方应该负责的期间，而是指双方必须负海上货物运输法规定的强制性责任的期间，在这段期间内承运人应当承担法律规定的适航、管货等强制性义务，如果货物发生灭失或损害，承运人必须负赔偿责任，而不能援引合同约定减轻这种责任。因此也可以称之为“强制性责任期间”[②]。

1. 根据《海牙规则》第1条“货物运输”之规定，货物运输期间是指从货物装上船起至货物卸下船为止的期间。《海牙规则》中有关承运人的义务和责任适用于这一期间。所谓“装上船起至卸下船止”，一般理解为：货物从在装货港挂上船舶吊杆的吊钩时起到卸货港货物脱离吊钩时止，即航运实践中的“钩到钩”；如果使用岸上的吊杆或起重机装卸，则为货物在装运港越过船舷时起至货物在卸货港离开船舷时止，航运实践中称为“舷到舷”。

2.《汉堡规则》第4条第1款、第2款规定，承运人对货物的责任期间，包括在装货港、运送途中和卸货港货物在承运人掌管之下的全部期间，即自承运人从托运人或代表他办事的人那里接管货物，或按规定从装运港有关当局或其他第三方那里接管货物时起，直至他将货物交付给收货人，或按规定将货物交付给卸货港有关当局或其他第三方时止。这一规定延长了承运人的责任期间，基本上涵盖了从承运人接收货物到交付货物的全过程，加强了对收货人的保护，同时也避免了《海牙规则》下的诸多问题。但是，考虑到陆上的区段应交由有关的国际公约或国内法进行

---

① 参见赵德铭主编：《国际海事法学》，294页，北京，北京大学出版社，1999。

② 郭瑜：《海商法教程》，101页，北京，北京大学出版社，2002。

规范，《汉堡规则》以“港”这一地理概念限制该规则的适用范围，仅以货物运进港口到运出港口的范围为限。随着当代集装箱运输的迅速发展，大多数件杂货通过集装箱进行运输，很多情况下货物的交接地点超出了港口界限，如集装箱“门到门”运输，拼箱货在港外或内陆的集装箱货运站交接，整箱货在内陆站点交接。这种运输方式的变革，使得《汉堡规则》规定的装货港至卸货港的适用期间不能完全满足实践的需要。

3.《鹿特丹规则》将承运人的责任扩大到了“门到门”的运输期间，即承托双方的整个运输期间。该规则第 12 条分 3 款对承运人的责任期间作了详细的规定，根据该条第 1 款之规定，承运人的责任期间始于承运人或者履约方接收货物时，止于货物交付之时，体现了“门到门”运输的特点，满足了航运实践的需要。第 2 款针对不同国家的强制性规定，明确了所运货物只能交给某当局或者其他第三方，而承运人可以从该当局或该其他第三方提取货物的，或承运人在目的地只能将货物交给该当局或者其他第三方，而收货人可以从该当局或该其他第三方提取货物时，则承运人的责任期间自承运人从该当局或者该其他第三方提取货物之时开始，至承运人将货物交给该当局或者其他第三方时结束。第 3 款是对第 1 款的补充性规定，即承运人的责任期间原则上从接收货物开始到交付货物为止，但接收、交付货物的时间、地点可以由当事人约定，如果约定接收货物的时间在根据运输合同开始最初装货之后或者交付货物的时间在根据运输合同完成最后卸货之前的无效。①

三、航次租船合同的主要问题

从货物运输的角度来说，船舶所有人或船舶经营人与船舶承租人就船舶出租的时间、需要运输的货物种类、装运港、卸货港或中途停经的港口、租金或运费及其支付、船舶运营方式等种种问题具体协商，达成书面协议，此种协议统称为租船合同。租船合同一般有航次租船合同、定期租船合同、光船租船合同。② 航次租船合同是指船舶出租人向承租人提供船舶的全部或部分舱位，装运约定的货物，从一港经海路运往另一港，而由承租人支付约定运费的货物运输合同。③ 由于航次租船合同的出租人在对船舶的占有、使用和运费的收取等方面与提单运输中的承运人处于相同地位，因而，有些国家的海商法将其归入海上货物运输合同一章，即认为航次租船合同是一种运输合同，如我国《海商法》在第四章“海上货物运输合同”第 7 节中对航次租船合同作出特别规定，而将定期租船合同和光船租船合同规定在“船舶租用合同”一章，但是航次租船合同在适用法律、装卸时间计算办法等方面与其他租船合同类似，而与班轮运输有所区别。

---

① 有关该条的具体规定请参见《鹿特丹规则》第 12 条。

② 从海运业务看，除这三种租船合同外，还有一种被称为包运合同的租船合同，即包运租船合同，指承租人按约定的航程、时间、航次周期与运量向船舶所有人租用一定的舱容以完成全部货运量的租船合同。其与航次租船合同的性质、内容基本相同，学术界往往不认为包运合同是一种独立的租船合同形式，法律也未对其作出特殊规定。

③ 参见我国《海商法》第 92 条。

(一) 航次租船合同下提单的性质

尽管航次租船合同不同于班轮运输合同，但在航次租船的情况下，承租人在将货物交出租人接管或装船后，通常都要求出租人、船长或出租人的代理人签发提单用以结汇，这种提单被称为根据租船合同签发的提单。该提单通常由于由不同人持有而具有不同的性质。

当提单由承租人持有时，承租人本人是收货人，租船合同是收货人和出租人之间的运输合同，其权利义务以租船合同为准，此时提单仅仅是租船合同的证明，是出租人收到货物的证据和交付货物的凭证，例如在 FOB 价格条件下。

当提单由非承租人的发货人或收货人持有时，该提单具有完整的功能，出租人与提单持有人的权利义务以该提单为准，例如，在 CIF 价格条件下。

当提单以出租人、船长或出租人的代理人的名义签发时，出租人通常又是提单的承运人，对非租船合同当事人的提单持有人而言，他是承运人而受提单约束，对于承租人而言他是出租人而受租船合同的约束，因此，该出租人便具有双重身份，同时要受两份合同的约束。

(二) 并入条款的效力

由于航次租船合同和提单中的权利义务条款的内容往往并不一致，因而出租人为了保护自己的利益并为了使租船合同也能约束提单持有人，往往将租船合同条款并入提单，即在提单上批注“租船合同中的所有术语、条款、条件和免责事项，均适用于提单，并视为并入本提单”——“并入条款”，使非承租人的发货人或收货人实际上受租船合同的约束。

通常各国海商法都认可“并入条款”的做法并承认其合同效力。但各国法院在审理涉及该条款纠纷的案件时所作的解释则宽严不一。[①] 如果要使租船合同的管辖权或仲裁条款产生同等效力，则须作出特别规定，否则无效。[②] 我国法律与司法实践对“并入条款”的效力，原则上是承认的。《海商法》第 95 条规定：对按照航次租船合同运输的货物签发的提单，提单持有人不是承租人的，承运人与该提单持有人之间的权利义务关系适用提单的约定。但是，提单中载明适用航次租船合同条款的，适用该航次租船合同的条款。因此，只要并入的条款不与提单条款和有关调整提单的国际公约相抵触，且与货运条件有关，其效力都会得到承认。至于租船合同中的管辖权条款是否也能有效并入的问题，我国《海商法》并没有明确规定。

四、国际货物多式联运的主要法律问题

国际货物多式联运是指按照多式联运合同，以至少两种不同的运输方式，由多

① 参见沈木珠：《国际贸易法研究》，157 页，北京，法律出版社，2002。

② 参见《汉堡规则》第 22 条第 2 款规定：如果租船契约中载有应将该租约所引起的争议提交仲裁的条款，而根据租船契约签发的提单并未载有一项特别注解，规定该条款对提单持有人具有约束力，则承运人不得援用该条款以对抗善意地取得提单的人。

式联运经营人将货物从一国境内接管货物的地点运至另一国境内指定交付货物的地点的运输方式。多式联运经营人是指其本人或通过其代表订立多式联运合同的任何人，对联运全程负责。多式联运是一种现代化的货运方式，它把各种不同的运输方式连贯起来，实现“门到门”的运输。

多式联运的构成必须符合以下条件[①]：（1）使用包括全程的运输单据；（2）采用两种或两种以上的不同运输方式；（3）属于国际间的货物运输；（4）实行全程单一的运费率；（5）由多式联运经营人负全程运输责任。

各种传统的运输方式有各自不同的运输责任制度，国际货物多式联运的承运人应适用什么责任制度？国际商会于1973年制定的《联合运输单证统一规则》采用了区段责任制和统一责任制相结合的责任制度，即在确知货物损失或灭失的运输区段时，适用区段责任制，由参加联运的各区段分段负责；在未能确知货物损失或灭失发生的运输区段时，采用统一责任制，由多式联运经营人对联运期间任何地方发生的货损对托运人负赔偿责任。该规则作为国际惯例，其适用取决于当事人的选择，且内容上也很不完善。为了促进国际多式联运的发展，在联合国贸发会的主持下，联合国国际联运会议于1980年通过了《联合国国际货物多式联运公约》。

（一）多式联运单据的作用及证据效力

多式联运单据是多式联运合同的证明，是多式联运经营人收到货物的收据及凭以交货的凭证。根据该定义，多式联运单据的作用是：多式联运合同的证明；货物的收据；收货人提取货物的凭证。按公约的规定，发货人托运货物时，可按需要要求多式联运经营人签发可转让单据或不可转让单据，单据一经签发，多式联运合同即告成立，双方均受合同的约束。

关于多式联运单据的证明效力，公约第10条规定：多式联运单据是其上所载明的货物由多式联运经营人接管的初步证据，当可转让的多式联运单据转让至善意第三方时，该单据上所载明的货物状况即构成最终证据。

（二）多式联运经营人的赔偿责任

1. 责任期间

公约规定的多式联运经营人的责任期间为从其接管货物之时起至交付货物时止的期间。即自多式联运经营人从下列一方接管货物之时起：（1）发货人或代其行事的人；或（2）根据接管货物地点适用的法律或规章，货物必须交运输的当局或其他第三方，直到多式联运经营人以下列方式交付货物时为止：（1）将货物交给收货人；或（2）如果收货人不提取货物，则按多式联运合同或交货地适用的法律或特定行业惯例，将货物置于收货人支配之下；或（3）将货物交给根据交货地点适用的法律或规章的规定必须向其交付的当局或其他第三方。货物在上述期间被视为是在多式联运经营人的掌管之下。

---

① 参见沈木珠：《国际贸易法研究》，166页，北京，法律出版社，2002。

2. 赔偿责任

公约对多式联运经营人的赔偿责任采取"完全过失责任制"，即他对于货物在其责任期间内所发生的灭失、损坏或延误而引起的损失负赔偿责任，除非他能证明其本人或其代理人或受雇人或其他有关人员为避免损失的发生已采取了一切合理的措施。

3. 赔偿责任限额

公约对多式联运经营人的赔偿责任限额，规定了两种情况：(1) 如在国际多式联运中包括了海运或内河运输，多式联运经营人的赔偿责任限额为每件货物不得超过 920 特别提款权，或毛重每公斤 2.75 特别提款权，以较高者为准。(2) 如在国际多式联运中未包括海运或内河运输，多式联运经营人的赔偿责任限额为毛重每公斤 8.33 特别提款权。对于迟延交付造成的损失的赔偿限额为延迟交付货物的应付运费的 2.5 倍，但不得超过多式联运合同规定的应付运费的总额。在确知发生货损的区段时，如该区段适用的公约或国家法律规定的赔偿责任限额高于本公约的规定，则适用该公约或国家法律的规定。

(三) 索赔与诉讼

公约规定发货人提出索赔均需向对方发出有关损失的书面通知，索赔必须在规定的期限内提出。收货人向多式联运经营人提出索赔时，应在货物交给他的次一工作日提出，如果货物的灭失或损坏不明显时，则收货人应在接货之后的 6 日内提出；如果是迟延交货的索赔，收货人应在接货日后的 60 日内提出。多式联运经营人向发货人索赔时，应在损失或损坏发生后 90 日内提出，如果未在规定的期限内提出索赔，则被认为放弃索赔权。

公约规定的诉讼时效为 2 年。原告可选择在以下地点的法院或仲裁机构：(1) 被告主要营业所所在地，或被告的经常居所地；(2) 多式联运合同缔结地；(3) 多式联运货物接管地或交付地；(4) 多式联运合同中所指定或载明的其他地点，或仲裁协议中所指定的任何其他地点。

五、国际海上货物运输保险

国际货物运输保险是国际贸易的重要组成部分，它不仅可以化解货物在长距离的运输中可能因风险而造成的损失，而且还能为国家提供无形贸易的外汇收入。国际货物运输保险是指投保人或被保险人预先向保险人支付规定的保险费，而保险人对约定的货物在国际运输中发生事故造成损失时，按约定数额给予赔偿的一种法律关系，分为国际海上货物运输保险、国际航空货物运输保险、国际陆上货物运输保险和国际邮包运输保险。其中国际海上货物运输保险的历史最悠久、业务量最大、法律规定最为全面。作为海商法的重要内容之一，海上货物运输保险合同与国际海上货物运输合同密不可分。与此相适应，本部分亦主要介绍国际海上货物运输保险的相关法律制度。

(一) 国际海上货物运输保险合同的基本问题

海上货物运输保险合同的定义，最早由英国《1906 年海上保险法》(Marine Insurance Act 1906，通常简称为 MIA 1906) 所确定，该法第 1 条规定：海上保险合同是指保险人按照约定的承保范围和险别，对被保险人的损失，即海上风险所致的损失负责赔偿的合同。我国《海商法》第十二章对海上保险合同作了专门规定，第 216 条对海上保险合同所下的定义为：海上保险合同，是指保险人按照约定，对被保险人遭受保险事故造成保险标的的损失和产生的责任负责赔偿，而由被保险人支付保险费的合同。

1. 国际海上货物运输保险合同的订立与内容

国际海上货物运输保险合同的订立是由被保险人以填制投保单的形式向保险人提出保险要求，经保险人同意承保，并就货物运输保险合同的条款达成协议后，保险合同即成立。投保单中需列明货物名称、保险金额、运输路线、运输工具及投保险别等事项。保险人应当及时向被保险人签发保险单或者其他保险单证，并在保险单或其他保险单证中载明当事人双方约定的合同内容。

国际海上货物运输保险合同不受形式的限制，但必须用由保险人签发的书面文件来证明。常见的书面文件有保险单和保险凭证。保险单是保险人与被保险人之间订立的正式保险合同的书面凭证，既是被保险人在保险标的遭受意外事故而发生损失时向保险人索赔的主要凭证，也是保险人向被保险人赔偿的主要依据。根据不同的分类标准，常见的保险单有：定值保险单与不定值保险单；航程保险单与定期保险单；流动保险单和预约保险单。保险凭证是一种简式保险单，其性质与保险单基本一致，通常仅载有保险单正面所具有的内容，而对保险单背面有关保险人和被保险人权利义务的规定则不予记载。

2. 国际海上货物运输保险合同当事人的义务

(1) 保险人的义务

补偿损失。补偿损失是保险人的首要义务。一旦在保险期限内发生保险事故造成保险标的的损失，保险人应及时向被保险人支付保险金。因此保险事故、保险期间、损失是构成现代保险赔偿的三大基本要素。但根据法律或合同规定，某些损失虽然是在保险期限内因保险事故造成的，保险人也不负赔偿责任。例如，被保险人故意造成的损失；航行迟延、交货迟延或行市变化、货物的自然损耗、本身的缺陷和自然特性、包装不良等造成的损失。

退还保险费。当被保险人非因故意未履行如实告知义务或者保险合同订立时，保险人已经知道或应当知道保险标的已经不可能发生保险事故而遭受损失而解除保险合同时，保险人应向被保险人退还保险费。

(2) 被保险人的义务

被保险人自保险合同订立之前直至保险事故发生后进行理赔的过程中，都必须按法律和合同规定尽其应尽的义务。在国际货物运输保险合同中被保险人通常应承担以下义务：其一，如实告知。如实告知是最大诚信原则的首要内容，也是被保险人的首要义务。其二，支付保险费。被保险人支付保险费，保险人对保险事故造成保险标的的损失负赔偿责任，是保险合同的对价。因此除合同另有规定外，被保险人应当在合同订立后立即支付保险费。[①] 其三，及时通知。被保险人在合同的履行过程中，如遇到以下情况，应及时通知保险人：在保险合同生效后，保险标的发生变化；在履行合同时，被保险人违反了保险保证；在保险期间内发生了保险事故；在提取货物时发现保险货物受损。其四，防止、减少损失。一旦保险事故发生，被保险人除应立即通知保险人外，还应采取必要的、合理的措施以防止和减少损失。如果被保险人未尽该项义务，致使保险标的的损失扩大，就扩大的损失保险人有权拒绝赔偿。其五，委付义务。在取得保险人的推定全损赔偿后，通过权利转移证书将该货物的权利转移给保险人。

（二）国际海上货物运输保险合同之补偿原则[②]

补偿原则是海上保险法的基本原则之一，有学者将其称为“保险法诸原则的基础”[③]；有学者称其是“海上保险合同法最根本的原则或者说首要原则”[④]。补偿原则作为海上保险法的基本原则，取决于保险或保险合同的本质属性——补偿人们在日常活动中因各种偶然事件的发生所遭受的损失，因此，保险合同便具有“射幸合同”与“补偿合同”“二位一体”的独特性，为了防止道德风险，使保险合同区别于赌博活动，保险合同被赋予了“补偿损失”的性质。一般认为，补偿原则的含义是[⑤]：（1）保险人承担保险责任的前提是被保险人由于保险事故的发生遭受了实际损失，即“无损失，则无赔偿”；（2）从“量”的方面看，保险人的赔偿不应使被保险人因保险事故的发生而不当“盈利”，即“既不多赔，也不少赔”。但在海上货物运输保险实务中，保险补偿在“量”上一般都会与被保险人的实际损失发生一定程度的“偏离”，使这一原则的适用具有一定的相对性。其理由主要是与“保险价值”这一概念有关。

“保险价值”是指保险标的物的价值，既可以是双方当事人约定的也可以是法定的。保险合同约定了保险标的物价值的，称为定值保险，未约定保险标的物价值的，称为不定值保险。而根据《海商法》第216条的规定，在海上保险合同下，保险人负责赔偿的是“被保险人遭受保险事故造成保险标的的损失”，而这里的“保险标的的损失”并不能简单地等同于保险标的的“实际损失”，因为在计算保险标的的损失时，应当以保险价值为基础，而并不考虑发生保险事故时保险标的的实际价值，即：如果是定值保险的话，应以保险合同中约定的数额为准；如果是不定值保险的话，则应以依法律规定的保险价值的计算方法得出的数额为准。[⑥]

---

① 参见我国《海商法》第234条。

② 参见司玉琢、李志文主编：《中国海商法基本理论专题研究》，664页，北京，北京大学出版社，2009。

③ 尹田：《中国保险市场的法律调控》，117页，北京，社会科学文献出版社，2000。

④ 汪鹏南：《海上保险合同法详论》，34页，大连，大连海事大学出版社，2003。

⑤ 参见司玉琢、李志文主编：《中国海商法基本理论专题研究》，663页，北京，北京大学出版社，2009。

⑥ 《海商法》第219条第2款对不定值保险下保险价值的计算方法作了具体规定。

海上保险基本上都是定值保险合同，允许双方事先约定保险价值，是为了避免保险事故发生后对保险标的物的实际价值的确定发生争议，从而方便、快捷地确定保险人的赔偿责任。

在海上保险法领域，由补偿原则派生出来的重要制度有[①]：保险利益原则、代位求偿权、委付等。下文结合国际海上货物运输保险，对这些具体制度加以分析。

1. 保险利益原则[②]

保险利益是指被保险人在保险标的上存在的法律认可的经济利益。被保险人对保险标的享有可保利益，才可能遭受损失，保险人也才有义务进行赔偿。作为保险利益必须具备以下条件：（1）保险利益必须是确定的，被保险人的可保利益必须是已经确定的或可以确定的；（2）保险利益不得违反国家的强制性法律规定及公共利益和善良风俗；（3）保险利益是可以计算的，在财产保险中，这种损失通常是用金钱加以计算的。那么，何时应具有保险利益？由于保险利益原则派生于补偿原则，其根本目的就是避免被保险人不当得利，因而，在海事司法实践中仅要求被保险人在保险事故发生之时具有保险利益。[③] 投保人在投保时尚未取得可保利益的，不影响保险合同的有效性。

2. 代位求偿权制度

补偿原则表明被保险人从保险人处获得的赔偿不能超过其所遭受的损失，但保险事故发生后，如第三人也应向被保险人承担违约责任或侵权责任的话，则被保险人存在两个请求权，即对保险人的保险赔偿请求权和对第三人的损害赔偿请求权。如果允许被保险人同时行使两个请求权，必使其就同一保险标的的损失获得双重或者额外的补偿，不符合保险的补偿原则。据此，保险法设计出代位求偿权制度：当货物损失是由第三者造成时，保险人向被保险人支付保险赔偿后，享有取代被保险人向第三者进行索赔的权利[④]，但须符合以下三个条件：

（1）保险标的发生保险责任范围内的损失是由第三者造成的，也即因第三者的侵权行为给被保险人造成损失，根据侵权法而使被保险人具有追索损害赔偿的权利；

（2）被保险人遭受损失后尚未向责任方索赔或索赔未果并且尚未放弃索赔权；

（3）保险人已向被保险人作了赔付。

保险人在赔付部分损失的情况下，如果从第三者处取得的赔款，超过其支付的保险赔偿的，超过部分应当退还给被保险人。在赔付全部损失的情况下，保险人取得代位权的同时还取得残存货物的所有权。即使残存价值超过保险人的赔付额，超出部分仍归保险人所有。

---

① 参见司玉琢、李志文主编：《中国海商法基本理论专题研究》，667 页，北京，北京大学出版社，2009。

② 国内学者大多将保险利益原则与补偿原则并列为海上保险法的基本原则，如沈木珠在其《海商法比较研究》（中国政法大学出版社 1998 年版）一书中便认为，海上保险合同的基本原则有最大诚信原则、可保利益原则和赔偿原则。也有学者持不同的观点，认为保险利益原则是补偿原则所派生出来的具体原则。参见司玉琢、李志文主编：《中国海商法基本理论专题研究》，664 页，北京，北京大学出版社，2009。本书采此观点。

③ 我国《保险法》第 12 条的规定也体现了这一做法。

④ 参见我国《海商法》第 252 条第 1 款之规定。

3. 委付制度

根据我国海商法的规定，委付与推定全损概念紧密联系在一起，是海上保险所特有的制度。委付是指在推定全损的情况下，被保险人把残存货物的所有权，转让给保险人，请求取得全部保险金额。推定全损指货物发生保险事故后，实际全损已经不可避免，或者为避免发生实际全损所需支付的费用与继续将货物运抵目的地的费用之和将超过保险价值。

海上保险法创造“推定全损”这一概念，是为了在构成推定全损的情况下赋予被保险人按全损索赔的权利。为了防止被保险人获得额外利益，又进一步规定了委付制度，即在按全损索赔时必须作出将保险标的上剩余的保险利益转移给保险人的意思表示。保险委付具有以下法律特征①：

（1）推定全损是委付成立的前提。保险标的发生推定全损后，被保险人可以通过保险赔偿达到全额赔偿的目的。被保险人把保险标的委付给保险人，当保险人接受委付后，被保险人就能得到全部保险金额的赔偿。

（2）委付是一项双方法律行为。② 被保险人向保险人提出的保险委付须经保险人接受方为有效，但委付通知一经保险人接受，被保险人就不得撤销。

（3）委付财产的接受包括其权利和义务。保险人接受委付后既取得委付财产的全部权利，包括被保险人对委付财产所享有的占有权、使用权、收益权和处分权，也承担委付财产产生的各项义务和责任。

（三）海运货物保险标的的损失与赔偿

海运货物保险合同的标的仅为货物和货物预期利益，货物预期利益是单独投保还是与货物一同投保，须在保险合同中清楚表明。海上保险标的物的损失按程度可以分为全部损失和部分损失；按引起损失的原因和性质可以分为单独海损和共同海损。

1. 全部损失与部分损失

全部损失简称全损，包括实际全损和推定全损两种。根据我国《海商法》第245条的规定，实际全损是指保险标的发生保险事故后灭失，或者受到严重损坏完全失去原有形体、效用，或者不能再归被保险人拥有。推定全损是指船舶、货物发生保险事故后，认为实际全损已经不可避免，或者为避免发生实际全损所需支付的费用超过保险价值。推定全损具有如下两个特征：一是以保险事故的发生给货物造成部分损失为前提，而以实际全损尚未形成为条件；二是货物的实际全损已经不可避免，或为避免发生实际全损所支付的费用超过保险价值。

部分损失是指保险事故发生后，保险标的部分受损，受损价值并未达到保险金

---

① 参见我国《海商法》第249条。

② 关于委付的性质，立法上有单方行为主义与双方行为主义两种模式。依单方行为主义，一旦委付，被保险人就不得撤回；而依双方行为主义，被保险人在保险人接受前可以撤回委付，只有保险人接受委付后才不得撤销。我国海商法采双方行为主义。

额。部分损失中包括部分全损，在海运货物保险中通常包括：分批运输的被保险货物发生的整批的全部损失；用驳船运往或运离海轮的被保险货物发生的整驳船货物的全部灭失；在装运或转运时被保险货物发生的整件的全部灭失。

2. 单独海损与共同海损

单独海损指由于承保的风险所直接造成的船舶或货物的损害。

共同海损则是指在同一海上航程中，船舶、货物和其他财产遭遇共同危险，船方为了共同安全，有意和合理地采取措施所直接造成的特殊牺牲、支付的特殊费用。其成立必须具备以下条件：（1）海损必须是在同一航程中发生的。同一航程是指船舶从起运港码头装货时开始至目的港卸货完毕时止的海上运输全过程，包括原定的中途挂靠港。（2）必须确有危及船、货共同安全的危险存在，且该种危险是共同的、真实的，不是臆想和推断的。（3）共同海损的措施必须是有意的、合理的和有效的。（4）作出的牺牲和支出的费用是特殊的、直接的。

对于共同海损所作的牺牲和支出的费用，由各利益方依其所获救的财产价值按比例分摊。因此，共同海损属于部分损失，如果被保险人向保险公司办理了保险，则共同海损的损失将由保险公司给予赔偿。共同海损的范围包括共同海损损失和共同海损费用两部分。共同海损的损失包括船舶损失、货物损失、运费损失和其他财产损失。共同海损的费用包括救助报酬、避难港费用、代替费用、特殊防污费用和其他费用。

3. 保险损失的赔偿

当保险标的因发生承保范围内的风险遭受损失时，被保险人有权要求保险人给予赔偿。在提出索赔时，要提供保险单正本、提单、发票、装箱单、货损货差证明等有关单据和凭证。其损失赔偿的计算方法是根据损失的种类和保险单的性质确定的。损失的种类是指实际全损、推定全损、部分损失等；保险单的性质指的是定值保险单或不定值保险单。因损失类别和保险单性质不同，其赔偿的计算方法也各异。

（四）国际海上货物运输保险条款

1. 我国海上货物运输保险的主要险别

海上货物运输保险的险别是保险人对海上风险和损失的承保责任范围。它既是保险人与被保险人权利义务的基础，也是确定保险人的承保范围和赔偿责任范围的依据。分为基本险和附加险两大类。

（1）基本险

根据中国人民保险公司《海洋运输货物保险条款》的规定，基本险包括平安险、水渍险和一切险三种。

平安险。平安险的英文意思为“单独海损不赔”，其责任范围包括：被保险货物在运输过程中，由于恶劣气候、雷电、海啸、地震、洪水等自然灾害造成整批货物的实际全损或推定全损；由于运输工具遭遇搁浅、触礁、沉没、互撞、与流冰或其他物体碰撞以及失火、爆炸等意外事故造成被保险货物的全部或部分损失；在运输工具已经发生搁浅、触礁、沉没、焚毁等意外事故的情况下，货物在此前后又在海上遭受恶劣气候、雷电、海啸等自然灾害所造成的部分损失；在装卸或转运时由于一件或数件货物整件掉入海中造成的全部或部分损失；被保险人对遭受承保责任内危险的货物采取抢救，防止或减少货物损失的措施而支付的合理费用，但以不超过该批被救货物的保险金额为限；运输工具遭受海难后，在避难港由于卸货所引起的损失，以及在中途港、避难港由于存仓、运送货物所产生的特别费用；共同海损的牺牲、分摊和救助费用；运输契约订有“船舶互撞责任条款”，按该条款规定应由货主偿还的船方损失。

水渍险。水渍险原意为“单独海损负责”。其责任范围除包括平安险的各项责任外，还包括被保险货物由于恶劣气候、雷电、海啸、地震、洪水等自然灾害造成的部分损失。

一切险。一切险的责任范围除包括上述平安险和水渍险的责任外，还包括被保险货物在运输途中由于一般外来原因所导致的全部或部分损失。一般外来原因是指偷窃、提货不着、淡水雨淋、短量、混杂、玷污、渗漏、串味异味、受潮受热、包装破损、钩损、碰损破损、锈损等原因。

（2）附加险

附加险是在基本险的基础上附加承保的一种保险。国际海上货物运输保险的附加险种类繁多，包括一般附加险、特别附加险和特殊附加险三种。

2. 除外责任

除外责任又称保外责任，是指保险人对于某些原因所造成的货物损失不负赔偿的责任。保险人的除外责任主要有以下几项：由于被保险人的故意行为或过失；由于发货人的责任；在保险责任开始之前，由于被保险货物已存在品质不良或数量短差的情况；因被保险货物的自然消耗、本质缺陷、特性以及市价跌落、运输迟延等；战争险和罢工险条款规定的责任范围和除外责任。

3. 保险责任期限

保险责任期限是保险人承担赔偿责任的起讫时间。中国人民保险公司海洋货物运输保险条款主要以“仓至仓条款”、“扩展责任条款”、“航程终止条款”和“驳运条款”来确定保险人的责任起讫。

4. 索赔时效

海上货物运输保险的索赔时效为 2 年，从被保险货物在最后卸货港全部卸离运输工具后起算。

【案例评析】

1. 案情简介

原告中国纺织公司上海进出口公司（以下简称纺织公司）与被告中国太平洋保险公司上海分公司（以下简称保险公司）于 1997 年 7 月 4 日签订了海上货物运输保

险合同2份，约定：被保险人纺织公司，保险标的物9 127箱玩具，保险金额550 508美元，险别为中国人民保险公司海上货物运输保险条款及海上货物运输战争险条款（1981年1月1日）规定的一切险和战争险；开航日期根据提单，航程为上海至圣彼得堡，责任起讫期间为仓至仓。保险公司据此签发了保险单，纺织公司按约定支付了保险费。

本案货物于1997年7月15日装船，华夏船务公司作为承运人银风公司的代理人，为原告签发了上海至圣彼得堡的全程提单。提单载明：托运人纺织公司，收货人凭指示，通知人为与纺织公司签订贸易合同的LINSTEK公司（以下简称买方）。货物由上海运至韩国釜山，后转装二程船运至俄罗斯东方港，再由东方港改由铁路运输，9月初运抵目的地圣彼得堡。9月13日—14日，买方持二程海运提单（釜山—东方港）和铁路运单（东方港—圣彼得堡）要求提货。因买方是这两个单证上的收货人，承运人便在未收回正本提单的情况下放货，买方办理完清关手续后将货物提走。

原告纺织公司在贸易合同中与买方约定的支付方式是付款寄单（T/Tat sight; paid before sending the shipping documents）。因买方未付款，纺织公司遂派人持正本提单至圣彼得堡提货。纺织公司因提不着货，于1998年8月10日向被告保险公司提交了索赔单据和涉案货物在圣彼得堡报关的材料，要求赔偿。此后双方经多次协商不成，纺织公司遂提起诉讼。①

2. 基本问题

（1）海上货物运输保险合同中保险人的承保责任范围如何？

（2）如何理解仓至仓责任期间？

3. 知识内容

根据海上保险法之赔偿责任原则，保险人仅对在保险责任期间内，因保险风险造成的保险标的的损失负赔偿责任。在具体案件中，要正确认定保险人对被保险人的损失是否应该负赔偿的责任，应结合保险合同条款的规定和具体的案件事实进行分析。保险风险、损失和保险责任期间是构成保险人赔偿被保险人损失的三大基本要素，必须同时具备。就本案来看，原告纺织公司向被告保险公司投保了中国人民保险公司海上货物运输保险条款及海上货物运输战争险条款（1981年1月1日）规定的一切险和战争险，责任起讫期间为仓至仓。如何确定一切险的责任范围，仓至仓责任期间又如何认定，便成为本案中双方争论的焦点问题。

（1）一切险的责任范围。一切险的责任范围除包括平安险和水渍险的责任外，还包括被保险货物在运输途中由于一般外来原因所导致的全部或部分损失。一般外来原因是指偷窃、提货不着、淡水雨淋、短量、混杂、玷污、渗漏、串味异味、受潮受热、包装破损、钩损、碰损破损、锈损等原因。"提货不着"虽然属于一切险的责任范围，是本案保险合同中约定的一种风险，但并非所有的提货不着都应该由保险人承担赔偿责任。海上货物运输保险合同中的风险，是指货物在运输过

① 案例来源：《最高人民法院公报》2001（3）。受篇幅限制，有所删减。

程中因自然灾害、意外事故和各种外来原因造成的风险，但是不管是哪种风险，都必须具备不可预见性和责任人不确定性的特征，而托运人、承运人、收货人等利用接触、控制货物的便利，故意毁损或无单放行以致提货不着，是确定的责任人不正确履行或故意不履行其职责而发生的可以预见的事故，不属于保险事故。本案中因承运人银风公司无单放货，造成正本提单持有人纺织公司提货不着。该种提货不着不具有海上货物运输保险的风险特征，故不属于保险合同约定承保的风险。

（2）如何理解保险合同中的“仓至仓”责任条款。“仓至仓”（Warehouse to Warehouse，W/W）是海运货物保险责任起讫（期限）的基本原则，它规定了保险人承担责任的起讫时间和地点，从保险单载明的发货人仓库或储存处所开始运输时生效，直到运达保险单载明的目的地收货人最后的仓库或储存处所或被保险人用作分配、分派或非正常运输的其他储存处所时为止，货物进入仓库或储存处所后保险责任即告终止。该原则又称“仓至仓条款”。对“仓至仓条款”的理解应包括以下三个方面：

第一，“仓至仓条款”规定的保险责任终止条件。“仓至仓条款”规定的保险责任在下列情况下终止，并以先发生者为准：其一，货物运达保险单所载明的目的港（地）收货人的最后仓库或储存处所。其二，货物运达保险单所载明的目的港（地）或中途的任何其他仓库或储存处所，这些仓库或储存处所由被保险人用作：正常运输以外的储存、货物的分配、分派或分散转运。其三，从被保险货物在最后的卸载港全部卸离海轮后起算满 60 天。若在上述 60 天内需将被保险货物转运到非保险单所载明的目的地时，则于货物开始转运时终止。

第二，“仓至仓条款”的地点。“仓至仓条款”中的第一个“仓”一般是确定的，即保单上列明的发货人的仓库。第二个“仓”要视具体情况来确定：一般是指保单规定的目的港（地）收货人的仓库或储存处所，但当货物运抵保险单所载明的目的港（地）以后，进入其他仓库或储存处所存放时，虽然该存放地点不是保单规定的收货人仓库，但只要收货人将其作为正常运输以外的储存地点，或把该地点作为货物的分配、分派或分散转运仓库时，即视为货物进入了收货人仓库。

第三，“仓至仓条款”的时间。“仓至仓条款”虽然是对保险人承担责任的空间范围的规定，但保险人对这个条款也规定了时间期限。由于“仓至仓条款”有时间上的限制，因而当货物在目的港完全卸离海轮后，要求收货人尽快将货物运往收货人仓库，一旦超过了规定的 60 天期限，保险人不再对货物承担任何保险责任。

根据保险赔偿原则，保险标的发生损失后，要认定保险人承担赔偿责任，必须同时具备以下条件：所发生的风险是在保险责任范围之内；所遭受的损失与发生的风险之间具有直接的因果关系；在保险标的遭受风险时，索赔人对其具备保险利益，即货物损失与索赔人之间存在利害关系；依照“仓至仓条款”，被保险货物遭受损失的时间和地点是在保险期间之内。如果缺少任何一个条件，保险人都不应负赔偿的责任。就本案而言，虽然提货不着发生在保险责任期间内，但它不是由保险风险所造成的，因此，保险公司不应承担赔偿责任。

【疑难问题】

有关提单的法律性质，在理论界一直存在着争论，请结合有关国际条约、国内立法及国际海运实践，对提单的法律性质加以分析，并根据你对提单法律性质的认识和理解，结合我国最高人民法院《关于审理无正本提单交付货物案件适用法律若干问题的规定》，分析承运人无正本提单交付货物应承担的责任。

简单的分析思路如下：

首先，对有关提单法律性质的争论应有一个总体的了解；其次，理解有关提单的国际公约和国内法（如我国《海商法》）关于提单性质（或功能）的规定；再次，结合我国海事司法的实践和海事法学理论，对提单性质加以分析；最后，基于以上分析，结合我国最高人民法院《关于审理无正本提单交付货物案件适用法律若干问题的规定》，分析承运人无正本提单交付货物应承担的责任。此外，《鹿特丹规则》取消了一部分凭单交货的义务，承运人被明确免除凭单交货的义务，同时又增加了其识别收货人身份的义务，记名提单下默认承运人无凭单交货的义务。

本章所涉及的主要国际公约和法律、法规包括：

1.《海牙规则》、《汉堡规则》以及《鹿特丹规则》中有关国际海上货物运输的相关规定，如《海牙规则》第3、4条有关承运人责任及免责的规定；

2.《联合国国际货物多式联运公约》；

3. 我国《海商法》第四章、第十二章。

实务训练

2003年1月9日，广西甲公司与香港乙公司签订一份买卖合同，购买2 000吨棕榈油，价格条件是CIF越南鸿基港，每吨748美元，总价款1 496 000美元。3月7日，乙公司与香港某船务公司签订租船合同，租用“Tradewind”轮从马来西亚PASIR GUDANG港将上述货物运至越南鸿基港。3月24日，该轮船代理签发了提单，提单记载的承运人为太平洋公司。“Tradewind”轮没有在预定时间抵达卸货港。经国际海事局调查，该轮于当年3月16日到达巴西古丹港，装载了4 479.9吨棕榈油，于4月3日离开PASIR GUDANG港之后下落不明。经调查，货物已被船东窃取，船舶可能被凿沉或拆掉。

请你作为卖方的法律顾问，就该国际货物买卖合同的履行中所涉及的以下问题提出法律意见：

1. 在CIF术语下应由合同中的哪一方负责办理运输事宜？货物的托运程序如何？

解答：在CIF术语下卖方负责办理运输事宜，其货物托运程序如下：

（1）卖方在收到国外开来的信用证经审核（或经修改）无误后即可办理托运。按信用证或合同内有关装运条款填写《托运单》并提供全套单证，在截止收单期之前送交外运公司，作为订舱的依据。

（2）领取装运凭证。外运公司收到有关单证后，即缮制海运出口托运单，并会同有关船公司安排船只和舱位；然后由船舶公司据以签发装货单，作为通知船方收货装运的凭证。

（3）装货、装船。外运公司根据船期，代各外贸公司前往发货仓库提取货物运进码头，由码头理货公司理货，凭外运公司签发的装货单装船。

（4）换取提单。货物装船完毕，由船长或大副签发“大副收据”或“场站收据”，载明收到货物的详细情况。托运人凭上述收据向有关船舶公司换取提单。

如果本合同采用CFR或FOB术语，由于保险由买方自行办理，则货物装船后，卖方（发货人）须向国外买方发出《装船通知》，以便对方准备付款、赎单、办理收货。

2. 在CIF术语下应由合同中的哪一方负责办理保险事宜？

解答：在该术语下卖方负责办理保险事宜，如果合同中没有特别规定，卖方只负责投保最低程度的保险，即投保中国人民保险公司“远洋货物运输保险条款”的平安险。海上货物运输保险的投保应注意以下三个方面的问题：

（1）对投保险别的选择：险别的选择应考虑的因素主要有货物种类、包装形式、运输工具、运输方式、运输路线、季节和港口等。

（2）贸易合同中的保险条款：贸易合同中的保险条款须明确：保险由谁办理、保险费由谁承担、投保哪些险别（主险加附加险）、保险金额是多少、保险费如何支付、由谁指定保险公司等。

（3）投保应申报的内容及注意事项：根据预约投保或单独投保时，投保人应向保险人申报的内容有：被保险人名称、货物名称、标志、包装、数量或重量、保险金额、船名、开航日期、提单号、启运地、目的地、承保险别、赔付地点、填报日期及投保人签章。

3. 如果货物因承运人责任造成损害，索赔时应考虑哪些问题？

解答：（1）管辖权的确定：提单上通常订有管辖权条款，规定争议必须提交某国法院解决。目前多数国家的法律没有对提单管辖权条款的效力作出明文规定，而由法院根据具体情况自由裁量。提单上管辖权条款发生效力必须清楚和明确，如果通过租约并入条款援引租船合同中的管辖权条款，通常必须以明确和详细的文字作出规定。

（2）提单的法律适用：关于提单的法律适用，在提单背面条款中通常都有一条首要条款对此加以规定，但由于有关国际公约和各国国内法通常都规定了其强制性的适用范围，因而，首要条款是否有效则应视具体情况而定。一般认为，如果提单在某一法律的强制适用范围之内，首要条款的效力仅仅是将其所指引的有关内国法或国际公约的规定纳入提单，使之成为提单合同条款的一部分，而合同本身则受该强制适用的法律调整。如果提单不在某一法律的强制适用范围之内，则这种法律选择条款通常有效。

(3) 时效问题：向承运人索赔的时效、向第三人索赔的时效以及向货方索赔的时效。

4. 如果货物损害是因保险人承保的风险所致，如何向保险人索赔？应如何计算保险损失？

解答：在发生货损或货物灭失，办理保险索赔时，需要经过以下程序：

(1) 由索赔人向保险公司提供以下单据：保险单正本、索赔清单、货损货差证明、检验报告、发票、装箱单、磅码单、提单、向第三责任人追偿的有关文件。

(2) 被保险人在办妥有关手续，交付单据后，须等待保险公司审定责任，决定是否予以赔付，如何赔付。为了确保理赔质量，中国人民保险公司在长期实践中总结出一套行之有效的核赔程序[①]：立案——审核——损失核算——赔款给付——损余处理——归档。

因损失类别和保险单性质不同，其赔偿的计算方法也各异。具体而言：

(1) 对实际全损的赔偿

当保险标的发生实际全损时，对定值保险单，保险人应按约定的保险价值赔偿，而不论发生损失时保险标的的实际价值高于还是低于约定的保险价值。对不定值保险单，保险人则按保险标的发生实际全损时的实际价值给予赔偿。如保险标的发生损失时的实际价值高于保险金额，按保险金额同保险价值的比例计算；如实际价值低于保险金额，保险人仅按实际价值赔偿。

(2) 对推定全损的赔偿

当推定全损成立时，只要被保险人提出委付并经保险人接受，保险人就应按保险金额全部赔偿。

(3) 对部分损失的赔偿

当货物发生部分损失时，对定值保险单，保险人根据约定价值按全损部分的保险价值占全部货物保险价值的比例负责赔偿，即：

约定价值×（全损部分的保险价值÷全部货物的保险价值）

对不定值保险单，保险人按全损部分的保险价值赔偿。

在货物发生部分损坏的情况下，对定值保险单，保险人根据约定价值按货物贬值率给予赔偿，即：

$$\text{约定价值}\times\left(\begin{matrix}\text{到达地完好}\\\text{货物毛值}\end{matrix}\langle\text{扣除到达地受损货物毛值}\rangle\div\begin{matrix}\text{到达地完好}\\\text{货物毛值}\end{matrix}\right)$$

对不定值保险单，保险人根据保险价值按货物的贬值率负责赔偿，即：

$$\text{保险价值}\times\left(\begin{matrix}\text{到达地完好}\\\text{货物毛值}\end{matrix}\langle\text{扣除到达地受损货物毛值}\rangle\div\begin{matrix}\text{到达地完好}\\\text{货物毛值}\end{matrix}\right)$$

① 参见汪鹏南：《海上保险合同法详论》，275页，大连，大连海事大学出版社，2003。

课后练习

1. 根据1924年《海牙规则》的规定，在航行过程中遭受的下列损失，承运人不可免责的是：（　　）。

A. 不论何种原因引起的局部或全面罢工或停工而造成的货物的损失

B. 承运人为多装货物，下令将船上的救火设施拆除，在航运途中船舶失火造成的货物烧毁的损失

C. 承运的货物因本身湿度过大而发生霉变造成的损失

D. 航行途中，船长超速驾驶，结果船舶触礁货舱进水造成的货物湿损

2. 甲公司依运输合同承运一批从某国进口中国的食品，当正本提单持有人乙公司持正本提单提货时，发现货物已由丙公司以副本提单加保函提走。依我国相关法律规定，下列选项中正确的是：（　　）。

A. 无正本提单交付货物的民事责任应适用交货地法律

B. 乙公司可以要求甲公司承担违约责任或侵权责任

C. 甲公司对因无正本提单交货造成的损失按货物的成本赔偿

D. 丙公司提走了货物，不能要求甲公司承担责任

3. 中国甲公司以CIF价向某国乙公司出口一批服装，信用证方式付款，有关运输合同明确约定适用《海牙规则》。甲公司在装船并取得提单后，办理了议付。两天后，甲公司接乙公司来电，称装船的海轮在海上因雷击失火，该批服装全部烧毁。对于上述情况，下列选项中正确的是：（　　）。

A. 乙公司应向保险公司提出索赔　　　　B. 甲公司应向保险公司提出索赔

C. 甲公司应将全部货款退还给乙公司　　D. 乙公司应向承运人提出索赔

4. 关于海洋运输货物保险，下列选项中正确的是：（　　）。

A. 平安险项下赔偿的因自然灾害造成的全部损失只包括实际全损

B. 保险人的责任期间自保险合同订立时开始

C. 与平安险相比，水渍险的保险范围还包括因自然灾害造成的保险标的的部分损失

D. 附加险别可独立承保

5. 一批货物由甲公司运往中国青岛港，运输合同适用《海牙规则》。运输途中因雷击烧毁部分货物，其余货物在目的港被乙公司以副本提单加保函提走。丙公司为该批货物正本提单持有人。根据《海牙规则》和我国相关法律规定，下列选项中正确的是：（　　）。

A. 甲公司应对雷击造成的货损承担赔偿责任，因损失在其责任期间发生

B. 甲公司可免除因无正本提单交货的赔偿责任

C. 丙公司可要求甲公司和乙公司承担连带赔偿责任

D. 甲公司应以货物成本加利润赔偿因无正本提单交货造成的损失

6. 中国甲公司与德国乙公司签订服装买卖合同，约定单价每件30美元/FOB青岛。乙公司为该货物的运输向保险公司投保了平安险。对于航行途中发生的下列损

失，保险公司应承担赔偿责任的是：（　　）。

A. 在运输途中货轮与另一艘船舶相撞造成的货损

B. 由于运输延迟造成的货物损失

C. 在运输途中遭遇飓风造成货物全部损失

D. 在装卸时由于一件或整件货物落海造成的部分损失

7. 下列选项中，属于共同海损的有：（　　）。

A. 某远洋货轮的船上载有牛羊，由于饲料被吃光，为补充饲料绕航停靠港口引起的费用增加

B. 在船舶由于遭受海上风暴导致燃料不足的紧急情况下，作为燃料燃烧的船用物料和材料的损失

C. 某远洋货轮运输途中因遭遇雷击导致失火，经过船员用灭火器全力扑救将火扑灭，后经查发现有一批布料被烧毁，该被烧毁的布料的损失

D. 由于发生共同海损事故，使航程延长而发生的船期损失

8. 在司法实践中，下列保函中通常被认定为恶意或无效保函的是：（　　）。

A. 托运人和承运人明知货物的表面状况有明显的瑕疵，为换取清洁提单，由托运人向承运人出具的保函

B. 托运人为获得预借提单而向承运人出具的保函

C. 托运人为得到倒签提单而向承运人出具的保函

D. 由于缺乏识别手段或计量工具，承运人和托运人出现认识上的偏差，为免去提单上的批注，托运人向承运人出具的保函

9. 依据我国《海商法》的规定，下列关于承运人对集装箱装运的货物的责任期间的表述，不正确的是：（　　）。

A. 承运人的责任期间是指自装货港接收货物时起至卸货港交付货物时止，货物处于承运人掌管下的全部期间

B. 承运人的责任期间自接收货物时起至目的港卸货时止

C. 承运人的责任期间自货物进入装货港的仓库时起至货物进入卸货港的仓库时止

D. 承运人的责任期间，是指从货物装上船时起至卸下船时止，货物处于承运人掌管下的全部期间

10. 2004 年 6 月 12 日，中国锐升进出口公司受我国某企业的委托与瑞典天使贸易公司签订了出口一批蜡烛的合同。合同约定与本合同有关的争议适用瑞典法律。主要成交条件是：CIF 哥登堡，每箱 32 美元，9 月装船。2004 年 7 月 20 日，该批蜡烛 7 500 箱经中国商检部门检验合格后装上了某远洋公司的“中天”号货轮，鉴于蜡烛如放在 40 摄氏度左右的地方，时间一长会变形，因此托运人指示承运人在运输中应注意适当通风。承运人收货后签发了清洁提单。依合同签订的贸易条件，中方公司向中国人民保险公司投保了一切险。在运输途中“中天”号与一艘日本籍轮船“海城九”号发生碰撞，导致某一货舱进水，使装于该货舱的 700 箱蜡烛及其他货物湿损。为修理该船以便继续航行，该轮开进了附近的避难港，并发生了避难港

费用和必要的船舶修理费用。“中天”号到达目的地后，收货人发现余下的6 800箱蜡烛已变形，不能用于正常目的，收货人只能按市价的30%出售，经查蜡烛变形是运输中未适当通风导致温度过高所致。请回答下列各题：

(1) 中国锐升进出口公司与我国某蜡烛生产企业是什么关系？(　　)

A. 货运代理关系　　B. 船务代理关系

C. 外贸代理关系　　D. 买卖合同关系

(2) 本案有关贸易合同的争议适用下列哪国法或公约？(　　)

A. 中国法　　B. 瑞典法

C. 日本法　　D.《联合国国际货物销售合同公约》

(3) 依《海牙规则》的规定，关于700箱湿损的货物，下列选项正确的是：(　　)。

A. 应由收货人向承运人提出索赔，因为是船舶的碰撞引起的湿损

B. 应由收货人向发货人提出索赔，因为货物是在装船前受损的

C. 应由收货人向保险人提出索赔，因为承运人有航行过失免责

D. 应由发货人向保险人提出索赔，因为发货人是投保人

(4) 依《海牙规则》，关于6 800箱变形的蜡烛，下列选项正确的是：(　　)。

A. 承运人不应赔偿收货人的损失，因为承运人有过失免责

B. 承运人应当赔偿收货人的损失，因为承运人负有管货责任

C. 如果承运人拒绝赔偿，收货人可以向保险人提出赔偿请求

D. 收货人不应向发货人索赔，因为货损是在运输途中发生的

(5) 在承运人拒绝赔偿收货人6 800箱货物的损失，而保险公司赔偿了收货人的情况下，依照《中华人民共和国海事诉讼特别程序法》的规定，保险人应以下列什么名义行使代为求偿权？(　　)

A. 以收货人的名义　　B. 以被保险人的名义

C. 以保险公司的名义　　D. 以发货人的名义

(6) 关于避难港费用和必要的船舶修理费用，下列选项正确的是：(　　)。

A. 避难港费用是为船货各方共同的利益而发生的，应由受益各方来分摊

B. 船舶的修理费用是为船方的利益而发生的，应由船方来承担

C. 船舶的修理费用是为安全完成本航程而发生的，应由受益的各方来分摊

D. 避难港费用是为船方的利益而发生的，应由船方来承担

延伸阅读

1. 司玉琢，李志文主编．中国海商法基本理论问题研究．北京：北京大学出版社，2009

2. 司玉琢，韩立新主编．《鹿特丹规则》研究．大连：大连海事大学出版社，2009

3. 汪鹏南．海上保险合同法详论．大连：大连海事大学出版社，2003

4. 傅廷中．海商法论．北京：法律出版社，2007

5. 赵德铭主编．国际海事法学．北京：北京大学出版社，1999

6. 杨仁寿．海商法论．台北：三民书局，1990

7. ［美］G. 吉尔摩，C.L. 布莱克．海商法（上、下）．杨召南，毛俊纯，王君粹译．北京：中国大百科全书出版社，2000

第三章　国际贸易支付法律实务

【内容摘要】

国际贸易支付法律制度是一个规范和实务高度融合的综合体，法律主体类型多样，法律渊源构成复杂。国际贸易支付经历了长期的发展后，基于汇票为工具基础，形成了托收、信用证和保理三种支付方式，在国际贸易中普遍适用。本章将介绍汇票的基本运作方式，并在此基础上对这三种支付方式的内涵、实务操作流程及其衍生的法律关系等基本问题进行详细的介绍，并对各种支付方式适用中需要特别注意的问题进行说明，呈现各种支付方式与各贸易环节的关联及其优势与不足；同时，结合我国司法机关已有的部分典型案例，对三种支付方式在实务中引发的典型法律问题进行说明。

【知识要点】

国际贸易支付法律制度是规范货物、服务国际贸易中货款及各种费用支付的制度，既要与各国内国法协调适用，又要充分发挥国际条约的作用，经过长期的国际贸易实践和制度演变，为国际社会广泛接受的贸易支付工具是协调各方面法律关系的最重要的成果。国际贸易规模、范围的扩张及交易安全的需求要求国际贸易支付工具与贸易合同相结合，在保障买卖双方合法权益的基础上顺利地完成货款、费用的跨国支付。

国际贸易中的支付是履行贸易合同下款项支付义务的体现，是买方向卖方让渡货币所有权的过程，与国内贸易不同的是：一方面，买卖双方处于不同国家，相互间商业信用知悉度不足，时空差距加大了履约风险，跨国追诉的难度大、成本高；

另一方面，买卖双方通常处于不同的主权货币区，国际贸易支付还要面临所在国的外汇管理等制度的约束。国际贸易中合同风险的防范和支付制度本身的特征使国际贸易支付法律制度较为复杂。具体而言，要处理好以下几对法律关系：

一是国际贸易合同双方的支付关系。卖方在提供货物、服务时希望能按时、足额地获得合同下的款项，甚至在发货前预先得到支付；买方希望能足额、保质保量地获取货物、服务，甚至在付款前能预先收到货物。所以国际贸易支付法律制度首先要解决贸易合同的履行顺序及风险预防问题，使买卖双方的权益都能得到合理保障。

二是买卖双方与银行的支付关系。当商业信用较为薄弱时，银行的介入、银行信用的授予可以打破这样的僵局，国际贸易支付法律制度还应当调整买卖双方与各自所在地的银行、卖方所在地银行与买方所在地银行之间的关系，并规定款项支付出现风险时的责任分担问题。

当然，国家外汇管理等方面的关系也需要考虑，不过买卖双方之间、银行与客户及银行间的关系是国际贸易支付的主要问题，而要完成货款从买方经银行参与让渡到卖方这一过程，主要适用非现金方式结算，因此需要将一定的支付工具和支付方式结合起来。本章重点对汇票这一支付工具和托收、信用证和保理三种支付方式进行详细论述。

一、支付工具

国际贸易实务中的支付工具主要指金融票据，包括汇票、本票和支票，其中汇票的适用最为广泛，与托收、信用证等支付方式结合也最为紧密。

汇票是指出票人向受票人开出的、要求受票人见票或在一定期限内支付给某人或其指定的人或持票人一定金额的无条件书面支付凭证。[①] 汇票中的票据法律关系主体包括出票人、付款人和收款人。在国际贸易实务中，是将票据法律关系融入买卖双方及银行间的关系中，并与货物单据、保险制度等相结合，从而完成国际支付。

根据不同的标准可将汇票分为不同的种类，在国际支付中最为重要的两种分类是：即期汇票与远期汇票、商业汇票与银行汇票。

根据汇票上记载的付款期限的不同，汇票向付款人提示时付款人即行付款的汇票叫做即期汇票，如托收中的即期交单所使用的汇票；向付款人提示后，付款人待一定期限经过后再行付款的汇票叫做远期汇票。一定期限的设定有三种类型：(1) 见票后若干天，如托收中的定期付款交单即是；(2) 出票日后若干天；(3) 提单签发日后若干天。即期付款汇票主要具有实现合同货款清算的功能，而远期汇票具有清算与融资双重功能，托收中的"承兑交单"、信用证规定以承兑方式兑用时，即使用远期汇票作为支付工具。

即期汇票和远期汇票可以由工商企业等非金融机构或银行作为出票人，前者称为商业汇票，后者称为银行汇票。在国际支付中，卖方可以作为出票人开具汇票，将卖方列为付款人，并委托银行向买方提示、收款，这是托收和信用证支付方式中使用的汇票形式；也可以由汇出银行作为出票人、以汇入银行作为付款人，卖方持

① 参见韩龙主编：《国际金融法》，246 页，北京，法律出版社，2007。

汇票直接到汇入银行取款，这是汇付中使用的汇票种类。

除汇票以外，本票、支票也可作为支付工具，但是不如汇票的使用那么广泛，本章不进行详述。

根据以上对汇票内涵的介绍，可以获知国际支付工具与支付方式结合使用的价值在于：支付工具中支付期限的设定，加上提单等货物单据附随支付工具使用，可以防范贸易合同履行顺序可能带来的风险；银行信用的参与使合同方特别是卖方在履行义务后、买方付款前，可以从银行支取货款（如信用证的议付、出口保理商的融资），此时，支付工具不但有清算功能，还能使买卖双方在支付期限内从银行获得融资。而支付工具安全清算、融资等功能的有效发挥，有赖于支付方式的合理设定和当事人的选择。

二、托收（Collection）

国际商会于1958年制定《托收统一规则》，经过三次修改，现行版本是1996年1月1日生效的URC522（Uniform Rules for Collection ICC Publication No. 522）。URC522必须经当事人约定方可适用，目前它已得到包括我国银行及当事人在内的相关方在国际贸易中的广泛适用。[①]

（一）托收的内涵

托收是指卖方开出以买方为付款人的汇票，委托自己所在地银行，通过买方当地银行向买方收取货款的支付方式，这是从卖方的角度下的定义；从银行方面来看，是指银行依据所收到的指示，处理金融和商业单据，以便取得付款及/或承兑，或付款交单及/或承兑交单，或按照其他条款和条件交付单据。[②] 托收是由卖方启动的支付工具，目的是通过不同国家银行间的业务联系收取货款，核心是合理调节贸易合同下商品所有权的转移和款项支付的时空差距。

（二）操作过程

由于托收是由卖方启动的支付过程，故以下从卖方的合同义务履行开始，按照货物发出到完成收款的顺序说明托收业务的操作过程。

1. 卖方发货，备齐相关单据。卖方要首先根据贸易合同约定的时间、方式等条款发出货物，取得相关的金融票据（如发票等）和商业票据（如运输单据、保险单据）等，作为办理托收业务的法律依据。

2. 卖方向其所在地银行发出托收指示，办理相关委托手续。托收分为光票托收和跟单托收两种。在适用最为广泛的跟单托收中，卖方发出货物后，开具以买方为付款人的汇票，并将金融票据、商业票据一并提交卖方所在地银行[③]，填写托收申

---

① 如中国银行于1996年1月1日颁布了《关于发送〈托收统一规则（URC522）的掌握原则〉的通知》。

② 参见国际商会《托收统一规则》（URC522）第2条。

③ 此处描述的是主要的托收方式——跟单托收，如果是光票托收，则不附提单等商业票据，卖方仅凭汇票等金融票据委托银行收款，由于光票托收对买方而言没有货物的保障，因而在实务中仅适用于小额支付等少数场合。

请书并办理委托收款的相关手续。接受委托的银行称为“托收行”。

3. 托收行委托并将相关单据交与买方所在地银行，由其提示买受人付款或者承兑，接受委托的买方所在地银行称为“代收行”。委托人指定特定银行作为代收行后，托收行则按照委托人的指定进行；在未指定代收行的情况下，托收行将使用自己的任何银行，一般是托收行的分支机构或者与托收行有业务合作关系的代理行，托收行一般须在代收行中有自己的账户，以便于货款收回后能进行款项划转。

4. 买方根据通知行的提示，对卖方开具的汇票进行付款或承兑。卖方在给托收行的托收申请书中，可以选择买方是“付款交单”还是“承兑交单”，并相应地开具即期汇票或远期汇票。

交单是交付卖方提交给托收行的金融票据和商业票据。付款交单（documents against payment，D/P），即买方在收到付款提示后，必须完成付款后代收行才能将单据交予买受人，以便提取货物。根据提示付款时间与交单时间的关系，买方收到付款提示后立即支付款项，换取货物单据的方式叫做“即期付款交单”（documents against payment at sight），此时卖方开具的是即期汇票；买受人收到提示时，基于资金流动性等考虑，也可只作出承兑，待汇票到期后再付清货款领取单据，这叫做“远期付款交单”（documents against payment after sight，D/P after sight 或 D/P after date），此时卖方出具的是远期汇票。买方承兑后由代收行保存所有票据，买方履行了付款义务后代收行才能交付所有票据。

承兑交单（documents against acceptance，D/A），是指买方收到提示后，只要对卖方开具的汇票进行承兑，银行即向其转交货物单据，其无须立即付款，承兑交单中卖方开具的仍然是远期汇票。值得注意的是，虽然承兑交单和远期付款交单使用的都是远期汇票、都需要买方承兑，但前者承兑以后买方即可获得货物单据，后者承兑后还需等到汇票到期后买方支付了相关货款后，其才能获得货物单据。[①]

5. 代收行收取货款后通知托收行，并转入托收行的账户，托收行将货款交予卖方。如果托收指示中未说明由买方支付托收的相关费用，或者虽有指示但买方拒绝时，银行要扣取费用后再将剩余部分交予卖方。

（三）托收法律关系

托收至少涉及四个主体：卖方、买方、托收行、代收行，如果托收行与代收行没有直接的业务往来，则还需通过它们共同具有账户的银行作为中间银行。由于托收中要进行货物单据传递，但银行一般没有提取、照看货物的义务，因而卖方还可能委托买方所在地的“需要时的代理人”在买方拒付等情况下管理货物以避免损失，具体关系如下图所示：

---

① 远期付款交单中，买方在承兑以后付款以前，也可以向银行借单提货，即向银行借出货物单据，以银行代理人的身份提取货物，相关风险由银行承担，这种借单提货的方式一般只适用于信誉度高、与银行业务关系密切的买方。

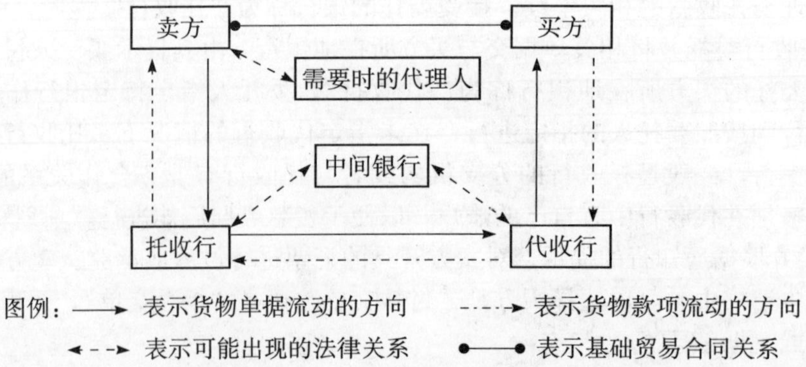

在托收业务中，国际贸易合同下的金融票据和商业票据要从卖方传递到买方，商业票据是贸易合同下货物履行的物权证书或其他票据，是卖方向买方履行货物所有权转移的手段；而金融票据则是经过银行向买方索取货款的手段，银行（包括托收行和代收行在内）与买卖双方的法律关系则主要以其作为载体。

1. 买卖双方的权利和义务

托收业务中，卖方承担着主要的责任和风险，其承担的义务包括：（1）按照贸易合同的约定按时发货，获取货物单据，并缮制合同规定的金融票据（如即期或远期汇票）；（2）填写托收申请书，办理货款收取委托手续，并说明交付单据的条件（是付款或承兑还是其他条件）、货款金额和货币类型、代收行是否可以接受部分付款而交单、利息是否不可放弃、拒绝付款或拒绝承兑时处理的方法；卖方自行指定代收行时须告知托收行，“需要时的代理人”的指定及其权限也须一并告知，否则银行将不理会向其发出托收的任何其他当事人或银行的任何指示；（3）提交相关的金融票据和商业票据，如货物提单和出具的银行汇票等；（4）关心货物的安全，承担货物毁损、灭失及买方拒绝付款赎单时延误等的风险；（5）向银行支付托收业务的相关费用，托收指示中指定相关费用由买方支付且买方未拒绝支付的除外。可见，卖方最重要的义务是在委托托收行时进行相关的指示和说明，这是托收行和代收行行事的依据。而买方的主要义务就是付款赎单或承兑赎单，根据指示支付托收的相关费用。

2. 托收行和代收行与卖方的关系

在托收中，卖方的权利主要是收取货款的权利，买方的权利主要是按照托收指示进行付款或承兑后获得相关单证的权利。

托收行和代收行都是为卖方的利益行事，作为金融机构其主要扮演以单换款的角色，它们的主要义务包括：（1）勤勉谨慎行事的义务。银行在不接受托收、保护货物而采取措施、发现单据瑕疵、货款收妥、货款和利息遭到拒付等情形发生时，均有毫不延迟地将相关情况通知相关当事人或银行的义务。（2）审查单据的义务。银行必须确定它所收到的单据应与托收指示中所列内容表面相符。银行的权利主要是获得业务费用收入。

从业务联系上看，代收行是与托收行进行业务往来，其与卖方是什么关系呢？托收行固然是卖方的代理人，如果代收行是托收行的代理人，一旦代收行发生业务操作失误而托收行并无过错，则卖方没有权利挽回损失。根据《托收统一规则》的解释，代收行是“除托收行以外的任何参与处理托收业务的任何银行”[①]，而非托收行的代理行，一般托收行都会在信函中说明为卖方利益服务，在没有相反证据时，应当将代收行也理解为卖方的代理人。

3. 银行的免责

卖方将货物发出后便将货物单据交予银行，在整个托收业务过程中相关的金融票据和商业票据在银行手中停留时间最长，但银行对相关单据的义务却并不多，很多情况下银行都可以免责：

（1）银行只确定它所收到的单据应与托收指示中所列内容表面相符，不会为了取得指示而审核单据，对单据的格式、完整性、准确性、真实性、虚假性或其法律效力等不承担责任。

（2）对单据延误、在传送中的丢失以及对翻译的免责。银行对任何信息、信件或单据在传送中所发生的延误、丢失，或对任何电讯在传递中所发生的延误、残损或其他错误，或对技术条款的翻译、解释的错误，概不承担责任或对其负责；银行对由于收到的任何指示需要澄清而引起的延误，将不承担责任或对其负责。[②]

（3）不可抗力的免责。对由于天灾、暴动、骚乱、战争或银行本身不能控制的任何其他原因、任何罢工或停工而使银行营业中断所产生的后果，银行不承担责任或对其负责。[③]

（4）外国法律和惯例施加给被指示方的一切义务和责任的制约，就有关义务和责任委托人应当向银行承担赔偿责任。

（5）未经银行事先同意，货物不得直接发送到该银行地址或者以银行作为收货人或以银行为抬头人，即使卖方如此行事，银行也没有提货的义务；银行只有在个案中、在其同意的限度内，才会采取对货物进行存储和保险等行动，并且所发生的任何费用、花销都将由向其发出托收指示的一方承担。

（四）托收的法律风险

经过业务操作程序和法律关系的梳理，可见托收是一种先发货后付款的保障性工具。在托收关系中卖方承担着主要的责任和风险，体现在：

1. 在卖方出具远期汇票并指示“承兑交单”时，买方未付款即可以取得货物，存在提货后违约的风险。

2. 托收中，卖方限制买方最有力的手段是货物单据，这就意味着只有在货物单据是物权凭证时才具有充分的约束力，只有海运提单符合这一条件，在航空运输、陆地运输以及海运中签发海运单的情况下，货物已经发出而卖方没有物权凭证作为换取货款的手段，违约的风险较高。

---

① 国际商会《托收统一规则》（URC522）第 3 条第 1 段 C 项。

② 参见国际商会《托收统一规则》（URC522）第 14 条。

③ 参见国际商会《托收统一规则》（URC522）第 15 条。

3. 托收处于进行中时，货物也在运输过程中，其间的运输风险归于卖方，因此卖方应当结合 CIF 等贸易条款，通过运输保险等手段分散风险。

本质上，托收是商业信用的体现，部分情况下也具有融资的作用，对买方较为有利而卖方则承担了较大的风险。因此在国际贸易实务中，应当根据贸易合同双方的商业往来及信用状况适当选用。

三、信用证（L/C，Letter of Credit）

国际贸易中仅凭商业信用作为支付的支撑无法充分保障当事人的权益，银行信用进入贸易支付领域成为必然要求，信用证制度由此发端，并成为当前国际贸易中最主要的支付方式。由于信用证是由国际贸易中的商业习惯发展而来，因而当前调整信用证法律关系的制度主要是国际惯例，内国法中的专门性立法较少。国际商会于 1926 年开始制定草拟信用证统一规则，1933 年完成了《跟单信用证统一惯例》，并于 2007 年完成第 6 次修订，即 UCP600。我国的金融事务和司法实践中也大量适用该惯例，并制定了一些配套性管理措施。下面以 UCP600 为主线，结合我国国家机关制定的相关规定和相关金融机构的操作规则①进行分析。

（一）信用证的内涵

在托收支付中由卖方发货后启动支付程序，而信用证则是由买方启动的支付方式，它是指银行应进口方请求，开给出口方的一种保证付款的书面凭证。② 信用证的使用需要买卖双方在合同中予以约定，是卖方在发货之前获得的银行信用保证，比托收更能保护卖方的利益。

信用证的内涵体现在两个方面：第一，信用证是开证行对卖方的保证，是独立于贸易合同之外的银行与卖方之间的法律关系；第二，只要卖方满足了信用证中的要求，银行就必须按约定支付列明金额的款项。

（二）信用证的操作流程

信用证是一种格式规范的法律文件，根据国际贸易合同的相关约定而开立，并要求货物相关单据附后且满足单单相符、单证相符时才能兑用，其操作流程如下：

1. 信用证的开立。

双方在贸易合同中约定使用信用证方式结算的，买方根据合同向所在地银行申请开立信用证，银行对开证申请人的资信、贸易合同的真实性等情况进行审核，达成信用证开立合同。为避免商业风险转化成金融系统风险，银行一般都要求申请人提供一定的担保，特别是开立远期信用证要纳入国家外债之内时，可能影响一国的

---

① 我国关于信用证的相关规范有最高人民法院《关于审理信用证纠纷案件若干问题的规定》、《中国人民银行关于加强信用证管理的通知》等规范文件，以及《中国建设银行国际结算远期信用证业务管理规定》等金融机构内部操作规则。

② 参见韩龙主编：《国际金融法》，262 页，北京，法律出版社，2007。

外汇政策，而担保的方式包括保证金、连带责任保证、抵押、质押等方式。[①]

开证行开立的信用证可能是付款信用证或承兑信用证。付款信用证是指卖方即信用证的受益人，相符交单后立即（即期付款，sight payment）或经过一定时间（延期付款，deferrcd payment）后得到付款；承兑信用证是指受益人相符交单后开具远期汇票，银行对其予以承兑（acceptance）的信用证形式。信用证一经开出，除非开证行、保兑行和受益人一致同意，否则不可撤销。[②]

2. 信用证的保兑与通知。

信用证开立以后，根据合同要求或卖方要求，开证行可以授权或要求其他银行对信用证加以保兑，同意保兑的银行称为“保兑行”。一经保兑，保兑行即在开证行承诺之外作出了承付或议付的承诺，受益人将规定的单据提交给保兑行或指定银行并构成相符交单，保兑行必须承付或议付，收到开证行保兑通知的银行也可以拒绝保兑并毫不延迟地通知开证行。

开证行在开立、保兑（如有必要时）信用证后将其交予卖方所在地银行，委托其将信用证交给卖方。应开证行要求通知信用证的银行叫做“通知行”。“通知行”可以由保兑行担任，也可以由其他银行担任。

3. 卖方按照信用证中的条款发送货物，获取相关的货物单据。在承兑信用证中，卖方还需开具远期汇票。跟单信用证中，卖方将货物单据等按照信用证列明的承付、议付截止日和交单截止日向开证行、保兑行或指定银行[③]提交。

4. 银行对单据和信用证进行审核，确认单单相符、单证相符后予以承付或议付，信用证中应当指明是采取即期付款、延期付款、承兑还是议付作为兑用方式。如果发现交单不符，银行可以拒绝承付或议付，并给予交单人一份单独的拒付通知，通报信用证遭到拒付的事实、拒绝所依据的不符点和银行即将作出的处理方法，包括：遵循之前从交单人获得的指示、等候交单人进一步指示、联系信用证申请人放弃不符点、退回单据，也可以遵循国际惯例和内国法对不符点规定的其他处理方法。

(1) 承付与议付的概念

承付是指银行对信用证进行即期付款、延期付款或承兑而完成信用证支付的方式；议付又叫做“买单”或“押汇”，指在相符交单下，在其应获偿付的银行工作日当天或之前向受益人预付或者同意预付款项，从而购买汇票（其付款人为指定银行以外的其他银行）及/或单据的行为[④]，这是一种在偿付期到来之前通过垫付货款而买单的行为。开证行、保兑行以外的其他银行在相符交单下进行议付时，如果其未

---

① 例如，《关于商业银行国际结算远期信用证业务经营风险管理的通知》（银发［1997］430号）第4条规定：为非授信企业开立信用证，保证金的收取比例不得低于开证金额的20%；《中国建设银行国际结算远期信用证业务管理规定》第16条规定：远期信用证业务中担保措施包括：适格主体提供的连带责任保证、房屋等作抵押和以银行承兑汇票、银行本票、债券、仓单、提单以及上市流通股份作质押。

② 参见国际商会《跟单信用证统一惯例》（UCP600）第3条和第10条。

③ 指定银行是指信用证可在其处兑用的银行，如信用证可在任一银行兑用，则任何银行均为指定银行。参见国际商会《跟单信用证统一惯例》（UCP600）第2条。

④ 参见国际商会《跟单信用证统一惯例》（UCP600）第2条。光票信用证下只需买入汇票，跟单信用证下需二者一并买入，因此用了“及/或”的表述。

获偿付，则根据汇票规则对卖方行使追索权。

（2）开证行、保兑行和指定银行的承付或议付行为

信用证规定由指定银行承付、议付的，当事人可以在指定银行兑用，也可以在开证行兑用。指定银行在卖方相符交单的情形下进行议付后，将单据转至开证行或保兑行，开证行或保兑行即承担偿付该指定银行的责任；对承兑或延期付款信用证下相符交单金额的偿付应在到期日办理，无论指定银行是否在到期日之前预付或购买了单据，开证行或保兑行对议付行的责任独立于它们对受益人的责任。

信用证规定由保兑行承付或议付，或者规定由指定银行承付或议付但其未履行义务时，只要相符的单据已经提交给指定银行或直接提交给保兑行，保兑行就应当予以承付或议付，并将单据传递给开证行；信用证规定由开证行承付的，或者规定由保兑行或指定银行进行承付或议付但其未履行义务时，只要相符的单据已经提交给保兑行、指定银行或直接提交开证行，开证行则应当予以承付。

（3）索偿

当指定银行确定交单相符并承付或议付后，必须将单据转递给保兑行或开证行，获取垫款的偿付；保兑行收到单据并确定交单相符后，必须承付或议付并将单据转递给开证行以获取偿付，开证行或其指定的付款银行确定交单相符后对垫款作出偿付。

5. 银行通知买方付款赎单。开证行收悉信用证规定的单据并确认相符交单后，应当通知贸易合同的买方（即信用证的申请人）支付信用证下的款项，获取货物单据以便提取货物。

（三）信用证的法律关系

信用证所牵涉的关系比托收支付更为复杂，除买卖双方外，有许多金融机构参与其中，包括开证行、保兑行、通知行、议付行、付款行。在信用证转让中还有第二受益人，当允许部分支付和部分发运时，可能存在多名第二受益人。信用证法律关系如下图所示：

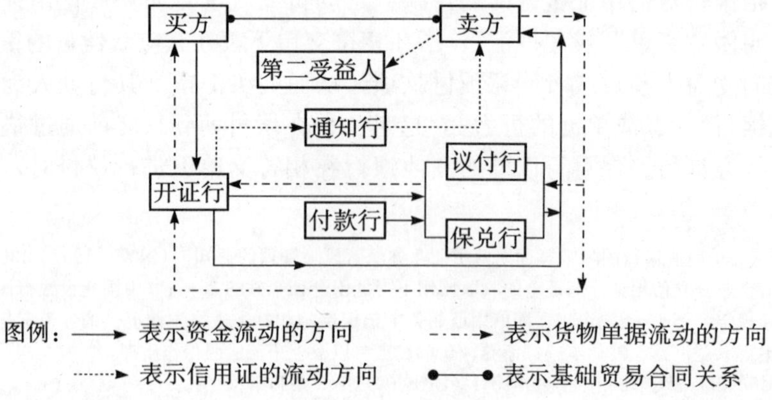

1. 买方与开证行的关系：买方向所在地银行申请开立信用证，成立委托关系。买方有权根据贸易合同作出开立要求，在相符交单时向开证行支付货款和相关手续费用；开证行应当审查开证申请人的资信、国际贸易合同的真实性，避免信用证欺

诈等风险，按照指示开立信用证。开证行在收到议付行、保兑行或卖方直接交来的单据时，从表面上确定单单相符、单证相符后，有义务进行承付，有权要求开证申请人付款赎单并支付相应费用。

2. 开证行与通知行的关系：通知行按照开证行的指示，将收到的信用证交给卖方、通知卖方信用证的修改等，通知行可以由保兑行担任。如果通知行不是保兑行，则其对通知的信用证及其修改不承担承付或议付的责任，但通知行在交付信用证、修改信用证时，应当确认信用证或修改的表面真实性。

3. 开证行与保兑行、议付行的关系：如果当事人要求对信用证进行保兑，则开证行需根据自己业务联系情况寻找保兑行，信用证获得保兑以后开证行和保兑行对信用证都有不可撤销的承付、议付责任，本质上二者形成连带保证责任；信用证必须规定由开证行、保兑行、指定银行或任何银行兑用（包括承付和议付），开证行指定某银行承兑汇票或作出延期付款承诺（承付的两种方式）时，即视为授权该银行可对这两种情况进行议付。开证行、保兑行（如果有的话）与议付行的关系是以信用证的规定为依据所形成的委托授权关系，保兑行自身也可以根据信用证的规定成为议付行。

4. 议付行与卖方的关系：卖方根据信用证发送货物后，可将信用证附上货物单据提交议付行并提前获得货款，它们之间交易的标的是卖方的债权，只要相符交单则开证行、保兑行就必须偿付，如果交单不符则可向卖方追索。可见，议付行和卖方的关系是一种债权转移关系，并有开证行、保兑行的连带保证作为保障，并保留对卖方的追索权。

开证行有时可能委托其他银行对保兑行和议付行进行偿付，接受委托的银行是“付款银行”，这一般而言是因为开证行的资金集中在其他国家。

(四) 信用证的修改、转让及消灭

以上描述的是信用证业务的一般流程，但在具体实务中信用证的内容可能被修改，信用证也可能被转让给他人。同时，在信用证被撤销或发生信用证欺诈时，信用证法律关系可能消灭。

1. 信用证的修改

信用证开立以后传递到卖方，卖方审证后发现信用证内容与合同不符，对于不能接受的条款可要求修改，应对于所有的不符点一次性地通知买方修改，买方同意修改则通知开证行据其指示修改原信用证。

从 UCP600 的规定来看，由于信用证是开证行出具的担保文件，修改由开证行发出，但须得到开证行、保兑行（如果有的话）和受益人①的一致同意，修改才能生效。

开证行一旦发出修改通知，即不可撤销地受修改的约束；保兑行（如果有的话）

---

① 在信用证被转让给多名第二受益人时，对信用证的修改可能获得部分第二受益人的同意，也可能部分第二受益人不同意，则修改只对同意的第二受益人生效，对不同意修改的第二受益人仍适用原证。

在获知修改时，可以将自己的保兑扩展至修改内容并通知受益人，一旦其将保兑范围的扩展通知受益人，就不可撤销地受修改的约束；保兑行也可不对修改部分加以保兑，只在原证保兑范围内承担责任，这种情况下，它应当毫不延迟地告知开证行，并在给受益人的通知中予以告知。

受益人收到修改通知后，可以接受或者拒绝修改，并提供通知。受益人在收到通知后接受修改之前，原信用证对其仍有效；受益人表示接受的方式有明示和行为默示两种，他可以通过通知的方式明确表示接受，也可以根据修改以后的条款进行交单，该交单行为视为受益人接受修改。

2. 信用证的转让

信用证条款中规定可以转让的是可转让信用证，国际贸易中要求开立可转让信用证的一般是中间商，以便获取其中的价差。转让的流程如下：

（1）信用证的转让由受益人（即贸易合同中的卖方）向银行提起申请，提交转让申请书、信用证的正本及贸易合同等文件，接受申请的是“转让行”；

（2）转让行审查受益人提交的申请材料，包括印鉴的真实性、信用证是否可以转让、信用证是否未经转让、受益人要求变更的内容是否符合 UCP600 的规定①等条件，一般而言还要收取保证金；

（3）银行审核通过后，开出“转让信用证”并在原证上进行背书，批注已转让金额、转让日期、余额及转让信用证的修改等情况；

（4）转让信用证由通知行通知第二受益人（即信用证的受让人），第二受益人应当将货运单据等提交给转让行；转让行审核第二受益人提交的单据后，通知第一受益人换单，即第一受益人用自己的发票、汇票（如果有的话）替代第二受益人的发票、汇票；

（5）银行收到第一受益人更换的单据后，根据原证条款就第一受益人、第二受益人提交的全套单据进行审核，相符交单后将单据交予开证行；

（6）收到开证行付款并扣除相关费用后，转让行向第二受益人支付转让信用证所规定的款项，向第一受益人支付原证与转让信用证之间的差额部分；如果原证是远期信用证，在收到开证行承兑通知后，告知第二受益人将在到期日付款。

3. 信用证的消灭

在信用证法律关系的运行过程中，特定法律事实的出现会使信用证法律关系归于消灭，主要包括：

（1）信用证最终获得开证行承付。开证行直接承付后信用证下法律关系即行消灭；指定银行、议付行、保兑行进行议付或承付的，其将单据交予开证行，开证行进行偿付后信用证法律关系消灭。

（2）信用证被拒付，因为交单不符，信用证被银行拒绝承付、议付且将单据退回时，信用证法律关系消灭。

---

① 国际商会《跟单信用证统一惯例》（UCP600）第 38 条 g 项规定：信用证转让时对信用证金额、规定的任何单价、截止日、交单期限或最迟发运日或发运期间，可予以减少或缩短。

(3) 信用证被撤销，经开证行、保兑行、受益人一致同意撤销信用证的，信用证法律关系消灭。

(4) 信用证分期支付或分期发运中，任何一期未按信用证规定期限支取或发运时，对该期以后各期而言，信用证失效，法律关系消灭。

(5) 不可抗力引起的消灭。由于天灾、暴动、骚乱、叛乱、战争、恐怖主义行为或任何罢工、停工或无法控制的任何其他原因导致营业中断的，对于在营业中断期间已逾期的信用证，恢复开业后不再进行承付或议付，信用证法律关系消灭。

(6) 判决终止支付，如果信用证被法院认定构成信用证欺诈，并作出终止支付判决，则信用证法律关系消灭。

(五) 信用证的相符交单①

通过以上介绍可以看出，信用证业务的核心是相符交单，也就是单据与单据之间、单据与信用证之间要相符。相符交单是开证行、保兑行、议付行、指定银行、付款行进行承付、议付和偿付的必要条件，相符也就是单据与信用证条款和UCP600等规范条款相一致。

1. 信用证的条款

信用证在开立中会规定当事人、兑用方式、金额、单据要求、到期日、交单地点、交单日、可转让性等内容，这是相符交单最为重要的审查依据。②

2. 交单的范围

卖方需要提交的是运输单据、保险单据和商业发票，信用证未要求的单据无须提交，信用证条款有规定但未说明满足条件的单据是何，则不予理会。

3. 审查的标准

相符交单的标准是基于单据本身，来确定其是否在表面上构成相符交单，对任何单据的形式、充分性、准确性、内容真实性、虚假性或法律效力，单据所代表的货物、服务或对其他履约行为的描述、数量、重量、品质、状况、包装、交付、价值或其存在与否，或对发货人、承运人等的诚信与否、作为或不作为、清偿能力、履约或资信状况，进行审查。

4. 交单和审单期限

如果单据中包含一份或多份多式或联合运输单据、提单、不可转让海运单、租船合同提单、空运单据、公路铁路或内陆水运单据、快递收据、邮政收据或投邮证明正本运输单据的，受益人应不迟于发运日后 21 个日历日内交单，并不迟于信用证所规定的截止日。

交单次日起的至多 5 个银行工作日用以确定交单是否相符，该期限不因在交单

---

① 参见国际商会《托收统一规则》(URC522) 第 4 条、第 14 条、第 30 条和第 36 条的规定。

② 1995 年中国银行在审单时发现国外某议付行交来的单据上未注明“ORIGINAL”(正本) 字样，对其拒付，国外银行诉诸法律，经外国法院裁决，中国银行的拒付行为得到支持。参见《中国人民银行关于加强国际信用证结算有关事项的通知》。

日当天或之后信用证截止日或最迟交单日届至而受到缩减或影响。

5. 审查的内容

单据中的数据：单据中的数据、其他要求的单据或信用证中的数据无须等同一致，但不得矛盾，信用证中用了“约”、“大约”描述数量或单价时，则允许不超过10%的伸缩度。商业发票外的单据中对货物、服务或履约行为的描述，可使用与信用证描述不矛盾的概括性用语。

日期：单据日期可以早于信用证开立日期但不得迟于交单日期。

地址：申请人地址、联络细节是运输单据收货人或通知方细节的一部分时，应与信用证规定相同，受益人和申请人的地址出现在单据中时，只需与信用证中规定的地址同在一国即可。

运输单据要求：运输单据应当表明承运人、承运期间、船名、是否受租船合同约束等内容，并提交所有正本，银行只接受清洁运输单据。

保险单据要求：单据要由保险公司或承保人出具并签署，表明金额、货币、投保金额、风险区间、保险类型，银行不接受暂保单；信用证未规定投保金额时，投保金额至少是货物 CIF 或 CIP[①] 价格的 110%；承保风险区间至少涵盖从信用证规定的货物接管地或发运地开始到卸货地或最终目的地；信用证规定投保“一切险”时，保险单据不需载有“一切险”的标题，只要有任何“一切险”批注或条款即可，信用证使用“通常风险”等含义模糊的用语时，即使有漏保风险，保险单据也合格。

商业发票：需以申请人为抬头，形式上显示由受益人出具但不是必须签名，与信用证规定的货币相同，发票描述的货物、服务和合同履行事项应与信用证描述一致；商业发票的金额可以大于信用证，一旦银行接受且对超过部分未兑用，则对后手银行等相关方也有约束力。

四、保理（Factoring）

保理又称为保付代理，它是指借助于计算机、通讯等现代信息技术，集国际性的企业资信调查、账目管理、贸易融资和信用风险担保等综合性服务于一体的支付方式[②]，是合同中货物所有权出让一方与保理商（一般是银行）之前存在的债权转让关系，依据是基础性买卖合同，主要适用于国际贸易中的赊销（O/A）和承兑交单（D/A）方式。

保理起源于 17 世纪英国与其北美殖民地之间的纺织品贸易，随着国际贸易的发展和信用证等支付方式在实践中面临的种种风险的凸显，保理逐渐在国际贸易中发挥重要作用，特别是 1968 年国际保理商联合会（FCI，Factors Chain International）成立以后，国际保理业务规范化、全球化程度加深，业务量不断加大，其制定的《国际保理惯例通则》已成为影响力最大的国际保理惯例，而罗马国际统一私法协会制定的《国际保理公约》也发挥着重要作用。从 1987 年中国银行开始进行保理业务

① 无法确定 CIF、CIP 时则根据承付、议付金额或发票显示的货物价值来确定基数。

② 参见曹建明主编：《国际经济法学》，2 版，270 页，北京，中国政法大学出版社，2007。

以来，经过二十多年的发展，我国大陆已有数十家中资、外资银行开展保理业务，发展前景较大。

(一) 保理的操作流程

保理业务始终是围绕保障国际贸易合同中出口商货款的收取而展开，比起信用证来，银行信用在保理业务中介入的程度更深，所以其发挥的融资作用也更明显，具体流程如下①：

1. 手段约定

买卖双方就国际贸易合同进行谈判，约定采用保理作为合同项下款项的支付方式。保理的相关国际惯例需要选择才能适用，开展保理的金融机构一般都是 FCI 的成员，更多地奉行国际通行的商业惯例而非内国法。

2. 提出保理申请

出口商向所在地银行申请叙做保理业务的需求，要求核准进口商的信用额度。接受出口商申请的银行叫做“出口保理商”，而该申请称为出口保理申请。

3. 进口商信用额度核准

出口保理商接受保理申请后，委托贸易合同进口商所在地银行对进口商进行信用评估，收到出口保理商委托的银行叫做“进口保理商”，进口保理商对进口商的资信情况进行调查，为其核准信用额度，并通知出口保理商。

一般而言，出口保理商和进口保理商具有日常业务往来甚至都是 FCI 的成员方，出口保理商会对某进口保理商核定一定的“信用风险承担限额”，限额用完后不再对其承保。

4. 缔结贸易合同

买卖双方根据保理商核定的信用额度签订国际贸易合同，出口商随即发送货物。在采用保理作为支付方式时要先核定信用额度再签订合同，与托收、信用证等支付方式不同，保理需要先启动支付方式，再签署基础贸易合同。

5. 出口商发货

出口商根据合同开始发货，并向进口商提交货运单据和附有转让条款的发票，同时将发票副本交给出口保理商，出口保理商通知进口保理商票据情况。由于进口保理商已经进行了信用额度的授予，出口保理商也接受了委托，银行已接受了合同下的应收账款的转让要求，因而货运单据无须由银行通知进口商。

6. 融资

交单以后发票到期前，出口商可以合同下应收账款为基础向出口保理商提出融资申请，出口保理商可付给出口商不超过发票金额或已核准应收账款余额的 80%的

---

① 保理有单保理和双保理之分，双保理中涉及的买卖双方所在地均有一家保理商参与，即存在进口保理商（进口方所在地保理商）和出口保理商（出口方所在地保理商）；单保理中二者合一。此处以双保理模式来分析。

款项。

7. 催款

进口保理商于发票到期日前一定期限内开始向进口商催款，进口商在发票到期日向进口保理商付款。一般进口商多为进口保理商纳入授信管理的企业，资信情况较好，进口保理商扣除保理费用后向出口保理商付款，如果进口商在发票到期日 90 天后仍未付款，则由进口保理商做担保付款。

8. 结清

出口保理商扣除保理费用及融资本息（出口商交单后申请融资时）后，将余额付给出口商。

(二) 保理的法律关系

保理业务一般涉及四方主体：出口商、进口商、出口保理商和进口保理商。保理业务的根本目的就是出口商发货后，应收账款向银行转移，由银行这样的专业机构进行收款并进行账务管理，必要时对出口商进行融资。

1. 买卖双方在保理中的关系

进出口商除达成国际贸易合同外，还要选择保理作为支付货款的工具，这种选择要先于合同缔结；出口商在发送货物以后要直接将发票、货运单据等的正本直接交给进口商。

2. 出口商与出口保理商的关系

出口商与出口保理商有两方面的关系：一是信用调查委托关系，出口保理商利用其与外国银行间的业务联系，寻找进口保理商对进口方进行信用额度核准，并通知出口商；二是出口商在发送货物后，将相关的单据（包括发票副本、货物单据复印件和合同复印件等）提交给出口保理商，出口商合同项下的应收账款即转移给出口保理商。

出口商的义务主要包括：(1) 在核准的信用额度内签订合同，发送货物后要提交相应的单据；(2) 支付相应的保理费用；(3) 在有追索权的保理中，如果货款不能收回则出口保理商有权向出口商追回已付的融资款项。其权利主要是获取货款；在交单后、获得支付前，有权以应收账款为据向出口保理商要求融资（一般不超过全部合同金额的 70%～90%）。

出口保理商的义务主要是：按照保理合同的规定，受让出口商合同下的应收账款；在国际贸易中主要是在无追索权保理中，出口保理商要承担商业资信调查、贸易融资、销售分类账管理及坏账担保方面的义务。

3. 出口保理商与进口保理商的关系

出口保理商与进口保理商一般是签署了《相互保理协议》的处于不同国家的银行，它们之间互有保理业务往来，如果都是 FCI 会员的话，还会使用共同的 EDI 电子数据平台。

进口保理商在整个保理业务中承担了最为重要的任务，也担负较大风险。其权利主要是收取保理费用，在出口保理商违反保理规则时要求其予以赔偿。进口保理商的义务主要包括：(1) 对进口商进行资信调查，核准信用额度，并通知出口保理商；(2) 催收货款，即在发票到期日前合理期限内向进口商催缴货款；(3) 担保付款，即应收账款到期日后90天内，进口商及其代理人未支付货款的，由进口保理商对出口保理商进行担保付款。

4. 进口保理商与进口商的关系

进口保理商在与出口保理商就特定保理业务达成协议后，即受让合同下应收账款，它以自己的名义向进口商催收货款，并有权获得相应的保理费用。[①]

保理有利于减轻买卖双方的流动负担并有利于合同的缔结。对出口商而言，其在发货后能很快获得融资，这对货款偿付期较长的行业来说非常重要。如电信设备生产行业，由于电信运营商地位强大和电信行业竞争激烈，收款期一般在12个月以上（一般签约预付10%，货到付40%，验收付40%，尾款1年后支付），采购期约3个月，由此造成的流动资金缺口会形成很大的资金压力，合理利用应收账款保理，提前将剩余80%～90%的货款收回，将有利于企业的流动管理。节省下来的流动性成本可以促使买卖双方达成更为宽松的交易条款，有利于出口商市场份额的扩大。

因此，与托收和信用证等支付方式比起来，保理具有明显的融资特性，是一种发展空间很大的银行中间业务。

【案例评析】

一、代收行错误放单的法律责任问题[②]

1. 案情简介

兰生公司1993年4月至10月向美国L.J公司销售13批鞋类，货款14万余美元，委托华侨银行托收并指定花旗银行为代收行，并向华侨银行提交货物的13套单据，付款方式为付款交单。后兰生公司未收到货款，待华侨银行转来花旗银行函件时，获知单据由花旗银行以承兑交单方式放出，兰生公司遂起诉两家银行，请求赔偿。华侨银行辩称已尽托收义务；花旗银行辩称与兰生公司无代理关系，准据法应为纽约州法，且已过诉讼时效。

2. 基本问题

(1) 跟单托收纠纷解决的准据法如何确定？

(2) 卖方与代收行之间的法律关系是什么？

---

① 保理费用主要包括：资信调查费用、手续费用和单证处理费用，进出口保理商共获得的费用大约占合同下发票金额的1%左右，如中国银行规定，其在担任进口保理商时收取0.5%～0.8%的费率，在担任出口保理商时收取0.2%～0.4%的费率（资信调查费用和单证处理费另计）。参见《中国银行国际保理业务管理办法及操作规程》（中银业［1998］731号）第30条和第31条。

② 参见上海市第二中级人民法院（1995）沪二中经初字第13号民事判决书。

（3）跟单托收纠纷的诉讼时效问题。

3. 知识内容

在跟单托收支付中产生纠纷的原因比较多，包括基础贸易合同履行的影响、运输合同履行的影响、托收行和代收行行为模式的影响，以及受买方拒绝付款、破产清算、要求推迟付款甚至是欺诈等行为的影响。在纠纷产生后，要确定适用的准据法，理清法律关系从而审查诉讼主体的资格，根据当事人的要求审查诉讼时效等。

（1）跟单托收中的准据法确定

准据法是用于解决当事人之间纠纷的实体法律制度，包括国内法、国际条约、国际惯例等法律渊源，由于各国法律规定存在巨大差异，国际条约、惯例也不尽一致，因而对同一行为根据不同的法律渊源会得出不同的法律评价。根据法律行为的性质有不同的准据法确定方法，在委托代理合同的准据法的确定中，主要适用当事人约定的制度、最密切联系地法、法院地法作为准据法。当然，确定的准据法不得损害法院地的公共秩序。

跟单托收是国际贸易实务中较为流行的支付工具，其经营模式的国际统一性较强。但是，虽然形成了《托收统一规则》等规范托收的国际惯例，但其并不是对所有的托收行为都具有强制适用的效力。本质上，托收就是委托代理，各国的民商事法律均有规定且内容可能不太一致，并且各国的制度渊源和法律文化差异较大，对委托代理的成立、生效、转代理、复代理等的法律评价也不尽相同，如果适用国际惯例或其他国家的法律可能损害社会公共秩序。

本案中，兰生公司与华侨银行（托收行）约定托收行为适用 URC522，花旗银行（代收行）提出兰生公司与其没有直接的委托代理法律关系，华侨银行并未起诉花旗银行，不存在由法院确定法律适用的问题；如果要确定本案所适用的法律，则根据《中华人民共和国票据法》中的冲突法规范，应当适用《美国统一商法典》，并且 URC522 仅是一项国际惯例，不能与本国法发生冲突。美国相关法律对承兑的理解就是“承兑交单”，因此应当适用美国《统一商法典》。

本案中托收失败的关键是花旗银行操作失误，因此在确定原、被告双方法律关系的基础上确定准据法非常重要。法院认为：兰生公司与华侨银行在托收合同中约定适用《托收统一规则》，符合我国民法中确定准据法的规定，华侨银行致花旗银行的托收指示中也明确载明适用该规则。在确认了兰生公司和花旗银行之间存在委托代理关系后，该规则也就适用于兰生公司与花旗银行间的纠纷。

由本案中准据法的确认问题可以看出，在国际托收支付中准据法的确认有两种可能：

1）当事人选择适用《托收统一规则》。URC522 第 1 条规定：“本国际商会第 522 号出版物《托收统一规则》1995 年修订本，应适用于第二条（即托收的定义——引者注）界定的、并在第四条‘托收指示’中列明适用该项规则的所有托收项目。”因此《托收统一规则》要得以适用，必须在委托人给托收行、托收行给代收行的托收指示中，注明该项托收将遵循《托收统一规则》，这种注明不是托收指示的必要条款，如果没有注明则不适用《托收统一规则》。一般而言，委托人在给托收行的指示中作了注明后，托收行也会依此在给代收行的指示中予以注明。

2）当事人未选择适用《托收统一规则》，则按照当事人的其他约定或冲突法规范确定准据法。虽然托收是一个国际化程度较高的国际支付工具，但各国都有调整这一法律关系的法律规范，当事人除约定遵循《托收统一规则》外，还可以约定以其他国家内国法作为托收的准据法；如果未进行约定则应当根据冲突规范确定准据法，但是当事人的约定及冲突规范确定的准据法的适用不得损害社会公共秩序，否则当裁决被执行时，可能被相关国家司法机关拒绝。

（2）跟单放货时卖方追究代收行责任的依据

托收业务中，卖方与托收行直接签订托收协议，而代收行一般按照托收行的指示开展业务。托收行在指示代收行时究竟是以自己名义还是以卖方名义，在以自己名义进行时是否符合复代理或间接代理的特性，就决定着在代收行发生操作失误而托收行已尽到相应义务时，卖方是否属于请求代收行赔偿的适格主体。在决定代收行是卖方代理人还是托收行代理人时，意思表示的内容是关键因素。

本案中，花旗银行在答辩中认为：卖方只与华侨银行具有托收委托关系，而花旗银行则只与华侨银行存在委托代理关系，与卖方没有建立法律关系；在华侨银行未起诉的情况下，卖方兰生公司没有原告资格，中国法院也没有管辖权，不能以卖方与华侨银行约定适用的《托收统一规则》作为准据法来调整兰生公司与花旗银行的关系。

在国际支付中，卖方与代收行一般都处于不同的国家，也正是因为代收行地处他国并与买方在同一国内，托收行才有必要委托其向买方进行收款。卖方与代收行未直接建立法律关系，但如果由于代收行操作失误致使收款失败时，二者间法律关系的认定至关重要。跟单托收中单据是经托收行交予代收行，一般而言单据上能明确显示托收利益之所在。本案中，花旗银行在致华侨银行的传真中也承认其“为了出票人的利益要求受票人付款”，可见其明知是为兰生公司利益而行事，符合民法上复代理的构成要件，花旗银行应当认定为兰生公司而非华侨银行的代理人。法院也认为：三方当事人之间的法律关系应根据《托收统一规则》的规定来确定。

国际托收业务由委托人委托、托收行接受委托、托收行转委托代收行收款、代收行代收等一系列连续、完整的行为组成。在这样的关系构成中，核心问题是托收行对代收行的委托行为被卖方委托托收行的指示所涵盖，卖方明知托收行会通过其他银行来完成托收，可见其同意托收行将委托事务转托他人。作为开办国际托收业务的银行，银行间业务一般而言会遵循《托收统一规则》，在托收行给代收行的托收指示中会列明委托人的情况，并附有货运单据、发票、银行汇票等单据，可以使代收行充分知晓为卖方利益行事的情况。在高度专业化的国际托收规则下，虽然卖方未直接委托代收行进行收款，但这一关系走向足以使代收行成为卖方的代理人。

卖方与代收行的委托关系得以确认以后，卖方直接起诉代收行就具有了充分的法律关系基础，因代收行的操作失误等原因引起的收款失败则是合同违约的问题，而非侵权问题。因此，准据法的确定应当尊重当事人的选择。本案中卖方对托收行、托收行对代收行的委托指示中均选择适用《托收统一规则》，付款交单和承兑交单的含义非常明确。所以，花旗银行提出的“《美国统一商法典》第2—514条规定‘除非另有协议，作为开立汇票依据的单据，应在汇票承兑时交给受票人’”的抗辩事由，因为规则适用的约定符合其“另有协议”的要求，而被否决；同时追究当事人法律责任的归责原则当然应适用无过错原则。

在国际贸易中，除因为托收行、代收行违反代理义务致使卖方利益受损外，最为常见的还有承运人无单放货的情形，所以在国际托收支付中要注重防范货物单据脱离金融票据的风险，并注意将运输合同、保险合同等与托收支付相配合。

（3）托收中的诉讼时效问题

在使用托收作为合同支付方式时可能涉及两种诉讼时效：一是买卖双方根据基础贸易合同主张合同债权的诉讼时效；二是买卖双方与银行间就托收委托合同或侵权行为主张权利的诉讼时效。诉讼时效的核心问题是起算点和时效长度。

本案中，尽管卖方是适格的原告，能对代收行提起诉讼，双方纠纷适用的准据法也对卖方较为有利，但是如果卖方的诉讼时效经过，则相关权利也无法得到保障。

本案中，兰生公司的货物分13批寄出，同时开具了13张汇票（最早一张到期日为1993年5月30日，最晚一张到期日为1993年11月20日），起诉时间为1996年9月27日，而被告花旗银行提出的四个抗辩事由中第一个就是诉讼时效已过。花旗银行在将D/P误办为D/A，向买方收款遭到拒付后，并未将拒付的事实及时告知托收行，直到1994年12月，兰生公司从花旗银行给华侨银行的函电中猜测到单据已被放走，1995年1月25日这一事实才得到证实。

三方当事人对适用我国《民法通则》来确认诉讼时效没有争议，但对诉讼时效起算点的认识存在不一致之处。原告兰生公司认为从第一张汇票到期日开始，其代理人华侨银行不断向被告花旗银行主张权利，构成诉讼时效中断，实质上就默认其接受汇票到期日为“应当知道权利被侵害之日”；被告认为诉讼时效起算点是最晚一张汇票的到期日，认为卖方并未向其主张过权利，其也未向卖方承诺履行义务，这一观点仍然是以代收行是托收行而非卖方代理人为语境；法院认为诉讼时效的起算点不是汇票到期日，而是花旗银行错误放单行为被确切证实之日。

在确认了卖方与代收行间的代理关系且适用《托收统一规则》作为准据法的前提下，代收行负有根据托收指示交单、将拒付情况毫不迟延地通知托收行并等候进一步指示的义务，如未履行则代收行违反了规则下的义务，是违反托收代理合同的行为，而汇票的付款人拒付是违反基础贸易合同的行为，如果承运人无单放货则违反了运输合同。鉴于此，原、被告双方都将汇票利益而非花旗银行操作失误而违反代理合同的行为作为诉讼标的，因此本案诉讼时效的起算点是知道或应当知道花旗银行错误放单之时，而非汇票到期日。

在国际托收支付中，收款失败的原因可能是银行错误放单、承运人无单放货或在非海上运输中无须提单即可提货等情况，引发的合同纠纷可能是基础贸易合同纠纷、银行托收代理合同纠纷、运输合同纠纷以及保险合同纠纷等，也可能是侵权纠纷。因此，国际托收支付中的诉讼在计算诉讼时效时要区分诉讼标的。

二、信用证支付时单证不符的法律责任问题①

1. 案情简介

1995年11月6日，珲春国贸以吉林外贸名义开立跟单信用证，受益人为纽科公司，注明适用UCP500。11月18日纽科公司发货，12月5日向议付行交单，其审单时发现不符点，12月8日向开证行提出不符点，要求指示，开证行于15日电传表示拒付，因设备故障18日重发电传。议付行通知纽科公司拒付并退单，但货物被珲春国贸提走。纽科公司向开证行珲春建行追索未果，诉至吉林省高级人民法院，请求赔偿。一审驳回诉讼请求，原告上诉至最高人民法院，二审维持原判。

2. 基本问题

（1）以他人名义开证的法律问题。

（2）银行审单时限的问题。

（3）单证出现不符点时银行如何处理？

3. 知识内容

信用证开立的目的是完成贸易合同下货款支付义务，但信用证法律关系与贸易合同中的买卖关系是有区别的。银行根据信用证条款及相关国际惯例的规定要进行单证审核，对其中的不符点可以相应作出处理。国际商会的《跟单信用证统一惯例》对交单、审单的时限作了规定，这些内容对处理信用证支付实务非常重要。

（1）信用证与基础贸易合同的关系

本案中，货物贸易合同是在珲春国贸与纽科公司之间达成的，由于当时我国对企业的外贸权限有限制，而信用证的开立必须是有外贸权的企业才能申请，故珲春国贸以自己的外贸代理人吉林外贸作为开证申请人。信用证关系中吉林外贸为申请人，纽科公司为受益人，珲春建行为开证行，纽约银行法兰克福分行为通知行，信用证未指定特定银行进行承付或议付，因此，任何银行均可为指定银行。信用证的申请人不是实际的出口商，它与贸易合同是什么关系呢？

信用证是银行信用介入商业交易的支付工具，只要单证相符则银行具有不可撤销的付款义务，从法律关系上讲，银行扮演了连带保证人的角色。开证行开立信用证被卖方接受以后，开证行即向卖方作出了一种独立于贸易合同的承诺，只要按照信用证条款提交了货物单据和金融单据，则会收到付款。卖方在收到通知行传来的信用证后，可以依照证上的规定进行发货，可以要求对信用证予以保兑，也可以因申请人不是交易对方而要求修改信用证。只要卖方接受了信用证则开证行对其的承诺即生效，独立于贸易合同的信用证关系就产生了。本案中，纽科公司已按照信用证发送货物，并将相关单据提交给法兰克福分行，这是对信用证下交单义务的履行行为，以信用证有瑕疵主张珲春建行与珲春国贸串通进行信用证诈骗没有法律基础。最高人民法院在二审中也认为：信用证交易是具有独立性的法律关系，上诉人纽科

① 参见《中华人民共和国最高人民法院公报》，1992（2）。

公司接受了被上诉人珲春建行开立的信用证后，珲春建行就承担了独立的第一性的付款义务。

所以，信用证法律关系是相对独立于基础贸易合同关系的支付法律关系，申请人与买方不同并不能影响该支付工具的效力。

(2) 审单时限超过的确定与归责

为提高国际信用证支付的效率，在卖方按照信用证规定发出货物并交来单据时，银行进行的单据审核工作是有时间限制的。UCP500 规定卖方交单后审核单据的时限为 7 天，UCP600 规定，“按指定行事的指定银行、保兑行（如有的话）及开证行各有从交单次日起的至多五个银行工作日用以确定交单是否相符”[①]，并规定，“受益人或其代表在不迟于本惯例所指的发运日之后的二十一个日历日内交单”[②]。从文义上看，卖方交单和银行审单的时间要求非常明确，但是银行审单的 5 天时限是指所有银行（包括开证行、保兑行、议付行）在内，还是每个银行各有 5 天审单时间，则非常重要。并且，国际信用证支付中还可能出现通讯方式故障等意外情况导致审单时间推迟的。

本案中，纽科公司提出了银行审单超时的主张，向法兰克福分行交单后直到第 13 天才获得拒付通知。根据 UCP500 中 7 天审单时限的规定也已超过了时限，其中法兰克福分行审单共耗费 3 天，在法兰克福分行毫不延迟地将不符点电告珲春建行后，其作出拒付决定共耗费 7 天，因通讯故障导致延误了 3 天。问题的关键是时间的起算点、时长配置和延迟责任。

第一，审单时限的起算点。按照国际商会《跟单信用证统一惯例》的相关规定，在国际信用证支付中，银行审查单证的时限从信用证受益人交单次日起开始起算，银行收到单据后才能计算该银行的时限。受益人所在地的指定银行、议付行或保兑行在收到单据后只要按照《跟单信用证统一惯例》规定的时限作出了判断，发现不符点时可以直接拒付也可以将不符点报告开证行等待指示。根据惯例规定，指定银行、保兑行确定交单相符进行承付或议付后应将单据传递给开证行，但如果其认为交单不符时如何处理，则没有规定。[③] 开证行收到交单不符通知时其并未收到单据，其审单时限并未开始起算，《跟单信用证统一惯例》只规定了开证行在收到单据后拒付或放弃不符点的时限，而未规定未收到单据时针对不符点向指定银行、保兑行作出进一步指示的时限。这也许是《跟单信用证统一惯例》的一个疏漏之处。

第二，审单时限在银行间的分配。对于审单时限，开证行、指定银行、保兑行（如果有的话）是各自享有还是合并计算，核心问题是看指定银行、保兑行审查单据是以自己名义还是以代理开证行的名义进行，如果相关银行是开证行的代理人，则时限的计算只能进行一次。信用证中可以指定由开证行、保兑行或指定银行进行承付或议付，如果没有指定则任何银行均可，此时，非开证行接收卖方交来的单据进

① 国际商会《跟单信用证统一惯例》(UCP600) 第 14 条 b 款。

② 国际商会《跟单信用证统一惯例》(UCP600) 第 14 条 c 款。

③ 参见国际商会《跟单信用证统一惯例》(UCP600) 第 15 条。

行审核就是通过审核单据与信用证是否相符，作出是否买入以便向开证行要求偿付的决定，这是为自己的利益进行议付的行为，即便受开证行指定的通知行进行该行为也是如此。显然，议付行接收单据后审单不是代开证行审单，在国际信用证支付中很少出现处于一国的银行代理处于另一国的银行审单的情形，因此时限计算应该单独进行。

第三，银行审单时限超过的免责事由。只要银行在信息传递时履行了毫不延迟通知的义务，根据《跟单信用证统一惯例》的规定，即便出现了信息传递、翻译和不可抗力造成的延误、单据遗失、残缺及有效期经过等情形，银行均可以免责，在计算审单时限时这些免责事由也应当考虑在其中。

(3) 单证不符时的处理方法

信用证对合同项下货物的数量、交易金额及币种、交货时间、单据种类等都会进行仔细的描述，卖方发出货物以后获得的货物票据和金融票据应当体现信用证中显示的各种条件，不一致的地方就叫做不符点。本案中，法兰克福分行发现并向珲春建行通知了受益人传真的包装方式与信用证不符、发运日期有误等 7 个不符点，而国际贸易中单证存在不符点也较为常见。

当保兑行（如果有的话）、议付行或指定银行收到卖方交单并发现不符点时，其可以直接拒付，也可以予以承付或议付，还可以通知开证行等待指示。《跟单信用证统一惯例》规定，任何的交单不符都可以拒付，只要不超过审单时限；如果选择通知开证行，则如上述（2）中所述情况；如果保兑行（如果有的话）、议付行或指定银行自行选择放弃不符点进行承付或议付，则其就要承担开证行对其拒付的风险。

当受益人直接向开证行交单或开证行收到其他银行传递来的单据，如果发现不符点，其可以直接拒付，也可以自行联系申请人放弃不符点，但是放弃与否的决定要在审单期限内作出，这一点与非开证行等待指示的情况有所不同。一般而言，开证行不会自行放弃，否则可能招致申请人拒付，而如果保兑行（如果有的话）、议付行或指定银行对包括不符点的信用证进行了承付或议付，而开证行拒付时，损失由其自行承担。

如果包括不符点的信用证遭到拒付，开证行可以留存相应的单据等待信用证申请人放弃该不符点的通知，也可以等待交单人的进一步相关指示。如果申请人在银行已经拒付后又同意放弃不符点，经开证行同意其放弃行为后，则视为相符交单，可以再行予以承付。可见，不符点不是完全不可接受的瑕疵，如果有单证后手的认可或者有其他的约定，则实践中也可以予以克服。

三、买卖合同争议对保理的影响[①]

1. 案情简介

国内某出口商向香港保理商申请 100 万美元信用额度，保理商批准 20 万美元，

① 案情转引自黄斌：《国际保理——金融创新及法律实务》，161～163 页，北京，法律出版社，2006。相关分析为笔者自行撰写。

买卖双方签订价值为23万美元的合同，发货后卖方融资16万美元。

账款到期2个月后买方以货物质量问题为由拒付，进口保理商认定是贸易纠纷，出口商认为拒付理由不成立，并了解到真实原因是买方下家破产且货物被扣。卖方要求买方提供质检证明未果，90天赔付期过后进口保理商也未付款，卖方委托进口保理商在香港起诉，但后者态度消极，未待法院判决就撤诉并退还应收账款。

2. 基本问题

(1) 核定信用额度低于合同标的数额的问题。

(2) 贸易合同争议对保理商责任的影响。

(3) 保理商在贸易合同纠纷中的义务。

3. 知识内容

虽然保理在国际贸易支付中的地位越来越重要，但是国际因素也使保理业务的目的达成具有更多的障碍。作为支付手段的国际保理是配合贸易合同目的的达成而存在的，货款遭到拒付时甄别是履约争议还是信用风险、信用风险的范围如何，至关重要。

(1) 信用额度与合同标的额的关系

在保理业务中，往往卖方要通过出口保理商为买方向进口保理商申请信用额度的授予，进口保理商进行资信调查后会核定出一个信用额度，但这一额度可能与买卖双方达成的合同标的额有差异。如本案中进口保理商批准了20万美元的信用额度，但贸易合同的标的额为23万美元，这一差距的存在所引发的法律后果是将货款分为两部分分别确认法律效力还是视为合同对保理商授信的违反呢？

在合同标的额大于进口保理商核准的信用额度时，合同应收账款的设定是否违反了保理的国际惯例？在国际保理商联合会出台的《国际保理惯例通则》中对此并未明确规定，但在规定应收账款的范围时规定，"(iv) 核准对债务人所欠的上述账款有效（以不超过核准金额为限）：a) 在核准之日进口保理商已记录在案的账款；b) 自提出申请之日前30天内发货或已完成服务而产生的账款"[①]，该条括号内的备注表明：合同标的额大于核准的信用额度时，额度内的账款转让是保理关系内的问题，应当按照保理规则来调整；额度外的部分是贸易合同下的问题，国际贸易中可以用托收、信用证等其他方式配合使用以完成完全收款。

可见，国际保理的核心是应收账款的转让问题。从民法上讲，保理的精髓就是合同债权的转让问题，而国际贸易中的合同债权一般都是可转让的债权，并且可以进行分割后再进行转让。保理的信用额度核准只是确认进出口保理商愿意接受的债权范围，多余部分可以另行转让，也可以通过履行合同来予以收取。

但是，在保理商已经核准应收账款的额度后，贸易合同中又约定债权不能转让的，此时保理关系是否归于无效了呢？关键是看保理在法律性质上是债权转让还是债务保证，或是二者兼而有之。《国际保理惯例通则》规定："对于已经核准的任何账款，若销售或服务合同载有禁止转让条款，只有在债务人正式破产或作出破产的

① 《国际保理惯例通则》第17条第4款。

一般声明或承认其破产时，进口保理商才履行担保付款责任，但无论如何，不得早于第 24 条第（i）款所述的到期日之后 90 天。”[①] 可见，只要进口保理商作出了信用额度的核准即对卖方形成了承诺，并不因买卖双方作出的债权禁止转让的约定而失效，但承担的不再是任何情况下的担保付款责任而是法定条件下（破产）的付款责任，这说明双方禁止转让的约定对保理关系是有影响的。我们认为：保理关系转让的标的是应收账款，该合同债权上本身设定的约束条件对保理商的影响可以有两种理解：一是禁止转让的应收账款是一种附条件的债权，在保理中债权得以物权化，保理关系以此作为标的物，主体间的关系受标的物局限的影响，保理合同的约定可视为法律的强制性规定而需要予以遵守。二是保理合同在先，买卖合同在后，卖方同时处于两个合同关系中，基于“合同必须信守”的规则，卖方对保理商的要求要次于对买方的要求。而基于同样的规则，进口保理商也要受到自己核准的信用额度的约束，两个合同的叠加使得保理商在买方法律主体资格灭失时，须承担补充性付款责任，并取得对买方的破产债权。笔者赞同第二种思路。

（2）合同争议对保理关系的影响

保理支付中卖方向保理商转移的是应收账款，而应收账款是相对权，并且卖方还对买方在贸易合同下负有支付对价的义务，如果卖方未履行、未完全履行、迟延履行合同而造成违约，或者交付的货物有质量瑕疵、权利瑕疵时，买方具有充足的理由不履行付款义务。保理法律关系也缺乏可靠的客体，保理商与卖方之间存在的保理合同因标的不存在或存在瑕疵而失去存在的基础。

本案中，买方正是基于货物存在质量问题为由拒绝付款，虽然真实原因可能是其他的，并且这种理由也并未得到质检证明的印证，但是保理商以此而主张担保付款责任的终止。那么，合同争议究竟对保理关系形成怎样的影响呢？《国际保理惯例通则》规定：“（ⅰ）一旦债务人拒绝接受货物或发票，或提出抗辩、反索或抵销（包括但不限于由于第三方对于账款的款项主张权利而引起的抗辩），则视为争议发生。然而，如本条规定与第二十五条规定（即买卖双方约定禁止转让应收账款时，买方破产后进口保理商负有担保付款责任——引者注）有冲突之处，则以第二十五条规定为准。”“（ⅲ）在收到争议通知后，已核准账款将被暂时视为未业经核准。”[②] 从该惯例的规定来看，保理商只要获知争议的发生则保理责任暂时停止，这种争议一般来自于买方，如其提出货物质量瑕疵、权利瑕疵、抵销、反索等能消灭卖方合同债权的事由。而保理商责任的暂停不是始于买方事由得到确认之日而是得到通知之日，所以保理商只进行形式审查而不对相关事由进行实质性审查，保理商最重要的义务就是在获知争议时立即通知对方保理商。

当然，保理商的责任只是暂时停止而未终止，只要能在一定期限内解决合同争议，则保理商在解决结果的范围内继续承担义务，以进口保理商收到争议通知时起算，如以和解方式解决，则期限为 180 天，如通过法律程序解决，期限则为 3 年，争议解决

---

① 《国际保理惯例通则》第 25 条第 1 款。

② 《国际保理惯例通则》第 27 条第 1 款和第 3 款。

的结果应当对供应商有利，包括得到债务人的破产管理负责人的认可。[①] 国际保理中合同争议在所难免，卖方在申请信用额度时应当对买方是否有可能提出质量瑕疵、权利瑕疵、抵销等事由进行评估，双方合同中也应当约定质量检验等技术性条款，规范争议提出的标准和方法。本案中，争议的提出即具有较大的主观性，卖方要求提供检验证明也未得到买方的积极响应，可见在买卖合同中质量检验等条款可能约定得并不完整。同时，国际惯例对争议的认定标准规定的也较为模糊，但是并未禁止卖方与保理商就争议确定方法进行约定，如买方提出的质量问题需有检验证明等。争议事项的确定及其防范不仅是合同条款的设定问题，而且很多时候是市场地位的体现。

（3）保理商在买卖合同争议中的义务

虽然保理商只需在买卖合同争议发生时在形式上获得通知即可暂停其承担的担保付款责任，但合同纠纷的及时解决对保理关系的恢复至关重要。本案中，进口保理商对争议解决的态度较为消极，原因在于买方因转卖受阻而拒付，是典型的信用风险；如果卖方在争议解决中获得较有利的裁判结果，则进口保理商自身的担保付款责任也就加大了，利益的博弈使其更愿意选择将账款回转。

保理商在基础贸易合同出现纠纷时承担的义务在《国际保理惯例通则》中有规定：首先，出口保理商负责争议的处理，尽快解决争议，进口保理商有配合并帮助的义务；其次，如果进口保理商拒绝诉讼或出口保理商准备自己起诉时，可以要求应收账款的反转让。本案中，进口保理商已经具备了拒绝担保付款的事由，受出口保理商委托进行诉讼只是次要的义务，其不负有促成争议解决的法定义务，也缺乏利益驱动。

在保理业务中，进口保理商承担着最大的风险，出口保理商虽然有负责解决争议的义务，但上述通则的规定并未使出口保理商在争议无法解决时承担任何不利后果，进口保理商责任的冻结使出口保理商的付款义务也相应被暂停，并且争议的通知到达出口保理商后，其对融资资金也可以进行回收。

可见，由于合同争议提出后，进出口保理商对解决争议只具有次要的义务，因而更大程度上要依靠买卖双方根据买卖合同中的约定自行解决。如果未在合理期限内（即和解方式为 180 天，法律程序为 3 年）得以解决，则争议的不利后果很少由保理商承担。

争议在合理期限内得到解决，进口保理商的担保付款义务将被恢复，但须满足两个条件：一是争议的解决结果对卖方有利，包括买方对抗辩事由的收回、破产管理负责人对债务的认可等；二是进口保理商的担保责任限于解决范围内，如果买卖双方通过和解达成货款减让等妥协性协议，则进口保理商的担保付款额度也相应降低。

但是，在争议解决的合理期限内（即和解方式为 180 天，法律程序为 3 年），“债务人正式破产或作出破产的一般声明或承认其破产，则进口保理商将一直承担风险，直到争议结束”[②]。

综上所述，保理商在发生合同争议时具有两方面的义务：一是实体法上的义务，

---

① 参见《国际保理惯例通则》第 27 条第 4 款 c 项和第 5 款。

② 《国际保理惯例通则》第 27 条第 5 款。

主要是进口保理商当争议在合理期限内得以解决或买方破产时，继续承担保理责任；二是程序上协助争议解决的义务。

【疑难问题】

1. 托收法律关系的发展。
2. 保理的性质。
3. 信用证欺诈例外原则的实践。

实务训练

1. 信用证样本（请草拟中英文对照样本，当事人为我国广东某陶瓷厂与塞浦路斯客户）

TO：BANK OF CYPRUS LTD	致：塞浦路斯银行有限责任公司
LETTERS OF CREDIT DEPARTMENT	信用证部
NTCOSIA COMMERCIAL OPERATIONS CENTER	尼科西亚商业经营中心
INTERNATIONAL DIVISION	
TEL：＊＊＊＊＊＊	
FAX：＊＊＊＊＊＊	
TELEX：2451 & 4933 KYPRIA CY	电传号
SWIFT：BCYPCY2	塞浦路斯银行 SWIFT 代码
DATE：23 MARCH 2005	
APPLICATION FOR THE ISSUANCE OF A LETTER OF CREDIT	
：27：SEQUENCE OF TOTAL	序列号
1/1	指只有一张电文
：40A：FORM OF DOCUMENTARY CREDIT	跟单信用证形式
IRREVOCABLE	不可撤销的信用证
：20OCUMENTARY CREDIT NUMBER	信用证号码
00143-01-0053557	
：31C：DATE OF ISSUE	开证日（如果未填，则开证日为电文发送日）
：31DATE AND PLACE OF EXPIRY	信用证有效期
100622 IN CHINA 050622	2010 年 6 月 22 日在中国到期
：50：APPLICANT	信用证开证申请人
＊＊＊＊＊＊＊ NICOSIA	尼科西亚
：59：BENEFICIARY	受益人
＊＊ CERAMICS FACTORY	某陶瓷厂＊＊＊

DISTRICT，*****，GUANGDONG PROVINCE，CHINA.

陶瓷厂地址

：32B：CURRENCY CODE，AMOUNT 信用证项下的金额

USD***7841，89

：41D：AVAILABLE WITH…BY… 议付适用银行

AS BELOWBY NEGOTIATION

以下的任何议付行

：42CRAFTS AT 开汇票

SIGHT 即期

：42A DRAWEE 付款人

BCYPCY2 塞浦路斯银行的 SWIFT 代码

BANK OF CYPRUS LTD 塞浦路斯的银行名

：43PARTIAL SHIPMENTS 是否允许分批装运

NOT ALLOWED 不可以

：43T：TRANSHIPMENT 转运

ALLOWED 允许

：44AOADING ON BOARD/DISPATCH/TAKING IN CHARGE AT/FROM...

装船港口

SHENZHEN PORT 深圳

：44B：FOR TRANSPORTATION TO 目的港

LIMASSOL PORT 发票中无提及

：44C：LATEST DATE OF SHIPMENT 最后装船期

100601 2010 年 6 月 1 日

：045A DESCRIPTION OF GOODS AND/OR SERVICES 货物/服务描述

SANITARY WARE 陶瓷洁具

FOB SHENZHEN PORT，INCOTERMS2010

《2010 年国际贸易术语解释通则》FOB 深圳港

：046A DOCUMENTS REQUIRED 须提供的单据文件

*FULL SET（AT LEAST THREE）ORIGINAL CLEAN SHIPPED ON BOARD BILLS OF LADING ISSUED TO THE ORDER OF BANK OF CYPRUS PUBLIC COMPANY LTD，CYPRUS，NOTIFY PARTIES APPLICANT AND OURSELVES，SHOWING

全套清洁已装船提单原件（至少三份），作成以“塞浦路斯股份有限公司”为抬头，通知开证人和我们自己，注明

*FREIGHT PAYABLE AT DESTINATION AND BEARING THE NUMBER OF THIS CREDIT.

运费在目的港付，注明该信用证号码

*PACKING LIST IN 3 COPIES. 装箱单一式三份

* CERTIFICATE ISSUED BY THE SHIPPING COMPANY/CARRIER OR THEIR AGENT STATING THE B/L NO (S) AND THE VESSEL (S) NAME CERTIFYING THAT THE CARRYING VESSEL (S) IS/ARE:

由船运公司或代理出具注明 B/L 号和船名的证明书，证明他们的船是：

A) HOLDING A VALID SAFETYMANAGEMENT SYSTEM CERTIFICATE AS PER TERMS OF INTERNATIONALSAFETY MANAGEMENT CODE AND

A）持有根据国际安全管理条款编码的有效安全管理系统证书；和

B) CLASSIFIED AS PER INSTITUTE CLASSIFICATION CLAUSE 01/01/2001 BY AN APPROPRIATE CLASSIFICATION SOCIETY

B）由相关分级协会根据 2001 年 1 月 1 日颁布的 ICC 条款分类的

* COMMERCIAL INVOICE FOR USD1 120 270 IN 4 COPIES DULY SIGNED BY THE BENEFICIARY/IES, STATING THAT THE GOODS SHIPPED:

由受益人签署的商业发票总额 USD1 120 270，一式四份，声明货物运输：

A) ARE OF CHINESE ORIGIN. A）原产地为中国

B) ARE IN ACCORDANCE WITH BENEFICIARIES PROFORMA INVOICE NO. HL050307 DATED 07/03/05.

B）同号码为 HL050307、开立日为 07/03/05 的商业发票内容一致

: 047A: ADDITIONAL CONDITIONS 附加条件

* THE NUMBER AND DATE OF THE CREDIT AND THE NAME OF OUR BANK MUST BE QUOTED ON ALL DRAFTS (IF REQUIRED).

信用证号码及日期和我们的银行名必须体现在所有单据上（如果有要求）

* TRANSPORT DOCUMENTS TO BE CLAUSED: VESSEL IS NOT SCHEDULED TO CALL ON ITS CURPENT VOYAGE AT FAMAGUSTA, KYRENTA OR KARAVOSTASSI, CYPRUS.

运输单据注明：船在其航途中不得到塞浦路斯 Famagusta、Kyrenta 或 Karavostassi 等地方

* INSURANCE WILL BE COVERED BY THE APPLICANTS 保险由申请人支付

* ALL DOCUMENTS TO BE ISSUED IN ENGLISH LANGUAGE.

所有单据由英文缮制

* NEGOTIATION/PAYMENT: UNDER RESERVE/GUARANTEE STRICTLY

保结押汇或是银行保函

PROHIBITED. 禁止

* DISCREPANCY FEES USD80, FOR EACH SET OF DISCREPANT DOCUMENTS

PRESENTED UNDER THIS CREDIT, WHETHER ACCEPTED OR NOT, PLUS OUR

CHARGES FOR EACH MESSAGE CONCERNING REJECTION AND/OR ACCEPTANCE

MUST BE BORNE BY BENEFICIARIES THEMSELVES AND DEDUCTED FROM THE
AMOUNT PAYABLE TO THEM.

修改每个单据不符点，将扣除 80 美元（最多 40 个）的费用

* IN THE EVENT OF DISCREPANT DOCUMENTS ARE PRESENTED TO US AND REJECTED, WE MAY RELEASE THE DOCUMENTS AND EFFECT SETTLEMENT UPON APPLICANT'S WAIVER OF SUCH DISCREPANCIES, NOTWITHSTANDING ANY COMMUNICATION WITH THE PRESENTER THAT WE ARE HOLDING DOCUMENTS AT ITS DISPOSAL, UNLESS ANY PRIOR INSTRUCTIONS TO THE CONTRARY ARE RECEIVED.

在提交了有不符点的单据并被拒付时，如果申请人接受这些不符点，银行在没有收到你们的指示之前有权把单据还给申请人

* TRANSPORT DOCUMENTS BEARING A DATE PRIOR TO THE L/C DATE ARE NOT ACCEPTABLE. 不接受早于开证立前的运输文件

* DIFFERENCE OF USD3 363.81 (T. E. 30 PERCENT OF INVOICE VALUE) BETWEEN L/C AMOUNT AND INVOICES AMOUNT REPRESENTS AMOUNT PAID BY
APPLICANTS DIRECT TO BENEFICIARIES OUTSIDE THE L/C TERMS WITHOUT
ANY RESPONSIBILITY ON OURSELVES AND TO BE SHOWN ON INVOICES AS SUCH. L/C

占发票 USD3 363.81 的 30%的差额由申请人用 L/C 以外的方式直接给予受益人

:71B: CHARGES 收费

BANK CHARGES OUTSIDE CYPRUS INCLUDING THOSE OF THE REIMBURSING BANK ARE FOR BEN. A/C.

塞浦路斯外的银行费用包括偿付行费用，由受益人负担

:48: PERIOD FOR PRESENTATION 单据提交期限

DOCUMENTS MUST BE PRESENTED WITHIN21 DAYS AFTER B/LADING DATE, BUT
WITHIN THE VALIDITY OF THE CREDIT.

信用证有效期内，装运期后 21 天内交单

:49: CONFIRMATION INSTRUCTIONS 保兑指示

WITHOUT 不保兑

:53A: REIMBURSING BANK 偿付行

BCYPGB2LBANK OF CYPRUS UKINTERNATIONAL DEPARTMENT,
87/93 CHASE SIDE, SOUTHGATE N14 5BULONDON-UNITED KINGDOM.

:78: INSTRUCTIONS TO THE PAY/ACCEP/NEG BANK 议付行

NEGO OF DOCS THRU BANK OF CHINA LIMITED CHINA IS ALLOWED. PLEASE

可通过中国银行议付，请

DEDUCT RROM YOUR PAYMENT TO BENEFICIARIES THE AMOUNT OF USD1 500

REPRESENTING RECORDING FEES. NEGOTIATION BANK TO OBTAIN

于受益人的账户中扣去 USD15 00 作为记录费

REIMBURSEMENT FROM OUR ACCOUNT WITH REIMBURSING BANK 3 BUSINESS DAYS FOLLOWING THEIR AUTHENTICATED TELEX/SWIFT ADVICE TO US, STATING A) OUR CREDIT NUMBER, B) AMOUNT CLAIMED, C) VALUE OF DOCUMENTS, D) SHIPMENT/DISPATCH DATE AND E) THAT DOCS ARE IN STRICT COMPLIANCE WITH CREDIT TERMS. ON EXECUTION FORWARD TO US, BANK OF CYPRUS PUBLIC COMAPNY LTD, NICOSIA COMMERCIAL OPER. CENTER INTERN. DIV., 10 KYRIACOS MATSI AV. 1082 AY. OMOLOYITES, NIGOSIA, CYPRUS, ALL DOCS IN ONE LOT BY COURIER SERVICE AT BENEFICIARIES EXPENSE

所有单据应由偿付行于 3 个工作日内通过快件形式发给我们，并注明：信用证编号、清算数额、单据价值、装卸日期和单据严格遵守的信用证条款……费用由受益人承担

：72：SENDER TO RECEIVER INFORMATION 附言

CREDIT IS SUBJECT TO U. C. P. 1993 I. C. C PUBL. NO. 500.

本信用证根据《跟单信用证统一惯例》(UCP500)(1993 年版) 开出

SUBJECT TO URR

ICC 525. COLLECT YOUR CHARGES FROM

BENE. PLEASE ACKN. RECEIPT.

CUMSTOMER'S APPROVAL.

2. 我国某商业银行出口保理申请书样本

出口保理申请书

Factoring Application

致：______银行______行

保理商业务编号 Reference

To: China Merchants Bank

No. EF

我司兹申请以下出口保理服务（We hereby apply for export factoring service as below, with the choice marked with X）。

双保理服务要求（Two-factor Service Required）			
[ ] 无追索权 non-recourse	[ ] 仅需保理商催收 Collection only	[ ] 有追索权 Recourse	[ ] 需要融资 Financing
单保理 Single-Factor service	[ ] 有追索权单保理（发票贴现）Invoice Discounting		

现提供以下真实资料，以便贵行通过进口保理商评定买方的信用额度。

The true information is provided for assessing the buyer's Credit through your import factor.

（1）出口商资料（Seller's Information）

保理商给卖方编号 Seller Number：

1. 公司名称（中文）：________负责人（Chairman）：________
   英文（Business Name）：________
2. 地址（中文）________
   英文地址（Address）：________
   ________邮政编码（Zip）：________
3. 开户银行（Bank）：________账号（a/c）：________
4. 行业分类（Industry）：
   出口产品或服务的中英文名（Products or Services）：
5. 付款期限（Net Payment Terms）：O/A ________ days from [ ] shipment date，[ ] invoice date；others：________
   [如已约定宽限期，请填写（Grace Period，if any）：
   若提前若干天支付，允许买方折扣率 Discount days ________ and discount pct ________%]
6. 发票币种（Invoice Currency）：
7. 预计出口年销售额（Expected Total Seller Turnover）：
8. 预计进口国购货买家数（Expected no. of buyers in the import country）：
9. 预计对进口国发票总张数（Estimated number of Invoices）：
10. 预计对进口国的年赊销额（Expected Open Account Turnover）：
11. 预计其他方式出口年销售额（Expected Other Turnover）：
12. 与申请额度的买方的年交易额（Expected annual Sales）：
13. ________银行以外的其他出口保理商（Other Factors）：
14. 通常价格条款（General Terms of Delivery）：[ ] FOB [ ] CFR [ ] CIF

（2）买方信用额度评估申请（Credit assessment Request）

保理商给买方编号 Buyer No.

1. Buyer Company Registration No.：________ or VAT Number：________
2. 名称（Name）：________
   地址（Street and number PO Box）：________
   城市（City）：________ 省/州（Province/State）：________ 邮编（Postcode）：________
   国家（Country）：________
3. [X] 允许进口保理商与进口商直接联系（Buyer contact allowed）
   联络人（Contact Name）：________ 电话（Tel. No.）：________
   传真（Fax No.）：________ E-mail：________
4. 往来银行账号（a/c No.）：________
   银行名称（Name of Bank）：________
   分行（Name of Branch）：________
   往来保理商（Factors）：________
5. 申请额度（Amount of Credit Assessment request）：________
6. 额度启用时间（Valid from date）：________
7. 合同/订单号码（Sales Contract/Order Number）：________
8. 最迟发货日期（Latest shipment date）：________
9. [ ] 本公司在进口国没有代理商（We have not any agent in buyer's country）
   [ ] 本公司在进口国有以下代理商（We have the agent in buyer's country as below）：
   名称（Name）：________
   地址（Address）：________

续前表

联络人（Contact name）：＿＿＿＿＿＿	电话（Tel. No.）：＿＿＿＿＿＿		
公司联系人 Contact：	电话 Tel：	传真 Fax：	E-mail：
银行要求 填妥后请交正本，并将电子版发送至：＿＿＿和＿＿@oa. cmbchina. com			

公司签章（Signature & Stamp）

日　期（Date）：

课后练习

1. 修帕公司与维塞公司签订了出口 200 吨农产品的合同，付款采用托收方式。船长签发了清洁提单。货到目的港后经检验发现货物质量与合同规定不符，维塞公司拒绝付款提货，并要求减价。后该批农产品全部变质。根据国际商会《托收统一规则》，下列哪一选项是正确的？（　　）（2008 年司法考试试卷一第 44 题）

A. 如代收行未执行托收行的指示，托收行应对因此造成的损失对修帕公司承担责任

B. 当维塞公司拒付时，代收行应当主动制作拒绝证书，以便收款人追索

C. 代收行应无延误地向托收行通知维塞公司拒绝付款的情况

D. 当维塞公司拒绝提货时，代收行应当主动提货以减少损失

2. 根据国际商会《跟单信用证统一惯例》（UCP600）的规定，如果受益人按照信用证的要求完成对指定银行的交单义务，出现下列哪些情形时，开证行应予承付？（　　）（2008 年司法考试试卷一第 87 题）

A. 信用证规定指定银行议付但其未议付

B. 信用证规定指定银行延期付款但其未承诺延期付款

C. 信用证规定指定银行承兑，指定行承兑但到期不付款

D. 信用证规定指定银行即期付款但其未付款

3. 中国甲公司（买方）与某国乙公司签订仪器买卖合同，付款方式为信用证，中国丙银行为开证行，中国丁银行为甲公司申请开证的保证人，担保合同未约定法律适用。乙公司向信用证指定行提交单据后，指定行善意支付了信用证项下的款项。后甲公司以乙公司伪造单据为由，向中国某法院申请禁止支付令。依我国相关法律规定，下列哪一选项是正确的？（　　）（2009 年司法考试试卷一第 46 题）

A. 中国法院可以诈欺为由禁止开证行对外支付

B. 因指定行已善意支付了信用证项下的款项，中国法院不应禁止中国丙银行对外付款

C. 如确有证据证明单据为乙公司伪造，中国法院可判决终止支付

D. 丁银行与甲公司之间的担保关系应适用《跟单信用证统一惯例》规定

4. 中国甲公司（卖方）与某国乙公司签订了国际货物买卖合同，规定采用信用证方式付款，由设在中国境内的丙银行通知并保兑。信用证开立之后，甲公司在货物已经装运，并准备将有关单据交银行议付时，接到丙银行通知，称开证行已宣告破产，丙银行将不承担对该信用证的议付或付款责任。据此，下列选项正确的是：(　　)。(2010 年司法考试试卷一第 100 题)

A. 乙公司应为信用证项下汇票上的付款人

B. 丙银行的保兑义务并不因开证行的破产而免除

C. 因开证行已破产，甲公司应直接向乙公司收取货款

D. 虽然开证行破产，甲公司仍可依信用证向丙银行交单并要求付款

5. 下列哪一项不是出口保理商提供的服务？(　　)（2005 年司法考试试卷一第 45 题）

A. 对销售货物质量进行监督　　B. 应收账款的催收

C. 坏账担保　　D. 贸易融资

延伸阅读

1. 曹建明主编．国际经济法学．2 版．北京：中国政法大学出版社，2007

2. 韩龙主编．国际金融法．北京：法律出版社，2007

3. 黄斌．国际保理——金融创新及法律实务．北京：法律出版社，2006

4. 张晓君．国际经济法学．厦门：厦门大学出版社，2012

第四章　国际投资法律实务

【内容摘要】

国际投资形式多样，主要包括独资经营、合资经营、BOT投资方式等。一项国际投资应采用哪一种方式取决于东道国的国情和外国投资者的策略和战略。对于投资者而言，东道国对外国投资者和外国投资给予的法律上的待遇标准至关重要。目前涉及国际投资待遇的原则主要包括最惠国待遇、国民待遇和公平、公正待遇，其中，最惠国待遇和国民待遇对国际投资有直接和重要影响，而两者之中又以后者最为重要。对于东道国而言，在引进外资的同时需要加强对外资的监管，监管内容中又以审查外资是否给内国国家安全、市场自由竞争带来负面影响为重点。对于投资者的母国而言，各国不断地致力于寻求对本国的对外投资提供各个层面的法律保护，这种保护既有单边层面的海外投资保险制度，又有双边层面的促进与保护投资条约和多边层面的投资保证制度。国际社会为了促进资本的跨国流动，建立了国家与他国国民间投资争端解决中心，为投资者与东道国之间的投资争议提供了双方认同的争议解决场所，但仲裁实践中对东道国行政主权与管理措施提出的重大挑战将对国际投资法律规则的发展产生深远的影响。

【知识要点】

一、国际投资形式

国际投资可分为直接投资和间接投资两种。直接投资是指伴有企业经营管理权和控制权的投资，投资者在海外直接经营企业，并对企业的经营管理有较大的控制权。直接投资的具体形式多种多样，如（1）在外国新设分公司、营业所、工厂、分店等；（2）在外国新设享有100%股权的子公司，或与当地投资者组建合营企业；（3）以参加外国企业的经营为目的而取得其股份，或收买、兼并原有企业；（4）单独或联合投资参与东道国的资源开发项目；（5）BOT投资，等等。这种控制权通常与股权联系在一起，至于拥有多少股份或股权才能被认为有控制权，从而构成直接投资，各国立法和解释不一，但一般认为要达到一定数额的股权。例如，美国1976年《国际投资审查法规》（The International Investment Survey Act of 1976）规定，任何人取得一个海外企业10%以上的股权便成为直接投资者。①

国际间接投资是指投资者不参加企业经营管理，也不享有企业的控制权或支配权，而以其持有的能提供收入的股票或证券进行的投资。间接投资可分为证券投资和借贷投资，前者是指投资者在国际证券市场上购买外国企业或政府的中长期债券，或在股票市场上购买上市的外国企业股票的一种投资活动；后者是指以贷款或出口信贷的方式把资本提供给外国政府或企业，一般有政府援助贷款、国际金融机构贷款、国际金融市场贷款、出口信贷等形式。总之，国际直接投资和间接投资的区别，实质上是集中在投资者对企业有无管理权或控制权这一问题上。

（一）独资经营

1. 分支机构

通过设立分支机构在海外进行投资是最简单的模式。外国企业分支机构是指外国企业依照东道国法律，在东道国境内设立的分公司、分行、代表处、办理处等形式的经济组织或机构。从法律上讲，分支机构并不具有独立的法人资格，但可代表整个公司行事。换言之，尽管相关分支机构的规模可能很小，但由于其所代表的公司信誉较高、资产较多，因而其所能从事的业务范围亦可能较广。许多国家的银行在海外投资时均采用设立分支机构的形式，这样做一方面可以保持银行的信誉，另一方面亦可以最大限度地招揽客户。投资人向银行存款或从银行购买有价证券时，均希望银行有足够的资产作为担保，以减少投资的风险，银行通过在海外建立分支机构而不是子公司，便有效地解决了上述问题。当然，在海外建立分支机构亦有其不利的方面。一些国家的法院不仅主张对其所在地的外国分支机构行使管辖权，而且主张对该机构所代表的公司以及该总公司的其他分支机构的管辖权。例如，在著名的加拿大皇家银行案中，加拿大皇家银行在法国设立的子公司亦进入纽约州法院的管辖范围。该法院认为，加拿大皇家银行在法国的子公司事实上为该银行的支行，又鉴于该支行受到纽约州法院的管辖，因此，该纽约州法院不仅对加拿大皇家银行具有管辖权，也对该银行的其他支行和分公司均具有管辖权。②

---

① 参见《美国法规汇编》（USC），第22卷，第3101～3108节，1976。

② See Public Administrator of the County of New York v. Royal Bank of Canada，19 N. Y. 2d 127（1967）. 转引自王贵国：《国际投资法》，242页，北京，北京大学出版社，2001。

2. 子公司

直接投资的另一形式是设立子公司。子公司最基本的形式包括有限责任公司（limited liability company）和股份公司（stock company）两种。有限责任公司和股份公司的主要区别在于前者的股东较少，后者的股东较多，并且股份公司大多为在股票市场挂牌的公司。有限责任公司相比股份公司而言，其另一特点是注册资本金额一般较小。作为有限责任公司的子公司，其董事会成员由母公司指派，或直接由母公司董事会的某些成员兼任。由于其是有限责任公司并且资本金额较少，因而与其进行交易的第三方便可能承担较大的风险。股份公司的情形则不同，此类公司的规模一般较大，注册资本金额较大。与有限责任公司不同，股份公司大多依其自身的力量开展业务，资金来源包括向银行或其他金融机构贷款，以及向社会发行股票等。股份公司的规模较大，其行政管理亦自成一体，决策甚少受到其他公司的干预。与此类公司进行交易的第三者承担的风险较小。

在中国的外资企业，也被称为“外商独资经营企业”，很多都是外国公司的子公司。它们是由外国投资者依据《外资企业法》在中国境内经中国政府批准设立的，全部资本由外国投资者投资的企业，但不包括外国企业和其他经济组织在中国境内的分支机构。外资企业的一般组织形式是有限责任公司，外国投资者以其认缴的出资额为限对企业承担责任，企业以其全部资产对企业债务承担责任。[①] 但外资企业也可根据实际需要，经政府批准，采取其他责任形式。外国投资者对企业承担的责任，外资企业对其债务承担的责任，按中国法律、法规的规定执行。

3. 收购东道国公司

事实上，一个企业在海外的投资不一定采取重新建立子公司或分支机构的形式。任何有兴趣进行投资的企业可直接收购在东道国业已存在的企业，事实上，相当一部分跨国公司在海外的子公司都是通过收购的形式建立的。

收购（acquisition）有广义和狭义之分。广义上的收购在法律上是指获取特定财产所有权的行为。[②] 狭义上的收购是指收购方（可以是公司或自然人）通过购买资产、股份或股票等方式取得另一公司经营权或控制权的行为。根据收购对象的不同，现代公司法将收购分为股份收购和资产收购。股份收购是指收购方通过购买另一个公司（目标公司）的股份而达到控制另一个公司目的的行为。资产收购是指收购方购买另一个公司的资产而达到控制另一个公司目的的行为。狭义上的收购是一种必然涉及公司经营权或控制权转移的收购行为，而不论它是采取资产购买、股份转让或是置换方式进行。

与收购相连的行为是兼并。在现代公司法意义上，兼并通常分为两种，即吸收兼并和新设兼并，两者都是指两家或两家以上的公司通过合并变更为一家公司的行为。不同之处在于，在吸收兼并中，一家公司吸收其他公司并作为公司合并后的存续体而存在，其他公司解散；而在新设兼并中，数家公司在合并后设立一家新的公

---

① 参见2001年《外资企业法实施细则》第18条第1款、第2款。

② See *Black's Law Dictionary*, West Publishing Co., Thomson Business, 2004, p. 25.

司，取代原有公司。广义的兼并包括吸收兼并和新设兼并，而狭义的兼并仅指吸收兼并。当兼并与收购作为一个整体被加以研究时，往往泛指为获得其他企业的控制权而进行的产权交易行为。此时，对兼并应采用广义上的解释，包括吸收兼并和新设兼并；对收购应采用狭义解释，即仅指涉及公司经营权或控制权转移的收购行为。综上，所谓并购，是指以兼并或收购形式进行的涉及公司控制权和经营权转移的产权交易行为的总称。

而"跨国并购"（transnational mergers & acquisitions）也被称为"国际并购"（international mergers and acquisitions）或"跨境并购"（cross-border mergers & acquisitions）。目前国内和国际上不存在对跨国并购的统一解释，对于跨国并购的确切含义，仍有待进一步辨析。我们认为，跨国并购是指国际直接投资中以兼并或收购方式进行的受国内法和国际法多重规范的跨国产权交易行为。对跨国并购的正确理解和准确性描述，应建立在如下三个层次之上：

（1）经营权或控制权发生转移

跨国并购必然发生公司控制权和经营权的转移，此为并购的一般性特征。在一项并购活动中，无论并购是采取吸收兼并或新设兼并，还是采取资产购买、股权购买等任何形式，凡是意图取得其他企业的部分或全部经营权或控制权的一方，均被称为并购方；发生经营权或控制权转移的企业被称为目标公司；经营权和控制权被转移之前的原所有者被称为被并购方。

跨国并购是跨国兼并和跨国收购的总称，但从有关的统计数据来看，其中绝大多数是收购，合并只占跨国并购总数的不到3%。[①] UNCTAD的投资报告甚至认为，即使是被认为相对平等的合并者之间的合并，其中绝大部分实际上也是由一家公司控制另一家公司的收购。"真正"的合并如此之少，以至于在实际意义上"并购"基本上意味着"收购"。

（2）跨国性

一项国际投资活动，必然涉及两个或两个以上的国家。一般而言，可以按资本流动状况将国际投资划分为资本输入和资本输出两类，将所涉及的国家划分为资本输入国和资本输出国两类。作为国际直接投资的重要形式，跨国并购活动同样适用这一划分标准，经合组织将之称为跨国并购输入（inward cross-border M&A）和跨国并购输出（outward cross-border M&A）。[②] 需要注意的是，跨国并购所涉及的国家往往并不限于并购方所属国（母国）和目标企业所属国（东道国），有时还会涉及更多国家。例如，当目标企业的财产分布在不同的国家，或者目标企业的股东（作为被并购方时）居住在目标企业注册地所在国之外的其他国家等。

由于发达国家的资本和产权市场相对成熟和开放，而跨国并购活动最重要的主

---

① See Steven Globerman, Cross-Border Mergers and Acquisitions in the North American Oil and Gas Sector, Western Washington University for Presentation at 77th Annual Conference of the Western Economic Association International, Seattle, July, 2, 2002.

② See Nam-Hoon Kang and Sara Johansson, Cross-border Mergers and Acquisitions: Their Role in Industrial Globalization, OECD document, DSTI/DOC1, 2000.

体——跨国公司多分布在发达国家，因而迄今为止的跨国并购活动，其交易额的绝大部分发生在发达国家的企业之间。但是，近年来，随着发展中国家，特别是东南亚、拉美国家等资本市场改革步伐的加快和与国际惯例接轨，跨国并购活动在这些国家取得了长足的发展，并且，发展中国家并购发达国家企业的事例也不断发生，这一现象使得并购在发展中国家的地位日益重要。

(3) 规范的多样性

国内并购通常仅受一国国内法的调整，而跨国并购的国际性决定其行为不仅受到与之相关的多国国内法的规范，还将受到包括国际投资规范在内的各种双边、区域乃至全球性规范的约束。

一方面，由于跨国并购对东道国的影响最为巨大，因而其行为的效力、程序、支付方式等主要内容必须服从东道国的法律规定；此外，跨国并购也受到母国对外投资保护法、竞争法等法律的规范；在涉及其他国家时还需服从有关国家的国内法规范。另一方面，由于不同国家对同一并购行为均具有管辖权，当适用的多国法律对某一具体行为规定不一致时，将不可避免地产生法律冲突问题。例如，在收购的效力上，有些国家（如法国、德国）要求须有司法或行政机关的监管方为有效；而有些国家（如荷兰、比利时）则只需要民法上的公证即可生效；同时，一些国家过分主张其国内法的域外适用效力（如美国竞争法的域外适用），则进一步加剧了法律冲突发生的可能性，由此也就产生了跨国并购的法律适用问题。

尽管目前尚未出现专门针对跨国并购的国际性条约，但与之有关的国际规范已大量存在于各种国际文件之中。另外，许多调整国际直接投资行为的规范，也同样适用于跨国并购这一投资形式。

（二）合资经营

合资企业（joint venture）之英文原意是联合或者共同承担风险。因此，从广义上讲，任何相关各方为实现一具体目标而联合或结合为一体从事某项风险性活动或交易行为的组合均可被称为合资企业。国际合资企业是指有外资参加的合资企业。此类企业的特点是合资各方来自两个或两个以上的国家，并且至少投资一方的主要业务所在地不在东道国的领土内。此类企业的另一特点是合资各方以长线投资为目标，而不是仅以某些交易或较短时间的合作为最终目的。[①]

各国主张采用合资形式而不是其他方式进行国际经济合作的原因有很多。就发展中国家而言，它们之所以鼓励国际合资企业，大多是为了使本地企业能够在最大范围内以最快的速度吸收外国的技术知识和经验，以便在本国经济发展中起到重要作用。有时，投资者母国政府对其本国企业应以何种方式在海外投资也进行直接或间接的影响，这些影响有的出于经济目的，有的则出于政治上的考虑。例如，美国国务院和国际开发署（Agency for International Development）一直鼓励美国企业以

---

① See W. Fredmann and Kalmanoff, *Joint International Business Venture*, Columbia University Press, 1961.

合资方式在海外投资。它们认为合资企业可以使东道国产生企业家和企业管理人才，以及促进相关服务业和制造业等的发展。“这种情势并将最终使得美国为之不懈努力的自由企业制度得以实现。同时，东道国经济的发展最终将为美国商品提供可靠的市场。”①

从投资人的角度考虑，在大多数情形下，合资企业有利于其本身业务的扩展。首先，大多数合资企业均涉及技术转让。当外国投资者不以合资经营的方式将其技术或设备折合成资本进行投资时，技术转让只能通过许可合作等方式进行。此时，转让人与受让人经常因技术许可使用费发生分歧，技术许可使用费有时亦受到进口国法律的限制。合资企业的方式解决了技术转让中存在的问题，并且，拥有技术的投资者为保护其技术不外泄，有时亦希望以投资方式转让技术。其次，东道国企业参加投资，不仅可以增加外国投资者的资本，同时亦可减少投资的风险。再次，有当地投资人参加的企业可缩短外国投资者进入当地原材料市场、产品市场和劳动市场等所需要花费的时间，并可有效地开展业务。当然，假如外国投资者拥有的技术水平较高或者其产品种类较少，为避免技术外泄，它们便可能倾向于设立独资公司而不是合资企业。

（三）BOT投资

BOT是对“建设—拥有—移交”（Build-Own-Transfer）、“建设—经营—移交”（Build-Operate-Transfer）两种形式的简称，而通常是指后一种含义，用以表示以政府特许为根据，由专门机构融资建设、经营公共基础设施等公共项目。简言之，它的基本运作模式一般是由私人和东道国政府签订一个协议，准许该私人通过组建一个项目公司的方式从事某一基础设施项目的建设和经营。协议规定的期限届满后，该私人依据协议的规定，将该基础设施移交给东道国政府。其实质是国家让渡基础设施的建设经营权而最终获得项目的所有权。

BOT是一个包含丰富内涵的一般性概念。各国的立法实践和法学研究对BOT的认识不尽相同，迄今为止尚没有形成一个公认的定义。在准确界定BOT方式的定义之前，必须很好地把握这种投资方式的基本法律特征。

1. BOT投资方式是一系列的合同安排

在BOT投资方式中，政府主管部门把特许专营某一基建项目或公用设施的权利授予BOT项目发起人，他们之间签订特许专营权合同，这是整个BOT合同运作的基础。BOT项目公司则由项目发起人以股份有限公司等形式设立，BOT项目公司成立时，各股东之间签订合资或联营合同。BOT项目公司向一个或多个金融机构就项目申请贷款，项目公司与各金融机构之间形成借贷关系，签订借贷合同。由于BOT融资是有限追索权的融资，因而在签订借款合同时，银行往往要求承办公司、政府或项目承建公司、经营管理公司等在合同中作出按时完工、产品回购、最低支付额和差额支付等承诺，以减轻银行的风险，这时就有了相关的担保合同。

---

① Hall, *The International Joint Venture*, Praeger Publishers, 1984, p. 3.

项目公司与工程设计公司之间就BOT项目工程的建设签订设计合同。项目公司把项目交给承建公司建设，项目完工后交付，双方签订交钥匙承建合同。项目公司与供应公司之间须签订物资供应合同。项目公司或承建公司与保险公司之间须签订保险合同。项目公司与经营公司之间则签订经营管理合同。项目公司与政府主管部门可以签订产品回购合同。最后，项目公司与政府之间就项目设施的移交签订设施移交合同。由此可见，BOT投资由一系列合同构成，是一个庞大的系统工程。

2. BOT投资方式是东道国政府与私人资本的合作

一般而言，国家对于自然资源拥有永久的主权，对在土地上的不动产的建设更是拥有专有权和垄断经营的特权，私人资本只能投资于短期的、竞争性的非公共项目，各国对基础设施的建设一向也持谨慎态度。但随着资本的国际流动，公共设施建设资金的匮乏，垄断带来的低效和管理混乱凸显，国家不得不通过特许协议在本来由其投资、垄断经营的领域引入私人资本，由政府授予其建设专营权，以特许协议形式形成政府与私人的合作关系。这种由政府部门与私人或公司、企业签订的合同，不同于一般经济合同，国外法学界一般称之为“国家契约”（法国将之称为行政合同），但仍以普通合同法为基础。为防止私人经营带来的不利影响，政府又须依赖于关于设施建设、经营的特许协议来限制私人资本权利的扩张，从而把握项目的最终控制权。私人投资者则通过与东道国政府的契约，获得特许，并通过对项目投资的有效利用和经营管理来降低风险，谋求利润的最大化。

3. BOT投资方式法律关系众多

在BOT方式中，因参加的当事人较多，主要形成这样一些特殊的法律关系：政府与项目发起人之间的关系；项目发起人与项目公司之间的关系；项目发起人、项目公司与项目贷款人之间的关系以及项目公司与承包商相互之间的关系等。BOT法律关系种类的多样性使其较之于一般的直接和间接投资方式更为复杂。政府在BOT法律关系中既是社会管理者，又是直接参与者，在特许期内一般不承担商业风险，项目终结后政府回收特许权，并全部地、无偿地收回整个项目。对政府来说，项目建成使得国内公众对基础设施的需求得到满足，通过项目的移交，政府则取得了所有权。这种公众、政府均可受益，却可不投入资金，也无须承担风险的优势是任何一种其他投资形式所无可比拟的。

4. BOT投资方式体现了“两权分离”

一方面，东道国政府作为授权方，始终拥有该项目的产权，并根据合同确保私营企业的社会利益；另一方面，私营企业则在合同期内拥有该项目的使用权，负责项目建设和经营，并在合同期结束时将项目移交给东道国政府。

尽管国际社会尚无统一的公认的BOT投资方式的定义，但综合BOT的全部特征可知，一般的BOT投资方式，是指东道国政府以特许协议的形式授权私人投资者在一定期间内，在东道国境内融资修建和经营基础设施，在专营期内准许由投资者成立的项目公司以项目收益清偿贷款、赚取利润，专营期届满时，将基础设施无偿移交给东道国政府。BOT 是一种带有明显的融资性质，并体现为一系列承包经营合同的新型投资方式，它符合贸易、投资和技术转让等方面的法律要求。目前，较为完善的菲律宾 BOT 法对 BOT 投资方式的定义就反映了这一特点。①

二、国际投资待遇

国际投资待遇是指东道国对外国投资者和外国投资给予的法律上的待遇标准，即外国投资者及其设立的企业在东道国所享有权利和承担义务的法律状况。投资待遇的主要标准为非歧视性，具体有三种标准：国民待遇、最惠国待遇和公平、公正待遇。② 这三种标准并未将优惠待遇排斥在外，因为上述待遇标准通常采用的用语为"不低于"之类规定。

（一）最惠国待遇

最惠国待遇标准是指东道国对外国投资者实行的待遇不低于其已给予或将给予第三国投资者的待遇。最惠国待遇标准是国际贸易关系中的最基本原则，已成为多边贸易体制的"基石"。在国际投资关系中，最惠国待遇标准赋予各外国投资者在东道国平等竞争的法律机会，其主要通过国际投资条约予以确立。目前，在世界各国签订的国际投资条约中，绝大多数都规定了最惠国待遇标准。迄今为止，在中国对外缔结的双边投资保护协定中，均有互惠的最惠国待遇条款。

那么，一国及其国民是否可依据本国与他国签订的最惠国待遇条款而自动享有该他国给予第三国的国民待遇呢？即如果甲、乙两国订立有最惠国待遇条约而未有国民待遇条款，同时，甲、丙两国签订有国民待遇条款，那么乙国能否援引其与甲国的最惠国待遇条款而享有甲国给予丙国的国民待遇？针对这一问题，学界有不同的观点、主张。③ 为了能对本国的海外投资者提供充分的保护，在双边投资协定中，出现了将最惠国待遇和国民待遇相结合的趋势，即在协定中，资本输出国往往要求签订包括这两个待遇标准的条款，以便两种待遇中无论哪种待遇更优惠，本国投资者均可享有较优惠的待遇，使本国投资者及其投资在东道国能得到充分的保护。例如，美国 2004 年的双边投资协定范本在第 3 条规定了国民待遇标准，第 4 条同时又规定了最惠国待遇标准。④

国际投资关系中的最惠国待遇标准虽然仍然重要，但其地位已不如国民待遇标准。因为如今对来自不同国家企业间的歧视性做法已十分罕见，而外国投资者更关心能否在东道国享有国民待遇。

---

① See Philippines：Republic Act No. 7718.

② 本书中指称的"公平、公正待遇"与其他书或文章中所称的"公正与公平待遇"意思相同。

③ 参见曹建明、丁伟：《海外直接投资法律问题比较研究》，113 页，上海，华东理工大学出版社，1995；张庆麟主编：《国际投资法问题专论》，7～9 页，武汉，武汉大学出版社，2007。上述两本书的作者对该问题持相反的观点。

④ 参见美国 2004 年 BIT 范本，见 http：//www. bilaterals. org/spip. php？ article137&lang=en。

（二）国民待遇

1. 国民待遇的适用范围

在国际投资方面，国民待遇原则主要针对东道国政府的法律、行政规章和其他措施。简言之，根据国民待遇原则，东道国有义务保证其法律、法规及其执行对本国人和外国人一视同仁，而不论相关的法律、法规属于何种性质或涉及何种经济领域。通观各国实践，有关外国投资的国民待遇原则的适用范围主要涉及两个领域，即外资准入与外资在东道国的营业。世界银行拟定的《外国直接投资待遇指南》（Guidelines on the Treatment of Foreign Direct Investment）认为对外国投资待遇的评价范围不仅应涉及投资建立阶段，还应涉及投资营业的方方面面和其他合理附属活动，包括投资的最后清理，并指出这也是双边投资条约和多边机构的实践。①

一方面，在外资准入方面，当今几乎所有的国家均允许甚或鼓励外国投资者到本国投资设立企业。但是，对于这种具有“外控”因素的企业，在设立条件与设立范围上都有着程度不同的限制。特别是在设立范围上，各国基本上尚未实行完全的国民待遇。例如，根据经济合作与发展组织（经合组织）的调查，有 9 个国家对采矿或自然资源开发予以了不同程度的限制；在银行或金融服务领域有 16 个国家排除在银行与证券业适用国民待遇，5 个国家在保险业不适用国民待遇；另有 18 个国家将无线电和电视广播业作为适用国民待遇的例外，7 个国家限制出版业适用国民待遇；21 个国家在渔业和渔业加工行业排除适用国民待遇；16 个国家排除在不动产行业适用国民待遇等。② 归纳起来，大多数国家对外资准入的国民待遇主要作出如下限制：（1）对外控企业设立的限制，如外控企业的设立、扩大现有投资须经核准，对外控企业收购、兼并本国企业要求核准或予以限制；（2）对投资特定经济部门的限制；（3）对公司董事或经理人员的国籍要求。而发展中国家的限制性规定多表现为：（1）将特定经济领域或部门保留给国家或本国人控制的企业，包括限制外资对特定部门企业的收购或参股等；（2）对利润和投资原本的汇出予以限制，防止外资大量流出影响本国的国际收支平衡；（3）对董事、经理人员的国籍限制，产品内销限制，外汇平衡限制，雇工限制等。

另一方面，外资营运是指外国投资者依照东道国法律的要求在东道国设立了外商投资企业后的一切企业经营活动。在外资营业方面，各个国家基本上能够给予外资以国民待遇，按照市场经济规律来管理外商投资企业的营运活动。根据《中国加入工作组报告书》，中国政府承诺给予外资国民待遇，将对包括外商投资企业在内的中国企业、在华的外国企业和个人给予相同的待遇。此外，外国投资者仍可享受某些优惠，但经济特区适用的特殊优惠关税政策已取消。③

2. 国民待遇的具体化

双边投资条约往往对国民待遇原则进行较为笼统的规定，而在多边投资领

---

① See International Legal Materials (ILM), vol. 31, No. 6, 1992, p. 1373.

② See National Treatment for Foreign-Controlled Enterprises, OECD 2005.

③ 参见《中国加入工作组报告书》第 18 节、第 219 节～第 222 节。

域，国民待遇义务则呈现出实体化、具体化的趋势。例如，在国际投资中，东道国常用优惠措施引导外资的流向和运作方式，东道国政府经常将外商投资企业是否利用高新技术，是否承诺将其专利和非专利技术转让给东道国的合作伙伴，是否将大部分产品出口销售，是否在生产过程中逐步将所需的部件、配件本地化等作为是否给予优惠的考虑因素，此即通常所说的“绩效要求”。针对这些规定，经合组织谈判起草但最终流产的《多边投资协议》（MAI）要求各缔约方应取消上述限制和要求，还对外资参与东道国的私有化、限制和取消鼓励外资的措施、允许并为外国投资者及其雇员进入东道国提供方便等作出具体规定。例如，《多边投资协议》第 3 条规定，任何缔约方对来自于其他缔约方或非缔约方的投资者在其领土上设立、获取、扩大、营运、管理、维持、使用、享用、销售及以其他方式处置资产不得施加、执行或保留下述要求或强制执行已作出的承诺：（1）出口一定水平或比例的产品或服务；（2）产品含一定水平或比例的当地成分；（3）购买、使用、优先采用当地产品或服务或从当地人处购买产品和服务……

世界贸易组织制定的《与贸易有关的投资措施协议》（TRIMs）也将各成员的国民待遇义务具体化。TRIMs 规定，只有当成员方违反 GATT 规定的国民待遇原则和取消数量限制原则时，才是非法的。而 GATT1994 第 3 条有关国民待遇的规定是关于国内税收与国内规章方面的，主要指缔约方在征收国内税，在有关国内销售、购买、运输、分配所适用的法律、法规方面，给予进口产品的待遇不得低于国内产品所享受的待遇。同时，第 3 条第 5 款还规定成员方不得建立或维持当地成分要求。可见，TRIMs 规定的国民待遇要求，并非适用于所有投资领域，而仅限于 GATT1994 第 3 条规定的范围。这样，只有当与贸易有关的投资措施使得进口产品在国内税和国内规章方面享受的待遇低于国民待遇时，该措施才是 TRIMs 所禁止的。因此，该协议明确将当地成分要求和贸易平衡要求列为应予禁止的措施。早在 1982 年美国诉加拿大的“外国投资审查法”一案中，就涉及 GATT 第 3 条适用国内法律与规章所引起的国民待遇问题。在该案中，加拿大争论说，美国苹果电脑公司所作的购买承诺是自愿的[①]，因而不属于 GATT 第 3 条第 4 款关于国内规章的规定。GATT 专家小组没有支持加拿大的这一观点，相反，专家小组似乎把根据国内法强制要求投资者采取某种措施的做法，也看作是对国内法律和规章的适用。专家小组认为，要求投资者承诺无条件地购买产自加拿大的货物，就相应地排除了购买同类进口产品的可能性，从而使进口产品同国内产品相比，其待遇明显地处于不利的地位，因此，这种要求同 GATT 第 3 条第 4 款不相符合。

在国民待遇原则方面，目前国际社会所签订的条约中范围最为宽泛的《能源宪章》亦有类似规定。它同时将其本身的例外条件与 TRIMs 相联系，即只要

① 这些承诺包括：（1）购买承诺，即承诺购买加拿大生产的部件；（2）生产承诺，即保证在产品中增加一定程度的加拿大价值；（3）出口承诺，向世界范围内的苹果电脑经销商推荐加拿大生产的辅助设备。

缔约国的措施不违反《与贸易有关的投资措施协议》，便不构成违反《能源宪章》作出的例外规定。[①]《能源宪章》还要求缔约国确保外国投资者转移资金的自由，其主要包括：投资、增加投资，收益依合同支付，境外员工剩余资金、销售或清算所得等的汇出和汇出时不迟延地兑换成自由兑换货币，且兑换率以市场价格为准，等等。[②]

(三) 公平、公正待遇

在现行双边投资保护协定（BIT）中，一般都规定了“公平、公正待遇”条款。公平、公正待遇是一项综合性的待遇标准，最惠国待遇、国民待遇均有可能单独或同时成为其判断标准，这是将公平、公正待遇作为一种相对待遇标准。但如果东道国对本国投资者和第三国投资者的待遇水平本身就很低，那么对外国投资者的待遇水平相应地也将不高。将公平、公正待遇看作是绝对待遇标准的理论认为，此时应将对外资的待遇水平予以提高，至于提高的幅度，则需要援用公平、公正待遇作为衡量的标准。此时，公平、公正待遇不再依据国民待遇和最惠国待遇进行判断，而是对国民待遇和最惠国待遇的补充和修正，其具有独立性。

对于公平、公正待遇的判断标准，南北国家意见相左：发展中国家坚持认为，应根据东道国国内法来解释公平、公正待遇；而发达国家通常主张，公平、公正待遇的解释标准应当是国际法，也就是传统国际法中的“国际最低待遇标准”。南北国家在这一问题上立场对立，晚近的仲裁实践则对公平、公正待遇标准作出了广义的解释。在 2003 年的荷兰 CME 公司诉捷克共和国仲裁案中，联合国国际贸易法委员会（UNCITRAL）仲裁庭认为，公平、公正待遇不应以本国国民为标准，而应接受国际上所适用的标准。本案中，申请人在捷克收购了一家新闻业的合资公司，仲裁庭认为政府主管新闻业委员会的措施违反了两国间投资保护协定中的公平、公正待遇条款。[③] 仲裁庭对公平、公正待遇所作的一系列广义解释[④]，对各国享有的管理外资的主权权力提出了强烈的挑战。鉴于仲裁庭对公平、公正待遇义务的解释有愈演愈烈的扩大化趋势，同时造成了该条款适用上的不一致结果，NAFTA 自由贸易委员会于 2001 年 7 月 31 日颁布了关于第 1105 条的解释[⑤]，明确了认定公平、公正待遇所依据的国际法限定在“习惯国际法”的范围内，该待遇并没有超出国际法最低

① 参见《能源宪章》第 5 条。

② 参见《能源宪章》第 14 条。

③ See UNCITRAL Arbitral Tribunal Case，CME Netherlands v. Czech Republic，2003.

④ 例如，Metalclad Corporation v. United Mexican States 案仲裁庭认为透明度是公平、公正待遇的内涵之一；S. D. Myers，Inc，v. Government of Canada 案仲裁庭认为公平、公正待遇应当同国际法标准联系起来，违反国际法中其他保护投资者的规则可能同时构成对公平、公正待遇的违反；Pope & Talbot Inc. v. Government of Canada 案仲裁庭认为公平、公正待遇是比“国际最低待遇”要求更高的一项待遇标准。具体论述参见朱小箐：《NAFTA 投资政策中的公正与公平待遇标准》，载陈安主编：《国际经济法学刊》，第 13 卷，51～58 页，北京，北京大学出版社，2006。

⑤ NAFTA 第 1105 条第 1 款规定：“每一缔约方应给予另一缔约方投资者的投资依据国际法的待遇，包括公正与公平待遇和充分保护与安全。”

待遇标准的范围，其具有独立性。该解释意图缩小公平、公正待遇的适用范围，提高适用门槛。该解释对之后的仲裁实践产生了深远的影响，如在 Waste Management，Inc. v. United Mexican States 和 Methanex Corporation v. United States of America 等案中，仲裁庭总体上都尊重了这种解释。但无论如何，公平、公正待遇都是一个弹性术语，在适用过程中不免会作出或严或宽的解释，有关该原则具体适用的争议远未终结。

三、国际投资监管

无论投资者在东道国进行"绿地投资"或是以企业并购方式进行投资，东道国都将对外商在本国的投资进行监管。东道国对外商投资的监管措施除了有类似于内资企业的同等监管措施外，主要体现在对外商投资的审批、反垄断审查等方面。

外资审批，即东道国对外国投资进行审查和批准，主要是通过法定程序确定外国投资者及其设立企业的法律资格，审查和批准投资合同。各国一般都设有专门审查外国投资的机构，并规定有审查批准的原则和程序。审查一般分为两个方面：(1) 实质上的审查，即关于外国投资项目是否有利于国民经济的发展和国际收支平衡，以及投资项目可行性研究等；(2) 程序上的审查，即关于申请的程序是否合法，体现在必要的资料报表、审批权限和投资项目的批准等方面。

(一) 各国外资审批类型

通过外资审批来对外资企业的创办实行管理与监督是各东道国通行的做法，世界各国对外国投资的审批大致可概括为国民待遇制、一般审批制和严格审批制三种类型。

1. 国民待遇制

有些国家，如美国、比利时、德国、瑞典、瑞士、英国等，对外国投资没有专门的法律和管理机构。外商在这些国家投资设厂的程序同国内企业的开办程序相同，完全适用公司法的规定。这类国家为数并不多，且都是工业发达国家。例如，美国虽然在联邦财政部设立了外国投资委员会（Committee on Foreign Investment in the United States，以下简称 CFIUS），但美国对外国投资采取相对自由的审查政策，因此该委员会的主要职责不是投资审批，而是分析和监督外国投资对美国经济和安全所造成的影响，然后制定相应的外资法规。在美国，外国投资委员会对于外国投资项目，出于国家安全与利益的考虑，认为有必要时，也有权进行审查，尤其是应国会要求进行审查，且近年来有加强的趋势。

2. 一般审批制

目前大多数工业发达国家与部分发展中国家（如韩国、阿根廷）对于外国投资设厂采用一般审批制度。这些国家通过外资立法详细规定设立外商投资企业的标准与审批程序。在所有法定手续都得到履行的情况下，只要符合法定条件即可获得批准。

3. 严格审批制

少数工业发达国家（如加拿大、法国）与大部分发展中国家，对外资企业实行较为严格的审批制度。这些国家有专门的外资立法，并通过特殊政府机构或其授权机关对申请设立的外商投资企业进行逐个审批，对所有外资项目的立项申请、可行性研究报告、投资者资信、投资协议、合同章程、工业产权和其他必要文件都要进行审查，全部审查合格后才批准开办企业。不过，各国审批手续的繁简程度不一，审批内容与审批期限也有所差别。

(二) 各国对外资并购审查的核心内容

1. 国家安全审查

对外国投资的国家安全审查是指东道国在投资准入环节通过设置安全审查的程序、制度和行为，对可能威胁国家安全的外国投资并购活动或经营实体，禁止或限制进入有关国家安全、国计民生或公共利益的关键部门和产业，以保护本国产业和国家安全。东道国对外国投资进行国家安全审查有以下功能：第一，限制外资的技术控制。高新技术往往有巨额垄断利润，而且对国防工业有重大影响。国家安全审查可严格控制本国高新技术尤其是国防科技的扩散，同时，可防止外商控制本国工业的关键技术和削弱本国的实力，减轻本国对外国技术的依赖。第二，限制外资的行业控制。国家安全审查可控制外资进入与本国国家安全、国计民生或公共利益有关的行业，防止外资尤其是外国政府控制的资本对本国某行业的过度投资而造成行业垄断或把持本国经济命脉。第三，限制外资的市场控制。国家安全审查可防止外资对本国民族品牌的控制，防止外资对某地区内骨干企业的过度并购而造成对某些关键行业和地区的市场垄断。第四，限制外资的环境破坏。国家安全审查可防止外资在进入的同时将高污染、高能耗的产业转移到本国，危害本国的生态环境和国民健康。

如前所述，美国的外国投资委员会负责对外国投资项目进行国家安全审查，并且，外资管理体系中存在国家安全审查机制的并不仅仅限于美国。如在中国，国务院办公厅于 2011 年 2 月发布了《关于建立外国投资者并购境内企业安全审查制度的通知》，明确将在中国建立外国投资者并购境内企业的安全审查制度。2008 年 2 月美国政府审计署（United States Government Accountability Office，简称 GAO）对加拿大、中国、法国、德国、印度、日本、荷兰、俄罗斯、阿联酋和英国 10 个主要国家的外资管理体系的调查结果显示，在这 10 个国家中，除荷兰和阿联酋外均有正式的对外资的审查程序，包括美国在内的这 11 个国家均将国家安全视为最主要因素或被考虑的因素之一，所有国家都对核心事项予以关注，如国防工业基地等。近年来，各国对能源行业的投资及由国有企业和国家主权财富基金（Sovereign Wealth Funds，简称 SWFs）所作的投资均高度关注，一些国家对敏感交易要求预先批准。①

① See UNCTAD，World Investment Report，New York and Geneva：United States，2008，p. 14.

2. 反垄断审查

垄断是自由竞争中生产高度集中的必然结果，各国法律所禁止的垄断随着经济发展的不同阶段对市场结构的不同要求也在不断发生变迁。一般而言，反垄断法规制的垄断行为，是指经营者以独占或有组织联合等形式，凭借经济优势或行政权力，操纵或支配市场，限制和排斥竞争的行为。

自19世纪末以来，许多资本主义国家均先后制定了旨在反对限制贸易自由和反对垄断的法律。继加拿大1889年出台《防止和禁止限制贸易的合并法》后，美国于1890年制定了《谢尔曼法》，于1914年制定了《克莱顿法》，这些法律是世界上最具有影响的反垄断法。其中美国的《谢尔曼法》更被视为现代反垄断法产生的标志。中国的反垄断制度起步较晚，于2008年8月1日正式实施《中华人民共和国反垄断法》，对排斥竞争、有害社会公益的垄断行为进行法律规制。

对于外国投资而言，尽管总体上讲外国投资对东道国有贡献，但为了将所谓的利益全部转化为现实的利益，东道国不可避免要对外资进行相应的管理，建立相应的保障措施，以避免外国投资对东道国经济和人民造成负面影响，如果没有相应的保障措施，外国投资者就可能通过反竞争的手段来损害东道国生产者、企业和消费者的利益。东道国采取的措施之一即是这里所说的反垄断审查。合理规制外资垄断国内市场的行为和逐步消除外资在东道国境内所出现的垄断现象，是每一个东道国均十分重视的问题。

相比新设投资中，外国投资者依据东道国的相关法律、法规要求逐步开展活动，跨国并购往往因其时间短、规模大、影响直接，更容易引发东道国的反垄断审查。需要注意的是，海外并购面临的反垄断法规制不仅发生于并购当事方所在国，甚至表面上与并购交易完全无关的第三方政府及其相关机构也可能对并购进行反垄断审查。例如，“中铝－力拓”案的交易同时需要经过包括中国商务部、澳大利亚竞争与消费者委员会（ACCC）、美国外国投资委员会（CFIUS）等五个机构的审查。在反垄断法领域著名的域外适用的“效果原则”[①]，是第三方审查乃至阻却跨国并购时的主要法理依据。目前，美国、欧盟、日本等国家和地区已将“效果原则”制定为成文法，或以判例法的方式适用于司法实践。

在中国，商务部、国务院国有资产监督管理委员会、国家税务总局、国家工商行政管理总局、中国证券监督管理委员会、国家外汇管理局等六部委联合颁布的《关于外国投资者并购境内企业的规定》中，专门对外资并购的反垄断审查问题作出了明确的规定，通过规定外国投资者并购境内企业的反垄断审查程序来规制外商在并购中存在的垄断行为，以维护社会主义经济秩序，从而达到在我国经济领域中促进和保护有效竞争的目的。

---

① 域外适用的“效果原则”是指对发生在一国境外且与该国反托拉斯法相抵触的任何行为，不论行为者的国籍、行为的实施场所，只要这种行为对本国市场的竞争能够产生不良影响——限制市场内有效竞争，该国就有管辖权并可以适用其国内法。美国是域外适用的“效果原则”的积极推动者。

四、国际投资保护

外国投资者的信心在很大程度上取决于其投资是否可以得到有效的保护。国际投资法中的投资保护通常是指非商业风险或政治风险方面的保护和保险。实践中，保护外国投资可采取多种方法，包括投资者母国或东道国单方面采取的措施、双边条约和多边条约等。从国际法的角度看，外国投资者的母国有责任和义务保护其在海外投资的国民（或法人）的利益，东道国政府为了促进外资的内流或维持外国投资的持续增长，亦必须提供良好的投资环境，其中基本的一点就是保证外国投资者的利益不受损害。鉴于投资者母国和投资东道国在促进和保护外国投资方面有共同利益，许多国家相互签署了目的在于促进和保护外国投资的协定，如双边投资协定（BITs）。为了促进资本的跨国流动，国际社会也以多边协议的方式对国际投资提供保护。

（一）国家保护制度

为了保障私人投资在海外的顺利进行，许多发达国家通过建立一系列国内制度以保护本国投资者的利益。西方发达国家往往通过设立专门负责促进私人海外投资的机构，向本国海外投资者提供不同形式的便利和援助，并向海外私人投资公司提供各种类型的保险。在此方面，美国海外私人投资公司（Overseas Private Investment Corporation）最具代表性。

1948 年美国设立了世界上第一个官方的海外投资保险机构，承保美国投资者在战后西欧投资所产生的政治风险。随后，美国于 1969 年建立海外私人投资公司，主要向美国国民或公司在发展中国家的投资提供政治风险担保。该公司虽名义上为“公司”，但从高级经营管理人员的任命到重大的经营决策，均受美国政府的控制。而有资格接受海外私人投资公司保险的自然人和法人，包括美国国民，其资产主要属于美国公民、公司、合伙或社团所有的在美国注册的公司、合伙企业，其他商社以及美国国民或企业持有 95%以上股权的在其他国家注册的法人。假如有资格取得保险的自然人或法人与不具备该资格的投资者合作，共同对一项目投资，该有资格的自然人或法人要求海外私人投资公司提供的保险应仅限于其投资的比例。在一般情况下，海外私人投资公司保险所涉及的外国国家和地区与该公司都签有协议，由东道国政府提供一定的投资保护，并给予海外私人投资公司以代位权。海外私人投资公司提供保险的最长期限为 20 年，分为三类：禁兑险；国有化或征收险；战争、革命、暴乱和内战险。

目前，中国承办海外投资政治风险的保险机构是中国出口信用保险公司（简称中国信保）。该公司是财政部下属的企业，于 2001 年年底合并了中国人民保险公司和中国进出口银行的出口信贷部门之后挂牌运营。中国信保开办有“海外投资保险”和“来华投资保险”两项保险业务，分别承保中国投资者在海外投资的政治风险和外国投资者来华投资的政治风险，险别均为征收险、汇兑险、战乱险以及政府违约险。与其他国家的海外投资保险公司一样，中国信保开展的“海外投资保险”有着鲜明的政策性，不以盈利为目的，目的是鼓励、保护中国企业的海外投资。而开展“来华投资保险”的目的是保障投资者的合法权益，进而鼓励外商来华投资。

（二）双边条约保护制度

对私人海外投资的保护，除投资者母国和东道国单方面提供保险外，相关国家签订的双边协定亦成为重要的投资保护制度。在国际实践中，广义上的双边投资协定主要有三种类型[①]：

1. 友好通商航海条约（Friendship，Commerce and Navigation Treaties）。这类条约是在相互友好的政治前提下，针对通商航海等事宜全面规定两国间经济、贸易关系的一种贸易条约。第二次世界大战以前，大多签订这类双边条约，以确立两国间的友好关系和商务交往关系，消除缔约国间有关国际商品和资本流通的种种限制性规定和对外国人的歧视性待遇。因此，从严格的意义上讲，此类条约不属于专门性的双边投资条约。第二次世界大战以后，随着国际投资的迅猛发展，以美国为代表的一些发达国家为满足其日益增长的海外私人投资的需要，逐渐在友好通商航海条约中增加了有关保护国际投资的原则性规定。

2. 投资保证协定（Investment Guarantee Agreement）。该协定的模式由美国创立，后被一些建立有海外投资保险制度的国家所仿效，故也称为美国式双边投资协定。其特点在于重在对国际投资活动中的政治风险提供保证，特别是与内国的海外投资保险制度相结合，为其提供国际上的保障。这类协定以对程序性问题的规定为主，其内容主要是：（1）承保范围，即规定能够获得政府保证的政治风险的类别。（2）代位求偿权。缔约一方的海外投资保险机构根据承保合同向投资者支付有关政治风险的损失赔偿后，有权取代该投资者的地位并获得相应的所有权和请求权，实行代位求偿。（3）争端的解决。规定缔约国之间因条约的解释、履行产生争议的解决途径与程序。

3. 促进与保护投资协定（Agreement for Promotion and Protection）。联邦德国首创这一模式，也称德国式投资协定。其特点是内容详尽、具体，既包含有促进与保护投资的实体性规定，也有关于代位求偿权、争议解决等的程序性规定。值得注意的是，美国自20世纪80年代以后也开始采取促进与保护投资协定来保护投资。美国最新的双边投资协定范本是2004年版的BIT。

（三）多边投资保护制度

目前，最主要的多边投资保护制度是多边投资担保机构（Multilateral Investment Guarantee Agency，以下简称MIGA或“机构”）。由于各国海外投资保险制度对投保人的资格限定有所不同，因而可能会造成投资者投保无门的现象。对此，多

---

① 参见余劲松、吴志攀主编：《国际经济法》，259～260页，北京，北京大学出版社、高等教育出版社，2003。

边投资担保机构可以发挥相应的弥补作用。

多边投资担保机构系根据《多边投资担保机构公约》（Convention Establishing the Multilateral Investment Guarantee Agency）（以下简称《汉城公约》）而建立。其建立的目的是鼓励在机构成员国之间的国际投资，特别是向发展中成员国的生产性投资，以补充国际复兴开发银行、国际金融公司和其他国际开发金融机构的活动。为了实现上述目标，“机构”的业务包括投资担保和与投资相关的咨询。其担保业务仅限于非商业性的投资风险。“机构”有义务按照担保合同向被担保人提供赔偿，同时亦有权取得投资人的代位权，进而向投资东道国索赔。

1. 适格投资者

根据《汉城公约》第13条的规定，符合下述条件的自然人和法人均有资格取得“机构”的担保：（1）作为东道国以外的成员国国民的自然人；（2）在东道国以外的成员国注册并设有主要营业场所的人；（3）其多数资本为东道国以外的成员国或其国民所有的法人。

由此可见，申请投资担保的自然人或法人的国籍或主要营业地点之确立甚为重要。鉴于“机构”致力于促进跨国性投资，因此，通常情况下，申请担保的自然人或法人不应具有投资东道国的国籍，且申请人必须具有除投资东道国以外的其他《汉城公约》成员国的国籍或在各该成员国设有主要营业地。《汉城公约》的这一规定避免了关于如何确定跨国公司国籍这一争论颇为激烈的棘手问题，并扩大了“机构”的担保范围。根据《汉城公约》的规定，假如投资东道国和投资人共同向“机构”申请，经“机构”董事会特别多数通过，即使投资人具有投资东道国的国籍，他亦可取得“机构”的投资担保，条件是其投入的资金必须是从境外调入投资东道国国内。

2. 适格投资

有权取得“机构”担保的投资项目仅限于新开始的投资，即投保人提出申请注册之后才开始执行的投资项目。此类投资同时包括使现有投资项目更新、扩大或发展所进行的投资，以及为了协助投资东道国的经济调整所进行的投资，如购买投资东道国国有资产的股份等。对于适格投资的性质，“机构”只要求它们具有经济上的合理性，并对东道国的经济社会发展有所贡献。为了避免将对东道国经济发展具有意义的项目排除在有资格接受担保的投资范围之外，“机构”还允许投资人在投资的最后决策尚未形成时即向“机构”申请临时注册，在此注册完成以后进行的投资即有资格取得“机构”的担保。[①] 由此可见，对于那些虽不符合母国经济政策的海外投资者的投资，只要它们有利于东道国的发展，“机构”均可予以承保。

另外，根据《汉城公约》第12条A款的规定，“机构”担保的投资除包括相关项目或公司的股权投资，还包括非股权投资，如股权持有人发放或担保的中长期贷款。该条B款同时规定，机构董事会经特别多数票同意，可将“机构”担保投资的范围扩大到其他任何形式的中长期投资。

---

① 参见《多边投资担保机构：担保资格标准》，世界银行法人部职员文件第3条，1987。

3. 适格东道国

《汉城公约》第14条规定，“机构”只对在发展中国家成员国领土内所作的投资予以担保，且适格的东道国必须是外资能够得到“公正、平等待遇和法律保护”的发展中国家。因受东道国适格条件限制而无法获得本国海外投资保险机构承保的跨国投资者[①]，可以向“机构”投保。

在满足向“机构”投保的适格条件后，投资者可向“机构”投保的险别包括：（1）货币汇兑险；（2）征收和类似措施险；（3）违约险；（4）战争和内乱险。[②]

上述险别中，“机构”提供的违约担保是国际投资保险业务的一个创新。所谓违约险，是指东道国政府违反与外国投资者订立的合约（如特许协议等），外国投资者无法诉诸司法机关或仲裁机构寻求救济，或者司法机关或仲裁机构受案后久拖不决，或者作出判决或裁决后得不到执行。“机构”将违约险单列为一独立的险种，扩大了对东道国违约行为的保险范围，加强了对此类政治风险的保险保护。目前，日本、德国等国的海外投资保险机构虽然也开办了独立的违约险担保业务，但它们承保的违约险指的是东道国政府的违约行为本身，而非“机构”承保的东道国政府违约后的“拒绝受理或执法不公”情形。对于海外投资人由于投资东道国的违约行为可能遭受的损失予以担保和赔偿，可以坚定投资人的投资信心。

如前所述，多边投资担保机构在对投保人付赔之后，有权代位取得投保人的权利，向对造成投保人政治风险损失负有责任的东道国政府求偿，但为了表示对东道国主权的尊重，“机构”要求投资者的投保行为征得东道国的同意。投资东道国可以根据需要和本国情况将有资格取得担保的投资项目的类别扩大或缩小，或对风险的种类加以限制。

五、国际投资条约仲裁

国际投资活动中所产生的与投资者利益有关的投资争议有三种：第一种是外国投资者与东道国企业或公司之间的争议；第二种是外国投资者与东道国之间由于政府管理行为或措施等有关投资待遇和投资保护问题而发生的争议；第三种是有关国家之间由于对投资条约的解释及适用而发生的争议。投资条约仲裁所涉及的争议是指以上第二种和第三种投资争议。而目前的投资条约仲裁案例表明，投资条约仲裁主要发生在国际投资者与东道国之间，而未涉及投资国与东道国之间的争议。因此，投资条约仲裁主要是指国际投资者与东道国之间因双边投资保护协定争议而提起的仲裁，其性质属于国际法意义上的国际仲裁，渊源于1965年《关于解决国家与他国国民之间投资争端公约》（以下简称《华盛顿公约》）关于解决投资者与东道国之间

---

① 如美国对适格东道国的规定较为严格。首先，适格东道国必须与美国签订有双边投资保护协议；其次，这些东道国必须是“人权记录”良好、尊重“国际公认的工人权利”，并被普遍认为对美国“友好”的发展中国家。

② 参见《汉城公约》第11条。

争议的特殊安排。此外，双边投资保护协定中往往包括投资争议仲裁条款，授予投资者将其与东道国的争议直接提交国际仲裁的权利。实际上，这类仲裁条款相当于东道国单方事先同意缔约的另一方私人投资者将其请求提交仲裁。

目前的投资条约仲裁主要由根据《华盛顿公约》设立的“解决投资争端国际中心”（以下简称“中心”或ICSID）管辖，但其他国际机构根据当事人的选择也可受理，如联合国国际贸易法委员会（UNCITRAL）等其他国际仲裁机构也受理了部分投资条约仲裁案件。①

（一）“中心”的管辖权

1. “中心”管辖权的必备条件

根据《华盛顿公约》第25条第1款的规定，争端当事人适格、争端性质适格、争端当事人的同意是“中心”行使管辖权的三个必要条件。

（1）争端当事人适格。争端当事人一方必须是缔约国或其指派到“中心”的该国的任何下属单位或机构，当事人另一方必须是另一缔约国的国民（简称“投资方”）。在实践中，还需注意明确以下几个定义：

第一，对于某一特定国家而言，只要在该国或该国国民就某一投资争端提交“中心”仲裁时，它参加了《华盛顿公约》，成为《华盛顿公约》的缔约国，则《华盛顿公约》就适用于该国，而不管该国或该国国民在作出同意“中心”仲裁的决定时，该国是否已是《华盛顿公约》的缔约国。

第二，此处的缔约国下属单位或机构要成为“中心”调解或仲裁的一方当事人，必须符合两个条件：其一，该下属单位或机构业已由其本国向“中心”指定；其二，该下属单位或机构关于提交“中心”调解或仲裁的申请已经获得其本国的批准，除非该国通知“中心”无须这种批准。在实践中，缔约国指定的下属机构或代理机构多为有关外资管理方面的机构和地方政府。但是，对于是否将某一缔约国指定的某一实体作为《华盛顿公约》中所指的“下属单位或机构”，“中心”的仲裁庭或者调解委员会具有较大的决定权，因为根据《华盛顿公约》第32条第1款和第41条第1款的规定，仲裁庭和调解委员会是其本身权限的决定人，可以自行决定是否将某实体作为其管辖的投资争端的适格当事人。

第三，此处的投资方是指争端当事人同意将争端交付调解或仲裁之日以及在调解或仲裁申请登记之日，具有争端当事国以外的缔约国国籍的任何自然人和法人。就自然人而言，根据《华盛顿公约》第25条第2款第1项的规定，该自然人可以被认定为“另一缔约国国民”的条件是：其一，该自然人必须具有《华盛顿公约》的某一缔约国的国籍；其二，该自然人不具有作为投资争端一方的缔约国的国籍；其三，判定前两项条件是否成就的时间必须是在投资争端的双方同意将争端交付调解或仲裁之日，以及在根据《华盛顿公约》第28条第3款或第36条第3款将请求予以登记之日。该项规定彻底排除了双重国籍者在“中心”对其中一国籍国提出调解

---

① See UNCTAD, Latest Development in Investor-State Disputes Settlement, IIA Monitor No. 4, 2006.

或仲裁程序的可能性。就法人而言，根据《华盛顿公约》第 25 条第 2 款第 2 项的规定，该法人可以被认定为“另一缔约国国民”的条件是：其一，在投资争端双方同意将投资争端交付调解或仲裁之日，该法人具有某一缔约国国籍，且不具有争端当事国国籍；其二，在投资争端双方同意将投资争端交付调解或仲裁之日，该法人具有争端当事国国籍，但是该法人因受外来控制，双方同意为了《华盛顿公约》的目的，则应把该法人看作是另一缔约国国民。

（2）争端性质适格。根据《华盛顿公约》第 25 条第 1 款的规定，“中心”行使管辖权的另一实质性要求是，争端必须是“直接因投资而产生的任何法律争端”。这一规定包括两项条件：第一，争端是法律争端；第二，争端是直接因投资而产生。但《华盛顿公约》对其中的“投资”和“法律争端”的含义，未作任何说明。

（3）争端当事人同意。根据《华盛顿公约》第 25 条第 1 款的规定，“中心”对某一特定的投资争端享有管辖权的第三项条件是，该项争端经双方书面同意提交给“中心”处理。但对书面形式的类型，公约未加任何限定。世界银行的《执行董事会报告》中指出：该项同意可以规定在争端当事人双方订立的投资协议中，约定将来因该投资协议而产生的争端将提交“中心”，或者规定在某项投资争端发生后争端当事人双方达成的仲裁协议中。[①] 实践中，该项同意较为普遍的表达方式是投资协议中的“中心”调解或仲裁条款。

2. “中心”管辖的排他效力

“中心”管辖的排他效力主要是指涉及“中心”的仲裁条款的排他效力。排他效力表现为对东道国的当地救济、外国法院诉讼或其他仲裁，以及投资者本国的外交保护的排斥。

（1）排除东道国当地救济。根据《华盛顿公约》第 26 条的规定，除非另有规定，双方同意根据公约将争端交付“中心”仲裁，应视为同意排除任何其他补救办法，即当事国一方（东道国）不能以用尽当地救济原则相对抗，拒绝交付国际仲裁。但该条同时明确承认东道国有要求首先用尽当地救济的权利，如果东道国在相互同意中提出这种要求，投资者就必须在用尽当地救济之后才能提请“中心”仲裁；只有不存在这种要求或东道国放弃这种要求时，投资者才能直接请求“中心”仲裁。因此，公约规定的用尽当地救济原则，不是提请“中心”仲裁的必要条件，不是投资者的当然义务，而是东道国有权提出的一种要求，只有将这种要求订入同意条款中，才能成为投资者的义务。

（2）排除各国法院的管辖。“中心”仲裁具有自治性质，完全独立于各国法律制度之外。对当事人而言，一旦同意“中心”仲裁，双方应保证它们将充分利用“中心”的便利，不把该争端提交各缔约国国内法院管辖；对于国内法院来说，则不得采取任何可能妨碍“中心”仲裁的自治性与排他效力的行为。可见，公约使“中心”仲裁条款克服了一般国际商事仲裁条款无力完全排除国内

① 参见世界银行：《执行董事会报告》，ICSID/1，28 页，1993。

法院干预的不足，能确保“中心”仲裁程序真正做到中立和自治。[①]

（3）排除外交保护权。《华盛顿公约》第 27 条特别排除了投资者本国所提供的外交保护。该条规定，对于双方已同意“中心”仲裁的争端，投资者本国不得行使外交保护权或提出国际要求，除非争端的国家一方未能遵守和履行“中心”对此项争端所作出的裁决。

（二）“中心”仲裁所适用的法律

《华盛顿公约》第 42 条对“中心”仲裁时所适用的法律作了规定。可以归纳如下：

1. 当事人意思自治原则

《华盛顿公约》第 42 条第 1 款第 1 句以明确肯定的方式规定了当事人意思自治原则。该规定的含义有两个方面：第一，争端当事人享有选择准据法的权利；第二，仲裁庭必须尊重当事人的这种选择，即有义务适用当事人所选择的法律。只有在当事人未作出选择时，才可适用《华盛顿公约》第 42 条第 1 款第 2 句或第 3 款之规定。

2. 当事人未选择法律的补充规则

《华盛顿公约》第 42 条第 1 款规定，如无当事人选择法律的协议，“仲裁庭适用作为争端当事国的法律（包括它的法律冲突规范）以及可适用的国际法规范”。该规定是“中心”法律适用制度中最引人注目的规则。某些学者对这一规则给予高度评价，总结出它具有两个优势：第一，在当事人缺少法律选择的情况下，它避免了一般国际商事仲裁机构适用法律的不确定性，有助于使当事人预先知道他们的争端将适用怎样的特定的法律制度来处理，因而能起到鼓励当事人利用“中心”解决争端的作用；第二，它一方面提供了适用东道国法的可能性，反映了发展中国家的观点，另一方面又提供了适用国际法的可能性，对私人投资者是一种刺激。这样，两种关于仲裁适用法律的观点在“中心”的仲裁体制中获得了平衡。[②]

但我国也有学者尖锐地指出，所谓“在投资者利益和东道国利益之间保持了一种精心考虑的平衡”，这种“平衡”其实就是妥协调和的“美称”。在裁断投资争端时，东道国法律和国际法这两种法律规范，究竟何者应占优越地位，何者应是最高准据，仍是表述不明、易生歧见的问题。[③]

3. 禁止拒绝裁判规则

《华盛顿公约》第 42 条第 2 款的规定被称为禁止拒绝裁判规则。根据这个规则，仲裁庭在发现按规定应适用的法律缺少相应的规范或存在含义不清的规范时，为了使作出的裁决具有法律依据，可以从其他法律体系（包括国内法和国际法）中提炼

---

① 参见余劲松主编：《国际投资法》，458 页，北京，法律出版社，2000。

② See Joy Cherian，*Investment Contract and Arbitration*，A. W. Sijthoff，1975，pp. 109 – 116.

③ 参见陈安：《我们研究“解决投资争端国际中心”的现实动因与待决问题》载陈安主编：《ICSID 评述》，38 页，厦门，鹭江出版社，1989。

出一般原则和规则，即一般法律原则，加以适用。

4. 当事人特别同意的公平、正义原则

根据《华盛顿公约》第 42 条第 3 款的规定，当事人无论是在有法可依或无法可依，还是在法律规定不明的情况下，均可授权仲裁庭根据公平、正义原则进行裁决，即仲裁庭经双方当事人同意，可以不依照法律规定，而根据其他公平合理的标准作出具有拘束力的裁决。显然，公平、正义原则弹性很强，其标准主要取决于仲裁员的个人意志。一旦仲裁员裁决案件时失之武断，就可能会造成实际上偏袒一方的结果。当然，依公平、正义原则裁决案件需以当事人双方同意为前提，这可以限制仲裁庭对该原则的滥用。[①] 并且，在双方当事人未明确授权适用这一原则时，"中心"仲裁庭就只能严格适用法律规则进行裁决，否则，就会构成越权行为，使裁决无效。

(三)"中心"仲裁裁决的承认与执行

1. 双方当事人对裁决的遵守

根据《华盛顿公约》第 53 条第 1 款的规定，仲裁双方应受裁决的约束，应严格遵守并履行裁决。双方当事人有遵守和履行裁决的义务。但由于双方当事人的法律人格和国际地位不同，其遵守和履行裁决的义务的表现方式也有所不同。作为争端一方当事人的国家，由于其是公约的缔约国，对依公约所作的裁决负有国际法上的遵守和履行裁决的条约义务，若有违背，会受国际社会的制裁和谴责。而争端另一方当事人是另一缔约国的国民，是私人当事方，不具有国际法律人格，不是公约的缔约国，其依《华盛顿公约》第 53 条所负遵守和履行裁决的义务不能由国际社会来制约，而只能由国内法院来强制执行。

2. 各缔约国对裁决的承认与执行

根据《华盛顿公约》第 54 条的规定，每一缔约国应承认"中心"仲裁裁决具有约束力，并把它视为本国法院最终判决一样加以承认和执行，不得对裁决进行审查或拒绝承认与执行；各缔约国执行裁决的范围限于在其领土履行该裁决所附加的财政义务；对裁决的执行，受执行国关于执行判决的现行法律的管辖。这一规定使每一缔约国都负有承认与执行裁决的义务，也即在其国内法律秩序内给予"中心"裁决以约束力和必须履行的效力，而不论该缔约国或其国民是否是争端当事人。

3. 执行与主权豁免

根据《华盛顿公约》第 55 条的规定，缔约国是否放弃自己的执行豁免权，依本国现行的有关法律；在其他任何缔约国国内要求承认与执行不利于缔约国的裁决时，是否给予该争端缔约国以执行豁免，也依该执行国现行的有关法律。

---

① 参见史久镛：《论投资争端与 1965 年〈关于解决国家与他国国民间的投资争端公约〉》，载《中国国际法年刊》，北京，中国对外翻译出版公司，1984。

可见，在公约范围内，缔约国由于同意接受“中心”管辖，因而就放弃了管辖豁免，不存在主权管辖豁免问题。但公约并不要求各缔约国同时放弃执行豁免，并不影响被请求执行国关于主权执行豁免的法律，从而可能使针对国家财产的裁决在某些缔约国得不到执行。

【案例评析】

一、国际投资形式案例——英法海底隧道项目投资形式[①]

1. 案情简介

英吉利海底隧道是一条长50公里，包括两条直径为7.3米的铁路隧道和一条直径为4.5米的服务隧道的耗资巨大的工程。该隧道连接英、法两个国家，所以也被称为欧洲隧道。该项目的项目公司Eurotunnel由英国的海峡隧道集体、英国银行财团和承包商以及法国的France-Mangehe公司、一个法国银行财团和承包商组成。项目筹资总额为103亿美元，其中的85亿美元由209家银行提供贷款，同时欧洲隧道公司用英镑、法郎先后4次发行股票，共筹资17.2亿美元，使股本与债务的比率达到20∶80。特许协议在1987年签字，执行期限从1987年到2042年，为期55年，是20世纪特许期最长的BOT项目。欧洲隧道公司从政府得到的特许是：项目在营运期间商业自由、无二次设施，这也是欧洲隧道公司从政府得到的全部担保。

2. 基本问题

（1）BOT方式属于何种投资形式？

（2）BOT投资方式的法律性质是什么？

（3）BOT投资方式的政府保证与一般性担保是否相同？

3. 知识内容

（1）BOT方式属于直接投资

BOT方式的外国投资者出于为资本寻求投资出路及获得足够利润的目的，将资本直接注入另一国的基础设施项目，并直接进行生产经营活动，直接承担风险、分享利润，具有直接投资的本质特性。典型的BOT形式分三大步骤：1）东道国政府（由政府部门、地方政府或授权实体出面）与外国投资者组成的项目公司签订合同，政府出面保证，由项目公司筹资和建设基础设施项目；2）项目公司在协议期内拥有、营运和维护这些设施，并通过收取使用费或服务费，回收投资并取得合理的利润；3）协议期满，投资者将该项目无偿移交给东道国政府，从而完成BOT的营运。

（2）BOT投资方式的法律性质

1）BOT投资方式是一种新型的特许协议

---

① 选编自张丽英：《国际经济法教学案例》，196～197页，北京，法律出版社，2004。

BOT之所以是特许协议，是因为它具备特许协议的基本法律特征与内涵。特许协议（concession）是指一个国家同外国投资者个人或法人在约定期间内，在指定地区，前者允许后者在一定条件下，享有专属于国家的某种权利，投资从事于公用事业建设或自然资源开发等特殊经济活动，基于一定程序，予以特别许可的法律协议。而在BOT投资方式中，投资者与东道国政府所签署的协议，一方为主权国家政府，另一方为外国国民或公司、企业，外国投资者基于东道国政府的许可，享有并行使专属于国家的特种权利；该协议规定为实现投资目的，允许在一定期间内，外国资本输入东道国；该协议规定投资的目的及项目，限于在特定地区进行基础设施和公用事业的建设；该协议不同于一般契约，须事先经立法授权的行政机关批准，或须提交立法机关审批，甚至协议的主要内容（如税收优惠等），还订入法律、法令或行政命令中，是有效而可靠的政府保证。可见，BOT投资方式是一国政府或公共部门特别许可私营公司或企业享有专属于国家或公共部门的某种权利，因此显然属于特许协议的范畴。

我们之所以说BOT投资方式是一种新型的特许协议，是因为它与传统的石油特许协议相比有很大的发展。比如在私营公司或企业的投资回收保证上，传统的石油特许协议完全依赖能否开采出石油及其产量来决定投资者的收益，而BOT方式中的投资方可以从收取的项目运营费用中抵偿投资，有的还规定政府保证对建成的基础设施或公用事业依双方约定的价格予以回购。在合同风险的分担上，传统特许协议是由外方承担勘探风险，而BOT合同中由政府分担外汇风险、市场风险。BOT投资方式的法律关系比传统石油特许协议要复杂得多，它不但包括传统石油协议中东道国政府或国家企业与外国投资者所签署的合同，而且还包括投资股东、金融机构、承建公司、供应公司、保险公司、经营管理公司及其相互之间的关系，显然其权利、义务的界定更为复杂。

2）BOT投资方式是一种特殊的直接投资方式

如前所述，BOT是一种直接投资方式。但是，BOT方式与传统的合资、合作开发方式相比，又具有其特殊性：其一，主体不同。BOT方式的主体为政府部门与私营企业或公司，政府成为合作者；而传统的外商投资方式须是组织和个人与外国投资者结合，完全是东道国投资者和外国投资者之间的经济行为，政府并不承担直接的经济责任。其二，资金来源不同。BOT方式的资金主要是由金融部门提供的无追索权或有限追索权的贷款，对自有资金投入没有数量、比例的限制，允许有政府的股份；而外商投资企业中自有资金必须达到一定数量、比例，企业注册资本以外的贷款也不是无追索权的，而且不允许政府投资。其三，回收投资的方式不同。BOT方式的项目承办方一般通过收取营业费（如电费或车辆通行费）等方式回收项目投资并获得利润；而在传统外商投资方式中，投资各方一般通过分配利润的方式回收投资并获取利润。其四，对项目财产的处置权限不同。BOT方式中，项目财产的抵押和处分受制于贷款人和政府，项目公司只能享有有限的产权；而在传统投资方式中，公司一般对其所有的财产拥有自主的抵押权和处分权。其五，项目财产的最后归属不同。传统投资方式中项目财产一般由投资各方共同分享，有的将按照合同的约定和办法将项目财产转让给另一方或合同约定的其他单位，或将项目解散、终止。BOT 方式则体现了“两权分离”，即基础建设设施的所有权与经营权相分离。一方面，东道国政府作为授权方，始终拥有该项目的产权，并根据合同确保私营企业的利益；另一方面，私营企业则在合同期内拥有该项目的使用权，负责项目建设和经营，并在合同期结束时将项目移交给东道国政府。

3）BOT 投资方式是一种具有有限追索权或无追索权的项目融资

BOT 投资方式中，项目公司的贷款人（在融资时，贷款人通常由多个银行组成）是针对该特定的基础设施工程或公用设施项目提供贷款，把依赖该项目所产生的收益作为还款的资金来源，并将经营该项目的经济单位的资产作为贷款人的附属担保物。如果出现了双方约定的违约行为或风险，贷款人对项目公司股东的私有财产没有任何追索权，可以用以追索债务的有关项目资产包括三个主要来源：项目的所有资产；项目建成之后的收费和权益；项目公司与其他股东及参与人在合同中约定承担的义务和风险，以及所作出的承诺担保。BOT 投资方式中，由于借款人不需要以自己的全部资产作为担保，把本应由股东承担的风险转移到项目本身，因而，相对来说股东的风险降低了。而对于贷款人来说，由于通常有东道国政府对项目完成所作的保证，因而，资金回收保证率也较高。

（3）BOT 投资方式中的政府保证不同于一般性担保

“政府保证”在 BOT 的法律关系中具有至关重要的地位和作用。政府保证的核心内容是对外国投资者表明东道国政府愿意承担 BOT 项目特许协议所确立的责任。政府的保证在很大程度上可以避免发生政治风险和降低投资者的投资风险。但是，绝不能把 BOT 方式中的政府保证视为担保法中的担保。两者的区别在于：

1）法律性质不同

一般担保是平等主体之间的民事活动，是第三人对债务人清偿债务的担保，属于民商事法律的行为；而政府保证是政府对政治风险承担的担保责任和放弃豁免权的表示，这种政府担保与国家主权、政策等关系密切，可视为公法的行为。

2）主体不同

一般担保的主体是除当事人之外的第三者，而 BOT 方式中的政府保证的主体主要是政府。

3）内容不同

一般担保是针对债务人的某一具体行为作出的，包括经营方面原因造成的损失等；而 BOT 方式中政府保证是对自己的行为或事实进行承诺，主要针对政治风险或违约责任。

4）责任的承担不同

一般担保中担保人与被担保人就约定的具体事项承担连带责任，而政府保证仅仅为追究政府责任提供了前提和可能性。

5）适用规范不同

一般担保是民事活动，担保的结果可能会导致民事纠纷，适用合同法、担保法等民事法律规范，而政府保证通常是在争议发生后为外国投资者求偿和资本输出国实施外交保护奠定基础，政府保证的后果可能导致国家间的纠纷，因而由国际法加以调整。

二、国际投资待遇案例——Maffezini v. Kingdom of Spain 案[①]

1. 案情简介

阿根廷投资者 Maffezini 与西班牙投资者 SODIGA 合资在西班牙设立一化工厂 EAMSA，双方各占股份 70%和 30%。EAMSA 开业两年后面临财政危机，被迫停业。阿根廷投资方 Maffezini 于 1997 年 7 月 18 日向 ICSID 提起仲裁，声称项目的失败源于 SODIGA 对项目预算的错误评估，且 SODIGA 迫使 EAMSA 在完成环境影响评估前匆匆上马，导致 EAMSA 产生了无法预料的支出。Maffezini 认为，由于 SODIGA 事实上是西班牙的公共事业单位，因而 SODIGA 的行为和疏忽应当归因于西班牙政府。于是 Maffezini 根据《阿根廷与西班牙投资促进互惠协定》（“Argentina-Spain BIT”），向 ICSID 提起了仲裁。

西班牙声称，ICSID 对此案没有管辖权，理由是，根据《阿根廷与西班牙投资促进互惠协定》第 10 条的规定，投资争议发生后，投资者需等待 18 个月才能向 ICSID 起诉，在此期间，国内法院可以处理投资者与东道国政府的纠纷。然而，Maffezini 援引了《阿根廷与西班牙投资促进互惠协定》第 4 条最惠国待遇条款和 1991 年《智利与西班牙双边投资保护协定》（“Chile-Spain BIT”），根据《智利与西班牙双边投资保护协定》第 10 条第 2 款的规定，投资者只需等待 6 个月而非 18 个月即可向 ICSID 提起仲裁，故 Maffezini 认为自己有权根据《阿根廷与西班牙投资促进互惠协定》中的最惠国待遇条款获得不低于智利投资者根据《智利与西班牙双边投资保护协定》第 10 条所获得的待遇，即无须等待 18 个月，便可直接向 ICSID 提起仲裁。

2. 基本问题

国际投资协定中的最惠国待遇条款是否适用于程序事项？

3. 知识内容

我们知道，最惠国待遇条款具有“多边化”效应，一旦一国在其对外缔结的一个国际投资协定中给予缔约另一方的投资者以更高的待遇，那么，与该国订有国际投资协定的其他所有国家的投资者依据最惠国待遇条款均有权获得这样的更高待遇。然而，具体到国际投资协定中的哪些事项可以适用最惠国待遇，晚近的国际投资法律实践出现了较大争议。

本案仲裁庭在处理国际投资协定中的最惠国待遇条款是否适用于程序性权利时，将其裁决的依据建立在国际投资协定的文本语言上。《阿根廷与西班牙投资促进互惠协定》第 4 条规定：“本协定项下所有事项，缔约方给予投资者的待遇不低于任何一

---

① See ICSID Case No. ARB/97/7, at http://icsid.worldbank.org/ICSID/FrontServlet? requestType=CasesRH&actionVal=showDoc&docId=DC565_En&caseId=C163, visited 5 August 2011.

缔约方在其领土内给予第三国投资者的待遇。"[①] 由于阿根廷—西班牙 BIT 的最惠国待遇条款所采用的措辞是"本协定项下所有事项"（all matters subject to this Agreement），据此，仲裁庭认为 Maffezini 有权获得智利—西班牙 BIT 中允许投资者在 6 个月后即可提交仲裁的更优惠的争端解决条款待遇。此外，还需注意的是，在该案中，仲裁庭在依据双边投资协定文本措辞的基础上，还仔细考察了西班牙与阿根廷签订 BIT 的实践，其关于申请方有权"无须首先诉诸西班牙法院"即可把争端提交仲裁这一结论，不仅仅是以 BIT 文本为根据，还以"西班牙对其自己海外投资者之待遇的法律政策"为根据。

此案裁决作出之后，ICSID 随后的一些仲裁案支持了 Maffezini 案的做法，如 Siemens，A. G. v. Argentine Republic，ICSID（W. Bank）No. ARB/02/8（Aug. 3，2003）。但在另外一些仲裁案中，如 Salini Construttori S. p. A. v. Hashemite Kingdom of Jordan，ICSID（W. Bank）No. ARB 02/13（Nov. 29，2004）[②]，仲裁庭拒绝对最惠国待遇条款作扩大性解释，即拒绝将之延伸适用于争端解决方面。

为了避免关于最惠国待遇条款的适用在以后的争议中出现理解上的分歧，一些自由贸易协定明确排除了将最惠国待遇条款适用于程序性事项，如《多米尼加一中美洲自由贸易协定》（Central America-Dominican Republic Free Trade Agreement，简称"CAFTA-DR"）。[③] 该协定第 10.4 条明确规定，最惠国待遇条款适用于投资的建立、收购、扩张、管理、进行、运作和买卖或其他处置，排除适用于程序性条款和与争议解决机制有关的管辖问题。

三、国际投资监管案例——中海油收购尤尼科案

1. 案情简介

2005 年 6 月 23 日，中国海洋石油公司（以下简称中海油）以 185 亿美元向美国尤尼科石油公司（以下简称尤尼科）发出收购要约，开启了迄今为止我国最引人注目的一次海外收购行为。6 月 27 日，中海油正式致函美国国会，主

---

① 原文为：Article IV of the Argentina-Spain BIT："［i］n all matters subject to this Agreement，this treatment shall not be less favorable than that extended by each Party to the investments made in its territory by investors of a third country"。

② Salini 是一位在约旦投资的意大利投资者，他向 ICSID 提出仲裁申请，申请 ICSID 裁决其与约旦政府之间的合同争议。Salini 主张，意大利与约旦签署有 BIT，其中含有最惠国待遇条款。而根据美国和英国与约旦签订的 BIT，美国投资者和英国投资者与约旦政府的合同争议可以提交 ICSID 仲裁，故 Salini 认为自己应当根据意大利和约旦政府签署的 BIT 中的最惠国待遇条款在投资争议解决方面享有美国投资者和英国投资者所享有的待遇，即由 ICSID 解决合同争议。本案仲裁庭认为，1999 年约旦—意大利 BIT 第 9 条第 3 款规定，申请方可据此把相关争端提交 ICSID 仲裁。但是，该条第 2 款还规定投资者与东道国间投资协议中有关争端解决的规定应当优先适用。而本案中申请方与被申请方刚好签订了投资合同，该合同第 67.3 条规定相关争端由东道国国内法院最终解决。因此本案仲裁庭认为本案中的情况与*Maffezini* 案并不相同，最终作出了"约旦一意大利 BIT 当中的 MFN 条款不适用于本案"的结论。

③ Available at http：//tcc. export. gov/Trade _ Agreements/All _ Trade _ Agreements/CentralAmerican-FreeTA. asp，visited 6 August，2011.

动表示欢迎美国外国投资委员会对收购交易进行审查；6 月 29 日，尤尼科宣布，将在 8 月 10 日召开股东大会对中海油与雪佛莱公司的收购报价投票表决。在中海油收购尤尼科的过程中，美国国内遇到了极大的政治阻力。国会议员的反对之声尤其强烈，声称“中海油的竞价应该基于美国安全考虑而被拒绝”①。尤尼科论辩最终导致美国众议院通过了一项非约束性的决议，认为该收购将威胁、破坏美国的国家安全，并要求布什总统阻止该交易。② 同年 8 月 1 日，尤尼科董事会建议股东接受美国雪佛莱公司的竞价。随后，中海油退出了竞价，尤尼科股东投票同意了雪佛莱公司的竞价。

2. 基本问题

（1）中海油受到东道国对外国投资的什么监管？

（2）中海油收购失败的原因有哪些？

3. 知识内容

（1）美国至今没有统一的外国投资法，外国投资者在美国享有国民待遇，外资进出自由。但是，美国政府按照 1988 年美国国会通过的《艾克森—佛罗里奥修正案》（Exon-Florio Amendment），可以基于国家安全需要，阻止外国投资的进入。此后，美国又通过了一系列法律，构成目前对外国投资进行国家安全审查的规范性制度。这些法律包括 1992 年《伯德修正案》（Byrd Amendment）和 2007 年《外国投资和国家安全法》（Foreign Investment and National Security Act of 2007）及其实施细则。另外，在美国，对外资进行监管并在外国投资领域与其他政府部门协调一致地实施美国政策的行政机构是美国外国投资委员会。

1）《艾克森—佛罗里奥修正案》

20 世纪 80 年代，不断增长的外国直接投资加深了美国民众对外国公司收购美国企业的担忧，他们担心这些收购有可能损害美国的国家安全。国会议员普遍认为，需要专门的立法授权去阻止外国直接投资，并进而提出了对《技术竞争法》（Technology Competitiveness Act）的修正案——《外国投资、国家安全和核心商业修正案》（Foreign Investment，National Security，and Essential Commerce Amendment，此即为 Exon-Florio Amendment）。该修正案的本意是授权总统干涉任何威胁美国国家安全和针对“核心商业”的接管、兼并、收购、合营或许可协议。根据该修正案，对于一项外资收购，如果总统认为有充分证据表明享有控制权的外国实体可能采取威胁美国国家安全的措施，并且除了美国《国家紧急经济权力法》外，其他法律规定不能保证提供充分、适当的权限保护美国国家安全，则总统有权阻止该项外资收购。

2）《伯德修正案》

为了对可能威胁美国国家安全的外国投资作出有效应对，《艾克森—佛罗里奥修正

① Ben White & Justin Blum, “Chinese Consider Assurances to Unocal”, *Wash. Post*, July 14, 2005, at D3.

② See H. R. Res. 344, 109th Cong., 2005.

案》经过重大改革以澄清CFIUS程序。1993年，国会通过1993年财政年度《国防授权法》(National Defense Authorization Act) 时修订了《艾克森一佛罗里奥修正案》，被称为《伯德修正案》。该修正案规定，由外国政府控制或代外国政府行事的任何外国公司试图兼并或收购某一美国公司，必须接受强制性的国家安全审查。[①] 在《伯德修正案》之前，所有的CFIUS审查都是自愿的。通过规定特定情况下国家安全审查的强制性义务，《伯德修正案》增强了美国政府对外国政府持股企业收购美国公司的监察。

3)《外国投资和国家安全法》

《外国投资和国家安全法》(以下简称FINSA) 的通过是美国对于迪拜港口世界 (Dubai Ports World，以下简称"DP世界") 购买美国港口营运权的直接回应。[②] "DP世界"收购交易在CFIUS获得批准之后引起了国会的密切关注，掀起了一场美国政治上的反对浪潮。在国会和美国民众的强烈反对声中，"DP世界"最终自愿撤回了其在"P&O"公司中持有的股份，并将其在"P&O"公司中所持有的所有股份转卖给了一家美国公司——AIG全球投资集团。随后，国会通过了《外国投资和国家安全法》。

2007年7月26日，布什总统签署了《外国投资和国家安全法》(FINSA)。该法旨在澄清《艾克森一佛罗里奥修正案》中所规定的国家安全审查的范围，同时增加了CFIUS审查的透明度规定，强化了CFIUS的报告要求。2008年12月22日，作为FINSA实施细则的《关于外国人收购、兼并和接管的条例》(Regulations Pertaining to Mergers, Acquisitions, and Takeovers by Foreign Persons) 开始生效，该条例进一步澄清了CFIUS审查规范。这些专门立法和规定，一方面赋予CFIUS以国家安全审查权，另一方面也限制了CFIUS的权力滥用。

本案中，美国众议院第344号决议中援引《艾克森一佛罗里奥修正案》声称：由于石油产业在开采、加工和提炼中使用了某些敏感技术，这些技术具有商业和军事双重用途，因而中海油对尤尼科的收购会威胁美国的国家安全。同时，天然气和石油均属于攸关国家安全和经济繁荣的战略性资产，因此不能让中国控制美国的石油资源。综上，中海油受到美国对外资的国家安全审查监管，并导致最终的收购失败。

(2) 中海油对尤尼科的收购失败，固然有中海油公司的治理结构的与国际市场对完善的公司治理结构的要求存在差距等方面的自身原因，但更主要的原因则在于美国的国家安全审查。另外，中海油的国有企业属性以及被认为的中国政府的补贴，

---

① See 50 U.S.C. App. § 2170 (b).

② See Jason Cox, "Regulation of Foreign Direct Investment after the Dubai Ports Controversy: Has the U.S. Government Finally Figured out how to Balance Foreign Threats to National Security without Alienating Foreign Companies?", *J. of Corp. L.*, vol. 34, 2008, p. 300. 迪拜港口事件开始于2006年2月，当时"DP世界"试图购买一家营运美国5个港口的英国公司，该英国公司名为半岛及东方轮船公司 (Peninsular and Oriental Steam Navigation Company，简称"P&O"公司)。而"DP世界"是一家由阿拉伯联合酋长国政府持有大部分股份的公司。"DP世界"自愿向CFIUS提出了申请，请求对该并购行为进行国家安全审查。CFIUS在30天之内即给予了批准，而没有如同《伯德修正案》所要求的那样对外资政府持股的投资进行为期45天的审查。

也是导致本案收购失败的重要原因。譬如，早在1990年，美国总统就曾阻止中国航天技术进出口公司（China National Aero-Technology Import and Export Corporation）试图收购生产民用飞机零部件的美国曼姆科（Mamco Manufacturing Inc.）公司的交易，那也是迄今为止美国总统唯一一次使用《艾克森一佛罗里奥修正案》授予的权力阻止外资收购交易。对中国而言，国有企业问题特别复杂。在中国企业收购美国企业的情况下，CFIUS倾向于将所有在美国投资的中国企业均假定为受中国政府的控制，甚至香港公司都受到了这样的特别待遇，如2003年和记黄埔（Hutchison Whampoa）拟收购环球电讯（Global Crossing）的通讯网络时，也被美国政府以受中国政府影响为由而予以禁止。如果中国企业要获得CFIUS的批准，就须承担证明其不被政府控制的义务，而要证明这一点是非常困难的，因为对外投资的很多中国企业大多要么为国家所有，要么为省级政府或当地政府所有。尽管近年来一系列积极的改革有力地推进了中国国有企业的转制，但是，除非进行进一步的实质性改革，否则许多中国国有企业乃至上市公司在寻求东道国政府批准的时候仍然将面临严格的国家安全审查。本案中，美国国会部分议员即强调中海油的国有企业身份，从而阻却了中海油对尤尼科的收购。而且，美国国会部分议员、金融界某些人士认为中海油对尤尼科的交易受到中国政府的巨额补贴，不属于正常的商业收购。美国国会认为，中国国有公司可以获得巨大的国家资源，即使是名义上独立的公司，也可能从国有银行获得巨额低息甚至是无息贷款，实际上相当于接受了政府的补贴，从而在海外投资中取得优势地位。①

四、国际投资保护案例——海外投资保险案②

1. 案情简介

美资菲律宾地热公司（以下称菲律宾地热公司）于1971年9月签订了一项服务合同，在菲律宾开发地热资源。由该公司出资，并提供技术援助以及部分营运资金。作为回报，菲律宾地热公司根据其投资企业生产的产量每月收取一定的服务费。1983年11月2日，菲律宾地热公司将从1982年12月开始的连续三个季度的收入存入菲律宾的一家商业银行，并向菲律宾中央银行申请汇出，获得批准。然而，1983年11月17日，由于当时外汇大量外流，菲律宾政府决定推迟90日偿还外债的本金。随后实行的外汇管制又要求商业银行把所有的外汇卖给中央银行，建立外汇储备资金，该资金只给重要的进口交易配给外汇。菲律宾地热公司虽然已经取得菲律宾中央银行的收入汇出批准书，但仍无法从该外汇储备资金中申请取得外汇。鉴于菲律宾地热公司与美国海外私人投资公司订有保险合同，投保了禁兑险，于是，菲律宾地热公司便向美国海外私人投资公司索赔。当时距离菲律宾地热公司向菲律宾政府递交汇出申请之日还不满60日。

① 参见梁咏：《中国投资者海外投资法律保障与风险防范》，31～32页，北京，法律出版社，2010。

② 选编自王传丽：《国际经济法案例教程》，224页，北京，知识产权出版社，2001。

2. 基本问题

(1) 菲律宾地热公司所遇到的风险是否属于美国海外私人投资公司的承保范围?

(2) 美国海外私人投资公司是否应该向投保人支付赔偿金?

3. 知识内容

美国海外私人投资公司提供的保险范围有禁兑险、征收险和战乱险。实际上,关于外汇的风险包括禁兑险和转移险,有些国家全部承保,美国仅承保禁兑险。

(1) 禁兑险

禁兑风险产生的原因可能是多种多样的。例如,东道国实行外汇管制、停止或限制外汇,或由于其他突发事变,如革命、战争、内乱等,致使投资者无法在一定期间内进行外汇业务等。美国海外私人投资公司在批准承保禁兑险之前,需要事先从东道国获得关于原本与利润等自由汇出的保证,投保人须确切证明东道国政府原已同意并允许自由汇出的事实。自由投资因汇价变动受到的影响,则不在禁兑险承保范围之内。

美国海外私人投资公司将禁兑险分为积极的禁兑和消极的禁兑两种。积极的禁兑是指东道国颁布禁止投资者将当地货币兑换成美元的法规等;消极的禁兑则是指投资者面临货币不能兑换的情况时,东道国有关当局未采取任何措施。实践中,美国海外私人投资公司在判断东道国当地货币是否无法兑换成美元方面有自己的标准。如果投资者有任何实用、合法的途径兑换货币,该公司将不赔付,即使其兑换率与原有途径相比不利。另外,如果投资者可以将当地货币兑换成第三国货币,再由第三国货币兑换成美元,该公司也不予以赔偿。另外,美国海外私人投资公司在以下两种情形下,尽管确有禁兑的事实,也不会认定构成禁兑险:第一,在签订保险合同时,东道国法令已经存在禁兑规定,而投保人又已经知道或理应知情;第二,由于投资者腐败、贿赂等违法行为,导致东道国作出合理反应而采取的禁兑措施。但如果投资项目企业无法将东道国当地货币兑换成美元付给投资者时,也被认为符合禁兑险的要求。

各国投资保险机构一般要求禁兑持续相当一段时间,即所谓的“等待期限”(waiting period),而不仅仅是临时性禁兑。美国规定这一等待期限一般应达60日。由于兑换的时间因不同国家而有所差异,投保人与保险机构在签订合同时也可以另定更长的期限。

本案中,菲律宾地热公司与美国海外私人投资公司订有保险合同,投保了禁兑险。菲律宾地热公司在当地的投资收益因菲律宾政府实行外汇管制而不能兑换成美元,已经构成禁兑险,属于美国海外私人投资公司的承保范围,可以要求其赔偿。虽然索赔当时距菲律宾地热公司向菲律宾政府递交汇出申请还不满60日,但事实上,美国海外私人投资公司并没有等到60日期满就向菲律宾地热公司支付了赔偿金。因为美国海外私人投资公司认为,一旦投保人提出汇兑申请,并遭到东道国政府的拒绝,就应认为已经发生禁兑险,况且菲律宾政府的这种外汇管制将在相当长时间内继续存在,所以推定禁兑险自始发生,不再强调期限届满即可向投保人赔付。

（2）征收险

征收险的构成条件包括东道国的征收行为、征收行为给投资者造成的损失以及二者之间的因果关系。美国法律规定，征收还包括外国政府废弃、拒绝履行及损害其与投资者订立的合同，使该投资项目实际上难以继续经营。但东道国的上述行为必须是由不可归责于投资者本人的过错或不当行为所引起的。美国对征收所作的定义比其他国家宽泛。

（3）战乱险

美国海外私人投资公司于1981年开始将战乱险列入承保范围。因为美国政府认为，美国投资者在海外，尤其是在发展中国家的投资经常受到骚乱的影响和损害。美国海外私人投资公司对战乱险的内容作了限制性解释，即“仅限于个人或集团主要为了实现某种政治目的而采取的破坏活动所造成的损失”。这就把由一般的劳动纠纷、经济矛盾所引起的骚乱冲突风险排除在外。此外，投保人有义务提出确凿可信的证据，证明该骚乱、恐怖活动或破坏活动的主要目的确实在于实现某种政治意图。1985年，美国海外私人投资公司在拟定新型的格式保险合同时，对承保的战乱风险采用了一个更宽泛的名称——“政治暴行风险”（risk of political violence），进一步拓宽了战乱险的涵盖范围。它将政治暴行定义为以实现某种政治目的为主要宗旨而采取的暴力行为。例如，公开宣布或不公开宣布的战争、国家武装部队采取的敌对行为、内乱、革命、暴动、恐怖主义活动或蓄意破坏财产的行为，但是不包括以实现劳工目的或学生目的为主的行动。

对于战乱险造成的损害，美国海外私人投资公司仅承保经营收益损失及资产损失。投保人可以单独购买其中一种或同时购买两种。在承保资产发生损害的情况下，美国海外私人投资公司补偿战乱对投资者资产的损害，这种资产仅限于有形资产，而证券、档案文件、现金的损失，不在保险之列。如果承保经营收益损失，美国海外私人投资公司将补偿因战乱造成的财产损害所导致的预期收益损失。对于以下四种情况，美国海外私人投资公司不予以赔偿：第一，在战乱中损失的金银财宝、现款、珍贵艺术品；第二，损失少于5 000美元者；第三，在暴行中因投保方有关人员不采取应有的防护保全措施而遭受损失者；第四，主要由于投资一方的不轨行为（包括行贿、腐化等）激起或挑起暴力行为，因而遭受损失者。[①]

五、国际投资仲裁案例——凯木兹国际公司诉阿根廷政府案[②]

1. 案例简介

凯木兹国际公司和赛普诺能源国际公司具有卢森堡国籍，凯木兹国际公司持有SS和SP两家阿根廷公司的56.91%的股份，赛普诺能源国际公司拥有SS和SP其余的43.09%的股份。作为阿根廷公司的SS和SP又分别持有凯木兹CGS和凯木兹

① 参见曾华群主编：《国际投资法学》，152页，北京，北京大学出版社，1999。

② See ICSID Case No. ARB/03/2, at http://icsid.worldbank.org/ICSID/FrontServlet? requestType=CasesRH&actionVal=showDoc&docId=DC510_En&caseId=C10, visited 7 August, 2011.

CGP90%和86.09%的股份。CGS和CGP公司是持有阿根廷共和国颁发的允许在该国7个省份供给天然气的许可证的被许可人。2002年11月8日ICSID收到凯木兹国际公司诉阿根廷共和国的仲裁申请书，申请事由有关阿根廷共和国采取的行政措施，即根据美国生产者价格指标调整申请人的被许可公司的关税、其他国内税以及服务性收费，且没有取得被申请人承诺的补偿。赛普诺能源国际公司随后也提出仲裁申请成为申请人。两个申请人共同认为，阿根廷政府的行政措施改变了原已确立的外国投资者的一般管理框架，严重影响到申请人在SS和SP中的投资，违反了1990年《阿根廷与比利时一卢森堡经济体关于促进与互惠保护投资协定》，主张赔偿损失。被申请人提出的抗辩有二：一是"中心"对本案不具有管辖权；二是申请人因其为被许可公司"非控制股东"而不具有请求权。

2. 基本问题

"中心"对本案是否具有管辖权?

3. 知识内容

根据《华盛顿公约》第25条的规定，只有争议双方当事人合格、投资争议合格并且经过双方当事人同意，才能将投资争议提交ICSID调解或仲裁。即投资争议必须同时具备主体要件、客体要件和主观要件，才能由ICSID管辖。而且这三个要件是否符合公约规定，要受两道程序的审查：一是"中心"秘书长在登记当事人的请求时须进行审查，如果发现该争议不属于"中心"管辖范围，可以拒绝登记；二是"中心"调解委员会或仲裁庭可以进行审查，以决定自己是否对争议享有管辖权，在这一过程中，任何一方当事人可以提出管辖权异议，而由调解委员会或仲裁庭裁定。

(1) 主体要件

根据《华盛顿公约》的规定，有资格接受ICSID管辖的投资者必须是另一缔约国国民。"另一缔约国国民"包括自然人和法人。关于自然人的资格比较容易确定，只要是在双方同意将争议提交调解或仲裁之日和请求予以登记之日，具有作为争议一方的国家以外的某一缔约国国籍即可。关于法人的资格认定相对比较复杂。首先，该法人必须是缔约国的国民。在各国的法制中，判断法人国籍的标准是多种多样的，公约对此并未作出统一规定。其次，该法人必须是另一缔约国国民，具体包括两种情况：一是具有该争议当事国以外的缔约国国籍的法人；二是具有该争议当事国国籍的任何法人，因为该法人受外国控制，经双方同意，应看作另一缔约国国民。本案仲裁庭认为，凯木兹国际公司和赛普诺能源国际公司这两个申请人认购股份和增持股份等行为已构成对CGS和CGP的"联合控制"(joint control)，符合公约所规定的"外来控制"情形。因此，CGS和CGP是ICSID解决其与东道国之间争议的适格主体没有疑义，但作为CGS和CGP持股股东的凯木兹国际公司和赛普诺能源国际公司是否具备起诉东道国的适格主体资格呢?即当争议发生后，到底是投资者在东道国的投资实体还是投资股东是提起争议的适格主体?实践中，投资者往往可以以股东和其所投资实体的不同申请人身份，同时取得适格当事人的地位。在投资条约仲裁出现以前，这个问题并不普遍。以ICSID实践为证，在ICSID的审案前期，即主要受理投资契约仲裁案时期，仲裁庭的管辖权基于投资者与东道国投资协议中的仲裁条款，仲裁庭主要根据载有“中心”仲裁条款的投资协议的签署双方来确定当事人，所运用的方法一般只是对《华盛顿公约》第25条（如“双方同意”、“外来控制”）作单纯的文本解释，并且所考虑的能享有仲裁请求权资格的股东范围至多延及大股东。例如，在AMCO v. Republic of Indonesia案中[①]，仲裁庭确立了母公司的适格主体地位。近年来，当ICSID主要受理投资条约仲裁案时，仲裁庭的管辖权则是基于相应的投资条约。在处理股东申请仲裁的问题上，ICSID仲裁庭不再采用对《华盛顿公约》进行条约解释的方法，而是直接援引投资条约中关于“投资者”的定义作出裁定，而投资条约中对“投资”和“投资者”所作的定义往往十分宽泛。例如，在Azurix Corp. v. Argentine Republic案中[②]，仲裁庭就认为，本案所涉及的是根据投资条约所确定的包括股东在内的投资者的权利。在后来的Siemens A. G. v. Argentine Republic案中[③]，仲裁庭再次重申了股东是投资条约中规定的投资者，有权依据该条约提起仲裁。这种做法还导致适格股东的范围进一步延伸到所有股东，不论其是大股东（控股股东）还是小股东。如CMS Gas Trnsmission Company（CMS）v. Argentine Republic一案的仲裁庭即采纳了这样的观点。[④]

（2）客体要件

客体要件是指可以提交ICSID管辖的争议的性质必须符合的条件。根据《华盛顿公约》的规定，ICSID的管辖权适用于直接因投资而产生的任何法律争议。公约对于“投资”和“法律争议”并没有作出任何定义，从ICSID的实践来看，其受理的案件涉及的投资形式多样，既有传统的投资方式，也有现代的投资方式，而且所涉及的投资领域也很广泛。ICSID秘书处要求双方当事人在申请文件中说明有关交易的性质，至于该交易是否属于“投资”范畴，则由秘书长及调解委员会或仲裁庭决定。本案中，凯木兹国际公司和赛普诺能源国际公司对CGS和CGP持有的股份是否属于“投资”涉及对“投资方式”的认定问题。根据《阿根廷与比利时一卢森堡经济体关于促进与互惠保护投资协定》的规定，对于股份、股票的持有也属于投资的范畴。最终本案仲裁庭认定申请人的持股行为属于投资行为，因阿根廷政府对于CGS和CGP公司所采取的调整关税、其他国内税收、服务性收费等措施引起的纠纷构成“因投资引起的争端”。

（3）主观要件

主观要件是指ICSID在对适格当事人之间的投资争议进行管辖时，须以双方的书

---

① See ICSID Case No. ARB/81/1, at http://icsid.worldbank.org/ICSID/FrontServlet?requestType=CasesRH&actionVal=showDoc&docId=DC663_En&caseId=C126, visited 5 August, 2011.

② See ICSID Case No. ARB/01/12, at http://icsid.worldbank.org/ICSID/FrontServlet?requestType=CasesRH&actionVal=showDoc&docId=DC506_En&caseId=C5, visited 5 August 2011.

③ See ICSID Case No. ARB/02/8, at http://icsid.worldbank.org/ICSID/FrontServlet?requestType=CasesRH&actionVal=showDoc&docId=DC508_En&caseId=C7, visited 5 August, 2011.

④ See ICSID Case No. ARB/01/8, at http://icsid.worldbank.org/ICSID/FrontServlet?requestType=CasesRH&actionVal=showDoc&docId=DC504_En&caseId=C4, visited 5 August, 2011.

面同意为前提，争议双方出具将某项争议提交ICSID管辖的书面同意文件，是ICSID受理案件的法定前提。关于“同意”的书面形式的类型，公约未作任何限定，可以通过各种方式表达。从实践看，书面形式的种类主要有：第一，东道国和外国投资者所订立的投资协议中的ICSID仲裁条款，即同意将有关协议的争议提交“中心”调解或仲裁。它是双方事先直接相互约定的，该项文件即可构成公约所要求的当事人的一致同意。第二，争议双方当事人在争议发生之后达成的专门的ICSID仲裁协议。第三，东道国外资立法中规定同意将其与外国投资者之间的争议提交“中心”管辖。这类规定只是国家单方面的允诺，尚需投资者接受才能构成双方的一致同意。投资者可以以多种方式表示接受。例如，在投资协议中表示接受，在投资申请书中声明接受，利用简单的声明书表示同意，或在争议发生后在提交“中心”管辖的请求书中表示接受。第四，在投资保护协定中的ICSID仲裁条款。这类条款有强制提交型、协议同意型和意向同意型三种类型。强制提交型构成对缔约国有约束力的单方同意，只要投资者书面接受即产生一致同意的效力。协议同意型只是规定缔约国有作出同意的义务，尚需双方当事人达成另外的协议。意向同意型仅要求缔约国对外国投资者提出的将争议交于“中心”管辖的要求予以认真考虑，缔约国并无同意的义务。第五，一些区域性投资条约中也有采用ICSID仲裁机制的规定，如《北美自由贸易协定》、《能源宪章条约》等。本案中，仲裁庭以《阿根廷与比利时一卢森堡经济体关于促进与互惠保护投资协定》为依据，由于该协定中有ICSID仲裁条款，故仲裁庭认定阿根廷同意将其与投资者的争议提交“中心”仲裁，因而确认了“中心”对该案的管辖权。本案仲裁庭判断同意的方式为上述第四种同意方式。

综上，本案仲裁庭认为“中心”对本案具有管辖权。

实务训练

谢业深是中国香港特别行政区居民，于2002年1月在大不列颠维京群岛成立了linkvest公司。2002年6月，该公司购买了在秘鲁成立的TSG公司的90%股份，2005年2月，谢业深直接购买了TSG公司90%的股份。

2004年，秘鲁税务局在国内采取一系列措施，同年9月对TSG公司的税收审计情况签署报告，12月通知TSG公司欠税情况，TSG公司对该税收评估不满。2005年1月税务局对TSG公司实施了“税收抵押扣押令”，至2005年3月仍拒绝撤销该扣押令。

谢业深认为，秘鲁税务局对TSG公司采取的税收征管措施构成征收行为。随后根据中国与秘鲁于1994年签订的双边投资保护协定（BIT）向ICSID提出诉求。中国一秘鲁BIT第1.2条对“投资者”的定义是“在中华人民共和国方面，系指：依照中华人民共和国法律拥有其国籍的自然人……”。

如果ICSID仲裁庭向你寻求咨询意见，请你发表一份关于谢业深是否是中国一秘鲁BIT所指的“投资者”的咨询意见书。

课后练习

1. 海外投资保证制度是资本输出国对本国的私人海外投资依据国内法所实施的一种对该投资所可能产生的政治风险进行保险的制度。下列关于海外投资保证制度的哪一项表述不正确？（　　）

A. 海外投资保证只承保政治风险

B. 任何保险公司均可参与海外投资保险业务

C. 海外投资保证机构具有国家特设机构的性质

D. 海外投资保证机构在向投资者支付赔偿后将取得代位求偿权

2. 根据《关于解决国家和他国国民之间投资争端公约》，甲缔约国与乙缔约国的桑德公司通过书面约定一致同意：双方之间因直接投资而产生的争端，应直接提交“解决投资争端国际中心”仲裁。据此事实，下列哪一选项是正确的？（　　）

A. 任何一方可单方面撤销对提交该“中心”仲裁的同意

B. 在“中心”仲裁期间，乙国无权对桑德公司行使外交保护

C. 在该案中，任何一方均有权要求用尽当地救济方式解决争端

D. 对该“中心”裁决不服的一方有权向有管辖权的法院提起撤销裁决的诉讼

3. 依据《关于解决国家和他国国民之间投资争端公约》建立的“解决投资争端国际中心”，对下列哪一争端事项具有管辖权？（　　）

A. 缔约国和另一缔约国因直接投资而产生的法律争端，并经双方书面同意提交“中心”

B. 缔约国和另一缔约国国民因直接投资而产生的法律争端，并经双方口头同意提交“中心”

C. 缔约国和另一缔约国国民因直接投资而产生的法律争端，并经双方书面同意提交“中心”

D. 缔约国和另一缔约国国民因间接投资而产生的法律争端，并经双方书面同意提交“中心”

4. 多边投资担保机构是依据1988年生效的《多边投资担保机构公约》设立的国际金融机构。关于该机构，下列哪一选项是正确的？（　　）

A. 该机构只承保货币汇兑险、征收险、战争内乱险和政府违约险

B. 任何投资均可列入该机构的投保范围，但间接投资除外

C. 该机构具有完全法律人格，有权缔结契约，取得并处理不动产和动产

D. 在任何情况下，该机构都不得接受东道国自然人、法人的投保

5. 甲、乙两国均为《多边投资担保机构公约》和《关于解决国家和他国国民之间投资争端公约》的缔约国。A公司是甲国投资者在乙国依乙国法设立的一家外商独资企业。乙国政府对A公司采取了征收措施。根据前述两公约，下列说法哪些是正确的？（　　）

A. 遵循一定的程序，A公司有资格事先向多边投资担保机构申请投保征收险或类似措施险

B. 经甲国投资者、A公司和乙国政府同意，A公司可以请求“解决投资争端国际中心”解决该争端

C. 甲国投资者本人不可以请求“解决投资争端国际中心”解决该争端

D. 多边投资担保机构在向投保人赔付后，可以向甲国政府代位求偿

延伸阅读

1. 徐崇利，林忠．中国外资法．北京：法律出版社，1998

2. 陈安主编．国际投资争端仲裁——“解决投资争端国际中心”机制研究．上海：复旦大学出版社，2001

3. 刘笋．WTO法律规则体系对国际投资法的影响．北京：中国法制出版社，2001

4. 王贵国．国际投资法．北京：北京大学出版社，2001

5. 魏艳茹．ICSID仲裁撤销制度研究．厦门：厦门大学出版社，2003

6. 汤树梅．国际投资法的理论与实践．北京：中国社会科学出版社，2004

7. 朱崇实主编．中国外资法研究：在WTO背景下的思考．厦门：厦门大学出版社，2005

8. 曾华群．WTO与中国外资法的发展．厦门：厦门大学出版社，2006

9. 张庆麟．国际投资法问题专论．武汉：武汉大学出版社，2007

10. 余劲松．跨国公司法律问题专论．北京：法律出版社，2008

第五章 国际工程合同法律实务

【内容摘要】

国际工程合同法律制度的产生、发展及完善是在经济全球化不断向纵深发展、资源进一步优化配置背景下进行的，其法律主体多样、法律关系构成复杂、法律渊源构成独特。目前，国际工程合同领域缺乏统一的国际条约，主要依靠国际惯例及各国国内相关立法调整。本章将介绍规范国际工程合同的几大国际惯例，并重点对FIDIC编制的合同条件从内涵、通用条件、具体内容等进行详细的介绍，并对合同各环节中需特别注意的问题进行说明。

【知识要点】

一、国际工程合同概述

（一）国际工程合同及相关概念

1. 国际工程

国际工程是指一个建设项目从咨询、融资、采购、承包到管理及培训等各个阶段，由国际上若干个国家参与，并按照国际上通用的工程项目管理模式进行管理的工程。从行业上来划分，国际工程可分为两大行业：一是国际工程咨询行业。国际工程咨询行业是以高水平的智力劳动为主的服务行业，是运用多学科知识和经验、现代科学技术和管理方法为业主的投资决策与实施提供咨询服务，以提高宏观和微观的经济效益。① 具体包括：建设项目投资机会研究、可行性研究、项目评估、项目实施前的

① 参见王东生、李虚进主编：《国际工程承包与管理》，2页，徐州，中国矿业大学出版社，2009。

准备工作等。二是国际工程管理行业。

2. 国际工程合同

对国际工程合同的定义，我国学者从不同的角度作了多种不同的表述。刘亚臣教授认为："国际工程合同是指参与国际工程的不同国家的有关法人之间为了实现在某个工程项目中的特定目的而签订的确定相互权利和义务的协议。"[①] 这种表述强调了国际性和权利义务性即合同性。刘志杰教授认为："国际工程合同是指一国的当事人为取得酬金，以自己的人力、物力和技术，在他国境内承包兴建该国政府或业主投资兴建的工程项目或为其提供咨询和管理所签订的协议。"[②] 这种表述强调了国际工程合同的具体内容，从另一个侧面概括了国际工程合同的特征。在构成此合同的三大要素中，总有一个或两个要素发生在国外、境外，因此它属于涉外工程合同。按照国际工程的业务不同，国际工程合同分为国际工程咨询合同和国际工程承包合同。为了能使从事国际工程业务的公司更好地开展业务，避免因合同条款发生争执或产生歧义以致在合同履行中产生纠纷，按照国际惯例，一般当事人双方协议采用国际上比较通用的且规范和全面严谨的标准合同条件，这就是国际工程合同条件。

综述而言，国际工程合同是指在国际范围内，以进行国际工程跨国经营，包括咨询、评估、规划、勘察、设计、施工及其他项业务为标的，由发包人与承包人达成的，约定各自的权利、义务，承包人按合同约定的要求提供技术、资本、劳务、管理、设备材料等并组织项目的实施，或从事其他相关的经济、技术活动，在承包人按质、按量、按期完成工程项目后，经业主验收合格，根据约定的价格和支付方式收取报酬的国际工程协议。

3. 国际工程承包

国际工程承包这个概念其实与国际工程合同的概念很相近，因为国际工程承包最终得通过国际工程合同来确立和实现，前者强调国际工程的经济特征，后者强调国际工程的法律特征。国际工程承包是以国际工程为对象，以咨询、融资、采购、承包、管理以及培训等为内容，以获取酬金为目的，以跨越国境为标志的技术性、综合性商务活动。

(二) 国际工程合同规范的法律渊源

1. 国际经济条约

国际经济条约是国家、国际组织间所缔结的以国际法为准并确定其相互经济关系中权利、义务的国际书面协议，对缔约国有拘束力，是国际经济法的重要渊源。[③] 但目前，在国际工程合同领域，尚没有相关条约产生。

2. 国际惯例

国际惯例是指在国际交往中逐渐形成的不成文的原则和规则。通常情况下，一

---

① 刘亚臣主编：《国际工程管理》，113页，大连，大连理工大学出版社，2011。

② 刘志杰主编：《工程招投标与合同管理》，214页，大连，大连理工大学出版社，2009。

③ 参见余劲松、吴志攀主编：《国际经济法》，18页，北京，北京大学出版社、高等教育出版社，2005。

项国际惯例的构成应当具有两个方面的条件：一是客观条件，即在国际交往中有不断重复的行为；二是主观条件，即被广泛认同其约束力。国际工程合同领域的国际惯例，属于国际经贸惯例。国际经贸惯例，一般属于任意性惯例，但任意性惯例仍是具有法律约束力的，不同于尚未具有法律拘束力的通例、常例或通行做法等。

国际经贸惯例已为不少国际条约或国内法所肯定和承认。如《联合国国际货物销售合同公约》第9条规定：(1) 双方当事人业已同意的任何惯例和他们之间确立的任何习惯做法，对双方当事人均有拘束力。(2) 除非另有协议，双方当事人应视为已默示地同意对他们的合同或合同的订立适用双方当事人已知道或应当知道的惯例，而这种惯例，在国际经贸上，已为有关特定贸易所涉同类合同的当事人所广泛知道并为他们所经常遵守。我国《民法通则》第142条第3款规定："中华人民共和国法律和中华人民共和国缔结或者参加的国际条约没有规定的，可以适用国际惯例。"

国际惯例一般来说是不成文的，为了便于人们理解、掌握和选择使用，促进国际交往，有些民间国际组织如国际商会或学术团体，对某些惯例加以收集整理，进行编撰使之成文。在国际工程合同领域，目前已经整理编撰的惯例主要有：FIDIC合同条件、NEC合同条件、AIA合同条件等。

(1) FIDIC合同条件

国际咨询工程师联合会（Fédération Internationale Des Ingénieurs Conseils）编制的土木工程施工合同条件（简称FIDIC合同）是一种行之有效的标准合同管理方法，已被大多数国际承包项目所采纳。有人称之为土木工程行业的圣经。因此，本章将专门加以详细阐述。该合同源于英国土木工程师协会（Institution of Civil Engineers）的ICE合同，因而所反映的传统和法律体系均具有浓厚的英国色彩。[①]

(2) 英国NEC合同条件

NEC合同条件是由英国土木工程师协会ICE编制的工程合同体系。NEC系列工程施工合同体系包括6种工程款的支付方式（业主可从中选择适合自己的方式）、9项核心条款。6种工程款的支付方式为：固定总价合同、固定单价合同、目标总价合同、目标单价合同、成本加酬金合同、工程管理合同等。NEC合同条件灵活实用，且主要条款通俗易懂，规定设计责任不固定由业主或承包商承担，而是可根据具体情况由业主或承包商按一定比例承担。[②]

(3) 美国AIA合同条件

美国建筑师学会（AIA）制定并发布的合同主要用于私营的房屋建筑工程，针对不同的工程管理模式出版了多种形式的合同条件，因此在美国得到广泛应用。AIA合同比较复杂，包括了建设项目中的各类合同。AIA合同条件包括：A系列，用于业主和承包商的标准合同文件；B系列，用于业主与建筑师之间的标准合同文件，包括建筑设计、室内装修工程等特定情况下的标准合同条件；C系列，用于建

---

① 参见田威：《FIDIC合同条件实用技巧》，1页，北京，中国建筑工业出版社，2002。

② 参见刘黎虹主编：《工程招标与合同管理》，328页，北京，机械工业出版社，2009。

筑师与专业咨询人员之间的标准合同文件；D 系列，建筑师行业内部使用的文件；F 系列，财物管理报表；G 系列，建筑师企业及项目管理中适用的文件。

(4) DBB 模式（Design-Bid-Build）

DBB 模式是传统的项目管理模式。这种项目管理模式是国际上较为通用的一种模式，因为该模式的管理方法经过多年摸索已经变得成熟。在这种管理模式下，业主可自行选择咨询设计人员和监理人员，可以采用国际上通行的标准合同文本，从而有利于合同管理、风险管理并减少投资。世界银行、亚洲开发银行贷款项目以及以国际咨询工程师联合会（FIDIC）的合同条件为依据的项目均采用这种模式。DBB 模式最大的特点是强调工程项目的实施必须按照设计—招标—建设的顺序进行，后一阶段的建设只有在前一阶段的建设完成之后才能开始。

DBB 模式的优点是通用性强、管理方法成熟、被广泛熟悉和认同，但也存在缺点，主要是工程项目要经过规划、设计和施工三个阶段之后方能移交业主，导致项目周期较长的弊端，还存在业主管理费用高昂，前期投入较大，在工程需要进行适当、合理变更时容易引起索赔等缺点。

(5) CM 模式（Construction Management Approach）

CM 模式是一种建筑工程管理模式，这种模式又称为阶段发包方式或快速轨道方式，是近年来在国外广泛流行的一种管理模式。CM 模式下常见的有两种形式：一是代理型 CM 模式。在这种模式下，CM 经理是业主的咨询和代理，业主和 CM 经理以固定酬金加管理费的方式签订服务合同，而业主在各施工阶段和承包商签订工程施工合同。二是风险型 CM 模式。这种模式实际上是代理型 CM 模式与传统模式相结合的产物。[①] 在这种模式下，CM 经理同时担任施工总承包商的角色，业主要求 CM 经理提出保证最大工程费用以控制业主的投资，最后结算如果超出，由 CM 公司赔偿；如果有节约，则归业主所有，业主向 CM 经理支付佣金及各分包商所完成工程的直接成本。

(6) TK 模式（Turn-Key Method）

TK 模式又称交钥匙工程模式。即通过专业咨询公司确定项目原则后，业主只需选定一家公司负责项目的设计和施工即可，设计、建造总承包商对整个项目成本负责。这种模式的特点是项目实施过程中保持单一的合同责任，在项目初期预先考虑施工因素，减少管理费用，减少由于错误设计、疏忽引起的变更以减少对业主的索赔。[②]

(7) NC 模式（Novation Contract ）

NC 模式又称更替行合同模式，是指用一种新合同替代原来的合同，而二者之间有密切联系。业主在项目实施初期委托某一设计咨询公司进行项目的初步设计，当初步设计工作达到全部设计要求的 30%～80%时，业主便开始招标选择承包商，承包商与业主签约时承担未完成的设计与施工工作。由承包商与原设计咨询公司签

---

① 参见王东生、李虚进主编：《国际工程承包与管理》，3 页，徐州，中国矿业大学出版社，2009。

② 参见刘亚臣主编：《国际工程管理》，22 页，大连，大连理工大学出版社，2011。

订设计合同，完成剩余部分的设计，设计咨询公司成为设计分包商，对承包商负责，承包商对设计成果支付费用。

（8）BOT 模式（Build-Operate-Transfer）

BOT 模式又称建设—经营—转让模式，是指政府（通过契约）授予私营企业（包括外国企业）以一定期限的特许专营权，许可其融资建设和经营特定的公用基础设施，并准许其通过向用户收取费用或出售产品以清偿贷款、回收投资并赚取利润；特许权期限届满时，该基础设施无偿移交给政府。BOT 模式的特点有二：一是能使市场机制发挥作用。BOT 项目的大部分经济行为都在市场上进行，政府以招标方式确定项目公司的做法就包含了竞争机制。作为可靠的市场主体的私人机构是 BOT 模式的行为主体，在特许期内对所建工程项目具有完全的产权。这样，承担 BOT 项目的私人机构在 BOT 项目的实施过程中的行为就完全符合经济人的假设。二是 BOT 模式为政府干预提供了有效途径。尽管 BOT 项目的执行全部由项目公司负责，但政府自始至终都拥有对该项目的控制权，在立项、招标、谈判这三个阶段，政府的意愿都起着决定性的作用。在履约阶段，政府又具有监督检查的权利，项目经营中价格的制定也受到政府的约束。[①]

（9）PMC 模式（Project Management Contractor）

PMC 模式又称项目管理承包模式。即业主聘请专业的项目管理公司，代表其对工程项目的组织实施进行全过程或若干阶段的管理和服务。由于 PMC 模式中承包商在项目的设计、采购、施工、调试等阶段的参与程度和职责范围有所不同，因而 PMC 模式具有较大的灵活性。PMC 模式具备有利于业主进行宏观控制、管理力量相对固定、通过设计优化降低项目成本等优点。

3. 国内法渊源

国家为调整国际工程合同关系而制定的国内立法，是国际工程合同规范的国内法渊源，这些国内立法包括 1999 年 3 月 15 日通过的《中华人民共和国合同法》、1999 年 8 月 30 日通过的《中华人民共和国招标投标法》、《中华人民共和国建筑法》、2000 年国务院发布的《建设工程质量管理条例》、2000 年 5 月 1 日国家发展计划委员会发布的《工程建设项目招标范围的规模标准规定》、2000 年 7 月 1 日国家发展计划委员会发布的《工程建设项目自行招标试行办法》和《招标公告发布暂行办法》、2001 年 7 月 5 日国家发展计划委员会等 7 部委联合发布的《评标委员会和评标办法暂行规定》、2001 年 11 月建设部出台的《建设工程施工发包与承包计价管理办法》（第 107 号令）、2000 年 6 月建设部出台的《工程建设项目招标代理机构资格认定办法》（第 79 号令）、《房屋建筑和市政基础设施工程施工招标投标管理办法》（建设部第 89 号令）和《房屋建筑和市政基础设施工程施工招标文件范本》等。

4. 其他辅助性渊源

（1）判例。判例包括国际判例和国内司法判例两种。国际司法判例从广义上说

---

① See S. W. Stein, "Build-Operate-Transfer (BOT) —A Reevaluation", *The International Construction Law Review*, pt. 2, 1994, p. 103.

包括国际法院的判例以及各种形式的国际仲裁法庭的裁决在内。在解决国际工程合同争议方面，国际法院和各种国际仲裁庭均起着重要作用。这些判例是国际法的辅助渊源，当然也是规范国际工程合同的辅助性渊源。国内司法判例在国际上也被视为“确定法律原则之辅助资料”，与国际司法判例相比较，则更接近于国际法的资料。[①] 在我国，判例不属于法律渊源，因此关于国际工程合同领域的判例自然也不能例外。

(2) 学说。《国际法院公约》第 38 条规定：各国权威最高之公法家学说，可以“作为确定法律原则之辅助资料”。权威法学家的学说对法律的解释、适用有很大影响，因而对确定法律原则很有帮助。但学说毕竟不具有法的约束力，不是法律渊源。

二、FIDIC 合同条件

(一) FIDIC 的产生、发展及应用

FIDIC 是非政府国际组织“国际咨询工程师联合会”的法文全称“Fédération Internationale Des Ingénieurs Conseils”的缩写，该组织于 1913 年成立，目前已有六十多个国家和地区成为其会员，中国工程咨询协会于 1996 年成为 FIDIC 的正式会员。该组织每年举办一次会议。FIDIC 下设许多专业委员会，如雇主咨询工程师关系委员会（CCRC)、土木工程合同委员会（CECC)、电气机械合同委员会(EMCC)、职业责任委员会（PLC）等。FIDIC 是世界上多数独立的咨询工程师的代表，是最具有权威的咨询工程师组织。FIDIC 组织编制了一系列合同条件，被 FIDIC 成员国在世界范围内广泛使用，也被世界银行、亚洲开发银行、非洲开发银行等世界金融组织指定在招标文件中使用。[②]

我国目前应用 FIDIC 条款的主要行业是建筑工程业，而且凡是采用国际招标的合同以及与国际承包商签订的合同都必须用 FIDIC 模式来进行。随着我国国内市场的逐步开放，工程项目的逐步国际化，我国的工程建设项目也将逐步按照具备国际经济法惯例特征的 FIDIC 合同条件来实施。

FIDIC 合同条件包括《土木工程施工合同条件》(红皮书)、《电器和机械工程合同条件》(黄皮书)、《业主/咨询工程师标准服务协议书》(白皮书)、《设计—建造与交钥匙工程合同条件》(橘皮书）等。迄今为止，FIDIC 合同条件已经颁布过 4 个版本，1999 年出版的版本是现行版本。具体为：《施工合同条件》(新红皮书)、《生产设备和设计—施工合同》(新黄皮书)、《EPC 交钥匙项目合同条件》(银皮书)、《简短合同格式》(绿皮书)。新红皮书用于业主设计的或由咨询工程师设计的房屋建筑工程和土木工程；新黄皮书用于永久设备的设计、制造和安装；银皮书用于工厂建设之类的开发项目，涵盖了项目策划、可行性研究、具体设计、采购、建造、安装、试运行等在内的全过程；绿皮书用于价值较低（50 万美金以下）的或形式简

---

① 参见王铁崖主编：《国际法》，32 页，北京，法律出版社，1981。

② 参见刘黎虹主编：《工程招投标与合同管理》，北京，机械工业出版社，2009。

单、或重复性的、或工期较短的房屋建筑和土木工程。

现行版的FIDIC合同条件与旧版相比有许多共同之处，但做了大量修改、补充，基本上统一了条款名称、定义和术语，提高了不同版本之间条款解释的统一性，合同条件更加严密详尽，便于操作，充分考虑了合同双方的利益，合理地分配了工程责任与风险，强化了监理的作用，还增加了承包商的融资等部分的内容，更加科学、严谨、公正。

FIDIC合同条件的应用必须具备三个前提：一是要根据咨询工程师为某项目准备的招标文件，通过竞争性招标确定承包商。二是委托工程师对工程施工进行监理。只有在雇主任命工程师管理合同的条件下，才能使用FIDIC合同条件。三是按照单价合同编制招标文件。FIDIC合同条件是单价合同，强调两家分离，量变价不变，投标时承包商报的不是总价，而是单价，单价乘以雇主认可的数量后汇总出工程的总价。①

(二) FIDIC合同条件的内容

1.《施工合同条件》

该合同条件被推荐用于雇主设计的或由其代表（工程师）设计的建筑或工程。工程中可以包括由承包商设计的土木、机械、电气和构筑物的某些部分。承包商主要只负责施工（也可能承担少量设计工作）的建筑工程项目。该合同条件的第一部分是工程项目普遍适用的通用条件，内容包括：一般规定、雇主、工程师、承包商、指定分包商、员工、生产设备、材料和工艺、开工、延误和暂停、雇主的接受、缺陷责任、测量和估价、变更和调整、合同价格和付款、由雇主终止、由承包商暂停和终止、风险和责任、保险、不可抗力、索赔、争端和仲裁。第二部分是工程项目适用的专用条件，用以说明与具体工程项目有关的特殊规定。FIDIC编制的标准化合同文本，除了通用条件和专用条件外，还包括标准化的投标书及附录和协议书的格式文件。

(1)《施工合同条件》的特点

该《施工合同条件》与《生产设备和设计—施工合同条件》及《EPC交钥匙项目合同条件》相比较，具有以下特点：

1）主要推荐用于雇主（或其代表）承担大部分（或全部）设计的建筑或工程项目。

2）一般情况下，合同在雇主给承包商颁发中标函时生效。特殊情况下，也可以不需要这种函件，合同按照合同书中规定的时间生效。

3）合同由雇主指派的工程师管理。如果发生争端，交由DAB（争端裁决委员会）决定，也可以在专用条件中规定，工程师对争端的决定代替DAB决定。

4）由承包商按照合同（包括规范要求和图纸）和工程师的指示，设计和实施工程。

5）期中付款和最终付款由工程师证明，一般是按实际工程量或其他资料表中的

① 参见刘亚臣主编：《国际工程管理》，90页，大连，大连理工大学出版社，2011。

费率和价格计算确定，其他估价原则可以在专用条件中规定。

6）通用条件在考虑保险可能性、项目管理的合理原则和各方对各种风险的有关情况的预见能力和减轻影响的能力等事项后，在公正、公平基础上，在各方间分配风险。①

该合同为雇主与承包商之间签订的施工合同，适用于大型复杂工程，属于单价合同，工程必须实行监理制度，合同应指定一种或几种语言，如果使用不同语言的文本的解释出现不一致时，应以“主导语言”的合同文本的解释为准。合同文件包括的几个文件之间应能相互解释，当它们之间出现矛盾和不一致时，应由工程师对此作出解释或校正。通常，合同文件解释和执行的优先次序为：合同协议书；中标函；投标书；FIDIC 条件第二部分，即专用条件；FIDIC 条件第一部分，即通用条件；构成合同组成部分的其他文件。

（2）雇主的权利和义务

1）雇主的权利主要有：A. 要求提交工程权。要求承包商按照合同规定的工期提交质量合格的工程。B. 批准合同转让权。C. 指定分包商。雇主有权对在暂定金额中列出的任何分项指定分包商，分包商与承包商签订分包合同。如果指定分包失误，造成承包商损失，承包商可以向雇主索赔。D. 索赔权。如果雇主认为，根据本条件的任何条款或合同有关的另外事项，他有权得到任何付款；或对缺陷通知期限的任何延长，雇主或工程师应向承包商发出通知，说明细节。但对第 4.19 款【电、水和燃气】或第 4.20 款【雇主设备和免费供应的材料】规定的到期应付款，或承包商要求的其他服务的应付款，不需发出通知。上述金额可在合同价格和付款证书中列为扣减项，雇主有权从付款证书确认的金额中冲销或作出任何扣减，或另外对承包商提出索赔。E. 雇用他人的权利。在承包商不愿或不能执行工程指令时有权雇用他人完成任务。F. 特定条件下的合同终止权。G. 提出仲裁权。等等。

2）雇主的义务。A. 任命工程师并对工程师的职务行为承担责任。B. 起草、编制合同书。C. 承担合同起草、签订费用和其他额外费用。D. 批准承包商的履约担保、担保机构及保险条件。在承包商没有足够的保险证明文件的情况下，代位保险。E. 提供施工图纸。F. 给予承包商现场进入权。雇主应在投标函附录中注明的时间（或各时间段）内给予承包商进入和占用现场所有部分的权利。此类进入和占用权可不为承包商所独享。如果合同要求雇主赋予（承包商）对基础、结构、永久设备或通行手段的占用权，则雇主应在规范注明的时间内按照规范中规定的方式履行该责任。但是在收到履约保证之前，雇主可以不给予任何此类权利或占用。如果投标函附录中未注明时间，则雇主应在一合理的时间内给予承包商进入现场和占用现场的权利，此时间应能使承包商可以按照第 8.3 款【进度计划】提交的进度计划顺利开始施工。如果由于雇主一方未能在规定时间内给予承包商进入现场和占用现场的权利，致使承包商延误了工期或增加了费用，承包商应向工程师发出通知，并依据第

① 参见国际咨询工程师联合会、中国工程咨询协会编译：《菲迪克合同指南》，19 页，北京，机械工业出版社，2009。

20.1款【承包商索赔】有权：a. 如果竣工已经或将被延误，根据第8.4款【竣工时间延长】的规定，对所有此类延误获得延长的工期；以及b. 获得任何有关费用加上合理利润的支付，并将之加入合同价格。在收到此通知后，工程师应按照第3.5款【决定】对此事作出商定或决定。然而，如果雇主的过失是由承包商的某些错误或延误造成的，包括承包商的文件中的错误或提交的延误，则承包商无权要求获得此类延长的工期、费用或利润。G. 给予承包商合理协助的义务。雇主应根据承包商的请求，对其提供诸如取得与合同有关但不易得到的工程所在国的法律文本及协助承包商申办工程所在国法律要求的相关许可、执照或批准。H. 及时安排资金的义务。雇主应在收到承包商的任何要求后28天内，提出其已做并将维持资金安排的合理证据，说明雇主能够按照第14条【合同价格和付款】的规定，支付合同价格。如果雇主拟对其资金安排作任何重要变更时，应将其变更的详细情况通知承包商。I. 损失补偿义务。雇主对因自己的风险因素给承包商造成的损失负有补偿义务。等等。

(3) 承包商的权利和义务

1) 承包商的权利。承包商的主要权利有：A. 进入施工现场进行施工的权利；B. 按时、足额得到工程款的权利；C. 在法定或合同约定的情况出现时，有暂停施工、终止合同和索赔的权利；D. 提起仲裁权；等等。另外，对于前面提及的雇主的各项义务，对于承包商而言，就是其权利。

2) 承包商的义务。承包商的主要义务有：A. 遵守工程所在地的法律。该项义务的依据是属地原则。B. 提交履约担保书并严格履行合同。这项义务源自“有约必守”的民法原则。C. 妥善保管设计文件、图纸，未经工程师同意，不得将其在其他工程中使用或泄露给第三人。D. 执行工程师的指令，保证工程质量。E. 承担相关费用，按时、按质完成任务。等等。

(4) 工程师的权利和义务

工程师由雇主任命，并履行合同中指派给其的任务。工程师的职员应包括具有适当资质的工程师和能承担相关任务的专业人员。工程师是独立的第三人，受雇主的任命负责合同履约的协调管理和监督施工工作，行使合同规定的权利，以及必然引申的权利，承包商必须严格执行工程师的指令，工程师的决定对雇主同样具有约束力，但工程师无权修改合同。工程师可按照合同规定向承包商发出指示和实施工程及修补缺陷时可能需要的附加或修正图纸。

(5) 风险责任的划分

《施工合同条件》第17条规定了承包商及雇主对风险责任的划分。

1) 承包商的风险。《施工合同条件》第17条第1款、第2款和第5款规定了承包商应承担的风险责任。具体如下：

A. 保障风险。承包商应保障和保持使雇主、雇主人员以及他们各自的代理人免受以下索赔、损害赔偿费、损失和开支（包括法律费用和开支）带来的损失：

a. 不论是由承包商设计（如果有）、施工和竣工以及修补任何缺陷引起的，或在其过程中、或因其原因产生的任何人员的人身伤害、患病、疾病或死亡，除非是由于雇主、雇主人员或他们各自的任何代理人的任何疏忽、故意行为或违反合同造成的。

b. 在下列范围内的对任何财产，包括不动产或动产（工程除外）的损害或损失：第一是由于承包商的设计（如果有）、施工、竣工以及修补任何缺陷引起或在其过程中、或因其原因产生的；第二是由于承包商、承包商人员、他们各自的代理人或他们中任何人员直接或间接雇用的任何人员的疏忽、故意行为或违反合同造成的。

B. 承包商对工程的照管风险。承包商应从开工日期起承担照管工程及货物的全部责任，直到颁发工程接收证书之日止。如果对某分项工程或部分工程已颁发接收证书，则对该分项工程或部分工程的照管责任届时应移交给雇主。在照管责任按上述规定移交给雇主后，承包商仍应对在接收证书上注明日期时的任何扫尾工作承担照管责任，直到该扫尾工作完成为止。如果在承包商负责照管期间，由于雇主的风险以外的原因，致使工程、货物或承包商文件发生任何损失或损害，承包商应自行承担风险和费用，修正该项损失或损害，使工程、货物或承包商文件符合合同要求。承包商应对颁发接收证书后由其采取的任何行为造成的任何损失或损害负责。

C. 知识产权风险。承包商应保障并保持雇主免受由以下事项产生或与之有关的任何其他索赔引起的伤害：

a. 任何货物的制造、使用、销售或进口；

b. 承包商负责的任何设计。

2）雇主的风险。《施工合同条件》第 17 条第 3 款规定了雇主应承担的风险，主要是：战争、敌对行动、入侵、外敌行动；叛乱、革命、暴动或军事政变、篡夺政权或内战；核爆炸、核废料、有毒气体的污染等；超音速或亚音速飞行物产生的压力波；暴乱、骚乱或混乱，但不包括承包商及分包商的雇员因执行合同而引起的行为；因雇主在合同规定以外使用或占用永久工程的某一部分或某一区段造成的损失或损害；雇主提供的设计不当造成的损失；一个有经验的承包商通常无法预测和防范的任何自然力作用。

2.《生产设备和设计—施工合同条件》

《生产设备和设计—施工合同条件》是指由 FIDIC 编制并推荐适用于承包商对机电类项目建设进行总承包的关于机械与设备的设计、供应和安装的电力或机械工程的合同的通用条件。该条件包括三个部分，即通用条件、专用条件和附件。通用条件有 20 条，内容包括一般规定、业主、工程师、承包商、设计、职员和劳工、工程设备、材料和工艺、工程开工、延误和暂停、竣工检验、业主的接收、缺陷责任、竣工后检验、变更和调整、合同价格和支付、业主提出终止、承包商提出暂停和终止、风险和责任、保险、不可抗力、索赔、争端和仲裁等内容。附件提供了投标函、合同协议书和争端裁定协议书的格式。

该《生产设备和设计—施工合同条件》与《施工合同条件》及《EPC 交钥匙项目合同条件》相比较，具有以下特点：

（1）该合同条件推荐用于承包商（或其代表）承担大部分（或全部）设计的电气和机械设备供货和建筑或工程项目。

（2）一般在雇主给承包商颁发中标函时，合同在法律上生效。特殊情况下，也可以不要这种函，合同按照合同协议生效。

(3) 合同由雇主指派的工程师管理。如果发生争端，交由DAB（争端裁决委员会）决定；也可以在专用条件中规定，工程师对争端的决定代替DAB决定。

(4) 由承包商按照合同，包括其建议书和雇主要求，提供所有生产设备、设计和实施其他工程。

(5) 期中付款和最终付款由工程师证明，一般参照付款计划表确定。按实际工程量的测量和应用价格表中的费率和价格的办法，可在专用条件中规定。

(6) 通用条件在考虑保险可能性、项目管理的合理原则和各方对各种风险的有关情况的预见能力等事项后，在公正、公平基础上，在各方之间分配风险。[①]

3.《EPC交钥匙项目合同条件》

《EPC交钥匙项目合同条件》是由FIDIC编制，用于国际工程承包的项目总承包合同模式，于1999年出版，又被称为“银皮书”(EPC是Engineering，Procurement和Construction的缩写)。该模式是由承包商负责设计、工程材料和设备的采购以及工程施工直至竣工，在交付雇主时能够立即运行的工程项目建设承包模式，因此被称为交钥匙工程。

该模式的主要特点是工程的合同价格和工期具有高度的准确性，由承包商全面负责项目的设计和实施，雇主一般不参与项目的具体实施，同时也不需要像《建设合同条件》那样由雇主指派工程师来管理合同。在该条件下，项目本身的大部分风险由承包商承担，属于项目总承包模式，事实上是在《施工合同条件》和《建设合同条件》模式基础上形成的综合性模式。

该《EPC交钥匙项目合同条件》与《施工合同条件》及《生产设备和设计—施工合同条件》相比较，具有以下特点：

(1) 该模式适用于两种情况：一是项目的最终价格和工期要求有更大的确定性；二是由承包商承担项目的设计和实施的全部职责的加工或动力设备、工厂或类似设施、基础设施项目或其他类型开发项目。

(2) 一般按照合同协议书的规定，合同在法律上生效。投标函可以写明，允许采用替代做法，在雇主颁发中标函时合同生效。

(3) 合同由雇主（除非由其指派一个雇主代表）管理，努力与承包商就每项索赔达成协议。如果发生争端，交由DAB决定。

(4) 由承包商按照合同，包括其投标书和雇主要求，提供生产设备、设计和实施其他工程，达到准备好运行投产的要求。

(5) 期中付款和最终付款无须任何证明，一般参照付款计划表确定。按实际工程量的测量和应用价格表中的费率和价格的办法，可在专用条款中规定。

(6) 根据通用条件，把较多的风险不平衡地分配给承包商。投标人将需要更多的与工程具体类型有关的现场水文、地下及其他条件的数据，以及更多的时间审查

---

① 参见国际咨询工程师联合会、中国工程咨询协会编译：《菲迪克合同指南》，19页，北京，机械工业出版社，2009。

这些数据和评价此类风险。[1]

4.《简短合同格式》

1999年，与前三个合同条件同时出版的还有第四个合同条件，即《简短合同格式》，又称“绿皮书”。该合同条件推荐用于较简单或重复性的、或工期较短的、或资本金额较小的工程项目。[2] 该类工程一般由业主负责设计，但也可由承包商负责设计，通常情况下并不委托工程师进行管理，由雇主代表负责工程及合同管理。该格式的内容由协议书、通用条件、专用条件、争端裁决等组成。

【案例评析】

一、“鸟巢”工程设计方案[3]

“鸟巢”是2008年北京奥运会主体育场。2002年10月25日，由北京市人民政府和第二十九届奥运会组委会授权，北京市规划委员会面向全球征集2008年奥运会主体育场——中国国家体育场的建筑概念设计方案。国家体育场是第一个进入建筑设计程序的北京奥运场馆。据北京市规划委员会介绍，国家体育场建筑概念设计竞赛分为两个阶段：第一阶段为资格预审；第二阶段为正式竞赛。截至2002年11月20日，竞赛办公室共收到44家著名设计单位提供的有效资格预审文件，经过严格的资格预审，确定了14家设计单位进入正式方案竞赛环节。它们分别来自中国、美国、法国、意大利、德国、澳大利亚、日本、加拿大、瑞士、墨西哥等国家。2003年3月18日，最终参与竞赛的全球13家具有丰富经验的著名建筑设计公司及设计联合体（有一家单位主动退出），将它们理想中的中国国家体育场的构想送抵北京。在这13个设计方案中，境内方案有2个，境外方案有8个，中外合作方案有3个。

在随后的方案评审中，由中国工程院院士关肇邺和荷兰建筑大师库哈斯等13名权威人士组成的评审委员会对参赛作品进行严格评审、反复比较、认真筛选，经过两轮无记名投票，选举出3个优秀方案，分别是由瑞士赫尔佐格和德梅隆设计公司与中国建筑设计研究院组成的联合体设计完成的“鸟巢”方案、由中国北京市建筑设计研究院独立设计的“浮空开启屋面”方案、由日本株式会社佐藤综合计划与中国清华大学建筑设计研究院合作设计的“天空”方案。

在此基础上，评审委员会又以压倒多数票推选“鸟巢”方案为重点推荐实施方案。在讨论“鸟巢”方案时，共有8票赞成、2票反对、2票弃权、1票作废。

为征求公众意见，竞赛组织单位又将全部13个设计方案在北京国际会议中心公开展出。展出历时6天，征得观众投票六千余张。其中被中外评委重点推荐的“鸟巢”

---

① 参见国际咨询工程师联合会、中国工程咨询协会编译：《菲迪克合同指南》，19页，北京，机械工业出版社，2009。

② 参见国际咨询工程师联合会、中国工程咨询协会编译：《菲迪克合同指南》，13页，北京，机械工业出版社，2009。

③ 选自刘亚臣主编：《国际工程管理》，大连，大连理工大学出版社，2011。

方案获票3 506张，“浮空开启屋面”方案获票3 472张，“天空”方案获票3 454张，排名前三位。“鸟巢”名列第一，获得了观众与评委在相当程度上的认同。

经决策部门认真研究，“鸟巢”最终被确定为2008年北京奥运会主体育场——中国国家体育场的实施方案。

二、新加坡油码头工程[①]

新加坡一油码头工程，采用FIDIC合同条件。招标文件的工程量表中规定钢筋由业主提供，投标日期为1980年6月3日。

但在收到标书后，业主发现他的钢筋已用于其他工程，他已无法再提供钢筋，则在1980年6月11日由工程师致信承包商，要求承包商另报出提供工程量表中所需钢材的价格。自然这封信只是作为一个询价文件。

1980年6月19日，承包商作出了答复，提出了各类钢材的单价及总价格。接信后，业主于1980年6月30日复信表示接受承包商的报价，并要求承包商准备签署一份由业主提供的正式协议。但此后业主未提供书面协议，双方未作任何新的商谈，也未签订正式协议。业主认为承包商已经接受了提供钢材的要求，而承包商却认为业主放弃了由承包商提供钢材的要求。

待开工约3个月后，即1980年10月20日，工程需要钢材，承包商向业主提出业主的钢材应该进场，这时候才发现双方都没有准备工程所需要的钢材。由于要重新采购钢材，不仅钢材价格上升、运费增加，而且工期拖延，进一步造成施工现场费用的损失约60 000元。

承包商向业主提出了索赔要求。但由于在本工程中双方缺少沟通，都有责任，故最终解决结果为，合同双方各承担一半损失。

三、小浪底水利枢纽工程施工合同条件[②]

小浪底水利枢纽工程位于黄河干流，处在控制黄河水沙的关键位置，枢纽主要由大坝、泄洪系统和引水发电系统组成。其开发目标是“以防洪、防凌、减淤为主，兼顾供水、灌溉和发电，综合利用，除害兴利”。

小浪底水利枢纽工程计划投资347.46亿元人民币，其中世界银行贷款10亿美元，出口信贷和国际商业贷款1.09亿美元。项目按世界银行采购导则和FIDIC土木工程招标程序进行了三个主体土建工程标的的国际招标，有9个国家36家公司所组成的9个联合体及一家独立公司通过了资格预审并进行了投标，经过长达半年多的严格评选，选定了三个土建国际承包商联合体，分别承担大坝、泄洪系统和引水发电系统的施工和建设。小浪底工程咨询有限责任公司作为FIDIC意义上的“工程师单位”，承担小浪底工程的监理任务，负责工程投资、进度、质量控制及工程建设

① 选自李媛主编：《工程招投标与合同管理》，317页，北京，清华大学出版社、北京交通大学出版社，2010。

② 选自刘亚臣主编：《国际工程管理》，大连，大连理工大学出版社，2011。

各方面的协调工作。此外，业主还聘请世界银行特别咨询专家团、加拿大国际工程管理咨询公司，并组建小浪底工程建设技术委员会作为业主合同管理、技术管理决策方面的咨询机构。

小浪底国际土建合同采用FIDIC施工合同条件的第四版。小浪底工程的合同条件由三部分组成。除按FIDIC要求原样引用“通用合同条款”，并按照FIDIC提供的格式编制“专用合同条款”外，业主根据工程情况，将一些特殊和具体要求汇总编写了“特殊合同条款”，内容包括进现场设施、对施工计划的要求、环保、当地费用调价和外币调价等。

从1994年5月发布开工令到2001年7月最后的索赔争议得到解决共历时7年零2个月。这期间三个国际工程师共确认工程变更232项，评估处理承包商索赔96项，其中6大争议久拖不决，经双方协商提请国际争议评审组DRB进行听证和调解，此外还有12项潜在争议也提交DRB寻求评审调解。

主体工程在2001年年底全部按计划完工，已发挥效益。工程顺利通过蓄水安全鉴定，工程质量总体优良，工程投资完全控制在预算范围内，并有较大结余，被世界银行誉为该行与发展中国家合作项目的典范，在国内外赢得了广泛赞誉。小浪底枢纽工程的顺利兴建，既实现了工程质量优良的目标，又培养了一批优秀的水利技术和管理人才，走出了具有中国特色的FIDIC合同条件下国际工程建设管理的道路。

四、工程担保①

2007年中国某国际工程公司（承包商）与非洲某工业集团（业主）订立一系列工业生产线的EPC交钥匙合同包，包括4份以FIDIC《EPC交钥匙项目合同条件》（银皮书）为基础的EPC／交钥匙工程合同。合同规定适用的法律为英格兰和威尔士法律，仲裁地点为伦敦国际仲裁院（The London Court of International Arbitration，LCIA）。双方约定：预付款为合同总价的10%，预付款保函及履约保函总额为合同总价的10%。2008年年初，承包商与业主签订补充协议，增加预付款比例，同时保函比例相应增加。2008年4月，承包商向业主提供保函，业主支付相应预付款并申请开立信用证。

截至2008年6月，承包商已经开展的各项前期工作包括：方案设计；与主要供应商和分包商分别签订各类分（供）合同，并支付分合同项下的预付款，按约定开立信用证；前期现场准备工作，包括现场管理人员进驻、临时设施建设、场地平整等。

2008年7月初，承包商收到业主通知，指责承包商进度延迟，影响业主根本利益，导致项目调整，要求以承包商违约为由解除EPC交钥匙合同包中的全部合同。承包商则回函声明：项目刚进入前期准备阶段，承包商完全有能力通

---

① 选自李启明主编：《国际工程管理》，312页，南京，东南大学出版社，2010。

过加大投入按约定进度完成工程，根本不存在承包商违约的情形。

承包商随即展开调查，了解到业主此举的真实原因是受全球金融危机影响，项目融资银行自身出现困难，拟取消融资安排。鉴于已经实质性开展工作，故承包商并不希望终止全部项目。此项目涉及金额高达10亿美元，关系到双方的根本经济利益。承包商提供给业主的预付保函及履约保函均为见索即付保函，在国际工程项目中阻止见索即付保函被没收的手段非常有限。为迫使承包商就范，业主依次通过口头通知、电子邮件、出示保函索赔文件及资料、律师“最后通牒”等方式，威胁没收保函。本案承包商在律师的帮助下，除了提前告知担保银行业主“恶意”没收保函的意向，与担保银行形成有序互动之外，还特别针对保函启动诉讼保全措施的可行性进行了充分论证，并为申请仲裁做好了充分准备。同时由于保函实际上已成为业主提供给项目融资银行的融资担保，因而在正常情况下，即使业主没收保函，所获得的款项也可能置于融资银行的控制之下。为此承包商及时与项目融资银行代理机构取得联系，借此防止业主将没收的保函款项据为已有。这项措施虽然看似无助于阻止业主没收保函，但明确给业主释放出这样的信号：即使没收保函，受益者也只能是融资银行，而不是业主本身。承包商这些有针对性的准备工作，彻底打消了业主以“没收保函”为手段来迫使承包商就范的念头，这使得承包商在接下来的谈判中处于相对有利的地位。

通过该案中承包商的做法，我们可以得知，国际工程中承包商不能处于被动的弱势地位，应当沉着应对业主不合理的索赔要求，深入了解业主索赔的理由和原因，同时做好相关证据的保全工作，积极与业主进行沟通协调，消除双方的信息不对称，找到利益平衡点，达成共赢局面。

五、分包①

某桥梁项目，业主直接找到一家油漆制造商，询问其油漆是否适于水下使用并向其询价，油漆厂商就此函复业主，确认没有问题。基于这一答复，业主指定总承包商在桥梁施工中使用这种油漆。但是，总承包商对油漆的质量提出疑问，然而业主仍坚持己见。

在工程保修期内油漆质量发生问题，因此业主扣下总承包商的保留金保函拒绝发放，承包商对此提出异议，并提交国际仲裁。

裁定结果是：由于业主一再致函总承包商，要求使用这种油漆，因而可以认为业主与油漆厂商之间已经另有协议，并以双方相互询价和报价的信函作为佐证，而总承包商所签全部分包合同中都没有写明使用这种油漆。业主应该退还总承包商的保留金保函，并由油漆厂商承担责任，业主可根据过去与油漆厂商的信函及确认另行向其索取赔偿。

---

① 选自田威：《FIDIC合同条件实用技巧》，2版，97页，北京，中国建筑工业出版社，2002。

实务训练

国际工程合同文本基本模式

一、投标邀请书模式

致__________________（承包商名称）____________________（日期）

____（地址）

____（贷款号）

____（合同名称）

____（招标编号）

×××敬启：

我代表业主通知您，你们已通过______________合同的资格预审。

1. 我代表业主邀请你们及其他资格审查合格者，为实施并完成此合同递交密封的投标文件。

2. 你们可以按下述地址在我们的办公处所获取更多信息并获取招标文件：（地址、邮编、电话、传真）。

3. 在缴纳该项不可退还的费用______________（金额、币种）后，可购得一套完整的招标文件。

4. 所有的投标文件均应有按照招标文件规定的格式和金额递交的投标保证金，并且应于（日期）之前递至该地点：______________。开标仪式随后开始，投标人可派代表参加。

5. 请尽快以书面形式立即确认已收到此函。如果您不准备参与投标，也请尽快通知我们，不胜感谢。

签名部分：______________ __________________

二、投标书模式

合同名称：____

致：____（业主全称）

1. 我方已经详细研究了______________（项目名称）______________标段施工招标文件的全部内容，愿意以人民币_______元的投标总报价，工期_______天，按照合同约定实施和完成承包工程，修补工程中的任何缺陷，工程质量达到______________标准。

2. 投标书附录是我方投标的组成部分。

3. 如贵方接受我方投标，我方保证在接到工程师开工令后尽快开工，并在投标书附录中规定的期限内完成并交付合同规定的全部工程。

4. 我方承诺在投标有效期内不修改、不撤销投标文件。

5. 随本投标书提交投标保证金，金额为＿＿＿＿＿＿＿＿＿＿（金额、币种）。

6. 其他补充说明。

投标人：＿＿＿＿＿＿＿＿＿＿（单位盖章）

法定代表人：＿＿＿＿＿＿＿＿（签字）

地址：＿＿＿＿＿＿＿＿＿＿＿

邮政编码：＿＿＿＿＿＿＿＿＿

电话：＿＿＿＿＿＿＿＿＿＿＿

传真：＿＿＿＿＿＿＿＿＿＿＿

＿＿年＿＿月＿＿日

三、投标书附录模式[①]

履约保证金：＿＿＿＿＿＿＿＿，合同总价的＿＿＿＿＿＿＿＿%

银行保函金额：＿＿＿＿＿＿＿＿，合同总价的＿＿＿＿＿＿＿＿%

履约担保书金额：＿＿＿＿＿＿＿＿，合同总价的＿＿＿＿＿＿＿＿%

提交进度计划：在＿＿＿＿＿＿＿＿天内

发出开工令的时间：＿＿＿＿＿＿＿＿，签订合同书后＿＿＿＿天内

工期：＿＿＿＿＿＿＿＿天

误期赔偿金：＿＿＿＿＿＿＿＿元/天

缺陷责任期：＿＿＿＿＿＿＿＿

中期支付证书的最低金额：＿＿＿＿＿＿＿＿

拖期支付利率：＿＿＿＿＿＿＿＿＿＿＿＿＿

保留金：＿＿＿＿＿＿＿＿＿＿＿＿＿＿＿＿

预付款：＿＿＿＿＿＿＿＿＿＿＿＿＿＿＿＿

争端解决机构：＿＿＿＿＿＿＿＿＿＿＿＿＿

仲裁语言：＿＿＿＿＿＿＿＿＿＿＿＿＿＿＿

投标单位：（盖章）

法定代表人：（签字）

日期：＿＿＿＿＿＿＿＿

① 本协议书模式参见王东升、李虚进主编：《国际工程承包与管理》，48页，徐州，中国矿业大学出版社，2009。

四、银行保函模式

致：________________

本保函作为________________（投标人姓名、地址，以下简称投标人）对________________（卖方姓名）第________________号招标邀请书，关于提供________________（货物名称）的投标保证金。

________________（银行全称）无条件地、不可撤销地保证并约束本行及其后继者，一旦收到贵方提出下列任何一种情况的书面通知后，不管投标人如何反对，立即无追索权地向贵方支付金额__________（金额、币种）：

（1）投标人在开标后至投标有效期期满前撤回其投标；

（2）投标人在收到中标通知后 28 天内，未能和贵方签订合同；

（3）投标人在收到中标通知后 28 天内，未能提交可接受的履约保证金。

除贵方提前终止或解除本保函外，本保函自开标之日起到投标有效期期满后 28 天有效，以及贵方和投标人同意延长的并通知本行的期限内继续有效。

开证行名称：________________

本行代表：（签字）________________

公章：

日期：________________

五、协议书模式[①]

本协议书是以__________（以下称招标代理）和__________（以下称业主）为一方，以________（以下称承包商）为另一方，于________年________月________日共同达成并签署的。

鉴于业主拟修建并维修下列有关工程，即__________（合同名称），并接受了承包商对于实施本工程的投标，本协议书签署如下：

1. 本协议中的单词和用语应同下文提到的合同条件中有关词语具有相同的含义。

2. 下列文件构成协议书的组成部分，供阅读和解释。即：

（1）中标通知书；

（2）投标书和投标书附录；

（3）合同条件第二部分（A 和 B）；

（4）合同条件第一部分；

---

① 本协议书模式参见王东升、李虚进主编：《国际工程承包与管理》，50 页，徐州，中国矿业大学出版社，2009。

（5）技术规范；

（6）图纸；

（7）已报价的工程量表；

（8）在投标书附录中列明的其他文件。

3. 考虑到业主应按规定给承包商付款，承包商特此同业主立约，保证在所有方面按合同条件的规定，承担本工程的施工、建设和修复缺陷。

4. 作为对工程的施工、建设和修复缺陷的报酬，业主特此立约，保证按合同规定的时间和方式，向承包商支付合同价或根据合同条件可能支付的其他款项。

为此，立约双方代表在本协议上各自签字并加盖公章以资证明，并自签字之日起生效。

签字并盖章：

姓名：________________（代表招标代理）姓名：________________（代表承包商）

姓名：________________（代表业主）

日期：________________

课后练习

1. 简述 FIDIC 合同条件的概念。
2. 简述 FIDIC 合同条件的适用条件。
3. 试述 FIDIC《施工合同条件》下雇主和承包商的权利、义务。
4. 试述 FIDIC《施工合同条件》下雇主和承包商对风险责任的划分。

延伸阅读

1. 刘黎虹．工程招标与合同管理．北京：中国机械工业出版社，2009
2. 田威．FIDIC 合同条件实用技巧．北京：中国建筑工业出版社，2002
3. 王东生，李虚进．国际工程承包与管理．徐州：中国矿业大学出版社，2009
4. 王铁崖．国际法．北京：法律出版社，1981

第六章　知识产权国际保护法律实务

【内容摘要】

知识产权的国际保护，是通过缔结国际公约或条约的方式，就缔约国间的知识产权保护进行协调和合作。知识产权国际保护始于19世纪下半叶。在一百多年的发展历程中，知识产权国际保护的法律制度正在不断完善，而且朝着越来越广泛的专业领域和地域发展。目前，比较重要的保护知识产权的国际条约或公约包括：《保护工业产权巴黎公约》（以下简称《巴黎公约》）、《保护文学艺术作品伯尔尼公约》（以下简称《伯尔尼公约》）、《商标国际注册马德里协定》（以下简称《马德里协定》）、《与贸易有关的知识产权协定》（以下简称《知识产权协定》）等。

【知识要点】

一、版权的国际保护

（一）版权保护的客体

版权保护的客体，即可以受到版权保护的作品范围。国际知识产权制度通过有关的国际条约规定版权保护的客体，是对版权制度进行国际协调的重要方面。

综合《伯尔尼公约》、《世界版权公约》和《知识产权协定》有关版权保护客体的规定，可以根据作品的形式，把受版权保护的作品分为两类：

第一类是原作形式的作品，即《伯尔尼公约》第2条第1款所指的“文学艺术作品”。该款规定：受公约保护的文学艺术作品，“包括文学、科学、艺术领域内的一切作品，而不问其表现形式或表现方式如何。诸如图书、小册子和其他著作物；讲评、讲演、布道和其他同类性质的作品；戏剧或音乐作品、舞蹈作品、哑剧作品；配词或未配词的乐曲；电影作品及使用与拍摄电影类似的方法表现的作品；图画、绘画、建筑、雕塑、雕刻及版面作品；摄影作品及使用与摄影相类似的方法表现的作品；实用艺术作品；与地理、地形、建筑、科学等有关的插图、地图、设计图、草图、立体作品，均包括在内”。上述所列举的原作“清单”，均属受版权保护的作品范围。这个范围与《世界版权公约》第1条所简单规定的范围基本吻合。《伯尔尼公约》在这里采用了“诸如”一词，具体列举了一些受保护的作品形式，表明此等列举只是举例，而不是穷尽所有作品形式。二十多年后所达成的《知识产权协定》，在《伯尔尼公约》的基础上把计算机程序作为文字作品，列入应受版权保护的作品范围。这就足以表明，《伯尔尼公约》所列出的上述作品“清单”，绝不是完备的。然而，上述“清单”中所列举的作品，并非都是公约规定必须受版权保护的作品。考虑到各成员方对某些作品是否应受版权法保护存在争议，《伯尔尼公约》对此作出例外规定：(1) 允许各成员方自行以立法决定对立法条文、行政及法律性质的官方文件，以及这些作品的官方译本所提供的保护（第2条第4款）。(2) 允许各成员方自行以立法决定本国对实用艺术品、工业品外观设计、模型等作品的法律保护形式（第2条第7款）。也就是说，对上述三类作品，是由专利法来保护，还是由版权法来保护，或者由其他专门法来保护，公约允许各成员方自行决定。但是，公约同时还规定，“在起源国仅仅作为设计和模型受到保护的作品，在本同盟其他成员方享受各该国给予设计和模型的那种专门保护；但如在该国并不给予这种专门保护，则这些作品将作为艺术作品得到保护”。(3) 允许各成员方自行以立法全部或部分排除政治演说、法律诉讼中的演说所享有的版权保护（第2条之二第1款）。(4) 允许各成员方为提供信息之目的自行以立法决定对公开发表的讲课、演说或其他同类性质的作品所提供的保护（第2条之二第2款）。(5) 允许各成员方自行以立法规定，一般作品或任何特定种类的作品，例如口头作品，必须以某种物质形式加以固定，否则不受保护（第2条第2款）。综上所述，《伯尔尼公约》第2条第1款所列举的作品，可以按其受保护的地位分为应受版权保护的作品和可受版权保护的作品两大类。公约对前者的规定是强制性的，各成员方必须对其进行版权保护；公约对后者的规定是选择性的，各成员方可以自主决定是否对其进行版权保护。然而，在可受版权保护的作品与应受版权保护的作品之间并没有不可逾越的鸿沟。随着科学技术的进步和成员方之间利益关系的调整，可受版权保护的作品往往转化为应受版权保护的作品，从而使得应受版权保护的作品范围不断扩大。“舞蹈作品、摄影作品、建筑作品的地位，都经历了一种先在公约中提出，由各方自主决定是否保护，然后逐渐变为各方必须给予保护的转变过程。这种变化颇具‘应有法向现有法’转变的效果。”①

第二类是衍生作品，即“从原作演绎的”作品。《伯尔尼公约》第2条第3款规定：“文学艺术作品的翻译、改编、乐曲的整理，以及用其他方式改变了原作而形成

① 郭克强：《论版权的国际保护》，武汉大学1997年博士学位论文，44页。

的作品，在不损害原作版权的情况下，同原作一样受到保护。”该条第5款规定：“文学艺术作品的汇编，诸如百科全书、文选，由于其内容的选择与编排而构成知识创作，在其本身不损害构成它的各个作品之版权的情况，同样受到保护。”《世界版权公约》第4条之二第1款规定，受该公约保护的各种作品，包括原作形式的作品和从原作演绎的任何形式的作品。《知识产权协定》第10条第2款规定：“数据或其他材料的汇编，无论采用机器可读形式还是其他形式，只要其内容的选择或安排构成智力创作，即应予保护。这类不延及数据或材料本身的保护，不得损害数据或材料本身已有的版权。”上述规定表明，衍生作品应受保护的条件是：第一，衍生作品包含“智力创作”成分，而不是对原作的简单重复。也就是说，衍生作品和原作一样，必须具有独创性，方能受到保护。第二，衍生作品不得损害原作的版权。也就是说，对衍生作品的保护是以不损害原作的版权为前提的。此外，《伯尔尼公约》第2条第8款还明确规定：“本公约提供的保护不适用于具有纯粹消息报道性质的日常新闻。”这是有关版权保护的国际条约中唯一一条关于不受版权保护的作品的规定。这一规定既考虑了新闻的特殊性，又与各国的立法传统相一致。因此，即使在《知识产权协定》中，也承认了这一规定的有效性（第9条第1款）。

（二）版权授予的权利

版权所授予的权利，即作者应享有的专有权利，一般包括经济权利和精神权利两部分。不同的版权国际条约所规定的作者权利，由于主导其缔结和修订的国家不同，因而在作者权利范围、受保护程度等方面均有较大的差别。作者的精神权利在《伯尔尼公约》中是受保护的，而《世界版权公约》和《知识产权协定》并没有对作者的精神权利作出规定。

1. 经济权利

版权所授予的经济权利是由一系列具体权利构成的统一体系。对于一种作品而言，其作者可能享有多项具体权利，也可能只享有其中一项具体权利。尽管各国的版权制度对版权所授予的经济权利有着不同的分类方法和规定，但对各版权条约所列举的具体权利，各该条约的成员方均应给予相应保护。综合《伯尔尼公约》、《知识产权协定》和《世界版权公约》的有关规定，作者的经济权利主要有以下几种：

（1）翻译权。《伯尔尼公约》第8条规定：“受本公约保护的文学艺术作品的作者，在其原作的整个权利保护期内，享有翻译其作品及授权他人翻译其作品的专有权。”《世界版权公约》第5条也规定，受该公约保护的各项权利中，包括作者本人及授权他人翻译受该公约保护的作品及出版译本的专有权。

（2）复制权。复制是作品传播的方式之一。《伯尔尼公约》第9条规定，受公约保护的文学艺术作品的作者享有授权他人以任何方式或形式复制（包括录音或录像在内）其作品的专有权；各成员方可自行在立法中准许在某些特殊情况下复制有关作品，但此等复制不得与作品的正常利用相冲突，也不得对作者的合法利益产生不合理的损害。《世界版权公约》也承认复制权是作者的专有权之一（第4条之二第1款），但对复制权的内容未作具体规定。实际上，《世界版权公约》除对翻译权有较详细的规定外，对其他经济权利如公演权、广播权等的规定均“过于笼统和原则”。

(3) 公演权。《伯尔尼公约》第 11 条规定，戏剧、音乐等类作品的作者享有授权以任何方法或方式公演其作品，并将其作品演出向公众作任何传播的专有权利，此等权利在其原作的保护期内延及其作品的译本。

(4) 广播权。按照《伯尔尼公约》第 11 条之二的规定，作者享有专有权以授权：广播其作品，或以任何其他无线电传送信号、录音、录像的方式将作品传播给公众；原广播组织之外的广播机构，将其作品以有线传播方式向公众传送，或向公众重播；以扬声器向公众传播或以同类传播信号、录音、录像的工具传播其作品。但上述权利行使的条件可由各成员方的国内法来决定。此等决定仅适用于该立法国本国，而且在任何情况下均不得损害作者的精神权利和取得公平报酬的权利。另外，上述授权中并不包含许可使用录音或录像工具录制所广播的作品的权利。

(5) 朗诵权。《伯尔尼公约》第 11 条之三规定：文学作品的作者享有授权以任何方法或方式公开朗诵其作品，并将这种朗诵向公众传播的专有权利。此等权利在其作品的权利保护期内，应延及其作品的译本。

(6) 改编权。《伯尔尼公约》第 12 条规定：“文学艺术作品的作者享有专有权以授权将其作品改编、整理或做其他变动。”

(7) 汇编权。按照《伯尔尼公约》第 2 条之二的规定，诸如政治演说、法律诉讼中的演说，以及以提供信息为目的的公开发表的讲评、讲演等口头作品是否应受到保护，完全由各成员方的国内法决定。但“作者必须享有其汇编上述作品的专有权”，则是公约要求所有成员方必须遵守的规定。

(8) 摄制电影权（简称“电影权”或“制片权”）。《伯尔尼公约》第 14 条规定，文学艺术作品的作者有权授权将其作品改编为电影作品，并将后者复制、发行；有权授权将经过改编或复制的电影作品公开演出或以有线方式向公众传播。如果将某个从文学艺术作品中演绎出的电影作品改编为任何其他艺术形式，在必须得到电影作品的作者的授权的情况下，还须同时得到原作作者的授权。

(9) 追续权。《伯尔尼公约》第 14 条之三规定：“对于艺术品原作及作者与作曲人的原稿，有关作者，或其死后由国家法律授权的人或机构，对于作品由作者手中第一次转让后的每一次转售，有权从中收取利益。”这项不可让渡的权利，就是公约规定的追续权。但是，公约又规定，作者享有的这种追续权，只有在作者所属国家的法律承认对其保护的情况下，才可在公约成员方内要求上述所规定的保护，而且，收取利益的方式和数额也应由各国法律规定。可见，在《伯尔尼公约》中，“追续权虽列在经济权利一类，但不是最低要求之一，成员方不是非授予作者这项权利不可”。

(10) 出租权。这是《知识产权协定》在承认《伯尔尼公约》规定的上述九项经济权利的基础上，新增加的一项经济权利。协定第 11 条规定：“至少对于计算机程序及电影作品，成员应授权其作者或作者之合法继承人许可或禁止将其享有版权的作品原件或复制件向公众出租。”但是，协定又规定，对于电影作品，成员授予出租权的前提是：该电影作品的出租已导致对作品的广泛复制，且已严重损害了成员授予作者或其合法继承人的复制专有权；否则，成员可不承担授予出租权之义务。对于计算机程序，如果程序本身并非出租的主要标的，则成员的上述义务亦可免除。

2. 精神权利

对作者精神权利的保护，是版权领域内颇有争议的问题之一。对此，几个有关版权的国际条约有着完全不同的规定。《伯尔尼公约》是唯一明确提出保护精神权利的国际条约。公约第 6 条之二规定，各成员方均应对作者的精神权利提供保护，但具体的保护方法，包括侵权救济等，由各方的国内法决定。按照该条规定，作者的精神权利是与作者的经济权利无关的一种版权权利，即使是在经济权利转让之后，作者也仍然享有该种权利。根据《伯尔尼公约》的规定，作者应享有的精神权利包括：（1）有权声明自己系作品的原作者（署名权）；（2）有权反对任何对其作品的歪曲、篡改或其他更改，或对其作品做有损作者声誉的贬抑（保护作品完整权）。按照该条约规定，作者享有的上述权利在其死后仍旧有效，上述精神权利的保护期应不少于经济权利的保护期。但是对于 1971 年之前按照其本国法律只在作者有生之年保护其精神权利的成员，可继续实行已有的规定。

与《伯尔尼公约》相反，《知识产权协定》明确规定，作者的精神权利不受该协定的保护。协定第 9 条第 1 款规定：对于《伯尔尼公约》第 6 条之二规定的权利（精神权利）或对于从该条引申的权利，不受本协定的保护，各成员应免除其权利或义务。至于《世界版权公约》，虽然没有专门条款明确提出保护作者精神权利的最低要求（从这个意义上说，该公约与《知识产权协定》一样，也不保护作者的精神权利），但是，其中的“某些条款体现了对某些属于精神权利方面的权利的保护”。例如，《世界版权公约》第 5 条第 2 款第 5 项规定：“所出版的译本的所有复制本上，均须标明原著题目与作者姓名”（“署名权”）；该款第 4 项规定：“国内立法须有相应规定……保证准确地翻译该作品”（“作品完整权”）；该款第 6 项规定：“如果作者已经从流通中收回其作品的全部复制本，则不得颁发该作品的翻译许可证”（“收回权”）。这些规定表明《世界版权公约》对作者某些精神权利的间接承认和所提供的保护。综上所述，国际版权法律制度对作者经济权利的保护与对作者精神权利的保护是不平衡的：经济权利是受所有版权国际条约保护的权利，而对精神权利则只有《伯尔尼公约》明确提出了对其保护的最低要求；而且，即使是保护精神权利的《伯尔尼公约》，其对经济权利规定的条款与其对精神权利规定的条款也是不成比例的。之所以导致这种状况，主要是因为精神权利本身极其复杂，对其保护的实际操作相当困难，而本质原因在于各成员国之间版权立法传统和观念存在分歧和差异。

（三）版权保护的期限

1.《伯尔尼公约》的规定

公约第 7 条对版权保护期限作出了规定，主要包括：（1）一般作品的保护期，为作者有生之年加其死后 50 年；（2）电影作品的保护期是作品经作者同意公开放映之后 50 年；如果作品完成后 50 年内未公开放映，则保护期为作品完成后 50 年；（3）匿名或假名作品的保护期为公众合法获得作品后 50 年；但如果作者的假名足以证明其身份，保护期仍为作者有生之年加死后 50 年；另外，如果匿名或假名作品的作者在作品发表后 50 年内表露了身份，则保护期仍适用作者有生之年加死后 50 年的规定，只要能合理推断匿名或假名作者去世已超过 50 年，则其作品进入公有领域，不得要求成员方对其给予保护；（4）对于把摄影作品及实用艺术品作为艺术作品保护的成员方，可自行以立法形式决定摄影作品和实用艺术品的保护期，但该保护期不应少于作品完成之后 25 年；（5）上述规定适用于共同作品，作者死亡的日期以共同作者中最后去世的作者的死亡日期为准；（6）保护期限通常应从作者去世后或上述其他所指事项发生后的次年 1 月 1 日起计算；（7）上述规定的保护期是公约规定的最低保护期，各成员方可以提供比上述各保护期更长的保护期。

2.《世界版权公约》的规定

《世界版权公约》第 4 条对版权保护期限提出了最低要求，其具体规定主要有：（1）作品的版权保护期应由有关作品要求提供保护的那个成员方的法律确定，但受该公约保护的作品的版权保护期均不得少于作者有生之年加死后 25 年；（2）如果任何成员方在该公约对其生效之日，已将某些种类作品保护期规定为自作品首次出版后一定期限，则该成员有权保留原规定，并可将此等规定延及其他种类作品，但对于所有作品，保护期均不得少于自首次出版起 25 年；（3）任何成员方如在该公约对其生效之日尚未依作者有生之年确定保护期，则有权根据情况选择从作品首次出版之日或出版前登记之日起计算保护期，但不得少于自首次出版日或出版前登记日起 25 年；（4）如果某成员方的立法提供两个或两个以上连续保护期，则其第一期不得少于有生之年加死后 25 年与首次出版（或出版前登记）之日起 25 年这两个期限中的最短期限；（5）如果成员方把摄影作品或实用艺术品作为艺术作品来保护，则这类作品的保护期不得少于 10 年；（6）不得要求任何成员方对某作品提供的保护期长于作品起源国的法律对该作品所属的一类作品提供的保护期。上述规定表明，《世界版权公约》规定的版权保护期比《伯尔尼公约》规定的版权保护期限要短得多。由此可以说明，《世界版权公约》是一个保护水平比《伯尔尼公约》要低的版权国际条约。

3.《知识产权协定》的规定

关于版权保护期限，《知识产权协定》在《伯尔尼公约》规定的基础上进行了补充。协定第 12 条规定："除摄影作品或实用艺术作品外，如果某作品的保护期不以自然人的有生之年计算，则该作品的保护期不得少于经许可出版之年年终起 50 年，如果作品自完成起 50 年内未被许可出版，则保护期应不少于作品完成之年年终起 50 年。"相比较于《伯尔尼公约》关于电影作品和匿名或假名作品保护期的规定，协定对这类作品保护期的规定更加准确和简单。

应当指出，上述国际条约所规定的版权保护期限，均是指其中经济权利的保护期限。至于精神权利的保护期限，依据《伯尔尼公约》第 6 条之二第 2 款的规定，应不少于同类作品经济权利的保护期限。

(四) 版权保护的限制

1.《伯尔尼公约》关于版权限制的规定

《伯尔尼公约》关于版权限制的规定包括四个方面：(1) 合理使用。《伯尔尼公约》规定，在下述情况下，允许在成员方中不必经版权所有者授权，即可使用其受保护作品，并且不必为这种使用支付任何报酬：第一，为提供信息之目的，将讲评、讲演及其他类似性质的公开发表的作品，以印刷、无线电广播、有线广播等方式向公众传播。但是，这些口头作品的汇编权属于作者（第 2 条之二）。第二，在与作品的正常利用不相冲突的前提下，由于某些特殊情况而复制有关受保护作品。但这种复制不致不合理地损害作者的合法利益（第 9 条第 2 款）。第三，从公众已经合法获得的作品中摘录原文，包括以报纸摘要形式从报纸杂志上进行摘录，但是，摘录行为必须符合公平惯例，摘录范围不超过摘录目的所允许的程度（第 10 条第 1 款），而且，摘录还必须标明被摘录作品的出处及原作者姓名（第 10 条第 3 款）。第四，为教学目的，以讲解的方式将文学艺术作品用于出版物、广播、录音或录像。但是，这种使用必须限于合理范围，符合公平惯例，而且必须标明原作者姓名及作品出处（第 10 条第 2 款、第 3 款）。第五，为时事报道目的而在广播中复制和使用已经发表的经济、政治、宗教等时事性文章，但也必须注明作者及作品出处（第 10 条之二）。第六，为广播目的而临时录制有关作品，并将该录制品作为特殊文献保存在官方档案中（第 11 条之二第 3 款）。(2) 强制许可。公约规定了两种强制许可：对广播权的强制许可（第 11 条之二第 2 款）和对已被授权的音乐作品录制权的强制许可（第 13 条第 1 款）。但是，公约同时规定，在实行这种强制许可制度时，不得损害作者的精神权利，也不得损害作者获得公平报酬的权利。(3)“翻译权 10 年保留制度”。根据公约第 30 条第 2 款的规定，任何国家在加入该公约 1971 年文本时均可声明，以 1886 年公约文本第 5 条代替 1971 年文本第 8 条关于翻译权的规定。公约 1886 年文本第 5 条规定，如果自原始作品首次出版之日起 10 年之内，其作者未在一个成员方出版或授权他人出版用要求保护的语言完成的译本，那么作者享有的该作品翻译权在该国灭失。这也就意味着，作出上述保留声明的国家届时将允许任何人在上述作品发表 10 年后自由翻译该作品而不构成侵权。但是，就发展中国家而言，在按公约第 30 条第 2 款作出保留声明与按公约附件享有颁发翻译权强制许可证的优惠待遇之间，必须二者择一（公约附件第 5 条）。也就是说，对于发展中国家，上述“翻译权 10 年保留制度”可以用来代替公约附件中规定的翻译权强制许可制度。(4) 为发展中国家提供的优惠待遇。除了上述版权限制与例外的一般规定外，公约附件还特别为发展中国家规定了颁发翻译和复制作品强制许可证的优惠条款。根据附件的规定，依联合国大会惯例被确定为发展中国家的并且是伯尔尼联盟成员方的国家，有权向本国国民授予翻译或复制来源于该联盟其他成员方的作品的强制许可。基于本国经济状况及社会或文化的需求，在批准或加入该公约时或在批准或加入该公约之后的任何时间内均可以声明其享有附件所规定的优惠。

2.《世界版权公约》关于版权限制的规定

《世界版权公约》关于版权限制的规定，主要有：（1）关于版权限制的一般规定。公约第4条之二规定，允许成员方根据国内立法对版权权利作出例外规定，但此等例外规定必须符合公约规定的最低保护标准；而且，凡作出此等例外规定的成员方均需对例外所及的作品在合理程度上提供有效保护。（2）关于翻译权的限制。公约在上述一般规定的基础上，对翻译权的限制作出了较为详细的规定。公约第5条规定，任何成员方均可根据其立法对作品的翻译实行强制许可制度，不过，必须符合下述条件：第一，如果作品首次出版满7年后，翻译权人本人没有、也未授权他人将该作品以某成员方的通用语文翻译出版，则该成员方的国民均可从主管当局获得以上述通用语文翻译出版该作品的非独占许可证。第二，获得上述许可的国民，必须证明其要求翻译出版该作品的授权遭到版权人的拒绝，或寻找版权人已尽力但未找到。如果原出版过的该成员方通用语文译本已经绝版，则也可依据同样条件颁发许可证。第三，国内立法中须有相应规定，以保证翻译权人得到公平的、符合国际标准的补偿并保证它的支付和传递，保证准确地翻译该作品。第四，所出版的译本的所有复制本上，须标明原著题目与作者姓名。第五，许可证仅在申请颁发它的成员方内对出版译本有效。被许可人不得转让其许可证。第六，译本的出口须满足下列条件：译本进口方的通用语文与译文属同一语种；该进口方的法律也提供同样的许可证；该进口方法律不禁止复制本的进口与销售。如无这些条件，则进口与销售该复制本之事项适用该国国内法及有关协定。第七，如果作者已经从流通中收回其作品的全部复制本，则不得颁发该作品的翻译许可证。（3）为发展中国家提供的优惠待遇。与《伯尔尼公约》一样，《世界版权公约》也为发展中国家规定了优惠条款。不同的是，前者规定于公约附件，后者则是公约本身的条款。《世界版权公约》第5条之二第1款规定："如果某成员方依联合国大会确认的惯例，被视为发展中国家，则该国在批准、接受或参加本公约时，或于其后，通过向联合国教科文组织总干事交存通知书，即可以享有第5条之三及之四中的部分或全部例外规定。"第5条之三是关于翻译权的例外规定。根据该规定，发展中国家可以通过国内立法规定颁发翻译强制许可证的期限为3年或多于3年，如果作品不是英语、法语、或西班牙语的译文，则这个期限可以缩短为1年。

3.《知识产权协定》关于版权限制的规定

根据协定第9条第1款的规定，可以推定，协定对《伯尔尼公约》关于版权限制与例外的规定的效力是予以承认的。因此，协定没有重复这些规定，而只是在此等规定的基础上，重申和强调了版权限制和例外的严格条件（第13条）：（1）此等限制或例外应限于某些特殊情况；（2）此等限制或例外应不与作品的正常利用相冲突；（3）此等限制或例外不应不合理地损害权利持有人的合法利益。协定的上述规定，是对《伯尔尼公约》的补充，有助于判断成员对版权的限制或例外规定是否合理。不过由于其规定仍然比较原则和笼统，因而执行起来仍留给各成员方很大的余地。

二、邻接权的国际保护

（一）邻接权的权利内容

邻接权，顾名思义，是与版权相邻（或相关）的权利，包括表演者权、录音制品制作者权和广播组织权。涉及邻接权的国际条约主要是《罗马公约》、《保护录音制品制作者防止未经许可复制其录音制品公约》（以下简称《录音制品公约》）、《知识产权协定》等。《罗马公约》与《知识产权协定》分别详细规定了这三种邻接权的权利内容，《录音制品公约》则在《罗马公约》的基础上，对录音制品制作者权的权利内容作了补充性规定。

1. 表演者权

关于表演者权的权利内容，《罗马公约》与《知识产权协定》的规定具有相当的一致性：二者为表演者提供的最低保护均是"防止他人未经表演者同意而进行某些行为的可能性"。公约与协定所限定的这种防止某些行为的可能性，事实上就是它们授予表演者的各种权利。按照《罗马公约》第7条第1款、《知识产权协定》第14条第1款的规定，上述未经表演者同意而进行的行为包括：（1）广播或向公众传播现场表演；（2）录制尚未被录制（包括录音、录像）的表演；（3）复制载有表演内容的录制品，如果最初的录制未经表演者许可或者复制的目的超出表演者许可的范围或合理使用的范围。此外，《罗马公约》第7条第2款规定，各缔约方可依国内法律决定，在表演者许可广播其表演的情况下，禁止重播其表演和为广播目的录制其表演，以及为广播目的而复制其表演的录制品；另外，广播组织使用表演的录制品的条件和方式，公约也允许各成员方依国内法律来规定。但是，公约同时规定，上述国内法律的规定不得剥夺表演者通过合同控制与广播组织的关系的权利。

2. 录音制品制作者权

《罗马公约》第10条规定了录音制品制作者权的内容："录音制品制作者应享有权利许可或禁止对其作品的直接或间接的复制。"《知识产权协定》第14条第2款重申了《罗马公约》的上述规定，并在此基础上增加了录音制品制作者的一项新的权利——出租权。按照该条第4款的规定，录音制品制作者应有权许可或禁止其作品或复制品向公众出租，但在1994年4月15日以前，如果某成员方已实施了给权利持有人以公平报酬的制度，则可以维持其制度不变，只要在该制度下录音制品的商业性出租不产生实质性损害权利持有人的复制专有权的后果。然而，不论是《罗马公约》，还是《知识产权协定》，均未明确限制未经许可的录音制品的复制品的进口和销售。与这两个国际条约不同，签订于1971年10月的《录音制品公约》第2条则规定，录音制品制作者除享有"复制权"外，还享有另外两项权利：（1）禁止他人进口未经许可而复制的录音制品；（2）禁止他人销售未经许可而复制的录音制品。

3. 广播组织权

《罗马公约》第13条规定了广播组织的最低权利。按照该条规定，广播组织应享有权利许可或禁止：（1）转播其广播节目；（2）录制（包括录音和录像）其广播节目；（3）复制未经许可的广播节目录制品或为非法目的复制合法的录制品；（4）在公众可以到达的地方安装接收器，并通过收费向公众传播其电视节目，但此项权利不包括向公众传播只有声音的广播节目，行使这种权利的条件由各成员方的国内法规定。《知识产权协定》对广播组织规定了与《罗马公约》上述规定相同的权利内容，不过二者仍存在两个方面的差异：（1）《罗马公约》授予广播组织“许可权”和“禁止权”，而协定仅授予广播组织“禁止权”；（2）《罗马公约》要求各成员方授予广播组织上述最低权利，而协定则允许世贸组织成员不授予广播组织上述权利，而是依照《伯尔尼公约》的规定，赋予广播内容的版权所有人以禁止上述行为的权利。也就是说，世贸组织成员可以不通过邻接权的保护方式，而是通过授予作者对其作品的广播保留第二次授权的权利，达到保护广播组织权的目的。

（二）邻接权的保护期限

关于邻接权的保护期限，《罗马公约》第 14 条规定：不得少于 20 年。这 20 年的起算日，依受保护客体的不同而有所不同：对于录音制品及已被录制的表演来说，自录制之年年底起算；对于未录制的表演来说，从表演活动发生之年年底起算；对于广播节目，则从播出之年年底起算。《录音制品公约》对录音制品制作者规定的最低保护期限也是 20 年（第 4 条），但起算方法与《罗马公约》略有不同，除规定从首次录制之年年底起算外，还规定可以从录音制品首次发行之年年底起算。《知识产权协定》加强了对表演者和录音制品的制作者权利的保护，将这二者的最低保护期限延长为 50 年，而对广播组织权利的保护期限则仍维持《罗马公约》规定的 20 年不变（协定第 14 条第 5 款）。

（三）邻接权的限制与例外

《罗马公约》第 15 条第 1 款规定了在利用他人的邻接权时可以不经权利人许可、也无须支付报酬的 4 种例外情况：（1）私人使用；（2）在时事报道中有限的使用；（3）广播组织为用于自己的广播，用自己的设备进行暂时录制；（4）为教学和科学研究目的而进行各种使用。该条第 2 款还规定，除上款规定的例外外，各成员方可比照对版权保护的限制，通过国内法律和条例，规定对表演者、录音制品制作者和广播组织的权利限制。但是，对邻接权的强制许可，只有在与该公约规定的范围相一致的条件下才能授予。考虑到电影业在电影作品专有使用方面的利益，该公约第 19 条规定，一旦表演者同意将其表演以影像录制或视听录制的方式固定下来，他就不能根据该公约要求与其表演有关的进一步的权利。此外，《罗马公约》第 16 条还允许其成员方通过致函联合国秘书长的形式，声明它对表演者权、录制者权及广播组织权的“二次使用”给予一定限制。例如，表演实况的录制品在广播中播放时，表演者将无权要求广播组织向其支付报酬。《录音制品公约》对录音制品的“合理使用”没有像《罗马公约》那样作出规定，但《录音制品公约》第 6 条规定了对录音制品制作者权的限制。在符合下述条件的情况下，允许各成员方依据国内法律颁发强制许可证。这些条件是：（1）复制品的使用目的仅仅是教学和科学研究；（2）许可证下的复制品只能在国内使用，不得出口；（3）应向权利人支付合理的报酬。《知识产权协定》第 14 条第 6 款规定，世贸组织的任何成员均可在《罗马公约》允许的程度内，对表演者、录音制品制作者和广播组织的权利规定条件、限制、例外及保留。这就意味着，《罗马公约》有关邻接权保护的限制、例外及保留的规定，同样适用于世贸组织成员。因此，协定对这些规定没有进行重复规定。

三、商标权的国际保护

（一）可获注册和保护的商标客体

1. 可获注册和保护的商标类型

在《巴黎公约》中，可获注册和保护的商标类型主要包括以下几种：（1）共有商标。公约第 5 条第 3 款 C 项规定，根据请求保护地国家的本国法认为是商标共同所有人的几个工商企业，在相同或类似商品上共同使用同一商标，不应妨碍在巴黎联盟任何国家内注册，也不应以任何方式减少对该商标所给予的保护，但以这种使用并未导致公众产生误解，而且不违反公共利益为限。（2）集体商标。公约第 7 条之二规定，在不违反公共利益的前提下，如果社团的存在不违反原属国的法律，各成员方不得以该社团未在被请求给予保护国家设有营业所，或不是根据该国的法律所组成为理由，拒绝对该社团的集体商标给予注册和保护。（3）驰名商标。公约第 6 条之二第 1 款规定："本联盟各国承诺，如本国法律允许，应依职权，或依有关当事人的请求，对商标注册国或使用国主管机关认为在该国已经属于有权享受本公约利益的人所有而驰名、并且用于相同或类似商品的商标构成复制、仿制或翻译，易于产生混淆的商标，拒绝或取消注册，并禁止使用。这些规定，在商标的主要部分构成对上述驰名商标的复制或仿制，易于产生混淆时，也应适用。"该条第 2 款、第 3 款还规定，当事人有权在自注册之日起至少 5 年的期间内，提出取消这种商标注册的请求；而对于依恶意取得注册或使用的商标，可以在任何时间提出取消或禁止使用的要求。（4）服务标记。公约第 6 条之六规定："本联盟各国承诺保护服务标记。不应要求它们对该项标记的注册作出规定。"因此，公约只要求其成员方承诺保护服务标记，但并不要求成员方将服务标记作为商标注册。（5）厂商名称。公约第 8 条规定，厂商名称应在巴黎联盟一切国家内受到保护，但没有义务对其进行申请或注册。

2. 不能予以商标注册的情形

根据公约第 6 条之三、第 6 条之五的规定，对于具有下列情况之一的商标，巴黎联盟各成员方应拒绝注册，或使注册无效：（1）商标或商标的组成部分，未经主管机关许可，使用或模仿了巴黎联盟国家的国徽、国旗、其他国家徽记，以及各国用以表明监督和保证的官方符号和检验印章；（2）商标或商标的组成部分使用或模仿了巴黎联盟一个或一个以上国家参加的政府间国际组织的徽章、旗帜、其他徽记、缩写和名称；（3）商标具有侵犯第三人在被请求给予保护的国家的既得权利的性质；

(4) 商标缺乏显著特征，或者完全是由商业中用以表示商品的种类、质量、用途、价值、原产地或生产时间的符号或标记所组成，或者在被请求给予保护的国家的现代语言中或在善意和公认的商务实践中已经成为惯用的；(5) 商标违反道德或公共秩序，尤其是具有欺骗公众的性质，但不能因为商标不符合商标立法的规定即认为该商标违反公共秩序，除非该规定本身同公共秩序有关。

《知识产权协定》适应时代发展的要求，概括商标立法的成果，对《巴黎公约》进行了补充：第一，规定了商标可保护客体的范围。协定第15条规定，任何能够将一企业的商品或服务与其他企业的商品或服务区分开的标记或标记组合，均应能够构成商标。这类标记，包括人名、字母、数字、图形要素、色彩的组合，以及上述标记的任何组合，均应能够作为商标获得注册。第二，协定在承认《巴黎公约》关于拒绝为某些商标进行注册的规定的基础上（协定第15条第2款），为了排除不可以获得注册的商标获得注册，还特别规定了公告与异议程序。第15条第5款规定："在有关商标获注册之前或在注册之后，成员应予以公告，并应提供请求撤销注册的合理机会。此外，成员还可提供对商标的注册提出异议的机会。"

（二）商标权的权利内容

1. 排他使用权（或独占使用权）。排他使用权是商标权的主要内容。商标一经注册，该商标所有人就应享有专有权，以防止未经其同意的第三方使用相同或类似的商标导致混乱。关于注册商标的排他使用权，《巴黎公约》在规定驰名商标的保护时已有所涉及，但并不全面。《知识产权协定》在公约的基础上，明确规定了所有注册商标的排他使用权：有权防止第三方未经许可而在贸易活动中使用与注册商标相同或近似的标记去标示相同或类似的商品和服务而导致混乱（协定第16条第1款）；有权防止在与该注册商标所标示的商品或服务不类似的商品或服务上使用该注册商标而导致该注册商标所有人的利益因此受损（协定第16条第3款）。但是，协定也同时规定，上述排他使用权的行使，不得损害任何已有的在先权，也不得影响成员依使用而确认权利效力的可能。在这里，协定不仅通过把"商标"换成"标记"，提高了在同类商品或服务范围内防止商标侵权的效力，而且通过把排他使用权的范围由同类商品或服务扩及不同类的商品或服务，强化了商标的跨类保护，从而大大提高了商标保护的水平。

2. 转让权。《巴黎公约》与《知识产权协定》均规定，商标所有人拥有商标转让权。但关于转让权的具体规定，二者却迥然不同。按照《巴黎公约》第6条之四的规定，商标的转让只有与其所属商行或商誉同时转让方为有效，而且，如果受让人使用受让的商标事实上会具有使公众对使用该商标的商品的原产地、性质或重要品质发生误解的性质，巴黎联盟国家还可以不承认该项商标转让的效力。与此不同，《知识产权协定》第21条规定，注册商标所有人有权连同或不连同商标所属的经营一道转让其商标。

关于商标的保护期，《巴黎公约》未作出规定。《知识产权协定》则明确规定了商标权的保护期限："商标的首次注册及各次续展注册的保护期，均不得少于7年。

商标的续展注册次数应系无限次”（第 18 条）。

（三）商标权行使的限制

商标权的例外规定，是《知识产权协定》所特有的规定。按照协定第 17 条的规定，成员方可规定商标权的有限例外，诸如对说明词汇的合理使用之类，只要这种例外顾及了商标所有人及第三方的合法利益。可见，协定并没有规定成员“必须”对商标权作出限制。而且，如果成员要作出这种限制，协定反而规定了对这种限制的限制：一是这种限制必须是有限的；二是这种限制必须是合理的，即限制本身不得损害商标所有人及第三方的合法利益。因此，协定关于商标权的例外规定，本质上是一种有利于保护商标所有人利益的任择性规定。

四、专利权的国际保护

（一）可以获得专利权的客体

关于可以获得专利权的客体，即专利法的保护对象，世界各国的专利制度规定不尽一致。有的只保护发明专利；有的把实用新型包括在发明之内，统一授予发明专利；有的则把发明、实用新型、外观设计都列为专利法的保护对象，分别授予发明专利、实用新型专利和外观设计专利。为了协调各国专利法，《巴黎公约》与《知识产权协定》首先对可获专利权的客体作出了规定。按照《巴黎公约》第 1 条的规定，专利、实用新型、外观设计是并列而相互独立的工业产权保护对象，可获专利权的对象显然不包括实用新型、外观设计，而只有发明（包括方法发明）。虽然该公约第 5 条第 1 款第 5 项规定该款前 4 项有关专利的规定适用于实用新型，表明了公约对专利与实用新型共同性的肯定，但也不能由此得出结论：公约已把实用新型列为可获专利权的对象。与《巴黎公约》相同，《知识产权协定》所称的专利也是仅指发明专利。因此，协定关于专利的规定不适用于实用新型。不过，虽然协定未对实用新型的保护作出规定，但由于它承认《巴黎公约》1967 年文本第 1 条至第 12 条规定的有效性，也就意味着其成员必须承诺对实用新型进行有效的保护。但是，与《巴黎公约》相比，《知识产权协定》在三个方面有很大的进步：（1）规定了授予专利的条件。协定第 27 条第 1 款规定：一切技术领域中的任何发明，无论产品发明或方法发明，只要它们是新颖的、具有创造性并可付诸工业应用，均应有可能获得专利。（2）规定了可以不授予专利的例外情况。协定第 27 条第 2 款规定，为了保护公共秩序或道德，包括保护人类、动植物的生命或健康，或者避免对环境的严重破坏，各成员均可排除某些发明于可获专利权之外，并制止其在该成员地域内的商业性实施。但不能仅仅因为该成员的域内法律禁止该发明的实施而不授予其专利或使专利无效。此外，该条第 3 款还允许成员对下列各项客体不授予专利：第一，人体或动物的诊断、治疗和外科手术方法；第二，除微生物以外的动植物以及生产它们的生物性方法（非生物方法和微生物方法除外）；但成员应以专利制度或其他有效方法保护植物新品种。（3）规定了授予专利的原则。协定第 27 条第 1 款规定：在适用本协定的任何成员中，对专利的获得不得因发明地点不同、技术领域不同而给予歧视。

（二）专利权的内容及其保护

《巴黎公约》规定了各成员方应授予并保护专利权人如下权利：(1) 署名权。公约第 4 条之三规定："发明人有权要求在专利证书上记载自己是发明人。"这是为了保护发明人的精神权利而作的规定。(2) 进口权，包括产品专利的进口权和方法专利的进口权。公约第 5 条 A 款第 1 项规定："专利权人将在本联盟任何国家内制造的物品输入对该物品授予专利的国家的，不应导致该项专利的取消。"这是对产品专利进口权的规定。公约第 5 条之四还规定："一种产品输入对产品的制造方法有专利保护的本联盟国家时，专利权人对该输入产品应享有输入国法律，根据方法专利对在该国制造的产品所授予的一切权利。"这是公约赋予方法专利的进口权利。(3) 宽限期与专利恢复权。按照公约第 5 条之二的规定，关于专利维持费的缴纳，各成员方应给予专利权人不少于 6 个月的宽限期。如果一项专利由于未缴纳维持费而被终止，专利权人通过补交维持费和附加费有权申请恢复该专利。(4) 临时保护权。根据公约第 11 条第 1 款的规定，各成员方应按其本国法律对在任何成员方领土内举办的官方的或经官方承认的国际展览会展出的商品中可以取得专利的发明，给予临时保护。

《知识产权协定》在承认《巴黎公约》上述规定有效性的基础上，对专利权人的权利，特别是专利权人的专有权（或独占权）作出了详细、明确、具体的规定。协定第 28 条规定：(1) 专利权人具有下列专有权：第一，如果是产品专利，则有权制止第三方未经许可的下列行为：制造、使用、提供销售、销售，或为上述目的而进口该产品；第二，如果是方法专利，则有权制止第三方未经许可使用该方法的行为，以及下列行为：使用、提供销售、销售或为上述目的的进口至少是依照该方法而直接获得的产品。(2) 专利权人有权转让或通过继承转移其专利，并有权缔结许可证合同。此外，为了保护方法专利所有人的权利，协定第 34 条还特别对方法专利侵权的民事诉讼中的举证责任加以明确规定。依此规定，当方法专利所有人的权利受到侵犯时，司法当局应有权责令被告证明其获得相同产品的方法，不同于该专利方法。

关于专利权的保护期，《巴黎公约》未作出规定，是各成员方国内法律自行规定的事项。与《巴黎公约》不同，《知识产权协定》第 33 条明确规定了专利权的保护期：专利权"可享有的保护期，应不少于自提交申请之日起的 20 年年终"，从而为各国专利制度规定了专利权的最低保护期限。

（三）专利权行使的限制

任何国家和地区的专利制度都不可能给予专利权人无约束的权利，对专利权的行使都有一定程度的限制或例外规定。为了协调各成员（国）的专利制度，达到既保护权利人的利益，又保护公众利益的目的，知识产权的有关国际条约均对专利权的例外与限制作出了专门规定。《巴黎公约》的专门规定主要包括两个方面：(1) 不是侵权行为的规定。公约第 5 条之三规定，在该联盟任何国家内，下列情况不应认为是侵犯专利权人的权利：第一，该联盟其他国家的船舶暂时或偶然地进入该联盟一国的领水时，在该船的船身、机器、滑车装置、传动装置及其附件上使用构成专利主题的装置设备，但以专为该船的需要而使用这些装置设备为限；第二，该联盟其他国家的飞机或陆上车辆暂时或偶然地进入该联盟一国领土时，在该飞机或陆上车辆的构造或操纵中，或者在该飞机或陆上车辆附件的构造或操纵中使用构成专利主题的装置设备。（2）强制许可的规定。公约第5条A款第2项规定："本联盟各国都有权采取立法措施规定授予强制许可，以防止由于行使专利所赋予的专有权而可能产生的滥用，例如，不实施。"但公约第5条A款第3项、第4项同时也规定：第一，除强制许可的授予不足以防止上述滥用外，不应规定专利的取消，自授予第一个强制许可之日起2年届满前不得提起取消或撤销专利的诉讼。第二，自提出专利申请之日起4年届满以前，或自授予专利之日起3年届满以前，以二者较长者为准，不得以不实施或不充分实施为理由申请强制许可。这既是对不实施专利的时间限制，也是对强制许可的时间限制。第三，如果专利权人有正当理由不实施其专利，例如国内法禁止某种与军工技术有关的专利的实施，则有权拒绝强制许可。第四，这种许可不是独占性的，即专利权人对申请强制许可的人进行许可之后，仍有权将其专利许可给第三者使用。第五，这种许可除与利用该许可的部分企业或商誉一起转让外，一般不得转让，包括授予分许可证的形式在内。《知识产权协定》继承了《巴黎公约》的这一法律精神，在第30条及第31条规定了专利所授权利之例外及对专利强制许可使用的要求。协定第30条规定："成员可对所授的专有权规定有限的例外，只要在顾及第三方合法利益的前提下，该例外并未与专利的正常利用不合理地冲突，也并未不合理地损害专利所有人的合法利益。"关于强制许可规定，《知识产权协定》在《巴黎公约》的基础上，进一步强化了对专利权人的保护。协定第31条规定，如果世贸组织成员的法律允许未经权利持有人许可而就专利的内容进行除"合理使用"之外的其他使用（包括政府使用或政府授权的第三方使用），则应遵守协定提出的12项复杂、细致的规定。

（四）外观设计的国际保护

外观设计是受《巴黎公约》保护的工业产权类型之一（公约第1条），涉及的条款为第5条之五和第5条B款。前者规定，外观设计在巴黎联盟所有国家均受到保护；后者规定，外观设计不得因未实施或因输入物品与该外观设计相同而被取消。至于外观设计保护的范围、权利人所拥有的权利内容以及外观设计的保护期限等重要问题，公约均未涉及，由各成员方法律自行决定。因此，公约很难起到协调各成员方外观设计保护制度的作用。

《知识产权协定》规定各成员均应保护工业品外观设计，虽然协定允许各成员自由选择用工业品外观设计法或用版权法去保护工业品外观设计，但协定本身的条款所强调的是对外观设计实行工业产权的保护。协定在四个方面对外观设计的保护作出了新的规定：（1）规定了外观设计保护的条件。协定第25条第1款规定，受协定保护的工业品外观设计，必须是独立创作的、具有新颖性或原创性的工业品外观设计。如果某一外观设计与已知外观设计或与已知外观设计特征的组合无明显区别，该外观设计就不具有新颖性或原创性，各成员也就没有义务对其进行保护。协定还规定，对于主要由技术因素或功能因素构成的设计，各成员可以规定不予保护。协定第 25 条第 2 款强调，各成员应保证其对纺织品外观设计的要求，特别是对成本、检验或公布的要求，不至于不合理地损害求得此等保护的机会。(2) 规定外观设计所有人的权利。协定第 26 条第 1 款规定，受保护的工业品外观设计所有人，应有权制止第三方未经许可而为商业目的的制造、销售或进口带有或体现受保护设计的复制品或实质性的复制品。(3) 外观设计保护的例外规定。协定第 26 条第 2 款规定，成员可对工业品外观设计的保护规定有限的例外，但此等例外，应在顾及第三方合法利益的前提下，不应不合理地与受保护设计的正常利用相冲突，也不应不合理地损害受保护设计所有人的合法利益。(4) 规定了外观设计的保护期限。协定第 26 条第 3 款规定：工业品外观设计可享有的保护期应不少于 10 年。

【案例评析】

一、案例一[①]

1. 案情简介

美国教育考试服务中心（以下简称 ETS）主持开发了作为美国大学和研究生院入学考试，包括以英语作为外语的考试（以下简称 TOEFL）的试题。ETS 对所有 TOEFL 试题在美国版权局进行了著作权登记，并将 TOEFL 文字作为商标在相关类别予以注册。美国研究生入学管理委员会（以下简称 GMAC）是研究生入学考试（以下简称 GMAT）试题的著作权人，对所有 GMAT 试题在美国版权局进行了著作权登记，并将 GMAT 文字作为商标在相关类别予以注册。自 20 世纪 90 年代中期以来，新东方学校未经 ETS、GMAC 的同意大量复制、出版和发行 ETS 和 GMAC 分别享有著作权和商标权的 TOEFL、GMAT 考试试题。2001 年 1 月，ETS 和 GMAC 以新东方学校侵犯著作权和商标专用权为由，诉至北京市第一中级人民法院。

2. 基本问题

国外作品在我国是否应该得到保护？

3. 知识内容

在加入 WTO 后，根据中国缔结和参加的著作权国际公约，中国将直接承担对著作权国际保护的法律义务。本案中，原告开发的 TOEFL、GMAT 试题都在美国版权局进行了著作权登记，因而是在美国享有著作权的作品。外国作品在我国是否应得到保护，要看我国和该国是否参加了共同的国际公约。由于中国与美国都是

---

① 本案例为国际商务师考试案例。

《伯尔尼公约》的成员方，因而彼此应当提供著作权的国际保护。本案的审理集中体现了著作权国际保护的国民待遇原则、自动保护原则与独立性保护原则。

(1) 国民待遇原则

《伯尔尼公约》第5条第1款规定："就享有本公约保护的作品而论，作者在作品起源国以外的本联盟成员方中，享有各该国法律现在给予和今后可能给予其国民的权利，以及本公约特别授予之权利。"因此，国民待遇原则就是指在保护作品方面，要求将外国人按照本国国民来对待。换言之，以某一成员方为起源国的作品，在其他所有成员方受到这些国家给予其国民的作品的相同保护。

(2) 自动保护原则

《伯尔尼公约》第5条第2款规定："享有和行使著作权不需要履行任何手续。"这就是所谓的自动保护，即对著作权的保护不能以履行任何手续为条件。这里的"手续"，指国内法规定的获得权利保护时所必须履行的行政义务。例如，交存作品的复制品、在某一公共机构或官方机构注册、缴纳注册费等。如果对著作权的保护取决于履行这些手续，则违反了公约的规定。与自动保护原则一致的是公约第3条第1款a项的规定，根据该规定，成员方国民的作品无论是否出版，都受到保护。

(3) 独立性保护原则

《伯尔尼公约》第5条第2款规定："这些权利的享有和行使，无须履行任何手续，并与作品的来源国给予的保护无关。除本公约的规定外，权利的保护范围和作者获得的保护其权利的救济方法，仅依照被请求保护国的法律确定。"这一款的后半部分就是对著作权独立性原则的规定。著作权独立性原则包含两层意思：第一，著作权的保护适用被要求保护的成员方的国内法，即所谓的"权利要求地法"。第二，作品在成员方是否受到保护，受到何种保护，都不影响其在其他成员方得到公约最低要求的保护。

二、案例二①

1. 案情简介

2007年4月，美国以中国相关法律不符合世贸组织有关规定为由，向WTO争端解决机构提起诉讼，中、美两国主要存在以下争议：

(1) 关于中国知识产权刑事程序和处罚的"门槛"的争议

美国向WTO专家组提出：中国没有履行TRIPs第41.1条、第61条项下的义务。美国提交的报告称，中国惩罚知识产权犯罪的"门槛"太高，那些达不到该"门槛"要求的假冒商标或盗版行为受不到刑事制裁，但这些假冒商标或盗版行为仍构成TRIPs第61条规定的应予刑法惩罚的达到"商业规模"的假冒商标或盗版行为，因而中国的"刑事门槛""不足以威慑"盗版行为。

中国认为，针对假冒商标或盗版行为的刑事程序和处罚"门槛"已经足够威慑

① 本案例根据《中美知识产权争端WTO第一案及相关证据规则解析》一文综合整理。参见彭冰：《中美知识产权争端WTO第一案及相关证据规则解析》，载《黑龙江省政法管理干部学院学报》，2010(6)。

犯罪，并没有违反 TRIPs 规定的义务。中国 1997 年的《刑法》第三章第七节规定了侵犯知识产权的犯罪及处罚；之后的两个司法解释，即最高人民法院《关于办理侵犯知识产权刑事案件具体应用法律若干问题的解释》和最高人民法院、最高人民检察院《关于办理侵犯知识产权刑事案件具体应用法律若干问题的解释（二）》，对知识产权犯罪进行了明确、具体的阐释，降低了惩罚知识产权犯罪的“刑事门槛”，加大了对侵犯知识产权行为的惩罚力度。

（2）关于中国对版权的审查是否违反 TRIPs 下的义务的争议

美国针对中国《著作权法》第 4 条，提出该规定使那些被禁止出版或发行的作品的作者不能享受《伯尔尼公约》（1971 年）第 5.1 条规定的权利，这种拒绝给予版权保护的规定违反了 TRIPs 第 9.1 条的规定；第 4 条的规定还拒绝给予这些作品的表演者（或其固定者）和录音制品制作者的相关权利（邻接权）以保护，该条与中国承担的 TRIPs 第 14 条项下的义务不符。

中国辩称，《著作权法》第 4 条第 1 款适用范围是有限的，并且根据《著作权法》第 2 条的规定，中国著作权法的保护对象涵盖了《伯尔尼公约》和 TRIPs 等国际条约所规定的知识产权。同时，中方认为，世界上的大部分国家都对那些违反宪法或道德的知识产权有一定的限制，而中国的《著作权法》只是规定对于这样的著作权不给予保护。对于那些有可能违法的作品的审查不意味着中国否认著作权的保护。在回答专家组问题时，中国请求专家组明确在中国著作权法体系下，“著作权”与“著作权保护”应该进行区分，中国《著作权法》第 4 条第 1 款不是要否认著作权，而是在一定情况下否认个人著作权的生效，第 4 条第 1 款拒绝“著作权保护”是指执法意义上的，并不涉及“著作权”。

2. 基本问题

中国是否违反了 WTO 相关规定?

3. 知识内容

专家组认为，美国未能证明中国的刑事“门槛”规定与中国根据 TRIPs 第 61 条第 1 款承担的义务不一致，因此驳回了美国的此项诉求。在美国诉“版权审查”的问题上，专家组认为：美国未能证明从未提交审查的作品、在等待审查结果的作品、通过审查作品之未修改版本等不符合《知识产权协定》，同时，对未能通过审查的作品及通过审查的作品中被删除的部分中国不提供著作权保护；《中华人民共和国著作权法》特别是其第 4 条与中国在 1971 年《伯尔尼公约》第 5.1 条下的义务不符（该条已经为 TRIPs 第 9.1 条和第 41.1 条所吸收）。

实务训练

在经济全球化浪潮的推动下，中国企业走上了国际化的道路。依托价廉物美的商品，出口企业大多在国际市场中享有较好的声誉，其商标作为企业商誉的凝结体，也在国际市场中有了一定知名度。然而，一些企业在推行国际战略的同时，忽视了商标保护这一重要环节，造成商标在他国大量被抢注。不论是被抢注为商标、域名，还是企业名称，都会给企业和国家造成巨大的损失。中国企业到国外注册常常是到产品出口或将要出口的国家，通过代理进行逐一注册。这种注册方式虽然普遍通行，然而所需时间长、费用高、手续复杂，且各国的相关规定差异较大，给申请带来了许多不便，并且大大增加了申请成本。商标的国际注册是到国外注册商标的替代措施，应该特别指出，这里的商标国际注册并不是笼统指到国外注册商标，而是特指根据《商标国际注册马德里协定》和《商标国际注册马德里协定有关议定书》进行的商标注册，以此提供给商标以国际保护。马德里商标国际注册的特点就是省时、省力、省钱，商标注册提交一次申请，使用一种语言，交一次费用，一年之内完成。

中国申请人提交商标国际注册必须符合以下条件之一：（1）在中国设有真实、有效的工商营业所；（2）在中国设有住所或总部；（3）具有中国国籍，包括台湾同胞及中国在各地的侨民。

申请所需信息和文件包括：（1）申请人的详细信息，包括姓名或名称，详细地址；（2）中国商标注册证复印件1份或商标注册申请证明1份；（3）商标黑白图样2份，尺寸最大不超过8厘米×8厘米，最小不小于5厘米×5厘米；（4）申请把颜色作为商标的一部分予以保护的，应指出申请保护的颜色和颜色组合，并附送该商标彩色图样2份；（5）商标指定使用的商品；（6）指定保护的国家，但不得包括中国；（7）若商标或其一部分是由非拉丁字母、非阿拉伯数字或非罗马数字构成的，应注明其音译，音译应符合国际申请所用语言的语音，并注明相应的译文；（8）由申请人签署的商标代理委托书。

马德里商标国际注册程序：（1）向商标局国际注册处提交注册申请；（2）商标局收到手续齐备的申请文件之后，登记申请日期，编定申请号；（3）国际局收到符合《商标国际注册马德里协定及该协定有关议定书的共同实施细则》的国际注册申请后，即在国际注册簿上进行登记注册，并给商标注册申请人颁发《商标注册证》，《商标注册证》直接寄送给中国商标局国际注册处，由中国商标局国际注册处转寄给商标代理机构；（4）国际局向指定国的商标主管机关传送申请文件，各商标主管机关收到申请文件后，根据本国商标法对申请的商标进行检索、审查；（5）若申请保护的商标（即延伸保护的商标）在提出申请之日起1年（议定书国家为一年半）期限内未被指定国驳回，则商标视为在指定国获得保护。国际注册商标的有效期限为10年，可续展，每次续展保护期为10年。

课后练习

2002年8月，×市海关发现了一批出口香港的5 680台收音机带有“SQNY”商标，与“SONY”非常近似，海关依照《中华人民共和国知识产权海关保护条例》第17、18条的规定扣留了上述产品。此后，日本索尼株式会社向该市人民法院提起诉讼，称百中兴实业有限公司和华英进出口有限公司侵犯其商标专有权。并在诉状中称：被告在同种商品上使用了与“SONY”非常近似的商标，并将侵权商品出口，已构成侵权。为此，要求法院判令被告停止侵害，赔偿经济损失 20 万元人民币。[①]

问题：外国人的商标如何在中国取得专用权？该案应如何处理？

延伸阅读

1. 刘波林译．保护文学和艺术作品伯尔尼公约（1971 年巴黎文本）指南．北京：中国人民大学出版社，2002

2. 郑成思．国际知识产权保护制度及其对我国的影响．中国版权，2006（4）

3. 陈福利．知识产权国际强保护的最新发展——《跨太平洋伙伴关系协定》知识产权主要内容及几点思考．知识产权，2011（6）

① 参见 http：//guangzhou. lawtime. cn/info/shangbiao/sbalal/20111128107467. html，访问时间：2012 年 4 月 15 日。

第七章　国际金融法律实务

【内容摘要】

随着国际间交往与合作的不断深入，交通与通讯技术的不断发展，各国间的经济日益呈现出相互依赖、相互制约的一体化态势。国际金融作为一种跨越国界的货币资金运动，已经渗透到现代各国经济生活的各个层面，成为现代经济的核心。

国际金融法是调整国际货币金融关系的各种法律规范的总称，是国际经济法的一个重要分支，也是一门新兴学科。学习国际金融法，一方面，要了解国际金融法中最重要的几个方面的内容，即国际货币法律体制、国际储备法律制度、国际银行监管法律制度、国际证券监管法律制度的历史发展及其基本规则；另一方面，也要结合案例与训练，熟悉和掌握相关国际金融法律规则与制度中的实际问题与实务运作。

【知识要点】

一、国际货币法律制度

国际货币法律制度是指各国在货币领域的合作与协调过程中形成的、为相关各国所普遍遵守的法律制度。国际货币法律制度由全球性的国际货币法律制度、区域性的国际货币法律制度和各国的涉外货币法律制度构成，三者紧密联系，互为存在和发展的基础。其中，以 IMF 为核心的全球性货币法律制度是国际货币法律制度的核心内容。

(一) 布雷顿森林体制的建立

1. 体制出台

第二次世界大战后，英美等国开始检讨在第一次世界大战后经济萧条的原因及第二次世界大战爆发的根据，并酝酿战后准备实施的国际货币金融体系。1944 年 7 月1 日，44 个国家或地区的经济特使在美国新罕布什尔州的布雷顿森林召开了联合国货币金融会议。会议商讨了分别由美国财政部官员哈里·怀特和英国著名经济学家约翰·梅纳德·凯恩斯于1943 年提出的"怀特计划"和"凯恩斯方案"。经过 3 周的讨论，会议最终通过了以"怀特计划"为基础的《国际货币基金组织协定》和《国际复兴开发银行协定》，这就是《布雷顿森林协定》。依其而建立的战后国际货币金融体系被称为布雷顿森林体系。该体制以《国际货币基金组织协定》和《国际复兴开发银行协定》为核心，确立了以美元为中心的国际货币体系。1945 年12 月 27 日，参加布雷顿森林会议的国家中的 22 个国家的代表签署协定，正式成立国际货币基金组织（IMF）和世界银行（WB）。

2. 主要内容

（1）美元与黄金挂钩。各国确认 35 美元兑换一盎司黄金的官价，每一美元的含金量为 0.888 671 克。参加国政府和中央银行可按照官价将持有的美元向美国政府兑换黄金；参加国货币与美元挂钩，以美元的含金量为标准确定兑换率或者直接规定比价。

（2）实行可调整的固定汇率或钉住汇率制度。根据《国际货币基金组织协定》，各参加国货币按比价直接钉住美元，汇率一经确定不能随意更改，汇率波动的上、下限各为 1%，各国货币当局有义务维持波动界限；参加国汇率变动接受国际货币基金组织统一安排和监督，国际收支出现根本性不平衡时，可要求变更汇率，幅度在 10%内的自行调整，幅度超过 10%的须经国际货币基金组织批准。

（3）货币储备机制。以黄金为基础的美元成为主要国际储备货币，美国保证提供用于国际储备和国际支付的美元，保证各国按官价向美国兑换黄金；国际货币基金组织创设特别提款权（SDR）补充黄金、美元作为国际货币储备。

（4）国际支付调节机制。国际货币基金组织会员国份额的 25%以黄金或可兑换成黄金的货币缴纳，其余则以本国货币缴纳。参加国发生暂时性支付危机时可按在国际货币基金组织的份额以贷款方式向国际货币基金组织借款，以平衡其国际收支；每年借款不得超过其份额的 25%，累计借款不得超过 125%。会员国所认缴的份额越大，得到的贷款也越多。贷款只限于会员国用于弥补国际收支赤字，即用于经常项目的支付。

(二) 布雷顿森林体制的崩溃

第二次世界大战后初期，以美元为中心的布雷顿森林体制，为恢复世界经济起到了重要的作用。但随着主要资本主义国家经济实力的对比一再发生变化，布雷顿森林体制本身固有的矛盾和缺陷日益暴露。

导致布雷顿森林体制崩溃的直接原因则是第二次世界大战后美国经济实力不断衰弱，危机频繁爆发。20 世纪 60 年代至 70 年代，美国因越南战争导致财政赤字巨大，国际收入情况恶化，美元的信誉受到冲击，大量资本出逃，各国纷纷抛售自己手中的美元而抢兑黄金，使美国黄金储备急剧减少，伦敦金价上涨，美元危机频频爆发。

1971 年 7 月，第七次美元危机爆发，美国的黄金储备已从战后初期的 245.6 亿美元下降到 110 亿美元。尼克松政府于该年 8 月 15 日宣布实行“新经济政策”，停止履行向外国政府或中央银行用美元兑换黄金的义务。1971 年 12 月，以《史密森尼协定》（Smithsonian Agreement）为标志，美元对黄金贬值，美联储拒绝向国外中央银行出售黄金。至此，美元与黄金挂钩的体制名存实亡，布雷顿森林体制开始瓦解。

1973 年 3 月，西欧出现抛售美元、抢购黄金和马克的风潮。同年 3 月 16 日，欧洲共同市场 9 国在巴黎举行会议并达成协议，联邦德国、法国等国家对美元实行“联合浮动”，彼此之间实行固定汇率。英国、意大利、爱尔兰实行单独浮动，暂不参加共同浮动。其他主要西方货币实行了对美元的浮动汇率。至此，固定汇率制度完全垮台。

美元停兑黄金和固定汇率制的垮台，标志着战后以美元为中心的布雷顿森林体制正式崩溃。

（三）牙买加体制的内容

1. 背景概况

布雷顿森林体制的崩溃表明，以黄金为基础的单一储备货币体系是不稳定的，在黄金产量的增长落后于经济发展的情况下，会因金价本身无法稳定而使货币体系走向混乱与崩溃。1976 年 1 月，IMF 理事会“国际货币制度临时委员会”在牙买加首都金斯敦举行会议，讨论《国际货币基金组织协定》的条款，并最终签订了《牙买加协议》。同年 4 月，IMF 理事会通过了《国际货币基金组织协定第二修正案》，从而形成了新的国际货币体制，即牙买加体制。

2. 主要内容

（1）实行浮动汇率制度的改革。《牙买加协议》正式确认了浮动汇率制的合法化，承认固定汇率制与浮动汇率制并存的局面，成员国可自由选择汇率制度。同时 IMF 继续对各国货币汇率政策实行严格监督，并协调成员国的经济政策，促进金融稳定，缩小汇率波动范围。

（2）推行黄金非货币化，推动储备货币多元化。《牙买加协议》作出了逐步使黄金退出国际货币的决定，废除黄金条款，取消黄金官价，规定成员国中央银行可按市价自由进行黄金交易；取消成员国相互之间以及成员国与 IMF 之间须用黄金清算债权、债务的规定，IMF 将逐步处理其持有的黄金。国际储备货币日趋多元化，联邦德国马克（后为德国马克）、日元随两国经济的恢复、发展脱颖而出，成为重要的国际储备货币。目前，欧元已成为与美元相抗衡的新的国际储备货币。

(3) 增强特别提款权（SDR）的作用。主要是提高特别提款权的国际储备地位，扩大其在IMF一般业务中的使用范围，并适时修订特别提款权的有关条款。

(4) 增加成员国基金份额。成员国的基金份额从原来的292亿特别提款权增加至390亿特别提款权，增幅达33.6%。

牙买加体制所确立的多元化的储备结构摆脱了布雷顿森林体制下各国货币间的僵硬关系，为国际经济提供了多种清偿货币，在较大程度上解决了储备货币供不应求的矛盾。同时，多样化的汇率安排适应了多样化的、不同发展水平的各国经济，为各国维持经济发展与稳定提供了灵活性与独立性，同时有助于保持国内经济政策的连续性与稳定性。

但牙买加体制也存在较为明显的缺陷。在多元化国际储备格局下，缺乏统一的稳定的货币标准，这本身就可能造成国际金融的不稳定。1973年浮动汇率普遍实行后，西方外汇市场货币汇价的过分波动频频导致金融危机的爆发。总之，牙买加体制仍然只是一种过渡性的、不健全的体系，仍需要进行彻底的改革。

二、国际储备法律制度

(一) 国际储备的概念

国际储备是指，一国货币当局所持有的，能随时用来支付国际收支差额，干预外汇市场，维持本币汇率稳定的流动性资产。国际储备的概念有广义和狭义之分。广义的国际储备可以划分为自有储备与借入储备，两者总和被称为国际清偿能力。通常所称的国际储备是指狭义的国际储备，即自有储备。借入储备是一国政府在国际金融市场上筹措资金的能力（包括向外国政府或中央银行、国际金融组织和商业银行借款的能力）。

(二) 国际储备的作用

1. 调节国际收支。调节国际收支是一国政府持有国际储备的首要作用。如果国际收支困难是暂时的，通过动用外汇储备、减少在IMF的储备头寸和特别提款权、在国际市场上变卖黄金来弥补国际收支赤字所造成的外汇供求缺口，能够使国内经济免受财政和货币政策产生的不利影响，有助于国内经济目标的实现。当然，一国的国际储备是有限的，因此利用国际储备应付国际收支困难的能力也是有限的。

2. 干预外汇市场。一国的货币当局可以利用国际储备来干预外汇市场，影响外汇供求，将汇率稳定在一国政府所希望的或者是有利于本国经济发展的水平上。当外汇汇率上升、本币汇率下跌，超出政府的目标界限时，货币当局抛出外汇储备（增加外汇供应），购入本国货币，则可以抑制本国货币汇率下跌或使本国货币汇率上升；相反，当本国货币汇率上升时，就通过增加市场上本币的供应，购买外汇从而抑制本国货币汇率的上升。由此可见，国际储备是国家维持货币汇率稳定的工具，一国持有国际储备的多少表明该国干预外汇市场和维持汇率稳定的实力，充足的国际储备是支持和加强本国货币信誉的物质基础。

3. 信用保证。国际储备不仅是一国政府对外借款的信用保证，还可以用来支持对本国货币稳定的信心。通常情况下，一国国际储备充足，有助于加强本国的国际资信，有利于吸引外资，促进经济发展。国际金融机构和商业银行在对外贷款时，往往要事先调查拟举债企业所在国政府的偿债能力。因此，一国的国际储备状况构成了专业资信机构和国际金融机构进行资信调查和评价国际风险的重要指标之一。

(三) 国际储备的构成

按照 IMF 的统计口径，一国的国际储备主要由以下四个部分组成：黄金储备、外汇储备、在国际货币基金组织的储备头寸（普通提款权）和特别提款权。对于这四种国际储备，在国内及国际层面有不同的管理原则。

在国内层面上，一般注重三个方面的原则：第一，流动性，这是国际储备结构管理的首要原则，国际储备必须保持高度的流动性，以备在需要时随时可以兑换，用于各种支付。第二，安全性，这就要求国际储备的内在价值必须具有相当的稳定性，不能波动频繁，以致影响支付的质量。第三，盈利性，这就要求国际储备的资产必须能够保值增值。

在国际层面上，一般分为宏观管理与微观管理，前者在于确定一国储备的最适度水平及如何保持这一合理水平；后者则表现为对国际储备资产的管理法规，其核心内容是中央银行如何持有和管理这笔储备资产，包括各类储备资产的比例分配、外汇储备中币种分配安排、储备资产的资产组合和风险分散等。

因此，各种储备间的不同组合，即其各自在国际储备额中所占的不同比重，会导致国际储备出现不同的流动性、安全性和盈利性。同时，不同国家在不同时期会因不同的经济发展目标，对国际储备的流动性、安全性和盈利性的要求不尽相同。

三、外汇管理体制

(一) 外汇的概念

外汇，即外国汇兑，静态的理解，是以外国货币表示的并可用于国际结算的支付手段；动态的理解，就是一国货币与另一国货币的兑换。

我国的《外汇管理条例》第 3 条规定，该条例所称外汇，是指下列以外币表示的可以用作国际清偿的支付手段和资产：包括（1）外币现钞，包括纸币、铸币；（2）外币支付凭证或者支付工具，包括票据、银行存款凭证、银行卡等；（3）外币有价证券，包括债券、股票等；（4）特别提款权；（5）其他外汇资产。

(二) 汇率制度

汇率，又叫汇价，即本国货币与外国货币的兑换比率。汇率的标价方式有两种：其一，直接标价法。即以一单位的外国货币为基准，将其折合成一定数额的本国货币，又叫本币汇率，如在我国，1 美元＝6.32 元人民币。其二，间接标价法。即以一单位的本国货币为基准，将其折合成一定数额的外国货币，又叫外币汇率，如在我国，1 元人民币＝0.158 美元。世界上除美国等国家采间接标价法外，大多数国家，包括我国目前采用直接标价法。

所谓汇率制度，就是规定本国货币与外国货币的汇率关系、汇率波动幅度及干预汇率变动的方式等的制度。世界各国实行的汇率制度大致有两种：固定汇率制和浮动汇率制。

固定汇率制即为外汇行市受到某种行政或法律的限制，而仅在一定范围内小幅波动的制度。这样的国家往往以法律形式规定汇率，也以法律形式对本币进行升值或贬值。浮动汇率制是指外汇行市基本不受行政或法律限制，仅由市场供求关系自行决定涨落的汇率制度。在这种制度下政府也可建立外汇平准基金，用市场的手段来干预外汇行市的价格，但一般不会用行政或法律手段。由于国家经济实力和货币政策的不同，各国汇率浮动的方式也有差异，美、日等发达国家一般采用单独浮动，而有些区域性经济组织成员国的货币则采用联合浮动，还有些出口外向型国家则采取钉住某种货币浮动的方式。

在浮动汇率制度下，市场对汇价起决定作用，影响汇率变动的因素变得较为复杂，一般具有重要作用的因素主要有：(1) 市场的心理预期。由于预期因素会令投机者得益，因而外汇市场比商品市场具有更高的敏感性，很多经济、政治或社会因素的变动，甚至即将变动的消息都会引起人们对外汇市场预期的变化，从而导致汇率的变化。(2) 利息的差异。国际储备货币多元化，国际货币市场上游资充斥，大量投资者和投机者的资金非常活跃，因此各主要发达国家的利率差异比以往更大地影响着汇率水平。(3) 通货膨胀因素。如 20 世纪 70 年代，联邦德国马克是最为坚挺的货币，主要就归功于当时联邦德国的通货膨胀率一直低于其他资本主义国家。(4) 国际收支状况。对外收支经常性项目尤其是贸易差额，极大地影响着汇率水平，通常一国贸易顺差时汇率就上升，逆差时汇率就下降。

(三) 外汇管制

1. 外汇管制的概念

外汇管制 (foreign exchange control)，是一国政府通过法律和行政手段对外汇的结算、收支、买卖、储存和使用进行管理，以控制外汇的供给和出入境，维持本国货币对外汇率的稳定，平衡本国国际收支的制度。

2. 外汇管制的对象

外汇管制的对象主要包括对物、人和账户的管理：(1) 对物的管制，包括对各种以外币表示的支付工具和信用支付工具的管制，以及对金银的管制。(2) 对人的管制，是指定居在本国境内的本国人和外国人，以及不定居在本国境内的本国人和外国人都是外汇管制的对象，但实施不同的管制内容。(3) 对账户的管制，如美联储规定，银行从事的离岸金融业务必须与美国境内的金融业务严格分开。

3. 外汇管制的方法

外汇管制的方法主要有直接管制和间接管制。

直接管制的具体方法有：（1）账户管制，如政府部门控制外汇交易，外汇账户必须登记，处于政府部门的监控之下，一切外汇收入必须按官方汇率结售给指定银行，一切外汇支出必须经政府批准，严格限制外汇的进出境等。（2）数额管制，如对外汇使用实行配额制，企业可以留存、使用的外汇额度受到严格控制。（3）汇价管制，即通过调整官方汇率来影响汇市。

间接管制的方法主要是利用市场手段来干预汇市，比如：（1）在外汇市场抛售或收购某种货币来平抑汇价，当然这种做法的前提是政府手中掌握有相当数量的外汇储备；（2）调整利率，紧缩信贷，抑制通货膨胀，这样可以吸引外资流入，以加强该国货币的地位；（3）控制进出口，如限制进口商品的数量就可以控制外汇支出，从而改变国际收支状况；（4）利用税收制度吸引外资或控制外汇转移；（5）双边清算，即根据两国签订的清算协定进行结算，两国因贸易而发生的债权、债务相互抵销，无须通过外汇市场，从而可避免汇价因此而发生波动。

4. 我国外汇管理体制

我国目前的生产力、国民收入水平和外汇储备状况尚无法实现彻底取消外汇管制、实行完全的浮动汇率制度的这一目标。为此，我国外汇管理体制改革提出了切实可行的目标：改革外汇管理体制，建立以市场供求为基础的、有管理的浮动汇率制度和统一规范的外汇市场，逐步使人民币成为可自由兑换的货币。除《外汇管理条例》外，中国人民银行还颁布了《关于进一步改革外汇管理体制的公告》、《结汇、售汇及付汇暂行规定》、《银行间外汇市场管理暂行规定》等法规，使我国的外汇管理体制取得巨大的进展。

一方面，在经常项目外汇管理中，我国基本实现了人民币经常项目下的自由兑换。这主要是指取消经常项目正常对外支付用汇的计划审批。对于境内居民因私出境兑付外汇，放宽了数额上的限制，手续上也大大简化。在此基础上，我国还逐渐采取措施，力图实现人民币资本项目下的自由兑换。资本项目下的自由兑换涉及四十多个方面，我国已在二十多个方面开放，没有开放的主要有以下两个方面：一是中国企业直接向外举债和把人民币兑换成外汇进行对外投资，这些还需要审批；二是外币不能直接购买本币证券。

另一方面，就汇率制度而言，我国于 1994 年 1 月 1 日实现人民币与外汇汇率并轨，实行以市场供求为基础、单一的、有管理的浮动汇率制度。按照这种制度，中国人民银行每天根据中国外汇交易中心的加权平均价来决定并公布人民币对主要外币的中间价，各家银行再根据自己的业务情况，自行确定相应的买入价和卖出价。

5. IMF 的外汇管制

通过外汇管制可以减少外来因素的影响，促进一国国内经济的发展，维持国际收支平衡。但其也存在明显弊端，比如它不符合市场经济的原则，汇价受制于政府，而不是由市场决定，与货币的供求关系不吻合；在外汇管制下，由于手续繁多且环节复杂，必然会增加交易成本，不仅造成当事人的不便，也容易滋生走私、外汇黑市等非法现象，使外汇市场陷入混乱。因此，IMF 不允许对经常项目进行外汇管制，以避免破坏正常的多边贸易和多边结算，维持国际贸易和国际货币体制。但实践中，仍有一些国家和地区变相地采取措施，对经常项目进行外汇管制，以奖励出口、争夺海外市场。

在《国际货币基金组织协定》中，“消除妨碍世界贸易发展的外汇管制”被确定为IMF的一项宗旨。为落实该宗旨，《国际货币基金组织协定》第8条对会员国实行外汇管制课以相应义务，一定程度上限制了外汇管制的任意实施。然而，考虑到部分会员国的特殊国情，《国际货币基金组织协定》在第14条中提供了一个过渡办法，供各会员国在两者之间作出选择。

（1）第8条规定的成员国义务

《国际货币基金组织协定》第8条规定，成员国未经基金组织批准，不得对贸易和非贸易等国际收支经常性交易项目的外汇兑换、支付和清算实行限制；不得采用歧视性的差别汇率措施和复汇率制度；任何成员国对其他成员国在经常性交易中积存的本国货币，在对方为支付经常性交易而要求兑换时，应用外汇或对方的货币换回；各成员国应当向基金组织提供规定的有关金融和经济信息。第8条是基金组织成员国的一般义务，凡成员国接受此条规定的义务，取消其外汇管制后，就成为所谓的“第8条成员国”，该国货币即被IMF视为“可自由兑换货币”。根据《国际货币基金组织协定》第8条的规定，凡未经IMF批准而实施有悖相关规则的“第8条成员国”，将构成对《国际货币基金组织协定》的违反，国际货币基金组织可据情节予以制裁。

（2）第14条规定的过渡性安排

IMF的许多成员国目前并未接受《国际货币基金组织协定》第8条规定的义务，这些国家在加入IMF时选择接受《国际货币基金组织协定》第14条第2款规定的“过渡性安排”。根据该条，该类成员国在加入基金组织后，将继续保留或依情势变迁改变其对经常性国际交易支付与货币移转的限制。《国际货币基金组织协定》第14条原仅在第二次世界大战后的过渡期内允许成员国维持和施行某种临时性外汇限制措施，并且此类成员国应每年与基金组织磋商，即所谓“第14条磋商”，但此款后来被持续沿用至今。目前，接受第14条过渡性安排义务的成员国除少数发达国家外，主要为发展中国家。

根据《国际货币基金组织协定》的规定，接受第14条过渡性安排的成员国可在任何时候改为接受第8条的义务而成为“第8条成员国”，但接受第8条义务约束后则不能再改为接受过渡性安排。接受过渡性安排的成员国完全取消其外汇限制通常需要经过几个阶段：首先，需在基金组织协助下逐步取消有悖多边国际支付的双边贸易安排，以逐步实现对经常性国际交易的自由外汇兑换；其次，取消经常性国际交易项下的本币汇兑和流转限制，以使非居民有权以该本币兑换外汇并实现国际流转；再次，取消对非居民和居民的有差别的外汇限制，使居民和非居民不经政府机构批准即可以居住国货币支付经常性国际交易；最后，该会员国将无限制地允许本国居民在国际交易中使用和兑换外汇。相当一部分发展中国家更愿意通过“第14条磋商”，在事实上遵循《国际货币基金组织协定》第8条的规定，但并不在法律上正式接受第8条所规定的义务。

四、特别提款权

(一) 概念及性质

特别提款权（Special Draft Right，SDR）是 IMF 为补充国际储备不足而于 1969 年 8 月创设，并于 1970 年 1 月开始向参加国发行的一种国际储备资产。它主要用作成员国及国际货币基金组织之间的国际支付工具（不能直接用于国际贸易支付）和货币定值单位，并可在成员国和基金组织间兑换成可自由使用的外汇。基金组织成员国可自愿参加特别提款权的分配，从而成为基金组织特别提款权部的参加国（在基金特别提款权账户下享有特别提款权），也可以不参加特别提款权的分配，还可以参加后退出特别提款权部；此外，基金组织对于某些违反《国际货币基金组织协定》的成员国，可根据参加国有效通过的决议撤销其参加国资格或取消其特别提款权。目前，IMF 成员国中，除个别国家外，其余均为特别提款权账户的参加国。

(二) 特点及规定

1. 在提款与使用上不同于一般提款权

特别提款权是参加国（指参加基金组织特别提款权部的成员国）在基金组织特别提款权账户下享有的对其自有储备资产的提款权，它不同于成员国对基金组织一般资金账户下享有的借贷性提款权。根据《国际货币基金组织协定》的规定，参加国使用特别提款权除应符合《国际货币基金组织协定》要求的国际支付目的外，不受其他条件限制，其提款无须偿还，并且参加国对于其在基金组织特别提款权账户下分配拥有的特别提款权资产有权获得利息收益。

2. 兑换率由基金组织特别多数票批准确定

特别提款权是由基金组织根据国际清偿能力的需要而发行，并由基金成员国集体监督管理的一种国际储备资产。依据《国际货币基金组织协定》的规定，特别提款权应根据国际经济贸易的发展对国际储备资产的要求而每几年发行一次，该发行应以保持全球国际储备的稳定发展为目标；特别提款权的分配原则上以成员国在基金组织一般资金账户下的配额为基础（近年来适当考虑到发展中国家的利益），任何关于特别提款权分配或取消某成员国特别提款权的决议均需得到特别提款权参加国 85%加权投票的赞成，每一参加国不仅有权在通过特别分配决议时投票反对，而且可以在分配表决前通知基金组织其不参加分配。发展中国家通常认为，基金组织目前对特别提款权的发行限制过于严格，难以满足国际储备手段增长的需求，且目前特别提款权在国际储备资产中所占的比例过低（占国际储备资产总值的 4%）；同时认为，基金组织目前对特别提款权的分配办法不合理，其中对于发展中国家的利益考虑不够。

3. 特别提款权可兑换自由使用的货币

特别提款权本质上是由基金组织为弥补国际储备手段不足而创制的补充性国际

储备工具，其基本作用在于充当成员国与基金组织之间的国际支付工具和货币定值单位，同时也可在成员国之间兑换为可自由使用的外汇。根据《国际货币基金组织协定》和基金组织决议的规定，特别提款权目前可用于以下用途：

（1）根据《国际货币基金组织协定》第19条第3款的规定，参加国基于国际收支平衡或储备地位的需要，可申请基金组织在特别提款权账户下安排向其他参加国兑换为可自由使用的外汇；基金组织在收到申请后，可协调指定某些参加国为承兑特别提款权的对象，并在规定期限内与申请国兑汇；申请国的此种兑汇没有比例限制，可将其持有的全部特别提款权兑换为可自由使用的外汇。（2）根据《国际货币基金组织协定》第19条第2款b项的规定，某一参加国也可通过与其他参加国达成协议的方式，以特别提款权兑换为等值的其他通货（包括不可自由使用的外汇），而不必征得基金组织的批准，也不必遵循基金组织的相关规定与原则（包括有关兑汇"需要"的限制）；但此类交易以不违反《国际货币基金组织协定》第22条规定的原则为准。（3）依《国际货币基金组织协定》第17条第2款的规定，参加国可以申请将其在特别提款权账户下持有的特别提款权转入一般资金账户，以补足该参加国在一般资金账户下储备部分不足其配额的25%所形成的债务，或者用于偿还其所欠基金组织的其他债务；基金组织特别提款权部收到该申请国的申请后，实际上须将该特别提款权向其他参加国兑换为所需的通货，并转入该申请国的一般资金账户，故此过程中，基金组织须征得相关兑汇国的同意。（4）依基金组织目前的决议，特别提款权按照可调整的比例，集合表示着五种可自由使用货币的币值（"特别提款权篮"），其币值具有相对的稳定性，可以作为货币定值单位。（5）根据《国际货币基金组织协定》第30条的规定，只要经基金组织的批准，特别提款权还可以用于基金组织成员国与非成员国之间的其他相关金融业务。从基金组织已有的决议和目前的实践来看，特别提款权已在成员国和非成员国之间被用于远期贸易付款、特定的贷款、国际金融结算、国际金融业务保证金、基金利息与红利支付、赠款，等等。

4. 发行量由IMF理事会决定

特别提款权作为一种较为稳定的国际储备资产，又是一种货币定值单位，基金组织依《国际货币基金组织协定》第15条第2款的授权，可在任何时候改变特别提款权（SDR）的计价方法与原则。特别提款权在创立时曾与黄金直接挂钩（ISDR价值为0.888 671克黄金），《国际货币基金组织协定》第二次修订后，曾与16国货币挂钩；根据1980年基金组织执行理事会通过的第6631号决议和第6708号决议，特别提款权自1986年1月1日起将以国际出口贸易和服务贸易额最高的五个基金成员国的货币组成特别提款权货币篮，以后每五年调整一次，该五国货币被定为可自由使用的货币。①

① 1980年9月18日，为了简化SDR定值方法，增强其吸引力，IMF宣布将SDR货币篮简化为五种最大的"可自由使用的货币"(freely usable currency)。对于"可自由使用的货币"，IMF的标准是：（1）在国际支付中被广泛使用；（2）在主要外汇市场上被广泛交易。根据这个标准，当时最大的五种货币是美元、联邦德国马克、日元、法国法郎和英镑。它们在SDR中所占比重分别为42%、19%、13%、13%、13%。（此后每五年调整一次权重。）这个货币篮可以称做"可自由使用货币篮"。1999年欧元启动，德国马克、法国法郎并入欧元。IMF执行董事会把货币联盟的货币纳入"可自由使用的货币"范围内，并决定SDR的货币篮由美元、欧元、日元和英镑四种货币组成。

五、国际银行监管法律制度

巴塞尔银行监管委员会（The Basel Committee on Banking Supervision），简称巴塞尔委员会，是由美国、英国、法国、德国、意大利、日本、荷兰、加拿大、比利时、瑞典10大工业国的中央银行于1974年年底共同成立的，其作为国际清算银行的一个正式机构，以各国中央银行官员和银行监理当局为代表，总部设在瑞士的巴塞尔。自成立以来，巴塞尔委员会制定了一系列涉及银行监管的重要规定，虽然这些规定不具法律约束力，但鉴于其合理性、科学性和可操作性，得到了世界各国监管机构的普遍赞同，并已构成国际社会普遍认可的银行监管国际标准，被称为“巴塞尔协议”。巴塞尔委员会虽不是严格意义上的银行监管国际组织，但事实上已成为银行监管国际标准的制定者。

（一）跨国银行监管责任的划分

前联邦德国赫斯塔特银行和美国富兰克林国民银行的倒闭，使巴塞尔委员会开始全面审视拥有广泛国际业务的银行的监管问题。1975年9月，巴塞尔委员会出台了第一份文件，即《对银行国外机构的监管报告》。该报告核心内容是针对国际性银行监管主体缺位的现实，突出强调两点：（1）任何银行的国外机构都不能逃避监管；（2）母国和东道国应共同承担监管的职责。但该报告未对东道国与母国之间的监管责任作出明确的划分。

1983年5月，巴塞尔委员会对1975年报告进行了修改，以“监督必须充分”为监管原则，明确了母国和东道国在跨国银行分行、子行和合资银行的清偿能力、流动性、外汇活动及其头寸方面的监管权力与监管责任，主要包括：

1. 对跨国银行清偿能力的监管责任。（1）分行的清偿能力由母国负责监督；（2）子行的清偿能力由母国与东道国联合负责监督；（3）合资银行的清偿能力原则上由东道国负责监督，但如某一股东在合资银行中占有多数股权，则该股东的母国应与东道国共同负责监督。

2. 对跨国银行流动性的监管责任。（1）跨国海外银行机构的流动性问题主要由东道国负责监督，但海外分行的流动性由东道国与母国共同分担监督责任；（2）母国则应对银行的整体（包括其海外机构）的流动性负监督责任。

3. 对跨国银行外汇头寸的监管责任。（1）对各类海外银行机构外汇头寸的监管应由母国和东道国共同承担；（2）母国负责监管包括海外银行在内的整个跨国银行在全国范围内的外汇头寸；（3）东道国负责监管该外国银行机构在其境内的外汇交易和外汇头寸。

巴塞尔委员会1975年和1983年的两个报告的总体思路都是“股权原则为主，市场原则为辅；母国综合监督为主，东道国个别监督为辅”。但两者对清偿能力等监管内容都只提出了抽象的监管原则和职责分配，未能提出具体可行的监管标准。

(二) 跨国银行监管标准的统一

除跨国银行监管责任划分外，为使对跨国银行的监管更具操作性，巴塞尔委员会还积极推动跨国银行监管标准的统一。巴塞尔委员会于1988年7月通过的《关于统一国际银行资本计量和资本标准的协议》(以下简称《巴塞尔资本协议》)，首次规定了统一的资本充足率衡量方法和统一的最低资本充足率标准。其主要内容有四部分：

1. 资本的定义。《巴塞尔资本协议》将资本分为两层：一层为“核心资本”，包括股本和公开的准备金，这部分至少占全部资本的50%；另一层为“附属资本”，包括未公开的准备金、资产重估准备金、普通准备金或呆账准备金、带有股本性质的债券和次级债券。

2. 资产的风险数。风险加权计算是指根据不同类型的资产和表外业务的相对风险大小，赋予它们不同的加权数，即0%、20%、50%和100%；风险越大，加权数就越高。银行的表外业务应按“信用换算系数”换算成资产负债表内相应的项目，然后按同样的风险权数计算法进行计算。

3. 资本比率的标准。该协议规定，到1992年年底，所有签约国从事国际业务的银行，其资本与风险加权资产的比率应达到8%，其中核心资本至少为4%。

4. 过渡期和实施安排。该协议规定，至1992年年底为实施过渡期，1992年年底必须达到8%的资本与风险加权资产的比率目标。

虽然《巴塞尔资本协议》注意到了表外业务的潜在风险，也提出了对照表内项目确定表外资产风险权重的做法，但未能很好地解决后来出现的银行资产证券化、金融控股公司以及银行全能化等新问题，从而引发了信用风险以外的市场风险。为此，巴塞尔委员会于1996年和1997年相继推出了《关于市场风险补充规定》和《有效银行监管的核心原则》。《关于市场风险补充规定》强调了市场风险的管理，主要是考虑到20世纪90年代以后，在世界范围内的创新浪潮的不断推动下，金融衍生工具及其交易迅猛增长，银行业越来越深地介入这些衍生交易之中，因而金融市场的波动对银行的影响越来越显著。于是一些主要的国际银行可以依据《关于市场风险补充规定》，着手建立自己的内部防线测量与资本配置模型。1997年出台的《有效银行监管的核心原则》则进一步提出了比较系统的全面风险管理的思路。1997年东南亚金融危机爆发以后，银行风险和金融危机开始促使人们更加重视市场风险与信用风险的综合模型以及操作风险的量化问题，而巴塞尔委员会推出的《有效银行监管的核心原则》则集中体现了全面风险管理的思想。

2006年，巴塞尔委员会在广泛征求意见的基础上，又通过了《资本计量和资本标准的国际协议：修订框架》(以下简称《新资本协议》)。该协议将国际银行业的风险监控范围由单一的信用风险扩大到信用风险、市场风险、操作风险和利率风险，并提出“三个支柱”，即最低资本规定、监管当局的监督检查和市场纪律/信息披露。

1. 最低资本要求。这是该协议的基础，主要包括三方面内容，即监管部门对资本的定义、风险头寸的计量及根据风险程度计算的最低资本要求。其中有关监管部门对资本的定义和8%的最低资本充足比率的规定，《新资本协议》维持原资本协议的内容不变。但在风险头寸的计量方面，新协议提出了更高的要求。对于风险资产的计算，在调整了原有“标准法”计算风险资产的同时，强调对于十分先进的银行可以采用内部评级法计算风险资产；对于一些高度发达的银行，在进行风险管理时，可以运用信用组合风险模型。此外，在风险管理的范围上，除需涵盖原协议要求的信用风险和市场风险外，对于银行所面临的其他风险，如利率风险、操作风险、法律风险等也应特别关注。

2. 监管部门对资本充足率的评估检查。这方面要求加大监管机构对银行的监管力度，确保各家商业银行建立起行之有效的内部程序，借以评估银行在认真分析风险的基础上设定的资本充足率。具体原则包括：银行应参照其承担风险的程度，建立有关资本充足总体情况的内部评价机制，制定维持资本水平的战略；监管当局对资本充足情况的内部评价机制、维持战略、资本充足情况进行检测和评价；监管部门要求银行保持高于最低资本监管要求的资本充足率；监管当局对银行资本充足率下滑的状况进行及早干预，防止风险的扩散，如果资本得不到恢复，则应及时采取补救措施。

3. 市场纪律约束。这方面要求发挥市场的力量来促使银行稳健、高效地经营以及保持较高的资本充足率。市场纪律有助于促使银行合理进行资本调节和控制内部风险。有效的市场约束要求银行建立一定的信息披露制度。新协议要求银行及时披露包括资本结构、资本充足率、对资本的内部评价机制、风险预测及战略管理等在内的内容。

（三）跨国银行监管标准的提升

2008年金融危机以后，国际社会对于作为当前全球银行业监管统一标准的巴塞尔协议产生了质疑，这些协议存在诸多的问题，比如在资本周期、流动性、杠杆率以及宏观审慎等方面的不足，催生了巴塞尔协议再一次改版。2010年11月，G20首尔峰会批准了巴塞尔委员会起草的《巴塞尔协议（第三版）》（也称《资本协议III》），确立了银行业资本和流动性监管的新标准，要求各成员国从2013年开始实施，2019年前全面达标。《资本协议III》的具体内容如下：

1. 提高资本充足率要求。对核心资本充足率的最低要求有所提高，由4%上调到6%，引入了留存资本，以提高银行吸收经济衰退时期损失的能力，建立与信贷过快增长挂钩的反周期超额资本区间，计提2.5%的防护缓冲资本和不高于2.5%的反周期准备资本，使核心资本充足率达到8.5%～11%。总资本充足率维持不变。

2. 严格资本扣除限制。对少数股权、商誉、递延税资产、金融机构普通股的非并表投资、债务工具和其他投资性资产的未实现损益、拨备额与预期亏损、固定收益养老基金资产和负债等计入资本的要求有所改变。

3. 扩大风险资产覆盖范围。提高“再资产证券化风险暴露”的资本要求，增加压力状态下的风险价值，提高交易业务的资本要求，提高场外衍生品交易和证券融资业务的交易对手风险的资本要求等。

4. 引入杠杆率，包括3%的杠杆比率、100%的流动杠杆比率和净稳定资金来源比率等，以弥补资本充足率要求无法反映表内外总资产的扩张情况的不足，减少对资产通过加权系数转换后计算资本要求所带来的漏洞。

5. 加强流动性监管，引入流动性监管指标，包括流动性覆盖率和净稳定资产比率，并提出其他辅助监测工具，包括合同期限错配、融资集中度、可用的无变现障碍资产等。

随着一系列巴塞尔协议在世界范围内被参照、实施，巴塞尔协议在国际金融领域的权威性逐渐得到普遍公认，已经成为国际金融监管领域中的国际贸易惯例。虽然巴塞尔委员会一再表示其核心文件不具备法律强制力，但事实上“巴塞尔协议”具备了超越一般法律规范的实施效力，在世界范围内获得普遍实施，并成为跨国银行监管的权威准则。

六、国际证券监管法律制度

20世纪70年代初以来，随着各国金融管制的放松、信息技术的日趋发达、金融创新的层出不穷和经济全球化、一体化趋势的加强，证券市场的国际化迅猛发展。然而，证券市场国际化在为世界各国带来诸多好处的同时，也为金融风险在国际间的传递和跨境证券违法犯罪大开方便之门。证券市场国际化条件下的法律监管已经成为国际合作与协调的重要问题。

(一) 国际证券监管合作与协调的目标与原则

国际证监会组织（International Organization of Securities Commissions，以下简称IOSCO）[①] 于1998年9月发布的《证券监管的目标和原则》文件中，规定了证券监管的三大目标：第一，保护投资者；第二，确保市场公正、有效和透明；第三，降低系统风险。此文件中进一步规定了国际证券监管合作与协调的原则，主要有以下内容：

1. 信息共享原则

金融活动的日益国际化和证券市场的全球化使得对跨境证券活动的监管往往超出一个国家（地区）监管机构的管辖范围。为此，IOSCO将信息共享原则作为国际证券监管合作与协调的首要原则。IOSCO指出，要实现信息共享的目标，则应主要从两方面着手：

其一，监管者应有权与国内外同行分享公开或非公开的信息，即各国（地区）

---

① 国际证监会组织是证券监管领域最重要的国际组织。其前身是成立于1974年的泛美证监会协会（Inter-American Association of Securities Commissions）。1983年4月，南、北美洲的11个国家的证券监管机构在厄瓜多尔首都基多召开会议并作出了重要的决议，允许美洲以外的其他国家和地区参加泛美证监会协会。随着证券市场国际化的发展，欧亚各国和地区的证券监管机构不断加入IOSCO。该组织的宗旨是：证券监管机构共同合作，确保从国内层面和国际层面更好地监管市场，以保持公正和有效的市场；根据各自的经验交换信息，以促进国内市场的发展；共同努力设立标准和建立对国际证券交易的有效监管；相互间提供协助，通过有力地执行各项标准和对违规的有效监管来确保市场的完善。

法律应明确规定其证券监管机构或其他相关主管机构能够在执法过程中有足够的权力获得资料，包括对涉嫌跨境证券违法犯罪行为进行调查时所需要的文件和信息。而且，这些资料应能够直接地或者通过本国其他主管机构间接地与境外监管机构在调查和起诉证券犯罪行为时共享。

其二，监管者应建立信息共享机制，阐明何时、如何与国内外同行分享公开或者非公开的信息。在具体设计信息共享机制时应充分考虑以下因素：哪些市场主管机构或监管机构能够得到和提供要求的资料或协助；监管机构根据有关法律如何得到这些资料；有关法律规定的此类资料的保密性和使用限制；协助或信息共享的形式和时间安排；监管机构之间其他有关调查和金融信息共享的安排，包括备忘录的适用性。

2. 相互协助调查取证原则

一方证券监管部门应另一方证券监管部门的要求给予协助调查取证方面的合作，是实质性的国际监管合作与协调的精义所在，也是打击跨境证券违法犯罪行为的重要途径。IOSCO 明确规定：外国监管机构为行使监管职责需要取证时，监管体系应允许本国（地区）监管机构向其提供协助。目前，相互协助调查取证原则已被广泛运用于国际证券监管合作与协调中，并取得了较好的成效。

(二) 国际证券监管中的双边合作与协调

1. 通过双边司法互助协定进行监管合作与协调

司法互助协定（Mutual Legal Assistance Treaties，以下简称 MLATs）是各国通过外交途径签订的，具有法律效力的双边协议。MLATS 一般都包括下列一些内容：司法协助的种类、司法协助请求必须满足的条件、请求执行的方法、允许使用已调取信息的范围以及拒绝司法协助请求的情形等。双边刑事司法协助协定在推进国际证券监管合作与协调方面发挥了较大的积极作用，主要体现在：(1) 双边刑事司法协助协定使缔约国（地区）一方在调查、惩处跨境证券违法犯罪时，可以获得外国（地区）有关当局送达司法文书，取得证据或口供，提供可供公众查阅的文件和官方文件，查询、搜查、冻结、扣押证据材料和物品，移交犯有证券和期货交易的罪行的逃犯和被判刑人，协助查处、没收证券犯罪收益等诸多方面的协助，从而为有效打击跨境证券违法犯罪，保护投资者的合法权益，促进国际证券市场的健康有序发展，奠定了坚实的基础。(2) 双边刑事司法协助协定框架下的国际证券监管合作机制有利于减少或避免各国（地区）因证券法的域外适用导致的证券法适用的冲突，促进各国证券法更为有效的实施。(3) 双边刑事司法协助协定在一定程度上突破了各国（地区）证券监管合作与协调的两大障碍——银行保密法和信息封锁法，从而提高了国际证券监管合作与协调的效率与质量。

2. 通过双边谅解备忘录进行监管合作与协调

为了克服双边司法互助条约的不足，打破国际证券法领域出现的诸多障碍和壁垒，有关国家的证券监管部门通过签订双边谅解备忘录（Memorandum of Understanding，简称 MOU）来推进国际证券监管的合作与协调。谅解备忘录是有关国家证券监管机构之间签署的关于证券监管合作与协调的、并不具强制约束力的一致性意思表示，它并非由国际条约主体签订，它的订立也无须经历如条约那样的签订程序，如签约者须经法律授权、签订须获得本国立法机构的批准等。它在缔结者之间并没有创设法律上的权利和义务，在被请求一方未依请求方的要求提供谅解备忘录所规定的协助时，请求方无法获得法律上的救济。但是，签订谅解备忘录的双方却需受到“善意”（good faith）的道义性约束，因而谅解备忘录也就成为各国证券监管机构首选的建立证券监管合作机制的基础文件。

1986 年 11 月，IOSCO 通过了《关于相互协助的决议》（A Resolution Concerning Mutual Assistance），呼吁各国证券监管当局在各自法律允许的范围内和互惠的基础上，通过发展诸如谅解备忘录之类的新的合作方式与手段，加强在有关市场调查和反证券欺诈方面信息的相互提供、交流与合作。1989 年 6 月，IOSCO 又通过了《关于合作的决议》（A Resolution on Cooperation），该决议要求 IOSCO 的全体成员尽快考虑与其他国家商谈和签订有关监管合作的双边和（或）多边谅解备忘录。紧接着，IOSCO 技术委员会设立了具有广泛代表性的、由来自 10 个国家的 14 个证券监管当局的代表组成的第四工作组，该工作组于 1990 年 11 月提交了一份《关于谅解备忘录的谈判和执行所面临困难的报告》。该报告讨论了谅解备忘录谈判协商过程中所遇到的困难，并试图帮助谅解备忘录的签字各方解决这些困难。在该报告的基础上，第四工作组于 1991 年 3 月草拟了《谅解备忘录的准则》，并在 1991 年 IOSCO 华盛顿年会议上获得了通过。

IOSCO 技术委员会在 1997 年 11 月通过了《为加强执行证券期货法规而订立备存记录、信息收集、执法权力及相互协作原则的决议》，并发表了有关自我评审调查的报告书。该份报告书根据来自 87 个成员地区中的 79 个成员地区所提交的回应编制，就通过谅解备忘录等方式进行国际监管协作及信息交换事宜，为 IOSCO 成员提供了极具参考价值的资料。在 IOSCO 的大力推动下，谅解备忘录现已成为各国证券监管机构进行双边监管合作与协调的有效方式。

经过二十多年的实践，双边谅解备忘录已成为国际证券双边监管合作与协调最为有效的方式，在推进国际证券监管合作与协调方面发挥着日趋重要的作用。

（三）IOSCO 对信息披露的监管与协调

1. 对跨国发行人跨国发行与首次上市的信息披露的监管

IOSCO 指出，不同国家和地区关于证券发行和上市的信息披露准则存在很大差异，因此在推进跨国发行和上市的同时，一定要提高不同国家和地区披露信息的可比性，同时又要保持对投资者的高水平保护，防止投资者在跨国证券发行和上市时受到损害。要达到这个目的，制定统一的跨国信息披露准则是十分重要的。IOSCO 在 1998 年 9 月发布了《外国发行人跨国证券发行与首次上市国际披露准则》（International Disclosure Standards for Cross-Border Offerings and Initial Listings by Foreign Issuers）（以下简称《初次披露准则》），该准则建议各成员在各自的法律管辖领域内接受包含《初次披露准则》所规定的信息的披露文件。

《初次披露准则》适用于招股说明书、发行和首次上市文件，以及注册申请文件等。IOSCO 指出，跨国发行和上市的发行人应该披露对投资者决策非常重要（material）的信息，且信息披露应该真实、全面、准确。《初次披露准则》在其第一部分规定了跨国发行和首次上市的发行人在以下 10 个方面的具体披露准则：（1）董事、高级管理部门、顾问和审计人员的身份；（2）发行统计和预期时间表；（3）核心信息，包括摘录的财务数据、股本和负债、发行目的和资金的使用及风险因素；（4）公司的信息，包括公司历史概况、业务介绍、组织结构、财产、工厂和设备；（5）公司经营财务回顾和前景，包括经营业绩、流通性和资金来源、研究开发、专利许可、发展趋势；（6）董事、高层管理部门和雇员，包括董事和高层管理部门、报酬、董事会议事规则、职员和分享权；（7）大股东和关联交易，包括大股东、关联交易、专家和顾问的利益；（8）财务信息，包括合并报表和其他财务信息及其重大变更；（9）发行和上市情况，包括发行和上市细节、销售计划、发行和上市的市场、销售股东的情况、分红派息的稀释状况、发行费用；（10）附加信息，包括股本状况、公司章程和备忘录、重大合同、外汇管制、税收、分红派息代理机构、专家声明和文件的陈列。

2. 对跨国发行人上市后持续信息披露的监管

IOSCO 技术委员会于 2002 年 10 月制定了《关于上市公司持续披露和重大事项报告的准则》（Principles for Ongoing Disclosure and Material Development Reporting by Listed Entities，以下简称《持续披露准则》），并于 2003 年 10 月 16 日在 IOSCO 第 28 届年会上获得通过。

《持续披露准则》规定，该准则中所称的持续披露是指除上市公司初次披露以外的所有其他信息的披露，既包括对定期报告（如年度报告、中期报告和季度报告）的披露，也包括对有关重大事项（如兼并收购、关联交易）的临时报告的披露。《持续披露准则》作为《初次披露准则》的姊妹篇，主要是为了规范跨国发行人的持续信息披露行为而制定的。IOSCO 指出，《持续披露准则》同样也适用于国内的上市公司，但对国内或外国的非上市公司以及证券投资基金则不适用。上市公司应该按以下要求及时披露有关信息：（1）对于临时报告，应该尽可能快或者在规定的时间内披露（如美国建议为 2 个工作日内）；（2）对于定期报告，应该在法律或上市规则规定的时间内披露。

如果一个公司同时在不同国家和地区上市，该公司应该将其在某一上市地披露的全部信息同时在其他所有上市地进行披露。此种义务不能受该企业最初于何地上市的限制。当然，此原则的适用应该充分考虑各上市地时区和交易时间的差异。

（四）对 IOSCO 国际证券监管的评价

IOSCO 及其各个委员会制定、通过和发布了一系列有关国际证券监管的决议、标准、准则、原则、建议、指南和报告等，为国际证券市场监管和各国国内证券市场监管提供了统一的监管标准、原则与方法。同时，这些监管标准、原则与方法得到了会员国家和地区的热烈响应和采纳，从而大大促进了世界各国和地区证券实体法的趋同化，在推进证券监管的全球性多边合作与协调方面发挥了重要的作用。

但是，IOSCO 主导下的国际证券监管制度也存在着诸多不足，比如由于 IOSCO 并不具有政府间国际组织的法律性质，因而 IOSCO 所制定的规则缺乏应有的法律强制力；又如 IOSCO 所制定的规则基本上体现的是发达国家证券监管的价值和理念，并没有全面考虑各国不同的国情等，这些都有待改善。

【案例评析】

一、国际货币法律体制

1. 案情简介

布雷顿森林会议召开之前，英、美两国就未雨绸缪，对新的货币合作协定进行了数次磋商。英方以凯恩斯为首席谈判代表，美方则以怀特为首，二人私交甚好，但在谈判桌上都为捍卫本国利益而努力。一个以维护传统强国利益为己任，另一个以重新规划世界为目标；一个提出了"国际货币清算同盟计划"，另一个提出了"联合国稳定基金与同盟国家的复兴开发银行计划草案"。

"凯恩斯方案"代表了英国的立场，由于当时英国已经负债累累，积重难返，因而为了尽快使英国摆脱困境，凯恩斯方案中建议成立一个由英、美共同主导的清算联盟，由债权国和债务国共同解决国际收支不平衡问题。这种清算联盟就像一个"世界中央银行"，它与其他国家的中央银行的关系就像一国央行与商业银行的关系一样。"世界中央银行"要建立一种以固定比例直接与黄金挂钩的国际通用货币，命名为"班克尔"(Bancor)。"世界中央银行"要发行价值 300 亿美元的"班克尔"无偿提供给各成员国，进行国际贸易结算。

怀特虽然也认同要创立国际货币机构，建立一种国际通用的货币单位，在自由汇兑原则下稳定汇率，但其提出，国际货币机构的重点是稳定国际汇率而非提供流动货币，他不认同要发行一种陌生的新货币。"怀特计划"的核心精神是"黄金规则"，强调国际货币应以黄金为基础，且只有美元才有资格担当国际货币的重任，而其他货币应该直接与美元挂钩。非常明显，当时美国有 250 多亿美元的黄金储备，约占世界黄金储量的 75%，已经成为世界上实力最雄厚的经济大国，因此怀特的目的就是由美国来重整国际货币体系。

由于这两个计划是针锋相对的，因而凯恩斯与怀特之间的讨价还价也异常激烈。最后，布雷顿森林会议以"怀特计划"为基础，以"凯恩斯方案"为参照，形成了一个折中的货币合作协定，被称为"布雷顿森林体系"。

2. 基本问题

(1)"怀特计划"是否有缺陷，而"凯恩斯方案"对此是否可以弥补?

(2)“班克尔”(Bancor)作为国际通用货币的制度设计是否具有可行性?

3. 知识内容

(1)以“怀特计划”为基础的布雷顿森林体系并非“完美无缺”,美国也不是“坐地生金”,其存在体系性的缺陷。

第一,由于只有美元和黄金挂钩,其他货币只能和美元挂钩,因而,维系汇兑金本位的基础就是美国有充足的黄金储备,只有这样才能保持国际收支的平衡。但现实是,美元对外负债增长快于美国黄金储备增长,造成美元兑换黄金的金本规则无法执行。随着世界经济的增长,美国既要保证满足参加国不断增加的对美元储备的需求,又要面临黄金因为生产因素供应不足而产生的困境,因此美国陷入两难困境。

第二,为了维持汇率波动幅度,参加国无论顺差还是逆差都必须积累一定量的美元储备,特别是逆差国要牺牲其国内经济目标。然而美国却例外,它还可以通过输出美元弥补逆差,这种固定汇率刚性和参加国国际收支调节的不对称性造成了各国之间的利益矛盾。利益矛盾积累到一定程度,加上国际政治形势的风云变幻,布雷顿森林体系的“短命”就成为必然了。

布雷顿森林体系刚开始运作时,美国还是个顺差国,依靠资本输出来为全球提供流动性。但从1950年左右开始,失去了战争中巨额订单刺激的美国经济开始走软,加上朝鲜战争的爆发又直接增加了巨额军费支出,黄金储备由原先的超过400亿美元骤降到不足200亿美元,而国债却增长到超过200亿美元。在朝鲜战争爆发后长达十年的时间里,美国的国际支出一直保持着持续增加的态势——高达20亿美元。1961年越南战争爆发,美国的对外赤字进一步增加。而前两次世界大战中的欧洲国家,正是由于战争军事支出导致其由顺差国变为逆差国,由“德高望重”的强国变为“衰老体弱”的弱国。

20世纪60年代,“冷战”的大幕拉开,美、苏两国不遗余力地开始争霸。由此,美国黄金储备开始猛减、债务猛增、逆差猛涨的残酷事实使得欧美其他国家对美元的信心逐渐动摇,许多国家开始抛售美元,出现了抢购黄金的风潮,伦敦市场上黄金的价格突破40美元,超过官价20%,被称为“美元危机”。

“美元危机”发生后,美国为渡过难关,召集英、法、德、意、荷、比、瑞士六国,组成“七国黄金总库”,通过签署货币互换协议和建立14国之间的“互惠贷款协议”,美国向六国借款近200亿美元。另外,自朝鲜战争爆发后,美国政府冻结了中国存放在美国银行的资金,苏联和东欧国家出于自己资金被美国冻结的担忧,就将存放在美国的美元资金转移到伦敦等欧洲银行,于是欧洲美元市场产生并逐步扩大。到1968年为止,欧洲的美元市场规模达到128亿美元,美国的黄金储备只有100亿美元。那时美国已无力按照布雷顿森林体系规定的1盎司黄金等于35美元的价格来进行兑换。

1969年1月之后,美国外贸出现赤字,紧接着就呈现出规模不断扩大的态势,到1970年一二季度,赤字规模达到120亿美元,美元被加速兑换成海外持有的黄金或其他货币,到1971年美国黄金储备减少至110亿美元,美国官方短期负债达到

250亿美元。由于美国无力实现兑换黄金的承诺，1971年8月15日，尼克松总统宣布实行“新经济政策”，停止对各国用黄金兑换美元，同时对进口商品课征10%的附加税，削减10%的对外援助。从此，美元与黄金脱钩，以固定汇率制著称的布雷顿森林体系在走过27个春秋之后，终于宣告崩溃。

(2)“班克尔”(Bancor)作为国际通用货币的制度设计具有可行性，因为它创造了一种与主权国家脱钩，并能保持币值长期稳定的国际储备货币，从而避免主权信用货币作为储备货币的内在缺陷，是国际货币体系改革的理想目标。在短期内，SDR具有超主权储备货币的特征和潜力，但SDR本身需要改革，SDR定值的篮子货币范围应扩大到世界主要经济大国，可将GDP作为重要考虑因素之一。然后在改革的基础上，考虑进一步扩大SDR的发行。

对此，请阅读中国人民银行周小川行长的一篇文章，摘录如下：

周小川：关于改革国际货币体系的思考①

此次金融危机的爆发与蔓延使我们再次面对一个古老而悬而未决的问题，那就是什么样的国际储备货币才能保持全球金融稳定、促进世界经济发展。历史上的银本位、金本位、金汇兑本位、布雷顿森林体系都是解决该问题的不同制度安排，这也是国际货币基金组织（IMF）成立的宗旨之一。但此次金融危机表明，这一问题不仅远未解决，由于现行国际货币体系的内在缺陷反而愈演愈烈。

理论上讲，国际储备货币的币值首先应有一个稳定的基准和明确的发行规则以保证供给的有序；其次，其供给总量还可及时、灵活地根据需求的变化进行增减调节；第三，这种调节必须是超脱于任何一国的经济状况和利益。当前以主权信用货币作为主要国际储备货币是历史上少有的特例。此次危机再次警示我们，必须创造性地改革和完善现行国际货币体系，推动国际储备货币向着币值稳定、供应有序、总量可调的方向完善，才能从根本上维护全球经济金融稳定。

一、此次金融危机的爆发并在全球范围内迅速蔓延，反映出当前国际货币体系的内在缺陷和系统性风险

对于储备货币发行国而言，国内货币政策目标与各国对储备货币的要求经常产生矛盾。货币当局既不能忽视本国货币的国际职能而单纯考虑国内目标，又无法同时兼顾国内外的不同目标。既可能因抑制本国通胀的需要而无法充分满足全球经济不断增长的需求，也可能因过分刺激国内需求而导致全球流动性泛滥。理论上特里芬难题仍然存在，即储备货币发行国无法在为世界提供流动性的同时确保币值的稳定。

当一国货币成为全世界初级产品定价货币、贸易结算货币和储备货币后，该国对经济失衡的汇率调整是无效的，因为多数国家货币都以该国货币为参照。经济全

① 周小川：《关于改革国际货币体系的思考》，见 http：//www.gov.cn/gzdt/2009-03/23/content_1266412.htm，访问时间：2012年6月。

球化既受益于一种被普遍接受的储备货币，又为发行这种货币的制度缺陷所害。从布雷顿森林体系解体后金融危机屡屡发生且愈演愈烈来看，全世界为现行货币体系付出的代价可能会超出从中的收益。不仅储备货币的使用国要付出沉重的代价，发行国也在付出日益增大的代价。危机未必是储备货币发行当局的故意，但却是制度性缺陷的必然。

二、创造一种与主权国家脱钩、并能保持币值长期稳定的国际储备货币，从而避免主权信用货币作为储备货币的内在缺陷，是国际货币体系改革的理想目标

1. 超主权储备货币的主张虽然由来已久，但至今没有实质性进展。20 世纪 40 年代凯恩斯就曾提出采用 30 种有代表性的商品作为定值基础建立国际货币单位"Bancor"的设想，遗憾的是未能实施，而其后以怀特方案为基础的布雷顿森林体系的崩溃显示凯恩斯的方案可能更有远见。早在布雷顿森林体系的缺陷暴露之初，基金组织就于 1969 年创设了特别提款权（下称 SDR），以缓解主权货币作为储备货币的内在风险。遗憾的是由于分配机制和使用范围上的限制，SDR 的作用至今没有能够得到充分发挥。但 SDR 的存在为国际货币体系改革提供了一线希望。

2. 超主权储备货币不仅克服了主权信用货币的内在风险，也为调节全球流动性提供了可能。由一个全球性机构管理的国际储备货币将使全球流动性的创造和调控成为可能，当一国主权货币不再作为全球贸易的尺度和参照基准时，该国汇率政策对失衡的调节效果会大大增强。这些能极大地降低未来危机发生的风险，增强危机处理的能力。

三、改革应从大处着眼，小处着手，循序渐进，寻求共赢

重建具有稳定的定值基准并为各国所接受的新储备货币可能是个长期内才能实现的目标。建立凯恩斯设想的国际货币单位更是人类的大胆设想，并需要各国政治家拿出超凡的远见和勇气。而在短期内，国际社会特别是基金组织至少应当承认并正视现行体制所造成的风险，对其不断监测、评估并及时预警。

同时还应特别考虑充分发挥 SDR 的作用。SDR 具有超主权储备货币的特征和潜力。同时它的扩大发行有利于基金组织克服在经费、话语权和代表权改革方面所面临的困难。因此，应当着力推动 SDR 的分配。这需要各成员国政治上的积极配合，特别是应尽快通过 1997 年第四次章程修订及相应的 SDR 分配决议，以使 1981 年后加入的成员国也能享受到 SDR 的好处。在此基础上考虑进一步扩大 SDR 的发行。

SDR 的使用范围需要拓宽，从而能真正满足各国对储备货币的要求。

- 建立起 SDR 与其他货币之间的清算关系。改变当前 SDR 只能用于政府或国际组织之间国际结算的现状，使其能成为国际贸易和金融交易公认的支付手段。

- 积极推动在国际贸易、大宗商品定价、投资和企业记账中使用 SDR 计价。不仅有利于加强 SDR 的作用，也能有效减少因使用主权储备货币计价而造成的资产价格波动和相关风险。

● 积极推动创立SDR计值的资产，增强其吸引力。基金组织正在研究SDR计值的有价证券，如果推行将是一个好的开端。

● 进一步完善SDR的定值和发行方式。SDR定值的篮子货币范围应扩大到世界主要经济大国，也可将GDP作为权重考虑因素之一。此外，为进一步提升市场对其币值的信心，SDR的发行也可从人为计算币值向有以实际资产支持的方式转变，可以考虑吸收各国现有的储备货币以作为其发行准备。

四、由基金组织集中管理成员国的部分储备，不仅有利于增强国际社会应对危机、维护国际货币金融体系稳定的能力，更是加强SDR作用的有力手段

1. 由一个值得信任的国际机构将全球储备资金的一部分集中起来管理，并提供合理的回报率吸引各国参与，将比各国的分散使用、各自为战更能有效地发挥储备资金的作用，对投机和市场恐慌起到更强的威慑与稳定效果。对于参与各国而言，也有利于减少所需的储备，节省资金用于发展和增长。基金组织成员众多，同时也是全球唯一以维护货币和金融稳定为职责，并能对成员国宏观经济政策实施监督的国际机构，具备相应的专业特长，由其管理成员国储备具有天然的优势。

2. 基金组织集中管理成员国储备，也将是推动SDR作为储备货币发挥更大作用的有力手段。基金组织可考虑按市场化模式形成开放式基金，将成员国以现有储备货币积累的储备集中管理，设定以SDR计值的基金单位，允许各投资者使用现有储备货币自由认购，需要时再赎回所需的储备货币。这样做既推动了SDR计值资产的发展，也部分实现了对现有储备货币全球流动性的调控，甚至可以作为增加SDR发行、逐步替换现有储备货币的基础。

二、跨国银行监管责任

1. 案情简介

国际商业信贷银行（BCCI）由巴基斯坦的银行家Agha hasan Abedi于20世纪60年代创立，是经营总部设在伦敦的大型跨国银行集团。在二十多年的发展中，BCCI业务扩张到了全球70多个国家。到1990年，它已经在全球拥有了100万客户，报表显示的资产约200亿美元。该跨国银行开办的分支机构遍及世界各地，在其复杂的结构中，处于顶端的是在卢森堡注册成立的银行持股公司（以下简称BCCI Holdings），该公司在卢森堡注册成立了国际商业信贷银行（以下简称BCCI SA），在离岸金融中心开曼群岛注册成立了海外国际商业信贷银行（以下简称Overseas BCCI）。在BCCI倒闭前，BCCI SA在15个国家中共有47家分行和2家子行，Overseas BCCI在28个国家里有63家分行。此外BCCI Holdings设立的其他银行和附属机构在约30个国家里开办了225家银行机构。

1991年，英格兰银行（英国中央银行）突然宣布关闭BCCI，其他69个国家的银行监管者紧随其后。这导致全球各地对BCCI及其分行的诉讼如潮，而且十多年后有些案件仍未了结，一些国家的储户仍在等待赔偿。据指控，BCCI的高层管理者参与了一系列犯罪活动，包括为毒品交易洗钱、向政治家行贿、做假账、逃税、资助恐怖主义和非法武器交易、操纵股价，以及违反多个国家的银行法和证券法。

事实上，英格兰银行并未授予 BCCI 在英国以完全银行地位，1989 年英格兰银行已知道 BCCI 与洗黑钱和资助恐怖主义有联系；1990 年，BCCI 的一位主要审计师又告知英格兰银行，BCCI 存在欺诈交易和巨额亏损。BCCI 其实一直在隐瞒巨额亏损，且早就开始用新储户的钱归还旧储户的存款。但关键在于，虽英格兰银行早在 1985 年就倡议建立了一个由数国央行共同参与的“监管者合作组”，以便更有效地监管 BCCI，然而监管者们也认为 BCCI 复杂的国际合作架构妨碍了其对于该行业务的全面了解。

2. 基本问题

(1) 跨国银行可以由哪些国家进行监管?

(2) 对跨国银行的监管依据什么样的标准?

(3) 结合相关规则分析，对 BCCI 的监管存在什么问题?

3. 知识内容

巴塞尔委员会自成立以来发布了一系列文件旨在对母国和东道国对跨国银行监管的责任进行划分，并最终形成了由母国和母行对国际银行进行并表监管的共识与标准。

(1) 1975 年《对银行国外机构的监管报告》提出了指导对跨国银行双重监管责任进行划分的理由与基础。

巴塞尔委员会于 1975 年 12 月发布了其成立后的第一份文件《对银行国外机构的监管报告》(以下简称《1975 年报告》)。报告提出了一项指导原则，即强调任何银行海外机构都不能逃避充分、有效和适当的监管，针对分行和子行的不同特点，按股权原则确定了分行、多数股权附属机构、少数股权附属机构的定义，并以银行的流动性、清偿力和外汇头寸为中心，确定了东道国和母国共同承担跨国银行海外机构的监管责任，明确规定二者监管责任的侧重点不同，即以东道国为主监督外国银行分行的流动性和外国银行子行的清偿力；以母国为主监管外国分行的清偿力和外国子行的流动性。

此后 1979 年 1 月，巴塞尔委员会发布了《资产负债表并表：合并风险资产作为监管银行清偿力的方法》(《1979 年并表方法》)。其弥补了《1975 年报告》中责任划分不明确易导致责任推诿的不足，规定将跨国银行的总行、海外分行、子行、附属机构均视为一个整体，从全球范围内对其资本充足性、流动性、清偿力、贷款集中程度和外汇风险等内容进行综合考察。

(2) 1983 年《对银行国外机构的监管原则》相对明确地提出了母国与东道国对跨国银行监管责任划分的原则。

巴塞尔委员会于 1983 年 5 月发布了《对银行国外机构的监管原则》(以下简称《1983 年原则》)，与《1975 年报告》相比，修订后的《1983 年原则》进一步作出了如下明确规定。

一方面，《1983 年原则》引入和确立了并表监管原则。其规定，并表监管原则是指银行母行和母国监管者应对其所负责的银行或银行集团，以其在全球范围内从事的所有业务活动为基础，而对其风险暴露和资本充足性进行监管。另一方面，《1983 年原则》确立了以母国监管为主、东道国监管为辅的并表监管原则，对母国和东道国在跨国银行海外分支机构的流动性、清偿能力、外汇头寸等方面的监管责任重新进行了划分。

针对《1983年原则》中对东道国和母国监管当局进行信息交流的要求，为防止不同国家监管方法之间的差异阻碍信息的有效交流，促进和改善监管信息在各国间的交流，巴塞尔委员会于1990年4月颁布了《银行监管当局信息交流》(《1990年信息交流》)，作为《1983年原则》的补充。

(3) 1992年《关于监管国际银行集团及其跨国机构的最低标准》确立了监管当局对国际银行监管的最低标准的建议。

1992年7月，巴塞尔委员会发布了《关于监督国际银行集团及其跨国机构的最低标准》(以下简称《1992年最低标准》)，其中设立了对国际银行的最低监管标准，使得各国银行监管机关可以遵循这些标准来设立市场准入、风险监管、信息取得等方面的要求。在强调母国与东道国进行密切监管合作的前提下，《1992年最低标准》为跨国银行及其海外分支机构的监管确立的四项最低标准为：第一，母国并表监管。《1992年最低标准》规定，所有的国际银行集团和国际银行都应当受到能够行使并表监管的母国当局的监管。第二，双重许可。银行跨境设立银行机构应当获得东道国监管机构和银行或银行集团母国监管机构的事先同意。第三，信息交流和分享制度。母国的监管机构有权获得银行或银行集团跨境设立的银行机构的信息，东道国的监管当局有权向跨国银行或其母国监管当局获取有关分支机构的必要信息。第四，东道国采取措施的权力。如果东道国当局确定上述任何项最低标准没有得到满足，则可以采取满足其审慎经营需要的、与最低标准一致的限制性措施，包括禁止设立上述银行机构。

《1992年最低标准》明确了对跨国银行进行国际监管的最低标准，确立了母国并表监管原则在国际银行监管领域的核心地位，极大地推动了东道国和母国合作监管机制的发展。

为了使《1992年最低标准》得以贯彻实施，克服有效并表监管的障碍，特别是信息障碍，巴塞尔委员会于1996年10月发布了《跨国银行业监管》，对克服跨国银行的监管障碍提出了29项建议，以对《1992年最低标准》进行补充。

综合以上分析，本案中的BCCI Holdings、BCCI SA和Overseas BCCI虽注册成立于卢森堡和开曼群岛，但大多数业务是在其他国家进行的。这种结构暴露出两方面的问题：一是根据前述《1983年原则》，BCCI由于有两个母行，从而有了两个母国即卢森堡和开曼群岛，因而无法由一个母国实行并表监管。二是BCCI的主要经营业务均在母国之外，由于监管所需信息的获取等障碍的存在，无法实现有效的监管。BCCI事件表明，由两国或多国对一银行的安全稳健性负责，会导致没有一国能够提供可靠的监管。由于银行机构的重要经营均在母行成立地（母国）之外进行，因而母国的监管机构因信息获取等障碍的存在，很难对整个跨国银行的安全稳健性作出分析与判断，最终会造成其监管上的障碍。

三、跨国银行的监管标准

1. 案情简介

巴林银行（Barings Bank）成立于1762年，是英国一家历史悠久、名望很高的金融机构，但是由于在金融衍生交易上的失误，于1995年2月26日破产清算。

巴林银行于1986年9月在新加坡注册巴林期货私人有限公司（以下简称巴林期货（新加坡）公司），申请并获得了新加坡国际金融交易所的非清算会员资格。1992年2月21日，巴林期货（新加坡）公司申请国际金融交易所的清算会员资格，获得了批准。从1992年7月1日起，巴林期货（新加坡）公司开始在新加坡国际金融交易所进行交易。作为一家新兴公司，巴林期货（新加坡）公司有四家会员，巴林证券有限公司是它的最大客户，其所需资金几乎全部来自巴林证券和集团其他成员公司。尼克·里森（Nick Leeson）于1992年4月25日被调往巴林期货（新加坡）公司，协助开展结算工作并参与期货交易，不久就成为巴林期货（新加坡）公司首席交易员和结算部门主管，集交易与结算权力于一身。1992年7月，里森开了一个命名为“88888”的隐秘交易户头，把原本记录在巴林银行集团户头的交易转到“88888”户头，既做委托交易，又做自营交易。他调整巴林银行集团户头和“88888”户头的交易价位，使巴林银行集团交易户头出现盈利大增的假象，而把亏损隐藏在“88888”账户。开户不足3个月里，里森就亏损约621万美元。

里森利用“88888”户头掩盖其投机买卖日经指数期货合同的实际盘口的亏损，由于不断亏损，不断注入保证金，到1994年6月巴林银行集团财务部与巴林证券公司结算部已无法了解巴林期货（新加坡）公司追加保证金的情况。1995年1月，新加坡国际金融交易所就“88888”户头保证金提出疑问，但并未引起巴林银行的重视。同年1月底，外部审计师发现巴林期货（新加坡）公司的会计记录与交易所的结算单上出现8 121.46万美元的差距后，巴林银行集团高层的执行人员反而阻挠外部审计师的调查。1995年1月24日后，巴林银行集团的资产与负债委员会多次指示里森减少盘口，但其没有执行，委员会也没有采取行动。相反，到2月24日后，巴林银行集团再次把7.06亿美元汇入巴林期货（新加坡）公司，其中巴林证券公司2月17日到24日就注入3.2亿美元。1995年1月26日以后，里森又大幅增持未平仓合约，未经授权的合约达270亿美元。最后导致局面不可收拾而以巴林银行被吞并的悲惨结局告终。

1995年11月23日，里森从德国被引渡到新加坡，接受法院的审判。根据《新加坡证券交易法》，其因欺诈罪，被判有期徒刑6年零6个月。

2. 基本问题

（1）跨国银行倒闭的主要原因是什么？

（2）对跨国银行应如何进行有效监管？

3. 知识内容

（1）巴林银行的倒闭，作为金融行业的一个典型案例，突出反映了类似的跨国银行所存在的问题不再仅仅是信用风险或市场风险等单一风险的问题，而是由信用风险、市场风险及操作风险互相交织、共同作用造成的。因此，对于这种内部关系复杂、全球广泛分布的跨国银行集团的监管，如果再是仅仅从某一方面独立地，或从某几个方面配合进行监管是不够的。1997 年 9 月，巴塞尔委员会推出了《有效银行监管核心原则》（以下简称《1997 年核心原则》），第一次将跨国银行监管作为一个系统来对待，确立了“全面有效风险管理”的理念，将监管的范围扩大到银行运作的全程与业务的各方面，即从市场准入到持续性监管直至不合格银行的关闭，而且将监管所必需的客观环境与前提条件考虑在内；从关注单个微观市场主体行为延展到较为宏观的层面，着眼于跨国银行监管的全方位和有效性。

(2)《1997 年核心原则》的主要内容。

该文件共提出涉及银行监管的 25 条核心原则，共涵盖 7 个方面：有效银行监管的先决条件、发照和结构、审慎法规和要求、持续银行监管手段、信息要求、正式监管权力和跨境银行监管。这 7 个方面的内容既相互联系又各有侧重，每一个部分都贯穿着风险监管的主线，具有丰富的内涵。

第一，全面充分的先决条件是有效银行监管的必要前提。这些条件主要包括：稳健且可持续的宏观经济政策；完善的公共金融基础设施；有效的市场约束；高效率解决银行问题的程序和提供适当的系统性保护（或公共安全网）的机制；明确的监管责任和目标框架；充足的监管资源；必要的银行法律框架；对诚信履职的监管者的法律保护；建立国内外监管机构之间的合作与信息交流体系等。

第二，严格规范的市场准入程序与标准是有效银行监管的首要任务。监管机构应建立清晰、客观的准入标准，如监管机构必须严格控制“银行”名称的使用范围；制定明确的准入标准并有效控制银行机构准入；严格审查银行向其他方面的大笔股权或控制权的转让；制定并审查银行大笔收购资产和投资的各项标准；确保新审批设立的银行有合理的股权安排、充足的财力、严密的内控制度以及具备专业知识、道德水准并善于审慎经营的管理人员。银行机构的业务活动必须与监管当局批准的范围相一致，否则，银行监管者有权吊销其执照。

第三，审慎法规和要求是有效银行监管的制度保障。《1997 年核心原则》要求银行监管者规定能反映所有银行风险程度的、适当的审慎的最低资本充足率要求，建立独立评估银行贷款发放、投资以及贷款和投资组合持续管理的政策和程序，并确保银行建立评估银行资产质量和贷款损失储备金及贷款损失准备金充足性的政策、做法和程序；银行的管理信息系统能使管理者有能力识别其资产的风险集中程度，银行仅在商业基础上向相关企业和个人提供贷款；银行制定出各项完善的政策与程序，以便在国际信贷和投资活动中识别、监测和控制国家风险及转移风险并保持适当的风险准备金；等等。

第四，持续性监管是有效银行监管的核心。《1997 年核心原则》要求银行监管机构必须密切关注银行面临的主要风险，如信用风险、国家和转移风险、市场风险、利率风险、流动性风险、操作风险、法律风险、声誉风险等；必须制定审慎的法规并保证其得到实施，以促进商业银行控制风险，其中包括资本充足率、贷款损失准备金、资产集中、流动性、风险管理和内部控制等方面的制度和管理要求；必须具备持续监管的手段等。

第五，准确完整的信息是有效银行监管的基础。为帮助银行监管者进行有效的非现场检查，评估银行的总体状况，银行监管机构必须定期获取财务报表，并通过现场检查或外部审计对信息的准确性和依据的会计政策的合法性进行定期审核。如果银行故意提供虚假的信息蒙蔽或误导监管者，监管机构应对有关机构或个人采取惩罚措施。

第六，正确行使监管者的权力是有效银行监管的保证。《1997 年核心原则》指出，银行监管者必须拥有必要的监管手段，以便在银行未能满足审慎要求或当存款人的安全受到威胁时，及时采取纠正措施。银行监管者对有问题银行主要可采取以下两个办法：首先为“采取纠正措施”，即为保护存款人和债权人，防止问题扩散，监管者应实施适当的干预并跟踪干预效果。其次为“进入清算程序”，即在第一个措施无效时，监管者可以决定对不再具备存续能力的银行予以清盘，或者关闭不稳健的银行，以保持整个银行系统的稳定性。

第七，加强国际监管协调是有效银行监管的重要手段。《1997 年核心原则》明确要求各国监管当局应当有能力实施全球性的并表监管，确保跨境银行安全经营。银行监管者必须对银行在世界各地的所有业务进行适当的监测并执行审慎监管原则，监管对象包括其外国分行、附属机构和合资机构。

（3）《1997 年核心原则》的 2006 年修订。

《有效银行监管核心原则》为各国建立有效的银行监管体系提供了指导和借鉴，已成为有效银行监管的通行标准，为国际金融界评价银行监管体系的有效性提供了准绳。由于跨国银行业及其监管等发生了变化，为了维持稳定的国际金融环境，保持各国银行监管的有效性及灵活性。2006 年 10 月，巴塞尔委员会正式颁布了修订后的《有效银行监管核心原则》。从具体内容看，修订后的核心原则有几大变化：

第一，提出“伞形原则”（umbrella principle），阐述了银行的全面风险管理，通过合并或新增的方式推出了几条新原则，专门阐述了银行账户的利率风险、流动性风险、信用风险和操作风险，充分突显了对这几类风险的高度重视，丰富和细化了风险监管的内容。第二，补充了有关加强监管当局透明度、治理结构及问责制等原则性要求，突出现场和非现场检查的重要性，间接地推出了以风险为本的监管新理念，反映了巴塞尔委员会对监管机构本身的关注不断升级。第三，对反洗钱、防欺诈和反恐怖融资的标准也进行了更新。第四，特别强调国际银行监管部门的国际合作与交流，规定国内银行监管机构之间、国内银行监管机构与他国银行监管机构之间建立正式或非正式的合作和信息共享安排。第五，不要求各国对整个银行业实施 1988 年的资本协议或 2006 年的新资本协议，而将其实施范围仅局限于“国际活跃银行”（internationally active banks），由各国自主选定“审慎、合适的资本监管制度”。

实务训练

企业境外上市的规定与流程

1993 年 7 月 15 日，青岛啤酒股份有限公司的青岛啤酒股票（0168）在香港交易所正式挂牌上市，成为中国内地第一家在香港上市的企业。同年 8 月 27 日，青岛啤酒（600600）在上海证券交易所上市，成为中国首家在两地同时上市的公司。1996 年 3 月 7 日，青岛啤酒股份有限公司申请向美国发行一级存股证（ADR）获美国证券及交易委员会批准，正式开始交易。

请问：

1. 中国境内企业境外上市的条件有哪些?

2. 中国境内企业境外上市的一般程序是怎样的?

提示：

1. 中国境内企业申请境外直接上市的条件有：

（1）符合中国有关境外上市的法律、法规和规则；

（2）筹资用途符合国家产业、利用外资政策及国家有关部门固定资本投资立项的规定；

（3）净资产不少于 4 亿元人民币，过去一年税后利润不少于 6 000 万元人民币，并有增长潜力，按合理预期市盈率计算，筹资额不少于 5 000 万美元；

（4）具有规范的法人治理结构及较完善的内部管理制度，有较稳定的高级管理层及较高的管理水平；

（5）上市后分红派息有可靠的外汇来源，符合中国外汇管理的有关规定；

（6）中国证券监督管理委员会规定的其他条件。

2. 中国境内企业境外上市的一般程序为：

（1）境外上市申请报告，需省级人民政府同意，并由承销商（保荐人）分析推荐报告；

（2）向中国证监会提交相关文件；

（3）将中介机构名单书面报证监会备案，确定中介机构；

（4）证监会会同国家发展和改革委员会等部门函告公司是否同意受理其境外上市申请；

（5）将向境外交易所提交的上市初步申请表格及内容报证监会备案；

（6）向境外证券监管机构或交易所提交发行上市初步申请并填写表格；

（7）召开临时股东大会，通过章程及选举独立董事，批准在境外上市；

（8）通过省级政府向有关部门申请转为社会募集股份公司，报送文件；

（9）向证监会报送文件，正式申请在境外公开发行股票并上市；

（10）向境外证券监管机构或交易所提出发行上市正式申请并接受聆讯；

(11) 股票承销商组织及带领发行人举行路演及宣传；
(12) 股票承销商和发行人决定最终的发行价格；
(13) 刊发获得批准的上市文件；
(14) 股票正式挂牌发行。

课后练习

1. 关于国际债券和国际贷款的区别，下列错误的选项是：(　　)。
A. 国际债券受到国家证券法规的强制性支配，而国际贷款的适用法律则由当事人自由选择
B. 国际债券可以自由流通，但国际贷款不能自由流通
C. 国际债券通过发行建立债权债务关系，而国际贷款是通过签订贷款协议确立债权债务关系
D. 国际债券没有利息、只能分红，而国际贷款享有利息
2. 布雷顿森林货币体系的特点是：(　　)。
A. 实行固定汇率制，但不受《国际货币基金组织协定》的约束
B. 实行固定汇率制，并受《国际货币基金组织协定》的约束
C. 实行浮动汇率制，但不受《国际货币基金组织协定》的约束
D. 实行浮动汇率制，并受《国际货币基金组织协定》的约束
3. 下列关于“巴塞尔委员会”的说法正确的是：(　　)。
A. 银行业民间国际组织　　B. 证券业国际民间组织
C. 国际清算组织　　D. 保险业国际民间组织
4. 特别提款权是指：(　　)。
A. 会员国在国际货币基金组织账户上用数字表示的认购资产
B. 会员国分得特别提款权时预先无须向国际货币基金组织缴纳基金
C. 会员国不能凭此向国际货币基金组织兑换黄金或支取现金
D. 不能作为现实货币用于国际私人交易的支付
5. 国际货币基金组织的资金来源有：(　　)。
A. 各会员国认缴的份额
B. 基金组织向各国中央保行的借款
C. 会员国的捐款
D. 基金组织的其他收入
6.《国际货币基金组织协定》第 8 条规定，成员国除非获得国际货币基金组织同意，不得采取下述哪些措施？(　　)
A. 限制经常项目下的兑换　　B. 限制资本项目下的兑换
C. 歧视性的差别汇率措施　　D. 复汇率措施
7. 国际融资交易中的信用担保的主要形式有哪些？其主要内容是什么？
8. 国际贷款人可以通过哪些合同条款确保其贷款债权的清偿顺序不落后于借款

人的其他债权人？

9. 依据巴塞尔委员会有关国际银行监管的“核心原则”，银行有效监管应当具备哪些条件？

10. 结合《服务贸易总协定》和《金融服务贸易协定》的规定，试析东道国对跨国银行的法律管制。

延伸阅读

1. 郭洪俊．国际银团贷款中的法律问题研究．北京：法律出版社，2001
2. 朱怀念．国际项目融资法律问题研究．武汉：武汉大学出版社，2002
3. 岳彩申．跨国银行法律制度研究．北京：北京大学出版社，2002
4. 杨松．国际法与国际货币新秩序研究．北京：北京大学出版社，2002
5. 杨松．国际货币基金协定研究．北京：法律出版社，2000
6. 贺小勇．金融全球化趋势下金融监管的法律问题．北京：法律出版社，2002
7. 陈安．国际经济法．2版．北京：法律出版社，2007
8. 蔡奕．跨国银行监管的主要法律问题研究．厦门：厦门大学出版社，2004
9. 邱永红．国际证券监管的合作与协调研究．厦门大学2006年博士学位论文
10. 韩龙．国际金融法前沿问题．北京：清华大学出版社，2010

第八章 国际税收法律实务

【内容摘要】

本章内容主要包括国际税法的概念与特征、国际税收管辖权、国际重复征税与重叠征税、国际逃税与避税、国际税收协定等方面的法律制度和相关实务。

【知识要点】

一、国际税法的概念与特征

（一）国际税法的概念

国际税法就是调整国际税收关系的法律规范的总称。第二次世界大战以后，随着世界经济的迅猛发展和国际经济贸易往来的日益频繁，跨国所得逐渐增多，如何妥善协调各国的税收利益，避免重复征税和防止偷漏税等一系列问题，促使国际税法不断发展，进而成为一个独立的法律部门。

理论界对于国际税收关系存在两种认识，形成狭义国际税法说与广义国际税法说两种观点。狭义国际税法说认为，国际税法调整的国际税收关系限于国家间的税收分配关系，"国际税法就是税收的国际法"[①]。广义国际税法说则认为，国际税收关系既包括国家间的税收分配关系，也包括国家与跨国纳税人之间的涉外税收征纳关系，因而国际税法不仅包括调整国际税收分配关系的国际税收协定等国际法规范，也包括调整各国涉外税收关系等国内法规范。国际税法是"调整国家之间国际税收

① 刘剑文主编：《国际税法》，3页，北京，北京大学出版社，1999。

分配关系以及国家与跨国纳税人之间涉外税收征纳关系的法律规范的总称"①。目前，在理论界和实务界占主导地位的是广义国际税法说的观点。

(二) 国际税法的特征

从广义说角度，国际税法具有下列特征：

第一，国际税法的主体包括国家和跨国纳税人。在国家间税收分配关系中，国家既是权利主体，也是义务主体；而在涉外税收征纳关系中，国家是征税主体，有权对于跨国纳税人的跨国所得征收税收，而跨国纳税人则是纳税主体，根据具有税收管辖权国家的法律，就其跨国所得承担纳税义务。

第二，国际税法调整的法律关系既包括不同国家间的税收分配关系，也包括国家与跨国纳税人之间的涉外税收征纳关系。国际税收关系的客体是纳税人的跨国所得，这种跨国所得指的是本国居民来源于外国的应税所得和外国居民取自本国的应税所得。只有在存在跨国所得的情况下，才会发生国家与跨国纳税人的征纳关系，也才会发生国家间的税收分配关系。

第三，国际税法的渊源具有多样化的特征，既包括国际法规范，又包括国内法规范；既包括实体规范，又包括程序法规范。国际税法的国际法规范是指用以调整各国间税收分配关系的国际税收协定和国际条约；国际税法的国内法规范是指各国的涉外税收法律。国际税法的实体法规范是指在国际税收法律规范中所规定的直接确定当事人权利义务的规范；国际税法的程序法规范是指国际税收法律规范中关于税收征收管理机关及其征收管理程序的规定。国际税法是由不同性质的法律规范共同构成的。

(三) 国际税法的基本原则

国际税法的基本原则是指国际税法理论界和实务界公认的，具有普遍意义并适用于国际税法各个领域，在国际税法中占据基础性地位的法律原则。② 国际税法的基本原则具有概括性、公认性、普遍性、强制性等特征，主要包括国家税收管辖权独立原则、国际税收公平原则、国际税收中性原则和国际税收效率原则等。

国家税收管辖权独立原则是国家主权原则，尤其是国家经济主权原则在税收领域的具体体现，其含义是指一国有权根据本国的法律，决定实行何种税收政策，独立自主地确定征税对象、征税税率、征税方式等税收事项，这种权利不受任何外来意志的干涉。当然，在经济全球化的背景下，出于国际税收合作的需要，国家有时必须对其税收管辖权进行适当限制，但是这种限制只能是一种在国家间相互自愿、平等地进行协商的基础上的自我限制，因而国家税收管辖权并非绝对独立，而只是相对独立。在实践中，该原则的具体内容包括：(1) 各国在主权范围内充分行使本国固有的征税权力；(2) 各国税收管辖权完全独立，任何其他国家不得干预或制约；

---

① 刘隆亨主编：《国际税法》，20页，北京，法律出版社，2007。

② 参见蒋新苗主编：《国际税法学》，23页，长沙，湖南人民出版社，2010。

(3) 各国税收管辖权一律平等；(4) 各国相互尊重他国的税收管辖权；(5) 各国有充分自由来选择本国的税收制度，决定本国的税收政策；(6) 各国均有责任履行自己的国际义务，相互协调税收管辖权的行使。

国际税收公平原则既包括国家在分配税收利益方面的公平，也包括纳税人税负方面的公平。前者是指国家应根据国际经济法的基本原则，在公平、互利的前提下分享针对跨国所得而产生的税收利益，不应片面强调本国税收管辖权的独立性，造成其他国家利益的损失或者纳税人过重的税负。后者则是指涉外纳税人所承担的税负应该与其所得和负担能力相适应，具体包含横向公平和纵向公平两方面的内容。一方面，经济状况相似、纳税能力相同的纳税人应承担同等的税负（横向公平）；另一方面，不同经济状况和纳税能力的纳税人承担的税负应有所不同（纵向公平）。税收公平原则在国际税收关系中的具体要求和功能表现为：(1) 无差别待遇。税收的无差别待遇是指通过税法来合理确定跨国纳税人的税收负担，保证跨国纳税人与本国纳税人的税收待遇没有差别。(2) 避免重复征税。国际重复征税的存在，造成跨国投资者的额外税收负担，不利于资金在国际间的流动和运用，反映出跨国纳税人之间的税负不公平以及跨国纳税人与一般纳税人之间的税负不公平问题。因此，避免国际重复征税现象，是实现对跨国征税对象公平课税的需要。(3) 防止国际逃税和避税。国际逃税和避税是指跨国纳税人通过以非法欺诈手段减轻税负或形式合法等方式减轻税负，造成税负不平等，从而损害国家税收法律制度的尊严和纳税人对税收机关的信赖。进行国际逃税、避税的纳税人的税负远低于诚实守法的纳税人的税负，这会破坏国际经济范围内的正常竞争秩序，违反税收公平原则。因此，防止国际逃税、避税现象，是实现对跨国征税对象公平征税的需要。

国际税收中性原则中的"中性"包含两层含义：一是国家征税使社会所付出的代价以税款为限，应尽可能不给纳税人或社会带来其他的额外损失或负担；二是国家征税应避免对市场经济正常运行的干扰，特别是不能使税收超越市场机制而成为资源配置的决定因素。[①] 税收中性原则要求国家的税收活动应尽量减少对纳税人经营决策的影响，不应对资本、劳动力和货物的流动产生影响。比如，税收中性原则要求一国的税法既不鼓励也不限制对外投资，而在一国境内国内投资者和外国投资者应该享受相同的税收待遇。尽管实践中税收中性原则往往难以落实，但是从追求良法的意义上，各国税收立法还是应当尽量向税收中性作出努力。

国际税收效率原则是指以最小的税收成本获取最大的国际税收收入，并利用国际税收的调控功能最大限度地促进国际贸易和投资的全面发展，或者最大限度地减缓国际税收对国际经济发展的阻碍。[②] 国际税收效率原则中所说的"效率"包括两个方面：一是税收行政效率，二是经济效率。前者是从征收税收的行政成本与收益角度而言的，强调应尽可能地用最小的征税成本（人力、物力、财力等）获取最大的税收收入；后者是从经济资源配置和经济运行的角度，要求税收必须有利于资源

---

① 参见刘隆亨主编：《国际税法》，18页，北京，法律出版社，2007。

② 参见刘隆亨主编：《国际税法》，19页，北京，法律出版社，2007。

有效配置，使社会从可利用的资源中获得最大利益，要有利于经济运行，促进国民经济稳定增长和微观经济效益的提高。

二、国际税收管辖权

（一）税收管辖权的概念

税收管辖权（Tax Jurisdiction），是一个主权国家在税收领域内的征税权力，是国家经济主权在税收领域中的具体体现。税收管辖权是与税收同时产生的。在国际税收关系形成后，税收管辖权的域外效力也随之表现出来。根据属人主义原则和属地主义原则，各国纷纷通过居民税收管辖权、公民（国籍）税收管辖权以及所得来源地税收管辖权，对跨国纳税人的跨国所得行使税收管辖权，主张和强调自己的税收主权。税收管辖权的主要内容包括：（1）征税主体和纳税主体，即由谁来征税和由谁来纳税。具体而言是由国家行使征税权，由国家的税务部门行使税收的管理权，纳税主体是指根据税收管辖权具有纳税义务的自然人和法人。（2）纳税客体，即对什么性质的所得或者收益征税以及对什么样的所得或者收益免税，通常被列入征税范围的所得和收益包括财产收益、营业所得和财产取得等。（3）纳税数量，即对所得征税数额的确定。它既包括宏观整体税负的确定，也包括各具体税种的确定，还包括有关征税项目、征税数量的确定。税收管辖权具有独立性和排他性的特征，主要表现在主权国家在税收征收管理方面行使权力的完全自主性，即对本国的税收立法和税务管理具有独立的管辖权力；一国在处理本国税收事务时不受外来干涉、控制和支配。

（二）确定税收管辖权的原则和税收管辖权的基本类型

国际税收管辖权的确定仍然遵循国际法中的属人主义原则和属地主义原则这两个最基本的管辖原则。根据属人主义原则，国家有权对具有本国国籍的人（即公民或居民）实行法律管辖，而不必考虑他们是居住在境内还是在境外；而根据属地主义原则，国家对其所属领土内所发生的人、财、物和行为，都有权按本国法律实行管辖。根据属人主义原则和属地主义原则，国际税收管辖权大体分为以下三类：

（1）居民税收管辖权

居民税收管辖权亦称居民课税原则，指征税国基于纳税人与征税国存在居民身份关系的法律事实而主张行使的征税权。所谓存在居民身份关系的法律事实，指满足征税国税法上规定的居民条件，如在征税国拥有住所，或停留达到一定时间。凡符合一国居民条件的纳税人，即属于该国税法上的居民 。国家实行居民税收管辖权的理论基础是国家对居民提供了社会公共服务和法律保护，那么居民就应该对国家履行纳税义务，这是一种权利与义务相对等的关系。因此，对居民的境外收入而言，收入来源国不能独占税收管辖权，税收权益应该在收入来源国和居住国之间进行分配。居民税收管辖权是无限的税收管辖权，只要某人被依法界定为某国居民，其对全球所得均需按照居住国法律纳税。

（2）所得来源地税收管辖权

所得来源地税收管辖权也称为收入来源地税收管辖权，是指根据所得（收入）来源地这一连结因素对纳税人来源于本国境内的所得行使的征税权。收入来源地税收管辖权针对的是外国居民在本国领土范围内的收益、所得和财产，行使收入来源地税收管辖权的国家有权对外国居民来自本国的所得征收税收。

（3）公民税收管辖权

公民税收管辖权是基于国籍这一连结因素而产生的税收管辖权，指一国政府对具有本国国籍者在世界范围内取得的所得和拥有的财产价值行使的征税权。在这种税收管辖权下，征税国所考虑的只是纳税人是否具有本国国籍，不论其与征税国是否存在实际的经济利益联系，均要对其世界范围内的一切所得和财产价值征税。

就国际税收实践而言，单一选择适用一种税收管辖权的国家比较少，大多数国家选择同时适用两种或者三种税收管辖权。我国《企业所得税法》第3章规定：居民企业应当就其来源于中国境内、境外的所得缴纳企业所得税。非居民企业在中国境内设立机构、场所的，应当就其所设机构、场所取得的来源于中国境内的所得，以及发生在中国境外但与其所设机构、场所有实际联系的所得，缴纳企业所得税。非居民企业在中国境内未设立机构、场所的，或者虽设立机构、场所但取得的所得与其所设机构、场所没有实际联系的，应当就其来源于中国境内的所得缴纳企业所得税。可见，我国税法是兼采了居民税收管辖权和收入来源地税收管辖权两种类型。

(三) 居民税收管辖权的行使

一个国家税法意义上的居民和民法意义上的居民在概念和内涵上是有很大差异的，居民身份的确定对于居民税收管辖权的行使而言具有非常重要的意义，是居民税收管辖权行使的前提和先决条件。

1. 自然人居民身份的确定标准

（1）住所标准

住所是指自然人的永久性、固定性居住场所，通常为家庭、配偶和财产所在地。居住场所的永久性和固定性是确定纳税人在征税国存在住所的主要标准。许多国家法律规定，一个自然人如果在本国境内拥有住所，即构成本国税法上的居民。我国《个人所得税法》规定，在中国境内有住所的自然人需要按照该法纳税。英国所得税法规定，在英国有永久性住所的自然人或者在英国拥有习惯性住所的自然人为英国税法上的居民。美国纽约州税法规定，凡在本州境内拥有一永久性住宅，且在纳税年度内又在本州境内居住6个月以上，则视为本州居民。[①]

（2）居所和居住时间结合标准

居所和居住时间结合标准，指某一自然人在一国境内拥有居所并且居住时间达到法定期限，即构成该国税法上的居民。居所与住所是两个既有联系又有区别的概念，住所是自然人有久居之意的场所，而居所是指自然人暂时居住的某一处所，其

① 参见刘剑文主编：《国际所得税法研究》，37页，北京，中国政法大学出版社，2000。

设定条件比住所要宽松，它不要求自然人有久住的意思，只要求有一定居住时间的事实。对于居住时间的长短，多数国家规定为半年或1年。我国《个人所得税法》第1条规定："无住所而在境内居住满一年的个人，从中国境内和境外取得的所得，依照本法规定缴纳个人所得税。"在我国境内居住满1年，是指在一个纳税年度中在中国境内居住365日。临时离境的，不扣减日数。临时离境，是指在一个纳税年度中一次不超过30日或者多次累计不超过90日的离境（《个人所得税法实施条例》第3条)。可见，《个人所得税法》是将在我国无住所，但是有居所并居住满1年的自然人视为我国居民，要求其按照我国法律承担纳税义务。

2. 法人居民身份的确认

(1) 法人注册成立地标准

按照这一标准，法人的居民身份根据法人在何国注册成立而定。例如，美国所得税法规定，凡是按照美国联邦或州的法律注册登记的公司，不论其管理机构是否设在美国境内，也不论其股权是否为美国公民所控制，都为美国税法上的居民公司。由于公司的注册成立地只有一个，故这一标准具有易于识别纳税人法律地位的优点。目前，瑞典、墨西哥、美国等均采用注册地标准。

(2) 法人实际管理和控制中心所在地标准

按照这一标准，公司的实际管理和控制中心设在哪一国，便视为哪一国的居民公司。所谓法人的实际管理和控制中心地，指的是作出和形成法人的经营管理重要决定和决策的地点，一般是法人的董事会和监事会所在地点。这个标准主要由英国、德国、希腊、瑞士等国采用。此标准的弊端是，一些企业可能通过任意设立管理中心而得以规避有关征税国家的税收管辖权。

(3) 法人总机构所在地标准

依据法人总机构所在地来确定法人居民身份，是指总机构设在哪一国，便视为哪国的居民公司。所谓法人的总机构，一般是指负责管理和控制法人的日常经营业务活动的中心机构，如总公司或主要事务所等。中国、德国、日本均实行这一标准。采用这一标准的国家往往在公司法中规定，依本国法律成立的公司，其总机构必须在本国境内，以此防止法人逃避本国居民纳税人的义务。

我国《企业所得税法》第2条规定："本法所称居民企业，是指依法在中国境内成立，或者依照外国（地区）法律成立但实际管理机构在中国境内的企业。"我国在确定法人居民身份时，采用了注册成立地和实际管理机构所在地原则。

3. 居民身份冲突的国际协调

由于各国均同时采用多个标准来确定居民身份，故居民身份存在积极冲突。为了协调居民身份冲突，《联合国关于发达国家与发展中国家间避免双重征税的协定范本》（以下简称《联合国范本》）和《经济合作与发展组织关于对所得和财产（资本）避免双重征税的协定范本》（以下简称《经合组织范本》）为自然人居民身份冲突提供了如下选择顺序的规范性条款：

(1) 永久性住所。一般而言，永久性住所是指某个人本身所拥有的配偶和家庭所在地，并有连续永久居住的愿望。当一个跨国纳税人同时符合两个国家税法关于居民身份的确定标准，从而成为两个国家的居民纳税人时，应认定跨国自然人是属于他拥有永久住所所在国的居民，由该国对其行使居民税收管辖权。

（2）重要利益中心地。如果跨国自然人在两个国家同时拥有永久性住所，则应认定他是属于与本人经济关系更密切的重要利益中心地所在国的居民。由该国对他行使居民税收管辖权。对其来自境内外的全部所得实行征税。所谓重要利益中心，一般应根据其家庭和社会关系、职业、政治和文化活动、财产所在地、经营活动所在地等加以综合判定。

（3）习惯性住所。如果跨国自然人的重要利益中心所在国无法确定，或者在其中任何一国都没有永久性住所，则应认定其属于习惯性住所所在国的居民。习惯性住所一般以该跨国自然人在哪一国居住的时间更长为判定依据。

（4）国籍。如果跨国自然人在两个国家都有或者都没有习惯性住所，就应认定其属于国籍所在国的居民，即他为哪国的公民，就是哪个国家的居民。

（5）双方协商。如果跨国自然人同时是两个国家的居民，或者都不是其中任何一国的居民，则应由缔约国双方主管当局通过协商解决其居民身份的归属，判定由哪国对其行使居民税收管辖权。

对于法人居民双重身份的冲突，国际上通行的做法是通过缔结双边性的国际税收协定加以协调，其方式大致有两种：第一种方式是缔约双方在协定中事先确定一个解决此类冲突应依据的标准，例如中国与比利时、法国等国签订的双边税收协定，都明确地选择了以法人居民的总机构所在地国作为居住国的冲突规范。但也有不少国家采用《经合组织范本》和《联合国范本》所作规定，对于同时成为缔约国双方法人居民的，首先以实际管理机构所在国为其居住国。然而在有些情形下，判定公司的实际管理机构并非易事。对管理机构和控制中心的不同理解，会引起国家之间居民税收管辖权的冲突。第二种方式即有关国家通过签订双边性的国际税收协定，规定法人居民身份发生冲突时，由缔约国双方的税务主管当局通过协商的方式，确定所涉法人居民的身份归属以及由哪一国对其行使居民税收管辖权。

（四）所得来源地税收管辖权的行使

1. 对非居民营业所得的征税

营业所得，在各国税法和国际税收条约中经常是指纳税人从事交通运输业、建筑工程承包业、农林畜牧渔业、水利业、商业、服务贸易涉及的金融保险等行业的经济活动所取得的收入。在国际税法中，对非居民纳税人的跨国营业所得的征税，目前各国通常采用常用机构原则、独立企业原则、实际联系原则和引力原则，以防止国际双重征税并确认营业所得来源地。

（1）常设机构原则。它是指仅对非居民纳税人设在征税国境内的常设机构的来源于征税国境内的营业所得征税。常设机构指外国法人在收入来源国境内设立的一个企业进行全部或部分营业的固定营业场所。按照《经合组织范本》和《联合国范本》的定义，“常设机构”是指一个企业进行全部或部分营业的固定营业场所。构成常设机构的营业场所必须同时具备以下三个条件：第一，存在一个受有关企业支配的营业场所。对这种营业场所没有任何规模与形式的限制，只要能够用于企业的经营活动目的即可，既可以是房屋、场所，也可以是机器设备或设施等。第二，该营业场所是固定的。所谓“固定”，首先指这一营业场所具有确定的地理位置，其次指这一营业场所具有一定的永久性。构成常设机构的营业场所应具有长期经营的性质，那些出于短暂的、临时的和偶然的经营活动需要而设置的营业场所不构成常设机构。第三，该营业场所必须是有关企业进行营业活动的场所。也就是说，该固定营业场所要服务于有关企业的经营活动，而不是仅仅从属于其经营活动。如企业在该营业场所进行的活动仅限于某种准备性或辅助性活动，且这种活动在企业实现利润的过程中所起作用甚微，则一般不构成常设机构。

（2）独立企业原则。它是指将非居民公司的常设机构视为一个独立的纳税实体，将按独立企业进行盈亏计算取得的一切利润归属于该常设机构，使收入来源国能够从源征税。

（3）实际联系原则。它是指来源地国仅对非居民纳税人与设在本国境内的常设机构有实际联系的所得征税，即与常设机构本身的经济活动有关的营业利润以及其在来源国的投资利润、贷款利息、特许权使用费等可以归属于常设机构的所得进行征税。

（4）引力原则。它是指非居民公司在收入来源国设有常设机构，虽未通过常设机构进行货物销售或其他经营活动，如果这类活动与其常设机构所进行的经营活动是相同的或者是同类的，即使没能通过常设机构，其所获得的营业所得也应归属于常设机构，由收入来源国从源征税。

我国《企业所得税法》第 3 条规定：“非居民企业在中国境内设立机构、场所的，应当就其所设机构、场所取得的来源于中国境内的所得，以及发生在中国境外但与其所设机构、场所有实际联系的所得，缴纳企业所得税。”可见，对于非居民企业的营业所得，我国税法仅在该企业在我国设立的常设机构有所得或者在我国境外取得与该常设机构有实际联系的所得时征收税收。

2. 对非居民个人劳务所得的征税

劳务所得分为独立劳务所得和非独立劳务所得，前者指自由职业者从事独立的科学、文学、艺术、教育或教学活动，以及医师、律师、工程师、建筑师、牙医师和会计师的独立活动取得的所得，后者则是指雇员受雇取得的工资或者其他报酬。对于个人独立劳务所得，《联合国范本》规定：“缔约国一方居民由于专业性劳务或其他独立性活动取得的所得，应仅在该国征税。但在下列情况下，也可以在缔约国另一方征税：（1）如在缔约国另一方为从事其活动的目的，设有其经常使用的固定基地；在这种情况下，缔约国另一方可以对仅属于该固定基地的所得征税；或者（2）如在缔约国另一方有关会计年度中停留累计等于或超过 183 天；在这种情况下，另一国可以对仅在该国进行活动取得的所得征税；或者（3）如在缔约国另一方进行活动的报酬，是由该缔约国居民支付或者由设在该缔约国的常设机构或固定基地负担。”对于个人非独立劳务所得，《联合国范本》规定，缔约国一方的居民由于受雇取得的薪金、工资和其他类似的报酬，除了受雇于缔约国另一方的以外，应仅在该国征税。如果受雇于缔约国另一方而取得该项报酬，可以在另一国征税。缔约国一方的居民由于受雇于缔约国另一方而取得的报酬，在下列情况下应仅在居住国家征税：（1）收款人在有关会计年度中在缔约国另一方停留累计不超过183天；同时（2）该项报酬是由并非缔约国另一方居民的雇主自付或代表雇主支付的；并且（3）该项报酬不由雇主设在缔约国另一方的常设机构或固定基地所负担。来源地国家对符合上面条件的所得免征税收。

3. 对非居民投资所得的征税

投资所得，主要包括纳税人从事各种间接性投资活动而取得的股息、红利、利息、特许权使用费和租金收益，这类投资收益都具有权利所得的性质。各国确认这类投资所得来源地，主要采用两个原则：一是投资权利发生地原则，即以这类权利的提供人居住地为投资所得的来源地。二是投资权利使用地原则，即以权利或资产的使用或实际负担投资所得的债务人居住地为所得来源地。来源地国家有权对非居民投资所得征收税收，但是在确定税率时一般应适当考虑投资者居住国的利益，实现税收利益分享。

4. 对非居民财产收益的征税

财产收益又称财产转让所得，是指纳税人因转让其财产的所有权取得的所得，即转让有关财产取得的收入扣除财产的购置成本和有关的转让费用后的余额。对于转让不动产的所得的来源地的认定，各国税法都以不动产所在地为所得来源地。但在转让不动产以外的其他财产的所得的来源地的认定上，各国主张标准不一。

三、国际重复征税和重叠征税

（一）国际重复征税与国际重叠征税的概念

国际重复征税是指两个或两个以上国家依据自己的税收管辖权按同一税种对同一纳税人就同一征税对象在同一征税期限内同时征税。国际重复征税的特点是：（1）征税主体的双重性，即对同一所得两个国家同时行使征税权；（2）纳税主体与课税客体的同一性，即两个国家对同一纳税人同一时期的同一纳税对象征税；（3）课征税种的同类性，即两个国家对同一跨国纳税人的同一课税对象征税，往往课征相同的税种或类似的税种；（4）纳税人承担税负的国际性，即跨国纳税人对同一时期内的同一收入，同时在两个国家负有纳税义务。

国际重叠征税是指两个或两个以上国家对同一笔所得在具有某种经济联系的不同纳税人手中各征一次税的现象。国际重叠征税与国际重复征税的区别是：（1）国际重复征税是对同一纳税人的同一所得重复征税，国际重叠征税则是对不同纳税人的同一所得两次或两次以上征税。（2）国际重复征税一般征收的税种相同，而国际重叠征税则涉及不同税种。所以，国际重复征税也称为法律上的重复征税，而国际重叠征税则称为经济上的重复征税。

（二）避免国际重复征税的方法

1. 运用冲突规则划分征税权

运用冲突规则划分征税权可以有单边和双边两种方法。单边冲突规范的解决方式是由居住国的立法机关通过国内立法程序制定法律，限制本国征税管辖权，解决跨国纳税人所承担的重复税负问题。双边冲突规范的解决方式则是由两国或多国按照平等互利的原则，在协商的基础上签订国际税收条约来解决跨国纳税人的重复税负问题。

2. 免税法

免税法是指居住国政府对本国居民来源于境外的所得或财产免予征税。免税法实质上是居住国对本国居民在国外所得征税权的放弃，承认来源地税收管辖权的独占性，从而避免两种税收管辖权的重叠交叉，防止国际重复征税的发生。需要注意的是，作为避免国际重复征税的措施，它不同于为了对外来投资提供税收优惠而实行的免税。

免税法主要有两种形式：第一，全额免税制，指居住国对居民纳税人来源于国内的所得征税时，不考虑该居民已被本国免予征税的境外所得额，仅按国内所得额确定适用税率征税的方法。第二，累进免税制，指居住国在对其居民纳税人来源于国内的所得征税时，将该居民已被本国免予征税的国外所得额考虑在内，适用其免税所得额未扣除前本应适用的税率征税的方法。

3. 直接抵免法

直接抵免法是指居住国政府按本国居民纳税人在世界范围内的所得汇总计算其应纳税款，但允许其将境外所得中已向来源地国缴纳的税款在本国税法规定的限度内从本国的应纳税额中抵免。

根据抵免数额有无限制，可以将直接抵免分为全额抵免和限额抵免。前者是指居住国政府对本国居民纳税人已向来源地国政府缴纳的所得税税额予以全部抵免；后者是指居住国政府对居民纳税人将其向外国缴纳的所得税税额进行抵免设置数量上限，即抵免额不得超过该所得依本国税法规定的税率所应缴纳的税款额。

实行抵免制的居住国，一方面承认收入来源地税收管辖权的优先地位，另一方面也未放弃行使居民税收管辖权，同时使国际重复征税问题基本上得到解决。因此，世界上大多数国家的国内法和税收协定都以互惠为前提条件，以个人所得税和公司所得税等直接税为抵免范围，以避免国际重复征税。

4. 扣除法和减税法

扣除法是指居住国政府对居民纳税人因国外所得而向来源地国缴纳的所得税款，允许作为扣除项目从应税所得额中扣除，就其余额适用相应的税率计算应纳税额。由于扣除法并不能真正地避免国际重复征税，因而采用这种方法的国家不多。减税法是指居住国对于本国居民来源于国外的所得进行征税时给予一定的减征照顾。

(三) 国际重叠征税的解决方法

1. 股息收入国所采取的措施

(1) 对国外股息免征所得税

这种方法可以在一定程度上或根本上解决重叠征税的问题。但很多国家在适用这一方法时，都要求收取股息的公司在付出股息的公司中持有一定数量的股份，对于持股比例高低，各国规定有所不同，多数要求至少达到25%，有的国家还要求满足其他一些条件。

(2) 合并报税

子公司在法律上是独立法人，因此，一般不允许与母公司合并报税。如果从法律上允许母子公司合并报税，则子公司在国外所纳税款可从母公司所得税税款中扣除，从而消除重叠征税。实行合并报税的国家并不太多，因为对母公司所持子公司股份的比例要求较高，不少国家还要求进行严格的审批。

(3) 间接抵免

间接抵免，指居住国对跨国纳税人在收入来源国间接缴纳的税款进行抵免，且适用于母公司与子公司两个具有完全独立的法律地位的法人单位之间的抵免。实施间接抵免，则子公司在国外所纳税款可从母公司所得税税款中扣除，从而消除重叠征税。

2. 股息付出国所采取的措施

(1) 双税率制

双税率制是指国家用于分配股息的利润和不用于分配股息的利润分别适用不同的公司税率征税的制度。一般对用于分配股息的利润适用低税率，对不用于分配股息的利润适用高税率，那么股息收入者自然也可以减轻税负，达到缓解国际重叠征税负担的目的。

(2) 折算制

折算制又称冲抵制，是指公司依法缴纳公司所得税，税后利润进行股息分配，国家按股东收到股息额的一定比率退还股东公司已经缴纳的税额，然后以股息和退税之和为基数按适用的税率计征所得税，纳税余额便是净股息所得。在折算制下，如果股东缴纳的所得税额等于或小于退税额，就可完全消除重叠征税，如大于退税额，则可减缓重叠征税给纳税人造成的税收负担。

四、国际逃税与避税

(一) 国际逃税和避税的概念与特征

逃税（tax evasion），也被称为“偷税”、“偷漏税”或者“税收偷逃行为”，是指纳税人违反国家税收法律，通过欺骗或者隐瞒等非法手段，拒不依法履行纳税义务，试图偷逃应向国家缴纳的税收的行为。关于逃税的定义，各国税收立法和国际组织的法律文件一般均有规定。联合国秘书处国际经济社会事务部制定的《发达国家与发展中国家之间谈判双边税收条约手册》（Manual for the Negotiation of Tax Treaties between Developed and Developing Countries）将逃税的概念表述为："严格意义上的逃税，是指纳税人故意或有意识地不遵守征税国法律的行为。逃税是指纳税人试图通过欺诈或者其他非法的方式逃避法律义务。非法的行为包括不申报收入或者虚构扣减，或者采用非常复杂的税收计划向税务机关进行有意识的虚假陈述。逃税可能源于没有对合法收入进行适当申报，也可能源于对非法所得（如走私、贩毒、洗钱所得等）的税收逃避。从广义上说，逃税行为一般也包括那种纳税人因疏忽或者过失而没有履行法律规定应尽的纳税义务的情形，尽管纳税人没有为逃税目的而采取有意隐瞒的手段。"

由此可见，逃税有广义与狭义之分。从广义的角度，无论纳税人主观上是出于故意还是疏忽，只要行为违反了税收法律并产生了少缴或者不缴税收的后果，即为逃税。广义的逃税并不区分行为主体的主观因素，而仅从行为的违法性和产生的后果方面来认定逃税。换言之，无论是基于故意而偷税，还是基于疏忽而漏税，均被认为属于逃税的范畴，逃税包括故意以非法手段逃避税法上规定的纳税义务的偷税行为，和因过失而违反税法因此没有适当履行纳税义务的漏税行为。从狭义的角度，逃税仅指出于故意而违法税法，以欺诈性的行为来达到少缴税甚至不缴税目的的行为。

逃税具有以下特征：

首先，逃税主体是依法承担纳税义务的纳税人。从各国税法的规定来看，实施逃税行为的主体被限定为负有纳税义务的法人、自然人和其他组织，而因纳税人以外其他人的行为导致纳税人少缴或者不缴税收后果的，不被认为是逃税行为，比如，由于税务机关的过失或者负有代扣代缴义务的人的行为使得纳税人少缴或者不缴税收的情况。

其次，逃税主体主观上有过错。就广义的逃税概念而言，纳税人逃税行为的主观过错主要有两种表现形式：故意或者过失。故意是指纳税人明知自己的行为会产生少缴或者不缴税收的后果，而希望或者放任这种结果产生的心理态度，比如纳税人虚造账册以逃避纳税义务；过失则是指由于纳税人的疏忽或者错误，导致少缴或者不缴税收后果的产生，比如纳税人在填写纳税申报表时的笔误导致的少缴税或者由于疏忽而未将收入进行申报导致的该应税所得未纳税的后果。大多数国家把纳税人疏忽及有意的行为都包括在偷税的概念中。疏忽的行为与故意的行为之间的差别在大多数税收管辖区并不特别重要。而在一些采取狭义逃税概念的国家，纳税人的主观过错仅仅包括故意，也就是纳税人出于恶意，以欺诈性的手段来实施产生少缴或者不缴税收后果的行为才被认定为逃税。但是，无论从哪种角度来说，行为人主观方面必须存在过错，如果仅仅是由于法律规定、会计准则或其他财务规则方面的差异产生纳税人少缴或者不缴税收的后果的，都不能认为是纳税人的逃税行为。

再次，逃税的方法和手段具有违法性。逃税行为是直接违反税收法律及其他相关法律，并为法律所禁止的行为。常见的逃税方法和手段如伪造、变造、隐匿、擅自销毁账簿、记账凭证，多列支出或者不列、少列收入，拒不申报或者进行虚假的纳税申报，伪造交易事项等。

最后，逃税行为是应当受到法律制裁的行为。鉴于逃税行为的违法性，各国均对逃税行为视其情节和行为后果予以一定程度的行政处罚，并且在很多国家，逃税行为产生严重后果而触犯刑法构成犯罪的，纳税人还需承担刑事责任。

国际避税（international tax avoidance）是指跨国纳税人利用各国税法上的差别或漏洞，采取变更经营地点或经营方式等各种合法手段，以减轻或不承担国际纳税义务的行为。虽然从主观角度来说，逃税行为和避税行为的目的均是减少纳税，但是逃税是采用非法的手段来实现少缴或者不缴税收，而避税则是利用合法的手段来达到规避税收的目的，逃税的行为具有隐蔽性，而避税行为是公开的。

(二) 国际逃税和避税的主要方式

1. 国际逃税的主要方式

（1）不进行纳税申报或者在申报时隐瞒应税所得

各国国内税收法律一般规定，纳税人必须依照法律规定的申报期限、申报内容如实办理纳税申报，报送纳税申报表、财务会计报表以及税务机关根据实际需要要求纳税人报送的其他纳税资料，这是纳税人应尽的基本义务。如果纳税人不按照法律规定适当履行此项义务，不管是出于故意还是过失，均为逃税行为而应受到法律的制裁。在国际逃税中，隐瞒应税所得主要是指纳税人不如实向有关国家的税务机关申报其跨国所得，采取各种手段，少报甚至不报其跨国营业利润、资产所得、投资所得、特许权使用费收入等应税所得。隐瞒应税所得经常发生在纳税人在国外拥有的财产或获得的股息、利息以及薪金和报酬等收入上，比如纳税人在国外取得所得后，将所得存入跨国银行的秘密账户，银行以为客户保密为由，不公开该存款信息，这样该笔所得就被隐匿而逃避了纳税义务。例如，瑞士银行以严格为顾客保密而著称，为纳税人转移和隐匿应税所得提供了便利条件，成为逃税的实施地。

（2）伪造财务账簿及记账凭证

依法设置账册，根据合法有效的账册记账并进行核算是税收法律对纳税人的要求，但是出于逃税目的，纳税人却常常违反此项规定伪造账册和凭证。伪造财务账簿及记账凭证也称为制造假账、设置账外账，指纳税人伪造账册或设置两本或者多本账册，虚构记账凭证，从而隐瞒企业的实际经营状况、收入和利润。当税务部门进行税收稽查时，纳税人向税务部门提交虚假的账册，而用另一套真实的账册供纳税人内部经营使用，真实账册对外绝对保密。伪造记账凭证一般需要同时伪造原始凭证，比如跨国纳税人在购入时多开发票，在售出时少开或不开发票，从而隐匿利润，少缴甚至不缴应纳税收。伪造财务账簿、记账凭证是采用会计方法逃税的主要手段。

（3）虚构成本和扣除项目，减少应税所得

所得税是国家以各种所得为课税对象而征收的税收，而所得额则是指纳税人的收入扣除有关费用后的余额，对企业纳税人而言，就是销售收入扣除成本、费用等支出后的余额。意图减少所得额而逃避税收，除了通过减少收入之外，纳税人也常采取增加成本、虚构费用等方式来减少应税所得。在实践中，纳税人会采取谎报所得、虚构成本、虚报投资等方法，例如不如实说明所得的真实性质，将一种所得谎报为另一种所得；在账簿中多列支出、谎报成本费用；将自有资本虚报为借入资本；虚增谎报折旧费、材料费等支出；虚报、谎报固定资产购价；虚增投资资本、多计提折旧等。

（4）不进行税务登记，从事非法经营，逃避税收监管

根据税收管理法律，纳税人有义务在指定的期间内向税务部门进行纳税登记。所谓非法经营是指纳税人不按有关国家法律规定，进行工商和税务登记，进行隐蔽的跨国经营活动。从事非法经营的企业或者个人，由于没有依法进行登记注册，因而有关国家的税务当局无法对其经营活动进行有效的税收监管，本应承担纳税义务的非法经营人则逃脱了向国家缴纳税收的义务。

（5）漏税

漏税是一种特殊的逃税形态，是纳税人无主观故意而发生漏缴或者少缴税收的现象。产生漏税的原因主要是纳税人对有关国家税收法律规定不了解或者因疏忽大意而漏报应税项目、错算销售收入或者经营利润等，如跨国纳税人将自己生产的产品直接用于使用而未按照销售处理进行申报所产生的漏税，或者由于财务工作人员的计算失误而产生的少算收入、利润、多计成本等产生的漏税。与其他形式的逃税不同的是，实施漏税行为的纳税人主观上并无逃避税收的恶意，但是从行为后果来说，漏税和其他形式的逃税并无不同，两类行为均产生了纳税人少缴或者不缴税收的后果。因此，很多国家的法律均将漏税列入逃税的范畴。

2. 国际避税的主要方式

（1）纳税人通过跨国流动进行国际避税

这种方式是自然人常用的一种避税方式。由于各国一般以个人在境内存在居所、住所或居住达到一定天数等法律事实，作为行使居民税收管辖权的依据，因而纳税人往往采取移居国外或压缩在某国的居留时间等方式，达到规避在某国承担居民纳税义务的目的。法人企业也可能通过选择注册成立地或改变总机构所在地和决策控制中心地的方式，规避高税率国的税收管辖权。

（2）跨国联属企业利用转移定价与不合理分摊费用进行国际避税

联属企业，是指在资金、经营、购销等方面彼此存在直接或者间接拥有或者控制关系的企业和经济组织。例如，母公司与子公司、总公司与分公司、子公司之间、分公司之间，都属于联属企业。联属企业可以以转移定价与不合理分摊费用的方式改变所得数额，从而控制纳税金额。所谓转移定价，是指跨国公司在内部交易中利用各国税率高低不一和税法规定的差异，人为地抬价或者压价，从而使联属企业的某一实体的利润转移到另一个实体账上的行为。转移定价是逃避税收的手段。通过转移定价，跨国公司可以将设在高税率国的企业的利润转移到位于低税率国的某个企业上，从而使跨国公司总体纳税数额减少。

（3）跨国纳税人利用国际避税港进行国际避税

避税港是指对所得和财产不征税或者按很低税率征税的国家和地区，比如，瑞士、巴拿马、哥斯达黎加、列支敦士登等。利用避税港避税主要是通过设立基地公

司的方式。所谓基地公司，是指跨国公司在避税港设立的公司，其本身并不实际经营，而是将跨国公司的所得划归其名下，以达到不纳税或者少纳税的目的。跨国公司将全球利润转移到基地公司，而基地公司又设立在避税港，税率极低甚至为零，这样跨国公司的全球所得就可以享受到巨额的税收优惠。

（4）跨国投资人有意弱化股份投资以进行国际避税

资本弱化是指投资者把本应以股份形式投入的资金转为采用贷款方式提供，逃避或减轻其应承担的国际税负。公司经营所需要的资金中，股东的股份投资和贷款占有重要比重。但股份融资和贷款融资所产生的收益的税收待遇不同，股东通过股份投资方式取得的股息，在多数情况下，不能从公司的应税所得中扣除。并且，公司的股份资本往往还要承受资本税的负担。而投资人以提供贷款形式所收取的利息，一般允许从公司的应税所得中扣除。所以，在利益的驱使下，母公司倾向于将本应投入的资本以贷款形式输入子公司，避免为股息纳税。

（三）国际逃税与避税的防范

由于国际逃税与避税的法律性质不同，因而防范措施也不相同。

针对国际逃税，主要是加强税收征管和对国际逃税的处罚力度。可以采取的措施包括：（1）实行税务登记制度。所有国家的税法都明确规定，纳税人在开业、歇业以及经营期间发生改组、合并等重大变动时，必须向税务机关办理书面登记或变更登记。（2）加强国际税务申报制度。国内税法特别对跨国纳税人规定了申报境外税务情报的义务，要求纳税人如实申报。除此以外，一些国家还在程序法上规定纳税人在税收案件中应就境外税务情况负举证责任。（3）强化会计审查制度。实行会计审查制度，是加强对跨国纳税人的经营活动的税务状况监督的一种重要制度。目前，许多国家通过有关法律，规定公司、企业，特别是股份有限公司所申报的税务报告一律须经会计师的审核，以防止纳税人逃税。（4）实行所得评估制度。许多国家对于那些不能提供准确的成本、费用凭证和不能正确计算应税所得的纳税人，以及那些每年所得额较小的纳税人，补充采用所得评估制度。

由于国际避税是利用国家税法的差异和漏洞，达到合法少纳税收的目的，所以针对国际避税的防范，主要是采取弥补税法漏洞、杜绝避税现象的方法。具体措施包括：（1）针对纳税主体转移避税，限制居民身份的转移。英国税法规定，英国居民公司不得擅自迁出英国。如果出于逃避税收的目的，将公司迁至避税港、在避税港设立子公司，不仅仍按英国居民公司征税，而且对公司和企业负责人还将给予刑事处罚。（2）针对关联企业避税，按正常交易原则对转移定价进行调整。所谓正常交易原则，即将关联企业的母公司与子公司、总公司与分公司等之间的关系，当作独立竞争的企业之间的关系来处理。由此，关联企业之间的营业往来，都应按照公平的市场价格计算。如果有人认为存在抬价或压价，有关国家的税务机关就可以根据这种公平的市场价格，重新调整应得收入和应承担的费用。正常交易原则的核心是将关联企业的内部交易价格与独立企业之间的正常交易价格进行比较，前提是关联企业内部的有关交易与独立企业之间的有关交易具有可比性；如果不具有可比性，则独立企业之间的有关交易价格就不能作为判断关联企业内部交易定价是否合理的正常价格。(3) 针对利用避税地避税，取消延期纳税待遇，即取消境内股东在基地公司未分配股息所得的延期纳税待遇。根据许多国家的税法，如果公司未将利润以股息形式分配给股东，在股东计算应税所得时，可以暂不计算这部分的股息所得，从而股东可以取得延期纳税的好处。但是，按照许多国家的税法，如美国，股东在基地公司的未分配的股息，不能像一般股息那样享受延期纳税待遇。这种方法可以打击纳税人在避税港设立基地公司的积极性。(4) 为防止资本弱化，限制股东对公司过多的贷款融资安排，或者在以贷款融资掩盖股份融资的情况下，禁止将公司付给贷款股东的利息视为股息而从应税所得中扣除。

五、国际税收协定

(一) 国际税收协定的概念

国际税收协定，又称国际税收条约，是指两个或两个以上的主权国家，为了协调相互间处理跨国纳税人征税事务关系，依照对等原则，通过政府间谈判所缔结的确定其在国际税收方面的权利义务关系的一种书面协议。1872 年，瑞士和英国订立了第一个双边税收协定，1899 年，普鲁士与奥地利缔结了第一个综合性避免重复征税的条约。随着国际经济活动频繁的加剧，国家之间缔结双边条约的数量越来越多。为了使国家之间通过谈判订立双边税收条约，1977 年经济合作与发展组织公布了《经合组织范本》。联合国经济和社会理事会于 1967 年成立了发展中国家和发达国家税收专家小组，于 1979 年公布了《联合国范本》。国际税收协定和各国颁布的国内涉外税法都属于国际税法的渊源，并且根据条约必须遵守原则，国际税收协定应当具有更高的法律效力。

(二) 国际税收协定的主要内容

1. 国际税收协定的适用范围

国际税收协定的适用范围包括对人、对税种的适用范围以及国际税收协定适用的时间和空间范围。

(1) 对人的适用范围

国际税收协定适用于缔约国一方居民或者同时为缔约国双方居民的人，包括自然人和法人。因为任何人只在其为居民的国家，才对该国家负有无限纳税义务。国际税收协定不影响国际法一般原则或特别协定规定的外交代表或领事官员的财政或税收特权。按《经合组织范本》和《联合国范本》中的定义解释，“缔约国一方居民”是指“按照该国法律，由于住所、居所、管理场所或其他类似性质的标准，负有纳税义务的人”。

(2) 适用的税种范围

《联合国范本》中规定，国际税收协定所适用的税种应该是，“由缔约国一方、所属行政区或地方当局对所得（和财产）征收的各种税收，不论其征收方式。对全部所得（全部财产）或某种所得（某种财产）征收的所有的税收，包括对转让动产或不动产取得的收益征收的税收，对企业支付的工资或薪金总额征收的税收以及对资本增值征收的税收，应视为对所得（和财产）征收的税收”。可见，国际税收协定所适用的税种一般是所得税和财产税。各国征税的税收种类不尽相同，实践中税收协定适用的税种可以由缔约双方友好协商，比如在中国和芬兰订立的双边税收协定中，在中国适用的税种为个人所得税和企业所得税，在芬兰适用的税种包括国家所得税、公司所得税、乡镇税、教会税、对利息所得源泉扣缴的税和对非居民所得源泉扣缴的税。

（3）在空间和时间上的效力范围

在空间上的效力范围是要说明国际税收协定可以生效的领土范围。各国双边税收协定在这一点的规定上都是一致的，都明确所签订的税收协定适用的空间范围是缔约国双方的全部领土，包括领土、领海、领空及其海底和底土。在时间上的效力范围，是指国际税收协定生效的起止时间。各国签订的税收协定一般都规定，本协定经缔约国双方法律程序批准并经双方置换批准文件后生效。具体生效时间由双方商定并在协定上加以明确。同时，缔约国双方都有权终止该协定的效力，但必须通过外交途径，向对方提出终止的要求，经双方国家同意后，确定协定的终止日期，任何一国不得随意终止协定的执行。

2. 定义

定义条款是对一般定义与特定用语的解释。一般定义主要是明确基本用语的含义，如“人”、“缔约国”、“缔约国另一方”、“缔约国一方企业”等；特定用语的解释主要是对“居民”、“常设机构”等重要概念的内涵和外延的界定。

3. 税收管辖权的划分

对各种所得征税权的划分，是双边税收协定中包括的一项主要内容。各国对所得的征税有不同的内容，涉及的所得范围各不一样，但总的来看，可分为四大项：一是对营业所得的征税。对缔约国一方企业的营业所得，双边税收协定奉行居住国独占征税的原则；对常设机构的营业利润，一般规定适用来源地国优先征税的原则。二是对投资所得的征税。国际税收协定一般适用来源地国与居住国分享收入的原则。三是对劳务所得的征税。区分不同情况，对居住国、来源地国的征税权实施不同的规范和限制。四是对财产所得的征税。在各国所缔结的双边税收协定中，对上述各项所得如何征税，应有一个明确的权限划分，并对有关问题加以规定，如对各项所得由哪方先行使税收管辖权，先行使税收管辖权的一方应受到什么样的条件限制，征税国应对某些收入采取什么样的税率征税等。

4. 消除双重征税的方法

为解决国家间对跨国纳税人的双重征税问题，国际税收协定中必须就下述两项内容达成一致性协议：一是避免重复征税，缔约国之间需要明确属地管辖权行使的范围，对哪些所得可由非居住国优先行使属地管辖权，哪些所得要限制非居住国行使地域管辖权。二是消除重复征税，即缔约国之间需要协商确定行使居民管辖权的居住国应该如何采取有效的措施，最终消除双重征税。针对国际双重征税的既存事实，双边税收协定规定了两种解决办法，即免税法和抵免法。在具体的双边税收协定中，使用免税法和抵税法时，其组合形式一般有三种：第一，缔约国双方都采用免税法加部分抵免法；第二，缔约国双方都采用抵免法；第三，缔约国一方采用免税法加部分抵免法，缔约国另一方采用抵免法。国际税收协定中还会规定一种特殊的抵免方式，即税收饶让抵免。税收饶让抵免也叫影子抵免，是指居住国对其居民因享受来源国的税收减免而未实际缴纳的税额视同已经缴纳的税额给予抵免。其作用不是避免国际重复征税，而是使收入来源国对外资的税收优惠政策形成实效，并且必须通过双边税收协定的形式才能得到实施。对于那些给予外资税收优惠的发展中国家而言，投资者的居住国是否同意实行饶让抵免，直接关系到这些发展中国家所实行的优惠措施是否能达到吸引外资的目的。目前，绝大多数发达国家，都配合发展中国家的吸引外资的税收优惠政策。只有美国等少数国家认为，饶让抵免会造成境内投资与境外投资的税负不公平，拒绝在税收协定中实行饶让抵免。

5. 税收非歧视待遇

税收非歧视待遇是指对于另一国进入本国境内的国民在税收上给予与本国国民相同的待遇，反对税收歧视。在国际税收协定条款的规定中具体表现为：（1）国籍无差别条款。即缔约国一方国民在缔约国另一方负担的税收或者有关条件，不应与缔约国另一方国民在相同情况下负担或可能负担的税收或有关条件不同或者比其更重，禁止缔约国基于国籍原因实行税收歧视。（2）常设机构无差别条款。即缔约国一方企业设在缔约国另一方的常设机构的税收负担，不应高于缔约国另一方进行同样业务活动的企业。（3）扣除无差别条款。缔约国一方企业支付给缔约国另一方居民的利息、特许权使用费和其他款项，应与在同样情况下支付给本国居民一样，准予列为支出。（4）资本无差别条款。缔约国一方企业的资本不论是全部还是部分、直接或间接为缔约国另一方一个或一个以上的居民所拥有或控制，该企业税负或有关条件，不应与该缔约国其他同类企业不同或比其更重。

6. 防止国际逃税与避税

防止国际逃税和避税是国际税收协定的重要内容，但目前对此问题的国际合作还主要限于利用情报交换这一手段。情报交换是指各国为了加强税收征管工作，相互交换实施税收协定所需要的情报以及与税收协定有关的各种税种的国内税法情报。情报交换的范围，由缔约国通过谈判在协定中具体规定。《经合组织范本》和《联合国范本》均明确规定："缔约国双方主管当局应交换为实施本协定的规定所需要的情报，或缔约国双方关于本协定所涉及的税种的国内法律，按此征税与本协定不相抵触的情报。"所需交换的情报包括：第一，为实施本协定所需要的情报；第二，涉及协定所定税种的国内法情报；第三，防止税收欺诈、偷漏税的情报。情报交换的主要目的，是加强缔约国双方税务当局的税务行政协助，以防止偷漏税行为的发生，最终避免潜在的不公平税负。

(三) 中国对外双边税收协定的实践

自1983年9月我国和日本订立《中华人民共和国政府和日本国政府关于对所得避免双重征税和防止偷漏税的协定》以来，我国已对外正式签署了近百个双边税收协定。在对外订立的双边税收协定中，我国坚持平等互利、友好协商原则和发展中国家立场，主要采用《联合国范本》作为对外谈判缔约的基础。

从我国对外签订的双边税收协定的条文来看，内容主要包括以下几点：

1. 对常设机构的限定

我国在对外签订的税收协定中，对营业收入的征税，都以是否设有常设机构进行营业活动为准。例如中芬协定中规定，缔约国一方企业的利润应仅在该缔约国征税，但该企业通过设在缔约国另一方的常设机构在缔约国另一方进行营业的除外。如果该企业通过设在缔约国另一方的常设机构在缔约国另一方进行营业，则其利润可以在缔约国另一方征税，但应仅以归属于该常设机构的利润为限。依此规定，没有设有或者可以不视为设有常设机构的，其营业收入都仅由取得者居住国征税。这一规定不但在某种程度上消除了某些重复征税，而且也为缔约国一方企业到缔约国另一方进行营利活动创设了优惠待遇。

2. 对预提税的征税限定

对于股息、利息、特许权使用费等各项消极投资所得，世界各国都采用预提方式征收所得税。我国在对外签订的税收协定中，都规定了缔约国双方税收权益的分享原则，实施限制税率征税，使缔约国任何一方的征税都不得超过协定所规定的限度，使缔约国居民在缔约国对方取得的投资所得，得以按限制的税率缴纳税收。

3. 对个人劳务所得的征税限定

(1) 独立的个人劳务所得

对独立的个人劳务所得，原则上仅仅由该个人的居民所属国行使征税权。但符合下列情形之一的，可以由来源国征税：在来源地国设有经常使用的固定基地或者在有关纳税年度开始或结束的任何12个月内停留连续或累计超过183天。

(2) 非独立的个人劳务所得

对于非独立的个人劳务所得，应由受雇活动所在国征税，但同时符合以下三项条件的，允许仅由该个人的居民所属国行使征税权：一是该个人在有关纳税年度开始或结束的任何12个月内在缔约国另一方停留连续或累计不超过183天；二是其报酬不是由缔约国另一方居民的雇主支付或代表该雇主支付；三是该报酬不是由雇主设在缔约国另一方的常设机构或固定基地所负担。

4. 防止双重征税的方法

对于防止双重征税，我国对外订立的税收协定结合采用了抵免、免税、饶让等多种方法。以中日协定为例，协定允许对于中国居民从日本取得的所得，按照协定规定对该项所得缴纳的日本税收数额，在对该居民征收的中国税收中抵免；从日本取得的所得是日本居民公司支付给中国居民公司的股息，同时该中国居民公司拥有支付股息公司股份不少于10%的，该项抵免应考虑支付该股息公司就该项所得缴纳的日本国税收。

5. 税收无歧视待遇

我国对外订立的双边税收协定从以下四个方面体现了税收无歧视的待遇：

（1）缔约国一方的国民在缔约国另一方负担的税收或者有关要求，在相同情况下，特别是在居民身份相同的情况下，不应与该缔约国另一方的国民负担或可能负担的税收或者有关要求不同或比其更重。

（2）缔约国一方企业在缔约国另一方常设机构的税收负担，不应高于缔约国另一方对从事同样活动的本国企业征收的税收。本规定不应理解为缔约国一方由于民事地位、家庭责任给予该国居民的任何税收上的个人补贴、优惠和减免也必须给予缔约国另一方居民。

（3）缔约国一方企业支付给缔约国另一方居民的利息、特许权使用费和其他款项，在确定该企业应纳税利润时，应像支付给该缔约国一方居民的一样，在相同情况下予以扣除。

（4）缔约国一方企业的资本全部或部分、直接或间接为缔约国另一方一个或多个居民拥有或控制，该企业在该缔约国一方负担的税收或者有关要求，不应与该缔约国一方其他同类企业负担或可能负担的税收或者有关要求不同或比其更重。

此外，我国对外订立的双边税收协定还规定了相互协商、信息交换等事项。

【案例评析】

一、案例一

1. 案情简介

A公司是外国B公司与国内C公司共同投资举办的中外合资经营企业。A公司注册资本为1 000万元，约定的经营期限为20年，主要生产和销售电子产品及其配件，其产品原料从B公司进口。A公司开业后头两年，账面均出现亏损。第一年账面亏损为100万元，第二年亏损80万元，累计亏损总额为180万元，税务机关在所得税汇算清缴检查工作中发现，该企业在进销作价上存在问题，致使企业发生亏损。经过调查，税务机关发现A公司销售利润率为5%，而当地同类企业平均利润率为15%，A公司销售利润率远低于平均水平。其原因是A公司进口材料的金额占销售收入的比例为80%，而当地同类企业材料占销售收入的比例在30%～50%之间。根据当地同类企业15%左右的成本利润率水平，税务机构决定对A公司的成本利润率进行调整，将其成本利润率核定为10%；将企业第一年账面产品销售收入调整为1 700万元，销售成本调整为1 500万元，经调整，A公司实际盈利200万元。

2. 基本问题

（1）通过税务机关上述调查可以看出，A公司在实践中存在什么问题？

（2）税务机关对A公司的盈亏重新确定和估算的行为属于什么行为？其法律依据是什么？

3. 知识内容

A公司在实践中存在通过转移定价的方式转移利润，逃避应纳税收的行为。转移定价是指联属企业之间在内部交易中利用各国税率高低不一和税法规定的差异，人为地抬价或者压价，从而使关联企业的某一实体的利润转移到另一个企业账上的行为。A公司和其外国投资方B公司之间，通过抬高原材料价格，A公司以不正常的高价购买B公司提供的原材料，增加了A公司的销售成本，进而降低了A公司的销售利润，使其账面上表现为亏损，所以A公司的行为是典型的利用转移定价的避税行为。针对A公司的避税行为，税务机关按照正常交易原则对其销售成本和利润进行了合理调整。所谓正常交易原则，即将联属企业之间的关系，按照独立竞争的企业之间的关系来处理。由此，关联企业之间的营业往来，应按照公平的市场价格计算。如果有人认为抬价或压价，有关国家的税务机关就可以根据公平的市场价格，重新调整其应得收入和应承担的费用。据此，税务机构将A公司5%的利润率调整为正常水平10%，使A公司从账面亏损转为账面盈利，纠正了A公司的避税行为，挽回了国家的税收损失。其法律依据是《企业所得税法》第41条："企业与其关联方之间的业务往来，不符合独立交易原则而减少企业或者其关联方应纳税收入或者所得额的，税务机关有权按照合理方法调整。"按照《企业所得税法实施条例》的解释，"独立交易原则"是指没有关联关系的交易各方，按照公平成交价格和营业常规进行业务往来遵循的原则。本案例中税务机关采用的方法是《企业所得税法实施条例》第111条所规定的"交易净利润法"，即按照没有关联关系的交易各方进行相同或者类似业务往来取得的净利润水平确定利润。

二、案例二

1. 案情简介

A公司是设立在甲国的企业。该公司在某纳税年度来源于甲国境内的各种所得额折算为500万美元，通过设立在乙国的分公司取得来源于乙国境内的营业所得额为100万美元。这两笔所得均为扣减了前述纳税年度的成本、费用和损失之后的所得额，而且A公司并无来源于其他国家的所得。

2. 基本问题

（1）甲国将按什么原则对A公司行使征税权？

（2）乙国将按什么原则对A公司行使征税权？

3. 知识内容

A公司设立于甲国，根据居民身份的判定标准，A公司是甲国的居民企业，甲国可以基于居民税收管辖权对本国居民A公司在纳税年度中的所有所得进行征税，A公司在全球所得为600万美元，对此，A公司均有向甲国政府纳税的义务。A公司在乙国设立有分公司并且有来源于乙国的所得100万美元，由于分公司不具备独立的法律人格，所以只能视为A公司设立于乙国的常设机构，乙国政府有权根据所得来源地管辖权对A公司常设机构的所得100万美元征收税收。

【疑难问题】

1. 实际联系原则与引力原则的区别是什么？
2. 确定纳税人居民身份的标准有哪些？国际重复征税是怎么形成的？
3. 避免或缓解国际重复征税的措施有哪些？它们之间有哪些区别？
4. 国际逃税和国际避税有何区别？
5. 如何认定转移定价以及如何对转移定价行为进行管制？
6. 《经合组织范本》和《联合国范本》在内容方面有哪些区别？
7. 国际税收协定对于纳税人的各种跨国所得划分税收管辖权的原则和实践有哪些？
8. 国际税收协定和国内税法之间的关系。

实务训练

我国居民公司A公司，欲在乙国进行投资，该国与我国订立了双边税收协定，根据本章所学国际税收法律知识，请为该公司设计合理的节税方案。

提示：可以从税收管辖权、避免重复征税、合理分摊和扣除等有关法律制度方面进行分析。

课后练习

1. 在国际税法上，(　　)优先的原则已经得到广泛的承认。

A. 公民税收管辖权　　B. 居民税收管辖权
C. 收入来源地税收管辖权　　D. 属人管辖权

2. 我国确定法人居民身份的标准是(　　)。

A. 法人注册成立地标准　　B. 法人总机构所在地标准
C. 实际管理和控制中心所在地标准　　D. 营业中心地

3. 国际税法研究的首要问题是(　　)。

A. 国际税收管辖权　　B. 国际税收分配关系
C. 避免国际双重征税　　D. 防止国际逃税和国际避税

4. 我国涉外税法对我国自然人居民身份的确定，采用(　　)。

A. 国籍标准　　B. 住所标准
C. 居所标准　　D. 住所与居住时间标准

5. 国际税收协定适用的税种主要是(　　)。

A. 关税　　B. 流转税

C. 增值税　　D. 个人所得税和企业所得税

6. 在消除或缓解国际双重征税的措施中，效果最好的是(　　)。

A. 免税法　　B. 抵免法　　C. 扣除法　　D. 减税法

7. 针对跨国联属企业利用转移定价来实施国际避税的行为，各国通常采用下列哪种原则来实行反避税？(　　)

A. 正常交易原则　　B. 固定基地原则

C. 常设机构原则　　D. 引力原则

8. 转移定价通常发生在(　　)。

A. 母公司与子公司之间　　B. 总公司与分公司之间

C. 母公司所属的两个子公司之间　　D. 同一总公司的两个分支机构之间

9. 对发展中国家不提供税收绕让的发达国家是(　　)。

A. 美国　　B. 英国　　C. 法国　　D. 德国

10. 来源国对跨国纳税人营业所得征税的原则是(　　)。

A. 常设机构原则　　B. 固定基地原则

C. 税收绕让原则　　D. 正常交易原则

11. 各国税法普遍采用的避免国际重复征税的措施是（　　）。

A. 全额免税法　　B. 累进免税法

C. 全额抵免法　　D. 限额抵免法

12. 在国际税法中，对于法人居民身份的认定各国有不同标准。下列哪些属于判断法人纳税居民身份的标准？(　　)（2009 年司法考试试卷一第 87 题）

A. 依法人的注册成立地判断

B. 依法人的股东在征税国境内停留的时间判断

C. 依法人的总机构所在地判断

D. 依法人的实际控制与管理中心所在地判断

13. 目前各国对非居民营业所得的纳税普遍采用常设机构原则。关于该原则，下列哪些表述是正确的？(　　)（2010 年司法考试试卷一第 84 题）

A. 仅对非居民纳税人通过在境内的常设机构获得的工商营业利润实行征税

B. 常设机构原则同样适用于有关居民的税收

C. 管理场所、分支机构、办事处、工厂、油井、采石场等属于常设机构

D. 常设机构必须满足公司实体的要求

14. 非居民仅就其在收入来源国的所得对来源国承担有限纳税义务。非居民在来源国的所得一般包括下列哪几项？(　　)

A. 营业所得　　B. 投资所得　　C. 个人劳务所得

D. 财产所得　　E. 直接投资所得

15. 避免或缓解国际重复征税的方法主要有下列哪几项？(　　)

A. 免税法　　B. 抵税法　　C. 扣税法

D. 减税法　　E. 折扣法

16. 下列关于税收饶让抵免的说法，正确的是哪几项？(　　)

A. 有利于发展中国家实施对外资的税收优惠政策

B. 不影响纳税人居住国原有的税收利益

C. 不是消除国际重复征税的有效方法之一

D. 增加了收入来源国的税收利益

E. 美国至今仍不愿承认饶让抵免制

17. 下列哪些方法属于跨国公司进行国际避税的方法？(　　)

A. 伪造账册和支付凭证　　B. 关联企业的转移定价

C. 匿报应税财产和所得　　D. 利用避税地设立基地公司

E. 利用弱化资本的方式

18. 导致国际税法产生的前提条件包括(　　)。

A. 国际经济交往的发展　　B. 国际货物贸易的迅速发展

C. 国际所得税制度的普遍建立　　D. 国际流转税制度的普遍建立

E. 国际服务贸易的迅速发展

19. 导致国际重复征税普遍存在的最主要原因是下列哪一项？(　　)

A. 居民税收管辖权与居民税收管辖权之间的冲突

B. 来源地税收管辖权与来源地税收管辖权之间的冲突

C. 居民税收管辖权和来源地税收管辖权之间的冲突

D. 居民税收管辖权和公民税收管辖权之间的冲突

E. 跨国纳税人逃税

20. 确定法人的居民纳税人身份的标准有(　　)。

A. 总机构所在地标准　　B. 常设机构所在地标准

C. 注册地标准　　D. 实际控制与管理中心所在地标准

E. 引力标准

21. 国际税收协定规定的避免国际双重征税的方法有(　　)。

A. 免税法　　B. 抵免法　　C. 抵税法

D. 扣除法　　E. 税收饶让

22. 《联合国范本》的特点是(　　)。

A. 强调居民税收管辖权　　B. 强调收入来源地税收管辖权

C. 注重保护发达国家的利益　　D. 注重保护发展中国家的利益

E. 注重保护资本输出国的利益

23. 国际税收协定的内容包括(　　)。

A. 协定的适用范围　　B. 征税权的划分

C. 避免国际重复征税　　D. 交流税务情报

E. 跨国税务协助

24. 国际税法是调整(　　)关系和(　　)关系的法律规范的总称。

25. 居民税收管辖权是征税国基于纳税人与征税国存在着(　　)身份关系的法

律事实而行使的征税权。

26.（　　）是指两个或两个以上国家对同一跨国纳税人就同一征税对象在同一时期同时课税。

27. 各国国内法规定的避免国际重复征税措施有（　　）、（　　）、（　　）和（　　），国际税收协定规定的避免国际重复征税措施有（　　）和（　　）。

28. 国际税收协定范本主要有两个，一是（　　），二是（　　）。

29. 我国法律所规定的避免国际重复征税的措施是（　　）。

30. 对非居民营业所得划分征税权的原则是（　　）原则，对非居民投资所得划分征税权的原则是（　　）原则，对非居民独立个人劳务所得划分征税权的原则是（　　）原则和（　　）原则。

31.（　　）是指跨国纳税人故意违反国家税法和国际税收协定的规定采取各种隐蔽的非法手段以减少本应承担的国际纳税义务的行为。（　　）是指跨国纳税人利用各国国内税法上的差别或漏洞，采取变更经营地点或经营方式等各种合法手段，以减轻或不承担国际纳税义务的行为。

32. 通过征税对象的转移实施国际避税的行为包括（　　）和（　　）两种，通常发生在跨国（　　）企业之间。

33. 对转移定价的避税行为进行管制的法律原则叫做（　　）。

延伸阅读

1. 刘剑文．国际税法学．北京：北京大学出版社，2004
2. 张智勇．国际税法．北京：人民法院出版社，2002
3. 廖益新．国际税法学．北京：高等教育出版社，2008
4. 蒋新苗．国际税法学．长沙：湖南人民出版社，2010
5. 刘隆亨．国际税法．北京：法律出版社，2007
6. 张晓君．国家税权合法性问题研究．北京：人民出版社，2010

第九章　国际商事仲裁法律实务

【内容摘要】

国际商事仲裁制度包括协议仲裁制度、仲裁程序制度、裁决执行制度等内容，是国际经济贸易中解决纠纷的主要方式，其以国际公约、仲裁法、仲裁规则等形式出现，具有民间性、管辖集中、专家裁决和裁决易于执行的特点。从事国际经贸活动的企业经常面临在国外和国内进行国际仲裁。联合国 1958 年颁行的《承认及执行外国仲裁裁决公约》是执行国际仲裁裁决的基础文件。

【知识要点】

一、仲裁协议

（一）商事仲裁

1. 仲裁的概念

仲裁是指当事人将其争议提交中立的第三方进行裁决的一种争议解决方式。

争议解决方式包括四种：协商、调解、仲裁和诉讼。协商是指当事人自己相互沟通解决争议。调解是指当事人通过第三方协调解决争议。仲裁是指当事人通过第三方裁决解决争议。诉讼是指当事人通过法院判决解决争议。

相对于诉讼而言，协商、调解和仲裁统称为替代性争议解决方式（Alternative Dispute Resolution，简称 ADR），又称为非诉争议解决方式。

2. 仲裁的种类

根据不同的标准，仲裁有不同的分类。

根据是否有机构加以管理，仲裁可分为机构仲裁和临时仲裁。临时仲裁没有机构予以管理，由当事人指定的仲裁员对仲裁程序进行管理。

根据争议的性质，仲裁可分为民事仲裁、商事仲裁、劳动仲裁、人事仲裁、体育仲裁、投资争端仲裁、国际公法仲裁。

根据当事人国籍，仲裁可分为国际仲裁和国内仲裁。

3. 商事仲裁

商事仲裁是指对商业活动中出现的争议所进行的仲裁。商事仲裁的原则包括当事人意思自治、一裁终局、裁决结果可通过法院强制执行。

由于各国法律制度和诉讼制度千差万别，通过诉讼方式解决争议极为不便，因而仲裁成为国际经济贸易活动中处理纠纷的主要方式。

4. 国际上主要的仲裁机构

国际上主要的商事仲裁机构有：国际商会国际仲裁院（the International Court of Arbitration of the International Chamber of Commerce，简称 ICC）、中国国际经济贸易仲裁委员会（the China International Economic and Trade Arbitration Commission，简称 CIETAC）、美国仲裁协会（the American Arbitration Association，简称 AAA）、伦敦国际仲裁院（the London Court of International Arbitration，简称 LCIA）、瑞典斯德哥尔摩商会仲裁院（the Arbitration Institute of the Stockholm Chamber of Commerce，简称 SCC）、新加坡国际仲裁中心（the Singapore International Arbitration Center，简称 SIAC）、香港国际仲裁中心（the Hong Kong International Arbitration Center，简称 HKIAC）。

（二）商事仲裁协议

1. 仲裁协议的概念

仲裁协议是当事人之间达成的将其争议提交仲裁解决的合意。对于仲裁协议，法律要求采用书面形式。仲裁协议是仲裁的基石，没有仲裁协议就没有仲裁。

在国际经济贸易活动中，由于经常涉及多国，诉讼管辖散乱，签订仲裁协议将管辖集中在一个国家或机构，避免了管辖和结果的不确定性，当事人不必多国应诉，也不能多处起诉，极大地便利和保护了国际经济交往。

仲裁协议包括当事人在合同中订立的仲裁条款。除此之外，还可以在相互之间的信函、电报、电传、传真、电子数据交换、电子邮件或其他书面材料往来中表明，双方当事人同意将已经发生或可能发生的争议提交仲裁的内容，此为单独的仲裁协议（submission to arbitration）。

2. 仲裁协议的内容

仲裁协议的内容必须包括仲裁意愿，我国《仲裁法》还要求必须包括仲裁事项和选定的仲裁委员会。

根据需要，仲裁协议中还可加入仲裁地、仲裁庭人数、仲裁员产生方式、仲裁语言、仲裁员国籍、仲裁准据法等内容。

3. 仲裁协议的性质

仲裁协议等同于当事人之间关于纠纷处理的合同条款，不过当事人也可在合同书之外签订单独的仲裁协议。仲裁协议一经签订便对双方具有约束力，同时对仲裁庭和仲裁机构也具有约束力，因为仲裁协议是它们权力的来源。

仲裁协议经双方同意可以作出修改或予以放弃，但任何一方都不能单方作出修改或予以放弃。

二、仲裁庭

（一）仲裁庭的概念

仲裁庭是仲裁案件的裁决机构，它决定仲裁的程序问题和实体问题。在我国，仲裁庭原则上由三人组成，在国外原则上由一人组成。在三人组成仲裁庭的情况下，应当由双方当事人各选定一人担任仲裁员，再由双方共同或双方所选仲裁员共同选定第三名仲裁员，作为首席仲裁。

（二）仲裁庭的独立与公正

仲裁庭及其成员，无论是当事人选定还是机构代为指定，都必须独立公正地管理仲裁程序和裁决案件，不受案件事实和法律及仲裁程序之外的任何因素的直接或变相干预，对案件事项具有最终决定权。

但是，仲裁庭的独立公正不排斥仲裁庭主动调查或接受咨询意见。

（三）仲裁庭的职责

由于接受当事人信托并收取报酬，裁决结果为法律所认可，因而，仲裁庭有如下职责：

第一，公正裁决；

第二，勤勉审慎；

第三，平等对待双方当事人；

第四，给予双方当事人充分陈述意见的机会；

第五，保证自己具备裁决案件所必需的专业知识；

第六，保证办理案件所需的时间；

第七，不损害案外第三方的合法权益和社会公共利益。

（四）仲裁员的免责

仲裁员不因疏忽和过失承担任何刑事、民事或行政责任，但故意枉法裁决者不在此限。《中华人民共和国刑法》第 399 条规定了“枉法仲裁罪”，即依法承担仲裁职责的人员，在仲裁活动中故意违背事实和法律作枉法裁决，情节严重的，处 3 年以下有期徒刑或者拘役；情节特别严重的，处 3 年以上 7 年以下有期徒刑。

三、仲裁程序

（一）仲裁规则

1. 仲裁规则的概念

仲裁规则是仲裁服务或推广机构为便于当事人进行仲裁而设计的仲裁程序，当事人可以根据自己的需要进行选择、修改或增减。

当事人一旦协议选择一套仲裁规则处理其争议，该规则即构成当事人之间的一份协议，不得违背，仲裁庭和仲裁机构也应遵循。法院将审查案件处理的实际程序是否与此相符，并将其作为是否承认和执行裁决结果的一项重要依据。

2. 仲裁协议、仲裁规则与仲裁法之间的关系

仲裁协议是当事人之间关于仲裁程序如何进行的一份合同或合同条款，仲裁规则是当事人通过协议引入其合同文本的一整套条款，两者都是用于调整仲裁活动内部关系的。仲裁法则包括两部分内容：一部分是仲裁程序，供当事人在没有约定程序，也没有选定仲裁规则，或者对仲裁协议和仲裁规则都没有规定的事项予以补充；另一部分用于调整仲裁活动的外围关系，包括仲裁的基本原则、仲裁协议的效力、法院对仲裁的协助与监督、仲裁员资格与责任等内容。仲裁法的第一部分内容不具有强制性，第二部分内容具有强制性。

3. 仲裁规则的种类

仲裁规则分为两类，一类是机构仲裁规则，另一类是临时仲裁规则，分别适用于机构仲裁和临时仲裁。中国国际经济贸易仲裁委员会的仲裁规则和国际商会国际仲裁院的仲裁规则是典型的机构仲裁规则，而联合国国际贸易法委员会颁布的《仲裁规则》是典型的临时仲裁规则。

机构仲裁规则中规定了机构的组成办法，一般还规定了机构对仲裁语言、仲裁庭人数、仲裁地、管辖权、仲裁员回避、裁决书核阅等事项的决定权，也对机构秘书处的工作事项有具体的规定。而临时仲裁规则，由于临时仲裁并不牵涉仲裁机构，基本上这些权力都由仲裁庭行使，必要时由规则中列明的组织，或者根据法律由当地法院，对仲裁中的事项作出决定。

（二）立案

1. 立案的条件

当事人申请立案必须提供有效的书面仲裁协议，可以是双方共同签字的文件中的仲裁协议，也可以是分别签字的仲裁协议，还可以是未签字但能确认其真实性的书面意思表示。

当事人申请立案还必须根据规定预缴仲裁费，最终将由仲裁庭裁决由哪一方承担。我国的仲裁机构一般要求在立案阶段即全部预缴仲裁费，确有困难者可以申请缓交，但不能减免，否则对于对方不公平。对于国外仲裁机构来说，由于仲裁费数

额在立案阶段没有确定的数字，只能估算一个概数，因而一般只是先预缴一部分，根据工作量逐阶段通知续费，并在裁决作出前补齐。

临时仲裁由于没有管理机构，也没有立案的概念，一般规定一方向另一方送达仲裁通知之日起仲裁程序开始。

2. 文件准备

临时仲裁开始于仲裁通知，而机构仲裁中一方申请立案时，申请立案一方，即申请人，无论是在国内还是国外，都应该提交一份《仲裁申请书》，载明申请人和被申请人名称、地址、联系方式、仲裁请求、仲裁协议、事实和理由，按照对方当事人数量和仲裁员人数，加上给仲裁机构的一份，备足原件份数，向仲裁机构秘书处提交。

向我国的仲裁机构申请仲裁时一般还应附上关于事实的相应证据，国外仲裁机构在立案阶段一般无此要求，但随后须补齐，且份数与《仲裁申请书》相同。

应当编写证据目录，且与证据的编号一一对应，同时说明证明事项。《仲裁申请书》中的事实陈述包括仲裁依据，都应当标注所附的证据编号，以供清晰查阅。

3. 仲裁通知

仲裁机构的秘书处收到申请人的《仲裁申请书》，并在相关手续完备之后，会向被申请人送达一份《仲裁通知》。该通知与临时仲裁中的通知不同，其不是由当事人撰写的，而是由仲裁机构秘书处撰写的，内容包括向被申请人告知申请人已申请仲裁，根据仲裁规则被申请人应该如何选定仲裁员、进行答辩、提出反请求等下一步的程序事项。

4. 保全措施

如果案情需要，当事人可以申请财产保全或证据保全，按照我国现行法律的规定，保全申请应向仲裁机构提出并由其转交法院，由法院作出是否保全的决定；而在国外，当事人可直接向法院申请，也可以向仲裁庭申请，仲裁庭可径行作出是否保全的决定，必要时由法院予以配合。

（三）组庭

1. 仲裁员名册

国内的仲裁机构备有仲裁员名册供当事人从中选定仲裁员，国外其他主要仲裁机构没有仲裁员名册，当事人可以任意选定其认为适当的任何人作为仲裁员裁决案件。

由于实行名册制，加之我国《仲裁法》对担任仲裁员规定了条件，因而我国对仲裁员的要求比国际上的高。

我国《仲裁法》第 13 条规定，仲裁委员会应当从公道正派的人员中聘任仲裁员。仲裁员应当符合下列条件之一：

（1）从事仲裁工作满 8 年的；

（2）从事律师工作满 8 年的；

（3）曾任审判员满8年的；

（4）从事法律研究、教学工作并具有高级职称的；

（5）具有法律知识、从事经济贸易等专业工作并具有高级职称或者具有同等专业水平的。

2. 当事人选定仲裁员

选定仲裁员是仲裁当事人的根本权利之一，原则上仲裁员都由当事人自己选定。当然，对于仲裁中的一切行为，当事人均可委托律师或其他公民作为代理人予以办理。

3. 代为指定

当事人也可以委托仲裁机构代为指定仲裁员审理案件。为了保证仲裁程序的顺利进行，一方当事人不愿选定仲裁员，或者首席仲裁员未能由当事人或其所选仲裁员共同选定时，一般根据仲裁规则由仲裁机构代为指定。

4. 披露与回避

仲裁员在接到被选定的意向后，应当披露与案件、当事人或代理人之间存在的可能影响案件公正处理的情形，如认为不宜担任仲裁员的，应直接主动回避。当事人发现存在该等情形的，亦可要求该仲裁员回避。是否回避，由仲裁机构或规则规定的其他机构决定。

我国《仲裁法》第34条规定，仲裁员有下列情形之一的，必须回避，当事人也有权提出回避申请：

（1）是本案当事人或者当事人、代理人的近亲属；

（2）与本案有利害关系；

（3）与本案当事人、代理人有其他关系，可能影响公正仲裁的；

（4）私自会见当事人、代理人，或者接受当事人、代理人的请客送礼的。

5. 组庭通知

仲裁庭全部组成人员确定以后，仲裁机构向当事人及仲裁员发送《组庭通知》，并将案件移交仲裁庭审理，仲裁机构秘书处将跟随此后的程序，并对仲裁庭的工作予以协助。

案件移交仲裁庭后，仲裁庭将在首席仲裁员的组织下安排仲裁程序，包括制作程序时间表、安排开庭时间、决定审理方式、确定举证时限等。

（四）答辩及反请求

1. 管辖权抗辩

在进行实体答辩前，被申请人认为仲裁机构或仲裁庭对本案没有管辖权的，或者仲裁协议无效或失效的，或者不属于仲裁协议范围的，或者当事人主体不适格的，可以对仲裁委员会和仲裁庭的管辖权提出异议，要求终止程序。对于是否成立，我国由仲裁机构决定，国外由仲裁庭决定。

2. 实体答辩

答辩书的格式与仲裁申请书一致。答辩书应对申请人所提出的问题都作回答，不应有遗漏，但可以增加新观点和新内容，并附具相应证据。

答辩书和申请书一样，都应该根据事实和法律，紧扣仲裁请求和主题，有事说事，观点应明确、具体，恰到好处，切忌假、大、空，套话连篇，甚至进行人身攻击。

答辩书和申请书一样，都应该条理清晰、逻辑连贯，不自相矛盾，措辞的内涵和外延应恰到好处，事实与证据一一对应，并予标注。

3. 反请求的条件

反请求必须与本请求基于相同的法律关系，但可以基于不同的事实和法律行为类型，简言之，应属于同一笔交易的相关事项。例如，双方签订了 3 份合同，还有一个第三人为交易作担保，申请人就 1 份合同提起仲裁，被申请人便只能对该合同提起反请求，不能对另外 2 份合同及第三人的担保提起仲裁；申请人请求裁决被申请人支付拖欠的货款，被申请人可以因质量问题请求裁决退货还款，也可以请求裁决申请人因侵犯知识产权赔偿损失等。

4. 反请求的答辩

在开庭审理之前，应当由申请人完成对反请求的答辩，以便固定争点、集中审理。

（五）审理

1. 开庭审理与书面审理

仲裁虽然不公开进行，但以开庭审理为原则，书面审理为例外。书面审理只有在各方当事人同意或者共同选定的仲裁规则中有相关规定时才适用，一般仅出现在简易程序、处理程序问题或紧急情况下。如发现书面审理不能或不便查清事实，仲裁庭有权要求进行开庭审理，当事人坚决反对的，风险自担。书面审理中，如果从现有材料中查明不了事实或存在疑问，可以向双方当事人发出问题单，要求回答，但不能单方发送，且应该给双方平等的陈述和反驳的机会。

2. 开庭审理程序

仲裁庭开庭充分体现专业和灵活的特点，不强调固定的开庭模式和程序，一切根据案情需要予以调整，但必须做到面面俱到、平等充分、科学有效、安排合理。

对多数案件而言，如无相反安排或调整，可适用下列程序：

（1）首席/独任仲裁员宣布×××号仲裁案现在开庭。

（2）首席/独任仲裁员自我介绍，询问当事人对仲裁庭组成是否有异议。

（3）介绍双方出庭人员，查看是否均有授权委托书，询问当事人对于对方出庭人员是否有异议。非经对方同意，没有授权的人不能出庭或旁听。证人只能在作证时出现，保证自己证言真实后可作陈述，并接受双方律师和仲裁庭的询问。

（4）申请人陈述。

（5）被申请人陈述。

（6）答复对方观点。

（7）询问双方是否同意调解。仲裁庭有义务说明调解是自愿的，调解不做记录，如果调解不成，其中任何人所说的话，都不影响裁决，也不能在以后的任何程序中作为依据予以援引。调解中双方应该互谅互让。调解可以双方面对面，也可背靠背。如果调解成功，双方签署《调解协议》，并在其中载明“请求仲裁庭根据本协议的内容制作裁决书”；如果调解不成功，则恢复仲裁程序。

（8）质证。

（9）辩论。

（10）各方做最后陈述。

（11）约定双方提交补充证据和材料的时间，询问双方并决定对补充证据是否采用书面质证的方式；并说明过了期限便不再接受。

上述（4）～（9）的过程由仲裁庭根据案件具体情况灵活掌握。

3. 审理模式

国际仲裁当事人、代理人和仲裁员来自不同的国家和地区，各地法律传统不同，案件审理模式也经常不同。审理模式主要有对抗式和纠问式两种，具体采取何种模式，由仲裁庭决定，告知当事人进行准备，并组织实施。但无论采用哪种模式，都必须遵守正当程序的原则，必须做到平等对待双方当事人，给予各方当事人充分陈述的机会。

4. 证据提交

国际仲裁中都反对在提交证据问题上搞突然袭击（surprise），鼓励当事人及其代理人及时、全面地提交证据。仲裁庭一般都会规定一个提交证据材料和提出新观点的期限，逾期不予提交，除非仲裁庭要求，不再接受。提交期限根据仲裁庭的规定可以是两轮或三轮，视案件需要而定。国外一般规定，开庭前必须提交完所有的证据材料，开庭终结前也必须提出所有的观点，开庭后即进入仲裁庭合议和裁决阶段。中国仲裁也采用这种方式，但由于历史原因，仍然存在庭后补交材料的情况，但关于最后期限的规定必须遵守，否则仲裁庭一律拒收。

（六）裁决

1. 仲裁庭合议

合议是仲裁庭围绕如何裁决进行的讨论，是仲裁程序的关键阶段。合议中必须坚持仲裁员平等原则、充分讨论原则、服从真理原则、诚信合作原则、保密原则。仲裁庭合议以当面合议为主，补充意见时可以书面交换。合议应该将双方当事人提出的所有观点和证据都考虑进去，但又要搞清楚各观点和证据之间的相互关系，形成科学合理的心证。对于没有查清的问题，没有审理到的事项，不能草率作决定，应本着实事求是的精神，进一步核实调查。需要补充调查的，不能主动单方面行动，应告知当事人，让其参与并阐述自己的评论。据以作出结论的任何观点，都必须有当事人的评论，包括事实问题和法律问题，避免在当事人没防备的证据点或问题点上由仲裁庭单凭自己的理解得出各方当事人都意想不到的结论，这是违背自然公正和正当程序的。仲裁庭在合议时要防止落入当事人的圈套和案情圈套，必须保持高度清醒，要特别避免被辩论情绪误导，也要警惕裁决意见颠倒时的前后矛盾，以保证案件质量。另外，应当力求正确，保证利益切割精准，不伤及无辜，包括不损害第三者利益和社会公共利益。

2. 表决制度

仲裁中的表决必须在充分合议的基础上进行，不能纯粹为了形成多数意见或一致意见而表决。仲裁员应该尽量多听取不同意见，特别是少数意见，换位思想，充分理解和接受其合理性，只要言之有理，应该主动修正自己的观点。仲裁庭成员一般应尽量达成一致意见，但经过反复磋商仍不能形成一致裁决的，可以根据多数意见裁决；无法形成多数意见的，根据首席仲裁员的意见裁决，但这种情况十分少见。少数意见可以写入裁决书，或者附在裁决书后，或者入卷。仲裁员同意裁决结果但不同意裁决理由的，对不同意见也如此处理。

我国《仲裁法》第 53 条规定，裁决应当按照多数仲裁员的意见作出，少数仲裁员的不同意见可以记入笔录。仲裁庭不能形成多数意见时，裁决应当按照首席仲裁员的意见作出。

中国国际经济贸易仲裁委员会制定的《仲裁规则》（2005 年）第 43 条规定，由 3 名仲裁员组成的仲裁庭审理的案件，裁决依全体仲裁员或多数仲裁员的意见作出。少数仲裁员的意见应当附卷，并可以附在裁决书后。

3. 裁决期限

裁决期限一般由当事人约定或由仲裁规则规定，从案件移交仲裁庭之日起 4 个月、6 个月或 9 个月不等，一方面仲裁庭应尽量提前完成裁决，另一方面在特殊情况下，确实无法完成的，可以予以延长。

4. 裁决种类

裁决一般包括中间裁决、部分裁决和最终裁决。

（1）中间裁决

中间裁决是指在仲裁程序中，仲裁庭作出最终仲裁裁决前，对一些阶段性问题作出决定，以明确仲裁庭对一些需要提前解决事项的意见，便于仲裁程序的有效进行。例如，仲裁庭对本案应适用的准据法作出决定，便于当事人引用该准据法阐述自己的观点，搜集和提供证据，而不至于各自援引不用的法律，或者与仲裁庭准备援引的法律不相适应。又如，仲裁庭对合同是否有效、出现合同不能履行的责任属于哪一方等问题作出中间裁决，以便于当事人集中在一个方向上去进行论证和反驳，而不需要准备两套不同的观点来防备仲裁庭可能存在与自己不同的认识。中间裁决不是终局性的裁决，仲裁庭以裁决的方式加以处理，这不仅节省了时间和费用，还可以使仲裁程序有序的进行。

（2）部分裁决

部分裁决是指仲裁权行使过程中，仲裁庭认为案件的一部分事实已经清楚，可以对该争议部分先行裁决。部分裁决是终局性的裁决，构成最终裁决的效力的一部分，与最终裁决具有同样的法律效力。

（3）最终裁决

最终裁决是指仲裁庭对当事人之间的纠纷经过审理后，对权利、义务关系作出的最后裁决。

双方当事人达成了和解协议，经双方当事人的授权，仲裁庭根据和解协议作出仲裁裁决的，为和解裁决。最高人民法院《关于适用〈中华人民共和国仲裁法〉若干问题的解释》（2005 年 12 月 26 日）第 28 条规定，当事人请求不予执行仲裁调解书或者根据当事人之间的和解协议作出的仲裁裁决书的，人民法院不予支持。

5. 裁决核阅

仲裁庭在裁决书草案形成之后、签发之前，应根据仲裁规则将其提交仲裁机构进行形式和实体核阅，核阅人员可以就其中发现的问题提请仲裁庭修改，但是否接受，由仲裁庭决定。该制度的目的是确保同一仲裁机构所作出的裁决书在形式和内容方面的一致性。裁决核阅是一个协商的过程，前提是不影响仲裁庭的独立裁决权。

（七）简易程序

在仲裁过程中，对于争议标的金额不大、案情简单的案件可适用简易程序，各种期限的规定相对较短，由独任仲裁员进行仲裁，仲裁庭可以根据案件的实际情况，按照其认为适当的方式进行仲裁，既可以决定只依据当事人提交的书面材料和证据进行书面审理，也可以决定开庭审理。

四、裁决执行

（一）当事人自动履行与法院强制执行

仲裁裁决作出后，当事人应该及时自动履行。如果当事人未能履行，另一方当事人可以向有管辖权的法院申请强制执行。

1. 执行仲裁裁决的条件

（1）必须是裁决书中的当事人。

（2）必须在法定期限内提出申请。我国《仲裁法》规定，当事人可以依照《民事诉讼法》的有关规定办理，即申请执行的期限为 2 年。此期限从裁决书规定的履行期间的最后一日起计算；裁决书没有规定履行期间的，应当自裁决作出之日起立即履行。裁决书需要到国外申请强制执行的，适用执行地国关于执行期限的规定。

（3）当事人必须向有管辖权的人民法院提出申请。民事诉讼法规定由人民法院执行的其他法律文书，由被执行人住所地或者被执行人财产所在地人民法院管辖。即当事人应向被执行人住所地或者被执行人财产所在地的人民法院申请执行仲裁裁决。被执行人为国外企业或个人的，应当到该国或其财产所在地法院申请执行。

2. 执行仲裁裁决的程序

（1）申请执行。当事人申请执行时应当向人民法院递交申请书，在申请书中应说明对方当事人的基本情况以及申请执行的事项和理由，并向法院提交仲裁协议和作为执行依据的生效的仲裁裁决书或仲裁调解书。在国外申请执行的，还必须根据执行地国的要求提供经认证的翻译文本。

（2）执行。当事人向有管辖权的法院提出执行申请后，受理申请的法院应当根据本国民事诉讼法规定的执行程序予以执行。

（二）裁决执行的依据

执行裁决的依据主要有执行地国仲裁法、民事诉讼法、《承认及执行外国仲裁裁决公约》（1958年6月10日订立，简称《纽约公约》，1986年12月2日我国加入该公约）（United Nations' Convention on the Recognition and Enforcement of Foreign Arbitral Awards）（New York，10 June 1958）。在我国除《纽约公约》外，执行裁决的依据还包括《中华人民共和国仲裁法》、《中华人民共和国民事诉讼法》等。

在国际仲裁中，裁决书的国籍十分重要，一般是裁决作出地和仲裁地。只有裁决书国籍所属国系《纽约公约》成员国时，才能根据《纽约公约》得到承认和执行，否则根据该国国内法酌定是否予以认可，通常情况是否定的。裁决书国籍还涉及审查仲裁协议有效性和是否存在可撤销或不予执行裁决书理由时所应适用的法律，一般以仲裁地法为依据。此外，如申请撤销裁决书，也应在仲裁地国法院起诉。

由于需要审查是否存在相关法律依据，因而在另一个国家或法域申请执行裁决书时必须同时申请承认，然后才能予以执行。裁决执行时，有的国家将其视为本国的生效裁决或法院判决予以执行，另一些国家或地区则需要将其转化成本国法院判决的形式再予以执行。前者如中国，后者如英国。

（三）不予承认和执行仲裁裁决

法院接到当事人的执行申请后，应当及时按照仲裁裁决予以执行。但是，如果被申请执行人提出证据证明仲裁裁决有法定不应执行的情形的，可以请求法院不予执行该仲裁裁决；法院组成合议庭审查核实后，裁定不予执行。这在《纽约公约》、我国《民事诉讼法》第274条、第237条及《仲裁法》中都有规定，分别针对的是外国裁决、中国籍国际仲裁裁决（涉外仲裁）和国内仲裁裁决。前两者的要求基本相同，如《民事诉讼法》第274条规定，对中华人民共和国涉外仲裁机构作出的裁决，被申请人提出证据证明仲裁裁决有下列情形这一的，经人民法院组成合议庭审查核实，裁定不予执行：

（1）当事人在合同中没有订有仲裁条款或者事后没有达成书面仲裁协议的；

（2）被申请人没有得到指定仲裁员或者进行仲裁程序的通知，或者由于其他不属于被申请人负责的原因未能陈述意见的；

（3）仲裁庭的组成或者仲裁的程序与仲裁规则不符的；

（4）裁决的事项不属于仲裁协议的范围或者仲裁机构无权仲裁的。

此外，我国《民事诉讼法》第237条第3款还规定，人民法院认定执行该裁决违背社会公共利益的，裁定不予执行。

由此可见，不予执行仲裁裁决的理由都是程序性的。

(四) 撤销仲裁裁决

国际仲裁裁决的撤销理由不属于《纽约公约》的调整范围，需要根据仲裁地法加以确定，所以选择仲裁地就十分重要。

我国《仲裁法》第 70 条规定，当事人提出证据证明涉外仲裁裁决有《民事诉讼法》第 260 条（2012 年修正后的《民事诉讼法》第 274 条）第 1 款规定的情形之一的，经人民法院组成合议庭审查核实，裁定撤销。虽然只规定了第 1 款，但由于公共利益是不言而喻的强制性条款，所以第 2 款并没有被排除。《民事诉讼法》该条第 2 款规定，人民法院认定执行该裁决违背社会公共利益的，裁定不予执行。

世界各主要仲裁国家，包括美国、法国、英国、瑞典、新加坡、荷兰等都采纳联合国制定的《仲裁示范法》作为其仲裁法蓝本，其中规定对裁决的撤销和不予执行也只进行形式审查，所以与我国情况基本相同。但是，各国对国内仲裁的审查相对严格，特别是我国《仲裁法》，其中规定：认定事实的主要证据不足的，适用法律确有错误的，可以裁定不予执行；裁决所根据的证据是伪造的，对方当事人隐瞒了足以影响公正裁决的证据的，可以裁定撤销裁决。

【案例评析】

1. 案情简介

2005 年 5 月 6 日，申请人与被申请人签订了《环境综合治理合同书》，其中争端的解决程序规定如下：在收到有关争端的通知后的二十八（28）天内，调解员小组应作出书面决定；收到调解员小组书面决定后的二十八（28）天内，合同的任一方可将此决定提交仲裁。如果任一方均未在上述二十八（28）天内将争端提交仲裁，则调解员小组所作决定将成为最终决定并对合同各方有约束力。合同书补充规定：项目监理将被授权承担调解员的职责，仲裁机构——中国国际经济贸易仲裁委员会重庆分会。

工程按期完成并验收合格后，申请人于 2006 年 1 月 29 日向被申请人正式报送了《结算书》。被申请人审核后提出："挖沟槽土石方"项目的工程量按照构筑物水平投影面积与管沟深度的乘积计算、"填方"项目工程量按"挖沟槽土石方"项目的工程量减去管沟所占体积进行结算支付、900×900 钢筋混凝土渠道的桩和承台不计费、"PVC-U 排水管 C500"项目按合同清单价计算等意见，并拒绝支付工程款 2 574 296.9 元人民币、车辆管理费用 64 370 元人民币。申请人对此结果不予接受，于 2006 年 8 月 1 日向本工程监理部（调解小组）提出报告，请求监理部对争议的土石方量予以计量。监理部于同年 8 月 2 日作出了不予计量的书面决定——《回复》，同时告知申请人"如贵单位在对此问题的理解上仍存在争议，可以根据合同相关条款，在 28 天之内到双方同意的仲裁机构——中国国际经济贸易仲裁委员会重庆分会申请仲裁，逾期将对双方产生约束力"。

申请人仍然不服，2010 年 7 月 7 日提出书面仲裁申请，请求：

（1）被申请人支付上述工程款及利息；

（2）被申请人支付车辆管理费用 64 370 元人民币；

（3）本案全部仲裁费用包括律师费由被申请人承担。

被申请人认为，申请人已经超过了申请仲裁的约定时限即诉讼时效。从 2006 年 8 月 2 日算起，到 2010 年 7 月 7 日申请人向仲裁分会提交仲裁申请，已过去三年多的时间，早已超过合同规定的提交仲裁的期限。同时，申请人主张均不能成立：第一，挖沟槽土石计量方法说明规定："凡超出施工图纸和本技术条款规定的计量范围以外的长度、面积或体积，均不予计量或计算。"申请人主张的挖沟槽土石工程款一直没有得到项目监理的认可。第二，申请人主张的填方量与其挖方量是同等量，而依据有关工程规范，挖方清单工程量应减去埋入沟槽内的管道建筑物体积。第三，其他款项被申请人早在工程进度款拨付时已支付给申请人。第四，不存在延期付款的事实，所以申请人主张支付延期付款利息的理由不成立。第五，车辆管理费用已分摊在各项目的报价中。

申请人认为，争议解决程序的约定与《仲裁法》有关诉讼时效的规定相违背，从而剥夺了申请人的诉讼权利，属无效约定。而且，其一直主张权利，因此没有过仲裁时效。本案工程量的计算不应采用被申请人引用的工程规范，而应当遵守合同约定的计算原则。合同规定：工程量清单仅是估算，并不作为最终结算与支付的依据。被申请人或监理单位认可工程量，也在《签证单》上签了字。

申请人认为，实际监理单位是四川公用工程建设监理有限责任公司（以下简称"四川建设公司"），项目监理部于 2006 年 8 月 2 日代表调解小组作出的《回复》不是合同规定的调解员作出的调解协议。被申请人反驳称，申请人不能就未经验收的工程主张竣工结算支付工程款。

中国国际经济贸易仲裁委员会西南分会根据合同中的仲裁条款、人民法院于 2010 年 9 月作出的关于维持仲裁条款有效性的终审裁定受理本案。2011 年 1 月 28 日，仲裁庭在重庆组织双方代理人开庭审理，经调解未果，作出裁决书，裁定驳回申请人的第一、二项仲裁请求，仲裁费用由申请人承担。

2. 知识内容

（1）仲裁与诉讼、调解等均为争议解决方式。

在本案中，协商、诉讼、仲裁、调解都出现了。首先是当事人协商未果，向监理部提出调解，对调解结果又不接受，申请仲裁，随后又向法院起诉，被驳回后进行了上诉，最后申请仲裁。

值得注意的是，本案中调解出现过两次：一次是监理部的调解，另一次是仲裁庭的调解。前者在处理工程合同的争端中经常使用。后者提示我们，仲裁中也可调解，仲裁与调解相结合是我国的一种特色制度，欧美法律界对此持反对态度，因为他们认为仲裁和调解是两种方式，不能混淆。特别是，调解员在调解中获取了一些在仲裁中当事人不可能透露的信息，据此作出仲裁裁决，对当事人不公平。我国虽然不认可这种观点，但是仲裁时非常重视避免调解中的信息影响仲裁结果，因此在合议与裁决核阅过程中实行严格审查。

（2）存在有效仲裁协议的，法院应指令当事人向有管辖权的仲裁机构申请仲裁。

由于从来没有重庆分会，中国国际经济贸易仲裁委员会西南分会也只在 2009 年 5 月 6 日以后才开始存在。所以，申请人曾经向总会申请仲裁，总会对此发出风险提示函后，申请人向法院提起诉讼，经过两审终审，决定由西南分会受理。此时，西南分会才对此案予以受理。

其实，仲裁委员会及其分会是一个整体，现在法院和仲裁界的共识是，本案中这样的仲裁条款属于有效仲裁协议，虽然没有重庆分会，但为了最大限度地尊重当事人的意思表示，应该理解为“由中国国际经济贸易仲裁委员会在重庆仲裁”。后来在申请仲裁时西南分会已经存在，所以法院决定由西南分会处理此案。

（3）申请人一直在主张权利，没有过仲裁时效。

仲裁时效是指当事人向仲裁机构请求以仲裁方式解决纠纷的法定期间。即当事人在仲裁时效期间内如果不向仲裁委员会请求仲裁，就丧失了通过仲裁方式解决纠纷、保护其合法权益的权利。根据我国《仲裁法》的规定，法律对仲裁时效有规定的，适用该规定。法律对仲裁时效没有规定的适用诉讼时效的规定。我国法律对仲裁没有特别规定诉讼时效，所以应适用诉讼时效的规定。从上述申请人主张权利的过程看，申请人一直在主张权利，没有过仲裁时效，可以申请仲裁。

（4）争议评审程序（Dispute Review Board，简称 DRB）是一种常见的争议解决程序，按照国际惯例，其结果是附条件地具有法律效力。

本项目为世界银行贷款项目，有关争议条款的规定是国际上的通行惯例做法，并在我国工程合同范本中也有类似规定。这是因为，工程合同不同于一般的商务合同，其信息具有不完整和不可验证性，时间越长，越不利于对索赔决策所需信息的正确性的鉴别，所以，合同对处理此类索赔都有时间方面的要求。这一规定应认为是双方在合同中的合意，任一方不遵守，即丧失相应的权利（这是国际工程合同惯例做法，如 FIDIC 通用合同条件第 20 条）。

而按照合同的规定，不在规定的时间内索赔，即丧失索赔权。

值得注意的是，DRB 这种调解方式不只是劝说和促进双方达成协议，而是从专家的角度给出决定，其性质仍为一种建议，不过这种建议可以附条件地转化为终局的决定，变成双方的一种合同约定。

（5）合同履行不规范，导致误解，容易损害合法权益。

本案中，申请人的实体主张本身还存在索赔成功的可能性，但是由于程序上其已经失去了权利，因而实体权利随之丧失。究其原因，主要是其套用格式合同，实际操作又没有与之相适应，结果被申请人认为监理部的决定就是合同中的调解协议，超过 28 天没有提起仲裁即生效。申请人则没有太重视这样一个看似平常的调解协议，认为不是法院判决，也不是仲裁裁决，就没有终局效力。而且，严格来讲，监理部作出调解协议的程序也不严格，没有按正常的 DRB 程序处理，而是在 8 月 1 日接到申请后，8 月 2 日就作出了结论，形式也近似于一个普通的监理决定，而不是一份规范的 DRB 调解协议。但是，是最关键的以下两点导致了申请人的请求被驳回：一是合同补充规定监理就是调解小组，二是 8 月 2 日的文件——《回复》中明确告知申请人如果 28 天之内未提起仲裁，该决定将产生约束力。这两点确定了《回复》作为合同中调解协议的效力。

【疑难问题】

1. 仲裁协议的有效性。

(1) 同时选择两个以上仲裁机构的仲裁协议是否有效？

参阅最高人民法院《关于适用〈中华人民共和国仲裁法〉若干问题的解释》。

(2) 同时选择诉讼和仲裁的仲裁协议是否有效？

参阅最高人民法院《关于适用〈中华人民共和国仲裁法〉若干问题的解释》。

(3) All disputes arising out of or in connection with the present contract shall be finally settled under the Rules of Arbitration of the International Chamber of Commerce by one or more arbitrators appointed in accordance with the said Rules. 该仲裁条款是否有效？

请考虑仲裁协议效力所依据的法律。

(4) 仲裁协议的准据法是什么？它与仲裁地的关系如何？

请查阅正文相关段落。

(5) 协议由当事人选择的仲裁员指定首席仲裁员的仲裁条款是否有效？

请结合仲裁的本质予以考虑。

(6) 书面仲裁协议的广义解释是什么？

请查阅联合国《国际商事仲裁示范法》的相关内容。

(7) 临时仲裁协议怎么表述？

请考虑仲裁协议的基本要素及临时仲裁与机构仲裁的差别。

2. 仲裁主体。

(1) 仲裁中有没有第三人？

请考虑仲裁协议的重要性、合同的相对性、当事人的意愿等。

(2) 一方有两个以上当事人时如何选定仲裁员？

请考虑各方利益的一致性和差异性。

(3) 案件合并审理的条件是什么？

请考虑仲裁协议的重要性、合同的相对性、当事人的意愿等。

(4) 合同担保人或货物的最终用户能否作为仲裁的当事人？

请考虑仲裁协议的重要性、合同的相对性、当事人的意愿等。

(5) 破产清算时由谁代表企业参加仲裁？

请考虑各方权利、义务的平等和有效保护。

(6) 企业合并或分立时由谁代表企业参加仲裁？

请考虑各方权利、义务的平等和有效保护。

(7) 师生关系是否应该回避?

请考虑情节是否足以影响公正裁决和当事人的信任。

(8) 对于一些不确定是否应该回避的情形应如何处理?

请考虑尽量使程序顺利进行。

3. 程序进行。

(1) 仲裁中能否公告送达?

请考虑仲裁与诉讼有何不同。

(2) 找不到被申请人地址时，仲裁文件如何送达?

请考虑如何有效保护申请人和被申请人的权利、当事人的义务等。

(3) 由于公司搬迁没有及时收到仲裁文件，能否要求程序重新进行?

请考虑如何有效保护申请人和被申请人的权利、当事人的义务等。

(4) 律师在指定仲裁员或答辩或提出反请求前一天接受当事人委托，能否申请延期?

请充分平衡各方面的利益。

(5) 仲裁语言为中文时，证据是否必须由英文翻译成中文?

请考虑国际仲裁的特殊性。

(6) 同一合同纠纷，双方各自提起仲裁，且程序进展相差悬殊时，如何避免作出相互矛盾的裁决?

请注意公正和效率之间的关系。

4. 开庭。

(1) 可否约定中英文同时开庭?

请考虑仲裁规则和当事人的约定以及便利原则。

(2) 如何避免诱导性提问?

请注意与法律释明权的关系。

(3) 当事人对具体问题不正面交锋，仲裁庭应怎样处理?

请注意当事人的忌讳和仲裁庭审理的需要。

(4) 开庭时才提交答辩是否应该准许?

请注意当事人权利的保护和程序顺利进行的需要。

(5) 三名仲裁员分别来自大陆法系、英美法系、阿拉伯国家，开庭时适用什么模式?

请注意国际仲裁的特点及法律的基本精神。

(6) 案件材料过多，如一份材料就达到 1 000 页以上，怎么处理为宜?

请注意仲裁程序中的诚信合作义务。

5. 裁决。

(1) 仲裁庭形不成多数意见如何处理?

请注意仲裁与诉讼的区别。

(2) 仲裁员有没有可能是偶数?

请注意英国仲裁的实践。

（3）在律师费补偿方面仲裁与诉讼有何不同？

请注意法院实践与仲裁实践的差异。

（4）能否自己找理由裁决案件？

请注意正当程序的基本要求。

（5）裁决时才发现有问题没有审理怎么办？

请注意仲裁庭裁决的正确性与程序的正当性。

（6）何时需要作出中间裁决或部分裁决？

请注意程序的便利性和必要性。

（7）一事不再理在仲裁中如何适用？

请注意一事不再理概念中的“事”和“理”的确切含义。

6. 裁决的撤销与执行。

（1）以同一项理由能否申请撤销失败后再申请不予执行？

请注意避免合理性及制度漏洞。

（2）外国仲裁裁决在中国申请执行时，对仲裁协议效力的认定能否适用中国法律？

请注意仲裁地的概念。

（3）两个关联案件，一个被撤销，会影响到另一裁决的哪些内容？

请结合一事不再理原则思考。

（4）什么情况下可以适用公共政策撤销或不予执行仲裁裁决？

请注意公共政策的制度设计和出发点。

7. 法律法规。

（1）全国人民代表大会常务委员会《关于我国加入〈承认及执行外国仲裁裁决公约〉的决定》（1986 年 12 月）。

（2）《承认及执行外国仲裁裁决公约》（1958 年 6 月 10 日订立，1986 年 12 月 2 日我国加入）。

（3）《中华人民共和国仲裁法》（1994 年通过，1995 年施行）。

（4）《中华人民共和国民事诉讼法》（2012 年修订，2013 年施行）。

（5）《中国国际经济贸易仲裁委员会仲裁规则》（2012 年版）。

（6）联合国《国际商事仲裁示范法》（1985 年通过）及 2006 年 7 月 7 日修订版（UNCITRAL Model Law on International Commercial Arbitration）（1985/2006）。

实务训练

2003 年 11 月 19 日，申请人天津市 KLN 房地产开发有限公司、申请人澳大利亚 LMT 国际贸易有限公司与被申请人天津 OP 置业有限公司签订《股权转让合同书》，约定：（1）申请人同意根据本合同所规定的条件以人民币 15 220 万元（不包含申请人所欠土地局第 9139 号土地出让金 62 787 010 元）将其对 HAQ 公司拥有的 100%股权转让给被申请人。（2）2003 年 12 月 30 日前，申请人要将全部财务资料、审计报告和相关文件等提供给被申请人。第一笔转让款 6 000 万元，其中签订合同时付 3 000 万元，12 月 30 日前付 3 000 万元，申请人在收到 6 000 万元后 10 日内负责并由被申请人协助办理股权和工商变更等手续。第二笔股权转让款支付时间为 2004 年 8 月 30 日前，但如果被申请人取得第 9139 号用地的《国有土地使用证》后，用该土地使用权进行融资的第一笔贷款应先付清该笔转让款。2004 年 12 月 30 日前付清第三笔股权转让款。(3) 鉴于第 9139 号地块原租赁用户合同没到期，申请人保证在 2004 年 2 月 30 日前将场内所有店铺腾空拆除；滨江道边廊要于 2004 年 7 月 28 日前由申请人无条件拆除。(4) 涉及第 9139 号地块的《土地出让合同》第六章第 18 条和《土地出让合同》附件三第 5 项特定条款由申请人自行负责解除，被申请人不承担任何责任和损失。

《股权转让合同书》规定，如果发生争议，提交中国国际经济贸易仲裁委员会仲裁，也可向人民法院起诉。《土地出让合同》关于仲裁的规定与此相同。

但实际上，申请人当时还未获得 HAQ 公司的股权，直到 2003 年 12 月 19 日，申请人才与 HAQ 公司的原股东签订股权转让协议并办理相关的手续。2003 年 12 月 19 日，三方又签订该股权转让合同的抵押合同，约定被申请人以第 9105 号地块合法有效的国有土地使用权作抵押，合同约定争议由法院解决。

2003 年 12 月 19 日，三方还与另一被申请人天津 DT 集团有限公司签订该股权转让合同的保证合同，天津 DT 集团有限公司愿意为股权转让提供担保。申请人没有按照合同约定提交财务资料，也没有按时腾空拆除房屋，被申请人在 2004 年 9 月 15 日延迟给付申请人一笔 4 100 万元的股权转让款，并扣留申请人最后一笔 4 722 万元的股权转让款。

后双方当事人在股权转让款支付、财务资料交付、房屋拆除等方面发生了纠纷，遂根据《股权转让合同书》提请中国国际经济贸易仲裁委员会仲裁。

1. 请根据以上案情组织模拟仲裁开庭。
2. 请根据以上案情制作下列文件：

(1) 仲裁申请书；
(2) 仲裁答辩书；
(3) 仲裁员指定通知；
(4) 裁决书。

延伸阅读

1. 黄进等．仲裁法学．北京：中国政法大学出版社，1999
2. 刘想树．中国涉外仲裁：裁决制度与学理研究．北京：法律出版社，2001
3. 赵秀文．国际商事仲裁法．北京：中国人民大学出版社，2008
4. 张晓君，徐兵．国际商事仲裁法律制度．重庆：西南师范大学出版社，1998
5. 杨良宜．国际商务仲裁．北京：中国政法大学出版社，1997

第十章　世界贸易组织法

【内容摘要】

世界贸易组织是当今世界管理国际贸易事务的主要的多边机构。世界贸易组织及其前身关税与贸易总协定，是第二次世界大战后建立的协调国际经济政策的布雷顿森林体系（Bretton Woods System）的重要组成部分，在协调战后国际经济秩序中发挥了重要作用。

世界贸易组织及其前身关税与贸易总协定，在其六十多年的发展历程中，逐步形成了一整套体系严谨、内容丰富的法律制度，用以规范各成员的经贸政策。学习世界贸易组织的法律制度，要了解世界贸易组织的历史沿革、机构设置、决策程序等基础知识，理解世界贸易组织的法律架构和基本法律原则等重点内容，熟悉和掌握与实务相关的若干重要法律制度，例如关税与贸易总协定的核心内容、贸易救济制度、争端解决机制等。

【知识要点】

一、世界贸易组织概述

（一）多边贸易体制的发展历程和世界贸易组织的建立

世界贸易组织的前身是关税与贸易总协定（General Agreement on Tariffs and

Trade，英文缩写为 GATT)。[①] 第二次世界大战结束后，为了重建国际经济秩序，在美、英两国的主导下，联合国经济及社会理事会着手筹建国际贸易组织，推进国际贸易自由化。1947 年 11 月至 1948 年 3 月，在古巴首都哈瓦那召开了联合国贸易和就业会议，审议并通过了《国际贸易组织宪章》，又称为《哈瓦那宪章》(Havana Charter)。[②]《哈瓦那宪章》内容丰富，其目标是建立一个全面处理国际贸易和经济合作事务的国际组织。但是，由于当时美国国会认为，《哈瓦那宪章》中的某些规定可能限制美国的立法主权，不符合美国利益，因而没有批准该宪章。

与此同时，为了在《哈瓦那宪章》正式批准前尽早实施关税减让谈判的成果，在联合国经济及社会理事会主导下，各方起草了另一套临时性法律文件。这套临时性法律文件包括《临时适用议定书》(Protocol of Provisional Application) 和由《哈瓦那宪章》部分核心条款组成的《关税与贸易总协定》。1947 年 11 月 15 日，参加谈判的各方签署了《临时适用议定书》。根据该文件，《关税与贸易总协定》自 1948 年 1 月 1 日起实施，史称《1947 年关税与贸易总协定》。截至 1995 年 1 月 1 日，《1947 年关税与贸易总协定》在管理国际贸易方面共实施了 47 年。在 1994 年年底时，《关税与贸易总协定》达到 128 个缔约方。从 1947 年至 1994 年，关税与贸易总协定共进行了八轮多边贸易谈判，缔约方之间的关税水平大幅度下降，非关税措施也逐步受到约束，对于推动国际贸易发展作出了重大贡献（见表 10—1)。

表 10—1　　关税与贸易总协定 (GATT) 下的历次多边贸易谈判

年份	地点/名称	涉及议题	参加方（个）
1947	日内瓦	关税	23
1949	安纳西	关税	13
1951	托奎	关税	38
1956	日内瓦	关税	26
1960～1961	日内瓦（狄龙回合）	关税	26
1964～1967	日内瓦（肯尼迪回合）	关税和反倾销措施	62
1973～1979	日内瓦（东京回合）	关税、非关税措施和“框架”协议	102
1986～1994	日内瓦（乌拉圭回合）	关税、非关税措施、规则、服务贸易、知识产权、争端解决、纺织品与服装、农产品、建立 WTO 等	123

① 通常所称的“关税与贸易总协定”有两个含义：一是指一个国际协定，具体可指 1947 年签署、1948 年 1 月 1 日起临时适用的《1947 年关税与贸易总协定》，或指经过乌拉圭回合谈判修改后的《1994 年关税与贸易总协定》，在本章中将分别写明；二是指管理该协定的事实上的国际组织。从严格法律意义上讲，关税与贸易总协定不具有国际法上国际组织的法律地位，而只是联合国之下建立国际贸易组织的筹备机构。但是事实上，关税与贸易总协定在其存在的 47 年间，实际享有国际组织的地位和职能。

② 《哈瓦那宪章》共包括 9 章和 1 个附件，主要内容有：宗旨及目标、就业及经济活动、经济发展与复兴、商业政策、限制性商业行为、政府间商品协定、国际贸易组织、争端之解决、一般条款等。其中，第四章“商业政策”成为此后《关税与贸易总协定》的基础。《哈瓦那宪章》于 1948 年 3 月 24 日在美国纽约附近的成功湖签署，当时中国政府代表金问泗先生亦在该文件上签字。《哈瓦那宪章》全文可见：http://www.wto.org/english/docs_e/legal_e/prewto_legal_e.htm，访问时间：2011 年 9 月 11 日。

1986年9月在乌拉圭埃斯特角城发起了关税与贸易总协定第八轮多边贸易谈判，这是关税与贸易总协定历史上参加方最多、议题范围最广、影响最大的一轮贸易谈判。在谈判后期，各缔约方决定建立一个正式的负责管理国际贸易的多边国际组织，即世界贸易组织。经过8年的努力，1994年4月15日，参加“乌拉圭回合”谈判的各方在摩洛哥的马拉喀什通过了《马拉喀什建立世界贸易组织协定》（Marrakesh Agreement Establishing the World Trade Organization），简称《马拉喀什协定》（Marrakesh Agreement）或《建立世界贸易组织协定》（WTO Agreement）。根据该协定的规定，世界贸易组织（World Trade Organization，英文缩写为WTO），于1995年1月1日在瑞士日内瓦成立。

（二）世界贸易组织的宗旨和职能

世界贸易组织的宗旨，是提高各成员生活水平，保证充分就业，保证实际收入和有效需求的大幅稳定增长以及扩大货物和服务的生产和贸易。①

世界贸易组织的职能主要包括：（1）管理其成员之间缔结的贸易协定；（2）为贸易谈判提供场所；（3）通过争端解决机制，解决成员之间的贸易争端；（4）通过贸易政策审议机制，定期审议各成员的贸易政策及其对多边贸易体制的影响。此外，世界贸易组织还对发展中成员提供技术援助和培训，并与国际货币基金组织（IMF）和世界银行（World Bank）等其他国际组织开展合作。

（三）世界贸易组织的组织机构（见图10—1）

1. 最高决策机构：部长级会议（Ministerial Conference）。部长级会议由所有成员的代表组成，至少每两年召开一次会议。部长级会议履行世界贸易组织的职能，并为此采取必要的行动。部长级会议有权对任何多边贸易协定项下的所有事项作出决定。

2. 常设权力机构：总理事会（General Council）。在部长级会议休会期间，其职能由总理事会行使。总理事会由世界贸易组织全体成员的代表组成，负责世界贸易组织的日常事务，监督和指导下设机构的各项工作，并处理世界贸易组织的重要紧急事务。此外，总理事会还同时履行《关于争端解决规则与程序的谅解》规定的争端解决机构（Dispute Settlement Body，英文缩写为DSB）的职责和《贸易政策审议机制》规定的贸易政策审议机构（Trade Policy Review Body，英文缩写为TPRB）的职责，但争端解决机构和贸易政策审议机构可以有自己的主席。

3. 理事会及附属机构。世界贸易组织在总理事会下设货物贸易理事会（Council for Trade in Goods）、服务贸易理事会（Council for Trade in Services）、与贸易有关

---

① 参见《马拉喀什建立世界贸易组织协定》之前言，载世界贸易组织秘书处编：《乌拉圭回合多边贸易谈判结果法律文本：汉英对照》，对外贸易经济合作部国际经贸关系司译，4页，北京，法律出版社，2000。本章有关世界贸易组织之法律文件及相应的中文译文，若无特别注明，均引自上书，恕不一一注明。世界贸易组织所有法律文件和案例也均可在世界贸易组织官方网站（www.wto.org）查询。

的知识产权理事会（Council for Trade-Related Aspects of Intellectual Property Rights），分别负责监督相应协定的实施。理事会均由各成员代表组成，在总理事会指导下开展工作，行使相应协定所规定的职能，并向总理事会负责。

货物贸易理事会、服务贸易理事会和与贸易有关的知识产权理事会还可以设立附属机构。例如，货物贸易理事会下设一些专门委员会，包括市场准入委员会、农业委员会、实施卫生与植物卫生措施委员会、技术性贸易壁垒委员会、补贴与反补贴措施委员会、反倾销措施委员会、海关估价委员会、原产地规则委员会、进口许可程序委员会、与贸易有关的投资措施委员会、保障措施委员会以及纺织品监督机构等。服务贸易理事会下设金融贸易服务委员会和具体承诺委员会。这些委员会均由全体成员的代表组成，分别向相应的理事会负责。

4. 委员会（Committees）。根据《建立世界贸易组织协定》，部长级会议设立各专门委员会，负责处理三个理事会的共性事务和三个理事会管辖范围以外的事务。具体包括贸易与发展委员会（下设最不发达国家分委员会）、贸易与环境委员会、国际收支限制委员会、区域贸易协定委员会、预算、财务与行政委员会。这些委员会向总理事会直接负责。

此外，根据《民用航空器贸易协定》和《政府采购协定》的规定，世界贸易组织还设立了民用航空器贸易委员会和政府采购委员会，负责监督实施相应的诸边贸易协定。这两个委员会仅对签署方开放，直接向总理事会报告其活动。

5. 下属机构。除上述常设机构外，世界贸易组织还根据需要设立一些临时性机构，通常被称为工作组（Working Groups）。例如，总理事会下的加入世界贸易组织工作组，服务贸易理事会下的专业工作组、《服务贸易总协定》规则工作组，货物贸易理事会下的国营贸易企业工作组等。工作组的任务是研究和报告有关专门事项。

6. 世界贸易组织秘书处和总干事。世界贸易组织秘书处（Secretariat）设在日内瓦，现有629名正式雇员，其性质是总干事领导下的工作机构，其职责是为世界贸易组织各个机构的运转提供行政和技术支持。[①] 秘书处由1名总干事和4名副总干事领导。总干事由部长级会议任命，现任总干事为法国人帕斯卡尔·拉米（*Pascal Lamy*）。

与其他国际组织相比，世界贸易组织的财政预算是相当节俭的，其2011年度预算为1.96亿瑞士法郎，其中约65%用于秘书处职员的工资和退休金。世界贸易组织的会费是由各成员根据各自在成员贸易总额中的份额分摊的，最低比例是0.015%（即在国际贸易份额中低于此比例的成员仍需按此比例分担会费）。[②]

---

① 资料来源：http://www.wto.org/english/thewto_e/secre_e/intro_e.htm，访问时间：2011年9月11日。

② 其中，中国（不含港、澳、台地区）分摊额约为1 300万瑞士法郎，约占当年预算总额的6.9%。

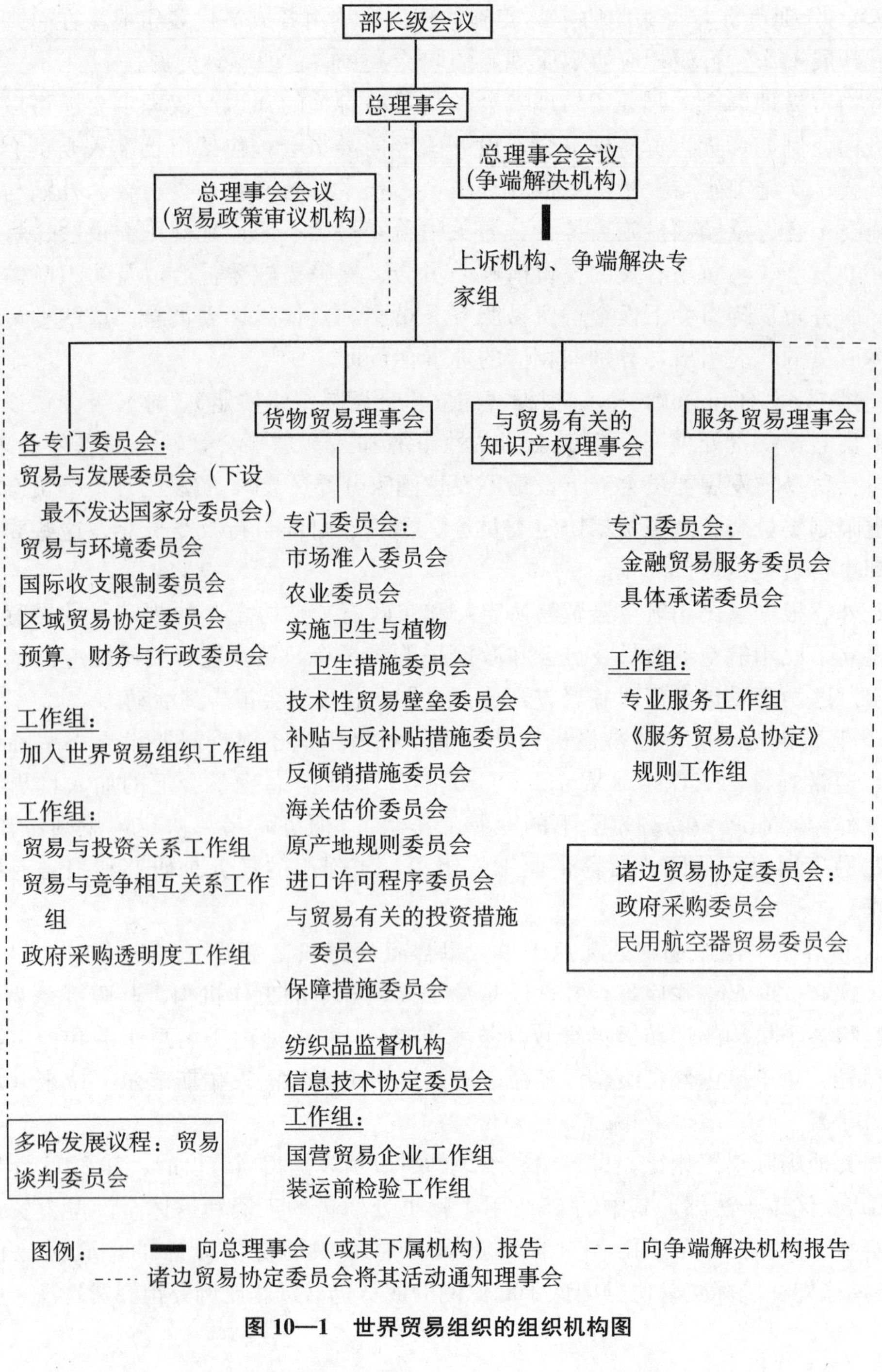

图 10—1 世界贸易组织的组织机构图

(四)世界贸易组织的法律渊源

世界贸易组织的法律渊源,主要包括《马拉喀什建立世界贸易组织协定》及其

4 个附件（见图 10—2）。附件一是《货物贸易多边协定》、《服务贸易总协定》和《与贸易有关的知识产权协定》；附件二是《关于争端解决规则与程序的谅解》；附件三是《贸易政策审议机制》；附件四是 4 个诸边贸易协定（Plurilateral Agreements）。[①] 附件一、附件二和附件三作为多边贸易协定，所有世界贸易组织成员都必须接受；附件四属于诸边贸易协定，仅对签署方具有法律约束力，世界贸易组织成员可以自愿参加。[②]

《货物贸易多边协定》具体包括《1994 年关税与贸易总协定》、《农业协定》、《实施卫生与植物卫生措施协定》、《纺织品与服装协定》、《技术性贸易壁垒协定》、《与贸易有关的投资措施协定》、《关于实施〈1994 年关税与贸易总协定〉第 6 条的协定》（以下简称《反倾销协定》）、《关于实施〈1994 年关税与贸易总协定〉第 7 条的协定》（以下简称《海关估价协定》）、《装运前检验协定》、《原产地规则协定》、《进出口许可程序协定》、《补贴与反补贴措施协定》和《保障措施协定》。[③]

（五）多哈发展议程：新一轮多边贸易谈判

2001 年 11 月在卡塔尔首都多哈召开的第四届部长级会议上，世界贸易组织各成员同意启动新一轮多边贸易谈判，同时各方还同意就包括现有协定的实施等其他问题展开工作。全部一揽子工作被称为“多哈发展议程”（Doha Development Agenda，英文缩写为 DDA），也称为多哈回合（Doha Round）。根据《多哈部长宣言》的规定，多哈回合谈判由总理事会授权下的贸易谈判委员会（Trade Negotiations Committee）负责监督，由各理事会和委员会以“特会”（Special Sessions）的形式进行，或者设立专门的谈判组进行。

《多哈部长宣言》（Doha Ministerial Declaration）具体规定了新回合谈判的议题。主要谈判议题包括：（1）农业，涉及农产品市场准入、削减出口补贴和国内支持等；（2）非农产品市场准入（Non-agricultural Market Access，英文缩写为 NAMA）；（3）服务，涉及市场准入、规则制定等；（4）规则，包括澄清和改进《反倾销协定》和《反补贴协议》、澄清和改进有关渔业补贴的纪律、澄清和改进有关区域贸易协定的条款等具体议题；（5）与贸易有关的知识产权，包括知识产权与公共健康、地理标识、《与贸易有关的知识产权协定》与联合国《生物多样性公约》之间的关系等具体议题；（6）贸易与环境；（7）贸易便利化；（8）发展中成员的特殊和差别待遇；（9）澄清和改进争端解决规则和程序；等等。

---

① 此外还包括《民用航空器贸易协定》（Agreement on Trade in Civil Aircraft）、《政府采购协定》（Agreement on Government Procurement）、《国际奶制品协定》（International Dairy Agreement）和《国际牛肉协定》（International Bovine Meat Agreement）。其中，《国际奶制品协定》和《国际牛肉协定》已经于 1997 年 12 月 31 日终止。世界贸易组织成立后于 1996 年达成的《信息技术产品协定》（Information Technology Agreement，英文缩写为 ITA），也类似于诸边贸易协定，它由世界贸易组织成员自愿参加，但参加方在《信息技术产品协定》下承担的义务应当在最惠国待遇基础上对所有世界贸易组织成员承担。

② 参见《乌拉圭回合多边贸易谈判结果最后文件》第 4 条。

③ 本章将在第三部分对这些具体协定的内容作进一步介绍。但是，鉴于《纺织品与服装协定》已经废止，《装运前检验协定》和《进出口许可程序协定》多属于政府管理对外贸易的规则，故本章不再专门介绍。

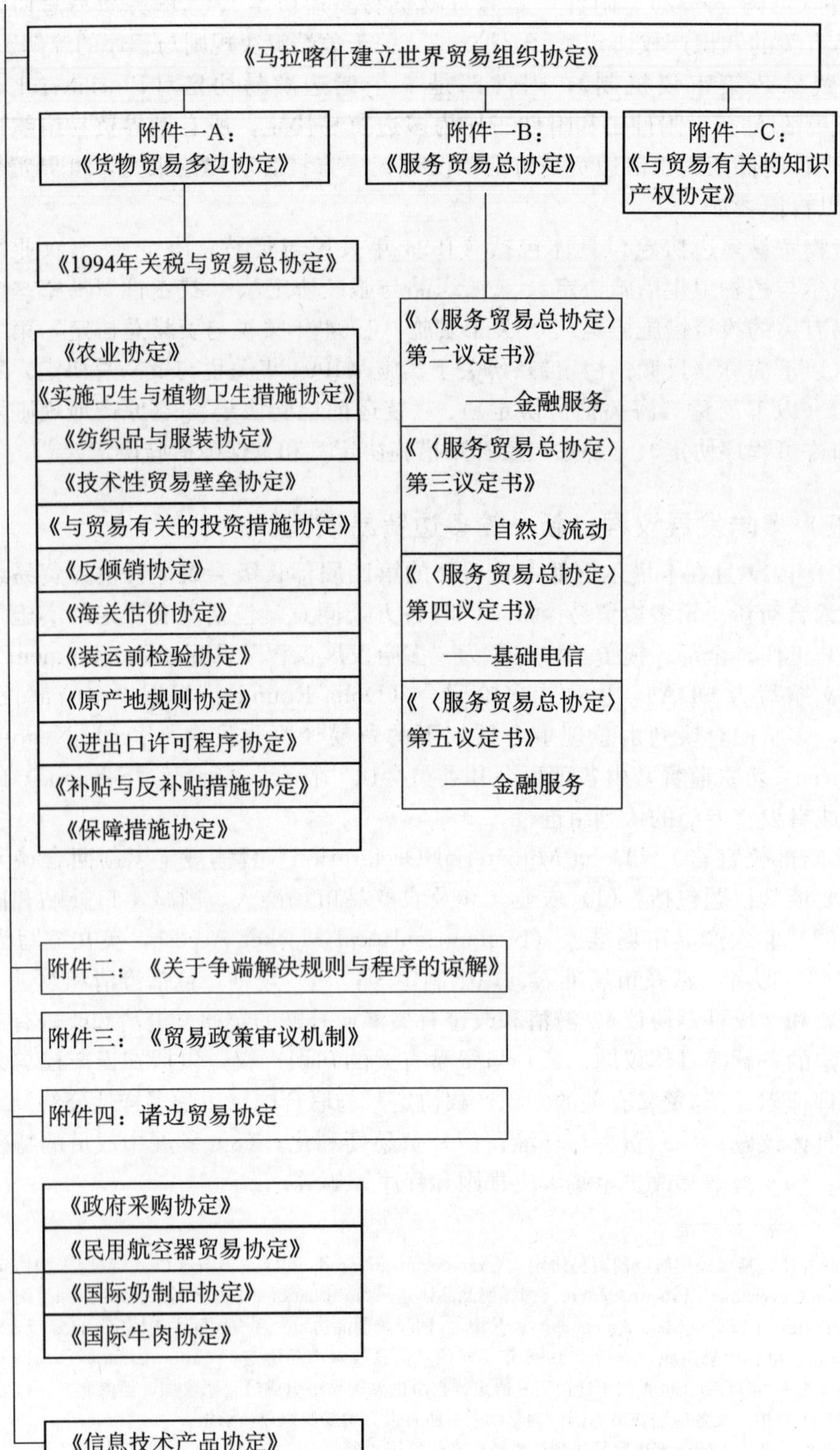

图 10—2 《马拉喀什建立世界贸易组织协定》的法律结构

多哈回合谈判历经波折。2003 年 9 月，在墨西哥坎昆召开的第五届部长级会议，成员因在棉花等农业问题上出现分歧而失败。直至 2004 年 8 月 1 日凌晨，总理事会作出一系列决定（亦被称为“七月框架”）后，在“新加坡议题”和农业问题上才取得实质性进展。① 2005 年 12 月召开的香港部长级会议在缩小成员分歧方面取得了实质性的进展，但仍有若干分歧难以弥合。2008 年 7 月在日内瓦召开的小型部长级会议几乎完成了主要核心议题的谈判，但由于农产品过渡性保障措施方面的分歧，因而未能完成谈判。2011 年 4 月 21 日，各谈判委员会主席散发了最新的谈判案文和工作报告。② 可以预见的是，多哈未来谈判之路仍然艰辛。

关于世界贸易组织成立后的历次部长级会议的简要信息可参见表 10—2：

表 10—2　　世界贸易组织（WTO）成立后的历次部长级会议

时间	地点	主要成果
1996 年 12 月 9 日～13 日	新加坡	通过《新加坡部长宣言》；启动“新加坡议题”③
1998 年 5 月 18 日～20 日	瑞士日内瓦	通过部长宣言，着手准备新一轮多边贸易谈判；通过《全球电子商务宣言》
1999 年 11 月 30 日～12 月 3 日	美国西雅图	未能达成任何成果
2001 年 11 月 9 日～13 日	卡塔尔多哈	通过《多哈部长宣言》，决定启动“多哈发展议程”谈判；批准中国和中国台北加入世界贸易组织
2003 年 9 月 10 日～14 日	墨西哥坎昆	未能达成任何成果
2005 年 12 月 13 日～18 日	中国香港	通过《香港部长宣言》，缩小了多边贸易谈判分歧
2009 年 11 月 30 日～12 月 2 日	瑞士日内瓦	审议多哈发展议程进展情况和应对全球经济危机
2011 年 12 月 15 日～17 日	瑞士日内瓦	为最不发达国家更好地融入 WTO 多边贸易体制并推动其经济贸易发展进一步提供必要基础；俄罗斯进入多边贸易体制；在政府采购方面取得了新的重要成果

（六）世界贸易组织与中国

中国是《1947 年关税与贸易总协定》的创始缔约方。第二次世界大战结束后，中国积极参与了旨在建立战后国际新秩序的各类政治和经济会议。中国派代表参加了哈瓦那会议，并签署了《哈瓦那宪章》，同时中国也是首批签署《关税与贸易总协定》的 23 个成员之一。在 1949 年中华人民共和国成立后，国民党政府仍然占据着中国在关

---

① 关于“七月框架”的具体内容，参见 *Doha Work Programme*，Decision Adopted by the General Council on 1 August 2004，WT/L/579，2 August 2004，访问时间：2011 年 9 月 12 日。关于截至“七月框架”，多哈回合谈判进展的综述，请参见孙振宇主编：《WTO 多哈回合谈判中期回顾》，北京，人民出版社，2005。

② 资料来源：http：//www. wto. org/english/tratop _ e/dda _ e/chair _ texts11 _ e/chair _ texts11 _ e. htm，访问时间：2011 年 9 月 12 日。

③ 在新加坡部长级会议上，决定成立四个工作组：“政府采购透明度”、“贸易便利化”、“贸易与投资”、“贸易与竞争”，统称“新加坡议题”。但是上述新加坡议题遭到多数发展中成员的反对，因此在 2004 年“七月框架”后，除“贸易便利化”议题之外，其他议题均不再纳入正式谈判范围。

税与贸易总协定的席位。1950 年 3 月，台湾当局退出了关税与贸易总协定。

1986 年 7 月 10 日，中国正式申请恢复在关税与贸易总协定的缔约方地位，并开始了艰苦的谈判历程。1995 年世界贸易组织成立后，中国“复关”谈判转为加入世界贸易组织的谈判。1999 年 11 月 15 日，中美签署《中美市场准入协议》。[①] 2001 年 9 月，世界贸易组织中国加入工作组第 18 次会议通过了中国加入世界贸易组织的全部法律文件。同年 11 月 10 日，世界贸易组织在卡塔尔多哈召开的第四届部长级会议上，审议并通过了中国加入世界贸易组织的决定。11 月 11 日，中国政府与世界贸易组织正式签署了中国加入世界贸易组织的法律文件（见图 10—3），并向世界贸易组织递交了经全国人民代表大会常务委员会审议通过、由国家主席签署的中国加入世界贸易组织的批准书。2011 年 12 月 11 日，中国正式成为世界贸易组织第 143 个成员。[②] 2012 年 1 月 1 日，中国台北作为单独关税区也成为世界贸易组织成员。

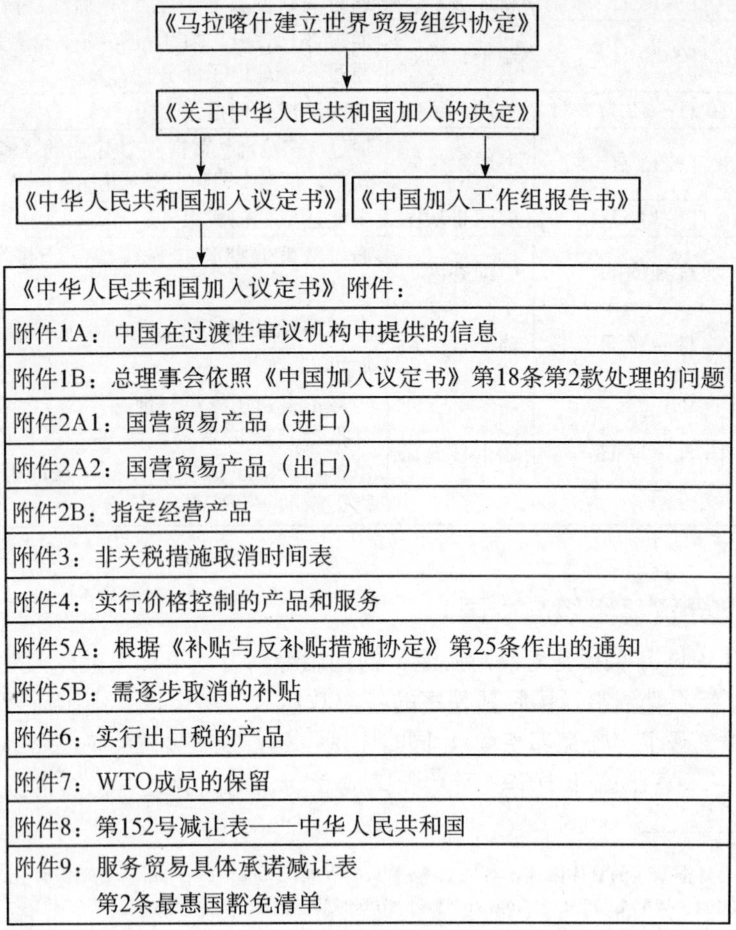

图 10—3　中国加入世界贸易组织法律文件结构图

---

① 参见《会见美国贸易代表巴尔舍夫斯基等时的谈话》，载《朱镕基讲话实录》，第 3 卷，352～374 页，北京，人民出版社，2011。

② 中国加入世界贸易组织的法律文件可在世界贸易组织网站查询、下载。

加入世界贸易组织，是我国对外开放进入一个新阶段的重要标志，对完善我国社会主义市场经济体制也有着极大的推动作用。通过加入世界贸易组织，中国可以直接参与多边贸易新规则的制定，获得稳定、透明、可预见的多边贸易体制的保障。同时，加入世界贸易组织之后，中国履行相应的义务，大幅度削减关税，关税的总水平由15.3%降至9.8%，远远低于发展中国家的平均水平，促进了对外贸易的发展。中国还逐步开放服务贸易，改革对外贸易管理体制，逐步减少和取消配额、许可证等非关税措施，实行统一、透明的对外贸易政策。

二、世界贸易组织法律的基本原则

(一) 贸易自由化原则

世界贸易组织致力于推动全球贸易的自由化，其中首要途径是推进关税化和关税减让。关税是一国或单独关税区海关对进出国境或关境的货物和物品征收的一种流转税。关税的主要作用体现在财政、保护和调节三个方面。就财政作用而言，关税是国家税收的一种，征收关税可以给政府带来财政收入；就保护作用而言，关税可以抑制国外产品的进口竞争，对国内产业提供保护；就调节作用而言，政府通过调整关税水平和结构，可以调节本国贸易结构，改善贸易条件，促进贸易发展。

毫无疑问，关税对于国际贸易而言是一种贸易壁垒，它在一定程度上妨碍了货物跨越边境的自由流动。但是，与配额、许可证等其他贸易限制措施相比，关税的优点则是透明和可预见性强。为此，从关税与贸易总协定成立以来，几乎每一轮多边贸易谈判的核心议题几乎都是努力将非关税壁垒转化为与其相当的关税（即关税化），然后对关税进行约束和削减。

乌拉圭回合启动的服务贸易谈判，首次将多边贸易谈判的领域扩展到国际服务贸易。国际服务贸易谈判的核心仍然是服务贸易的市场准入问题，主要是通过服务贸易减让表的方式，约束成员采取服务贸易限制措施的空间，进而推动服务贸易的自由化。

(二) 最惠国待遇原则

最惠国待遇（Most-Favored-Nation Treatment）原则，要求世界贸易组织成员应当平等地对待其他成员，不得在其贸易伙伴之间造成歧视。根据最惠国待遇原则，任何世界贸易组织成员在货物贸易、服务贸易和知识产权领域给予任何其他国家（无论是否为世界贸易组织成员）的某项优惠待遇，例如针对某项产品征收更低的关税，都必须立即、无条件地给予所有其他世界贸易组织成员。最惠国待遇原则是多边贸易体制中最核心、最基本的原则之一，因此成为管理货物贸易的《关税与贸易总协定》的第1条的内容；同时，最惠国待遇原则在《服务贸易总协定》（第2条）和《与贸易有关的知识产权协定》（第4条）中也具有同样的重要性。以上三个协定加在一起，覆盖了世界贸易组织所管辖的三个主要贸易领域。

最惠国待遇原则允许一些有限的例外：一是以关税同盟①和自由贸易区②为代表的区域贸易协定（Regional Trade Agreement，英文缩写为RTA），在这些区域内部相互给予的优惠待遇，区域外的世界贸易组织成员无权享受③；二是对发展中成员给予的特殊和差别待遇（如普遍优惠制）；三是在边境贸易中，可以给予毗邻国家更多的贸易便利；四是在知识产权领域，允许成员方在一般性的司法协助或执法的国际协定下享有的权利等方面保留一些例外。此外，最惠国待遇的例外还包括属于一般例外和安全例外的情形。

（三）国民待遇原则

国民待遇（National Treatment）是指，对于其他成员方的产品、服务或服务提供者及知识产权所有者和持有者所提供的待遇，不低于本国同类产品、服务或服务提供者及知识产权所有者和持有者所享有的待遇。国民待遇原则本质上意味着任何世界贸易组织成员，应当平等地对待外国和本国的产品或服务等。

国民待遇原则仅在产品、服务或者具有知识产权的产品进入本国市场后才适用。所以，对于进口产品征收海关关税（而不对当地生产的产品征收同样的税收）并不违反国民待遇原则。

国民待遇原则也存在一些例外和不适用的领域。在货物贸易领域，国民待遇的例外主要体现在政府采购和给予国内生产者的补贴（但应符合《补贴与反补贴措施协定》和《农业协定》的有关规定）等方面。在服务贸易领域，一成员给予外国服务或服务提供者的国民待遇，以该成员在服务贸易承诺减让表中所承诺的国民待遇为准，对该成员没有作出开放承诺的服务部门，不适用国民待遇原则。在知识产权领域，成员方给予其他成员方国民在知识产权保护方面的国民待遇，以该成员在现行国际知识产权公约中所承担的义务为前提。此外，在符合一般例外和安全例外的

---

① 关税同盟（Customs Union），是指以一单一关税领土替代两个或者两个以上关税领土，即（a）对于同盟成员领土之间的实质上所有贸易或至少对于产于此类领土的产品的实质上所有贸易，取消关税和其他限制性贸易法规；（b）同盟每一成员对同盟以外领土的贸易实施实质相同的关税或其他贸易法规。

欧洲联盟（European Union，英文缩写为EU）是典型的关税同盟。根据《欧洲联盟运行条约》（Treaty on the Functioning of the European Union），欧盟27个成员国建立统一的内部市场，各成员国之间取消进出口关税和具有相同作用的一切税费，实现货物、人员、服务和资本的自由流动；在与第三国关系上适用共同的海关税则，实施共同的贸易政策。其他具有影响力的关税同盟包括由巴西、阿根廷、乌拉圭、委内瑞拉和巴拉圭等南美五国组成的“南方共同市场”（MERCOSUR），由博茨瓦纳、莱索托、纳米比亚、斯威士兰和南非等五国组成的“南部非洲关税同盟”（SACU）等。

② 自由贸易区（Free Trade Area），是指两个或者两个以上的一组关税领土中，对成员领土之间实质上所有有关产自此类领土产品的贸易取消关税和其他限制性贸易法规。

北美自由贸易区（North America Free Trade Area，英文缩写为NAFTA）是典型的自由贸易区。根据1994年订立的《北美自由贸易协定》（North American Free Trade Agreement）的规定，美国、加拿大和墨西哥建立北美自由贸易区，取消三国之间的全部贸易关税，削减服务贸易和投资领域的限制，但是三国仍然保留各自对第三国的关税和其他贸易限制措施。其他具有影响力的自由贸易区包括中国和东盟十国组成的“中国—东盟自由贸易区”（ASEAN-China Free Trade Area），正在谈判中的“跨太平洋战略经济伙伴协定”（Trans-Pacific Strategic Economic Partnership Agreement，英文缩写为TPP）等。

③ 参见《1994年关税与贸易总协定》第24条、《服务贸易总协定》第5条。

情况下，也可以不适用国民待遇原则。

(四) 透明度原则

透明度原则包括两层含义：首先，世界贸易组织的成员方应当公布其所制定和实施的所有贸易措施及其变化情况，未公布的不得实施。关于公布和公开的要求，主要体现在《1994 年关税与贸易总协定》第 10 条、《服务贸易总协定》第 3 条和《与贸易有关的知识产权协定》第 63 条等条款中。[①] 另外，在《货物贸易多边协定》下的各个协定中，也包含了许多关于政策公开的规定。透明度原则要求世界贸易组织成员实施任何贸易政策措施时都必须公之于众，不得“暗箱操作”，这就极大增强了多边贸易体制的稳定性和可预见性。

其次，除了公开之外，世界贸易组织还要求成员应当将其贸易措施及其变化情况通报世界贸易组织。世界贸易组织制定的各协定下几乎都设定有不同的通报（*notification*）义务，成员采取的各种影响贸易的措施均需通报。

透明度原则的例外情况，主要是其不要求成员披露会妨碍执法或违背公共利益或损害特定公私企业合法商业利益的机密信息。[②]

三、世界贸易组织的法律制度

(一)《1994 年关税与贸易总协定》概述

《1994 年关税与贸易总协定》主要由以下几个方面组成：(1)《1947 年关税与贸易总协定》的各项条款，但不包括《临时适用议定书》；(2) 世界贸易组织成立前的关税减让议定书，各缔约方的加入议定书，根据《1947 年关税与贸易总协定》所给予的且仍然有效的豁免，以及缔约方全体作出的其他决定；(3)“乌拉圭回合”达成的解释《1994 年关税与贸易总协定》有关条款的 6 个谅解[③]；(4)《1994 年关税与贸易总协定马拉喀什议定书》。

《1994 年关税与贸易总协定》的核心条款包括第 1 条（普遍最惠国待遇）、第 2 条（减让表）、第 3 条（国内税和国内法规的国民待遇）、第 6 条（反倾销税和反补贴税）、第 10 条（透明度）、第 11 条（取消数量限制）、第 16 条（补贴）、第 17 条（国营贸易企业）、第 20 条（一般例外）、第 21 条（安全例外）、第 22 条和第 23 条（争端解决）、第 24 条（关税同盟和自由贸易区）等，以下择要具体介绍：

---

① 此外，在中国加入世界贸易组织法律文件中，《中华人民共和国加入议定书》第 2 条（C）节和《中国工作组报告书》第 324 段～第 336 段就中国在世界贸易组织下透明度方面的承诺进行了规定。

② 参见《1994 年关税与贸易总协定》第 10.1 条；《服务贸易总协定》第 3 条之二；《与贸易有关的知识产权协定》第 63.4 条。

③ 主要包括：(1)《关于解释〈1994 年关税与贸易总协定〉第 2 条第 1 款（b）项的谅解》；(2)《关于解释〈1994 年关税与贸易总协定〉第 17 条的谅解》；(3)《关于〈1994 年关税与贸易总协定〉国际收支条款的谅解》；(4)《关于解释〈1994 年关税与贸易总协定〉第 24 条的谅解》；(5)《关于豁免〈1994 年关税与贸易总协定〉义务的谅解》；(6)《关于解释〈1994 年关税与贸易总协定〉第 28 条的谅解》等。

1. 取消数量限制。《1994年关税与贸易总协定》第11条规定，任何缔约方不得对任何其他缔约方领土产品的进口或向任何其他缔约方领土出口或销售供出口的产品设立或维持除关税、国内税或其他费用外的禁止或限制，无论此类禁止或限制是否通过配额、进出口许可证或其他措施实施。①

2. 一般例外条款。《1994年关税与贸易总协定》第20条规定了“一般例外”条款，即在关于此类措施的实施不在情形相同的国家之间构成任意或不合理歧视或构成对国际贸易的变相限制的前提下，世界贸易组织成员可以采取以下措施：(a) 为保护公共道德所必需的措施；(b) 为保护人类、动物或植物的生命或健康所必需的措施；(c) 与黄金或白银进出口有关的措施；(d) 为保证与《1994年关税与贸易总协定》不相抵触的法律、法规得到遵守所必需的措施；(e) 与监狱囚犯产品有关的措施；(f) 为保护具有艺术、历史或考古价值的国宝所采取的措施；(g) 与保护可用竭的自然资源有关的措施，但此类措施应当与限制国内生产或消费一同实施；(h) 为履行任何政府间商品协定项下的义务而实施的措施，且其他成员方对该商品协定不持异议；(i) 在政府实施稳定计划，将国内原材料价格控制在国际价格水平以下时期，为保证国内加工业获得基本的原料供应而采取的原料出口限制措施，但此类限制不得用于增加国内加工业的出口或保护，也不得违背非歧视原则；(j) 在供应短缺的情况下，为获取或分配产品所必须采取的措施，但其他成员方均有权在此类产品的供应中获得公平的份额，且实施条件不复存在时应停止此类措施。②

上述一般例外条款，早在谈判缔结《哈瓦那宪章》之时，就已经成为多边贸易规则的重要组成部分。该条款准许成员在必要时可以采取违反规则或者纪律的措施，体现了多边贸易体制对成员方在特定事项或特定情形下行使管理权的尊重。《服务贸易总协定》(GATS) 第14条也有类似的规定。一般例外条款的措辞宽泛且模糊，没有规定补偿或者批准的要求，也没有通报的要求，这意味着唯一的纪律就是争端解决机制。③ 迄今为止已经有多起世界贸易组织争端解决案件围绕一般例外条款展开，特别是 (b) 项、(d) 项、(g) 项等规定。但在绝大多数争端解决案件中，专家组/上诉机构均对本条款予以十分严格的解释。④

3. 安全例外条款。《1994年关税与贸易总协定》第21条规定的“安全例外”条款，允许成员方在战争、外交关系恶化等紧急情况下，为保护国家的安全利益采取必要的行动，对其他相关成员不履行世界贸易组织规定的义务。⑤

---

① 参见《1994年关税与贸易总协定》第11条。

② 参见《1994年关税与贸易总协定》第20条。

③ 参见［英］伯纳德·霍克曼、迈克尔·考斯泰基：《世界贸易体制的政治经济学：从关贸总协定到世界贸易组织》，刘平、洪晓东、许明德等译，192页，北京，法律出版社，2000。

④ See World Trade Organization Document, Committee on Trade and Environment, *GATT/WTO Dispute Settlement Practice Relating to GATT Article XX, Paragraphs (b), (d) and (g)*, Note by the Secretariat, WT/CTE/W/203, 8 March 2002.

⑤ 参见《1994年关税与贸易总协定》第21条。

(二) 农产品贸易的法律制度

农产品贸易一直是国际贸易中一个比较特殊的领域。这不仅是因为农业对于国家经济安全具有举足轻重的地位，而且也源于农民在各国国内政治中的强大影响力。在此情况下，农产品国际贸易曾经长期游离于关税与贸易总协定的规则体系的约束之外。各国对本国农业的保护一般采取两种措施：一是高关税，以限制外国农产品的进口；二是高补贴，即对本国农民或者农产品出口给予高额补贴，以维持国内农民的高收入和农产品的稳定供给。

农产品贸易是乌拉圭回合谈判的核心议题之一。乌拉圭回合谈判最后达成的《农业协定》将农产品正式纳入多边贸易体制的管理框架，实质性地推动了国际农产品贸易秩序的变革。具体而言，《农业协定》包括三方面的纪律：

1. 农产品市场准入。《农业协定》要求各成员将非关税措施转化为关税措施，并在此基础上约束和逐步降低关税，以保证一定水平的市场准入机会。

2. 农业的国内支持。《农业协定》将不同的国内支持措施分为“绿箱”措施、“黄箱”措施和“蓝箱”措施。(1)“绿箱”措施是指，由政府提供的、其费用不转嫁给消费者，且对生产者不具有价格支持作用的政府服务计划。例如，农业科技培训、病虫害防治、自然灾害救济等。这类措施对农产品贸易和农业生产不会产生或仅产生微小的扭曲影响，成员方不必承担约束和削减义务。(2)“黄箱”措施是指，政府对农产品的直接价格进行干预和补贴，包括对种子、肥料、灌溉等农业投入品的补贴等。这类措施对农产品贸易产生扭曲影响，成员方须承担约束和削减的义务。(3)“蓝箱”措施是指，按照固定面积和产量给予的补贴（如休耕补贴），按照基期生产水平85％或85％以下给予的补贴，按照固定牲畜头数给予的补贴。这类补贴与农产品限产计划有关，成员方不必承担削减义务。

3. 农产品出口补贴。出口补贴是一项对国际贸易产生严重扭曲影响的政策措施。《农业协定》不禁止成员实施出口补贴，但需要进行约束和削减。我国在《中华人民共和国加入议定书》中承诺，“中国不得对农产品维持或采取任何出口补贴”。

(三) 卫生与植物卫生措施的法律制度

在国际贸易中，跨越国境往来的货物可能会给进口国带来疫病传播的风险。传统上，关税与贸易总协定承认各缔约方在保护人类、动物和植物的生命和健康所必须的情况下，有权采取限制贸易的措施（例如，为了防范禽流感疫情而限制禽类产品进口），但这些措施不能不合理地在情形相同的缔约方之间造成歧视，也不能成为变相的贸易限制措施。①

世界贸易组织《实施卫生与植物卫生措施协定》（Agreement on Sanitary and Phytosanitary Measures，英文缩写为 SPS)，其宗旨是协调各成员采取的卫生和植

---

① 参见《1947 年关税与贸易总协定》第 20 条（b）项。

物卫生措施，防止这些措施成为国际贸易的壁垒。具体而言，世界贸易组织成员在制定和实施卫生与植物卫生措施时，应当遵循以下原则：(1) 非歧视地实施卫生和植物卫生措施。(2) 鼓励各成员采用现有的国际标准、指南和建议。在此情况下，如果成员根据相关国际组织制定的标准、指南和建议采取措施时，则被认为是符合《实施卫生与植物卫生措施协定》义务的[①]；否则，成员必须具有科学理由，或者进行风险评估。(3) 保证卫生和植物卫生措施的透明度。

(四) 技术性贸易壁垒的法律制度

技术法规（technical regulations）、标准（standard）和合格评定程序（conformity assessment procedures），是管理产品安全和质量的重要措施，但也可能成为国际贸易的壁垒。[②]《技术性贸易壁垒协定》（Agreement on Technical Barriers to Trade，英文缩写为 TBT）的宗旨是促进世界贸易组织成员制定、采取和实施合理的技术性贸易措施，鼓励采用国际标准，保证这些措施不构成不必要的国际贸易障碍。

《技术性贸易壁垒协定》要求世界贸易组织成员在实施技术法规、标准和合格评定程序时，必须符合最惠国待遇和国民待遇原则的要求。技术法规对贸易的限制作用，不得超过为实现合法目标所必需的限度。如果存在相关的国际标准，则世界贸易组织成员应当采用这些标准作为协调各自技术法规和标准的基础，除非国际标准对于实现合法目标不适当或者无效。《技术性贸易壁垒协定》推定根据国际标准制定的技术法规，不会对国际贸易产生不必要的障碍。

(五) 与贸易有关的投资措施的法律制度

截至目前，世界贸易组织并未直接将投资议题纳入多边贸易谈判的范围。但是，由于国际贸易和国际投资的密切相关性，世界贸易组织在涉及投资的领域也开展了一些工作，主要包括三个方面：(1) 在 1996 年新加坡部长级会议上，在欧盟等成员的推动下，世界贸易组织成立了专门的工作组，研究"贸易与投资"问题，成为四个"新加坡议题"之一。这是多边贸易体制试图纳入投资议题的一次重要尝试。但是由于广大发展中成员的强烈反对，此项工作在 2004 年"七月框架"后已经暂停。(2) 乌拉圭回合谈判达成的《与贸易有关的投资措施协定》，是世界贸易组织下规范与贸易有关的投资措施的主要法律依据。(3)《服务贸易

---

① 世界贸易组织本身并不制定任何技术标准，《实施卫生与植物卫生措施协定》主要依据的是三大国际组织制定的相关标准、指南和建议。这些国际组织包括食品法典委员会（Codex Alimentarius Commission，缩写为 CAC)、世界动物卫生组织（Office International des Epizooties，缩写为 OIE)、国际植物保护公约（International Plant Protection Convention，缩写为 IPPC)。

② 在世界贸易组织的法律框架下，技术法规是强制性的，如果产品不符合技术法规的要求，通常不得上市销售；而标准是自愿性的。而在我国，根据我国《标准化法》的规定，我国现行标准体系分为国家标准、行业标准、地方标准和企业标准 4 级。国家标准和行业标准分为强制性标准和推荐性标准两种类型。强制性标准必须执行，推荐性标准国家鼓励企业自愿采用。因此，世界贸易组织下的"技术法规"，相当于我国的"强制性标准"，在《进出口商品检验法》中亦被称为"国家技术规范的强制性要求"。

总协定》(GATS) 将服务领域的外商投资（商业存在）作为4种服务提供方式之一予以约束和规范。

《与贸易有关的投资措施协定》(Agreement on Trade-Related Investment Measures，英文缩写为TRIMs) 的主要目标是约束政府采取的与贸易相关的投资措施，以避免政府采取的投资措施限制或者扭曲国际贸易。它明确规定任何成员不得实施任何与《1994年关税与贸易总协定》第3条（国民待遇）或第11条（普遍取消数量限制）规定不一致的投资措施。《与贸易有关的投资措施协定》还附录了一份禁止性措施的例示清单，主要包括规定企业采购一定数量当地产品的要求（当地含量要求）或者将企业进口的数量或金额与其出口产品数量挂钩的要求（贸易平衡要求）等两项措施。

(六) 反倾销的法律制度

世界贸易组织一方面鼓励各成员开放市场，取消贸易壁垒，推进国际贸易的自由化，另一方面也注重维护公平竞争和正常的贸易秩序，允许成员在进口产品存在倾销、补贴或过激增长，并对国内产业造成损害的情况下，可以使用反倾销、反补贴和保障措施等贸易救济措施，保护本国产业不受伤害，维护正常的贸易和竞争秩序。贸易救济措施的法律制度是世界贸易组织法律制度的重要组成部分，本部分第(六)、(九) 和 (十) 予以分述。

倾销 (Dumping) 是指，一产品自一国出口至另一国，其出口价格低于在正常贸易过程中出口国供消费的同类产品的可比价格，即以低于产品正常价值的价格将产品出口到另一国市场的行为。世界贸易组织并不直接禁止倾销行为，但允许各成员在倾销对其国内产业造成损害的情况下，采取反倾销措施，但反倾销措施本身不得成为国际贸易的壁垒。

世界贸易组织《关于实施〈1994年关税与贸易总协定〉第6条的协定》(Agreement on the Implementation of Article VI of the General Agreement on Tariffs and Trade 1994)，通常称为《反倾销协定》(Anti-Dumping Agreement)，是规范世界贸易组织成员采取反倾销措施的主要法律依据；与此同时，在与《反倾销协定》不相冲突的情况下，《1994年关税与贸易总协定》第6条关于反倾销的规定仍然有效。

具体而言，一成员采取反倾销措施须满足三个要件：存在倾销；存在损害；倾销和损害之间存在因果关系。此外，成员采取措施时还必须符合有关反倾销调查程序的规定。

1. 倾销及倾销幅度的确定

(1) 正常价值。确定正常价值和出口价格是判定倾销和计算倾销幅度的前提。具体来说，判定产品正常价值有三种方法：一是正常贸易过程中出口国国内销售价格，即被指控出口产品的同类产品在倾销调查期内（通常为1年至1年半），在国内市场正常贸易中的成交价（包括批发价格），或销售价，或一段时间内的加权平均价。二是出口国向第三国正常贸易中的出口价格，即出口到适当的第三国的可比价格。三是构造价格，即根据同类产品在原产国的生产成本，加上合理的管理费、销售费、一般费用和利润加以确定。一般情况下，在确定正常价值时，应当优先采用第一种方法。只有在不能采用第一种方法时，才能采用第二或第三种方法。

(2) 出口价格。出口价格是指在正常贸易中一国向另一国出口某一产品的价格，也就是出口商将产品出售给进口商的价格。在特定情况下，如果不存在出口价格，或者由于出口商与进口商有关联关系而使出口价格不可靠，则可以在进口产品首次转售给独立买家的价格的基础上推定出口价格。如果该产品未转售给独立买家或者是未按照进口时状态转售的，则可以在进口国反倾销调查机关确定的合理价格基础上推定出口价格。①

(3) 倾销幅度。如前所述，判定倾销的核心问题是对出口价格和正常价值进行比较。换言之，产品的出口价格必须低于正常价值，才能构成倾销。倾销幅度的计算公式如下：

倾销幅度＝（正常价值－出口价格）/出口价格×100％

实践中，在对上述两者进行比较时，由于相关条件不同（例如，运费、保费之差异，交货条件、付款条件之不同等），因而必须先对两个价格进行适当调整，以便进行比较。《反倾销协定》强调对出口价格和正常价值应当进行公平比较。这种比较应当在相同贸易水平（same level of trade）之上进行，通常是按产品出厂前水平（ex-factory level）进行比较。

2. 产业损害的确定

《反倾销协定》中规定的损害具体区分为三种情况：一是进口方生产同类产品的国内产业受到实质损害（material injury）；二是进口方生产同类产品的国内产业受到实质损害威胁（threat of material injury）；三是进口方建立生产同类产品的产业受到实质阻碍（material retardation）。

3. 因果关系的判定

反倾销主管机关必须审查除倾销进口产品以外的同时正在损害国内产业的任何已知因素，并不得将这些其他因素造成的损害归因于倾销进口产品。

4. 关于反倾销调查程序的规定

(1) 反倾销调查的启动。一般而言，当进口产品对国内产业造成冲击时，国内产业或其代表可以向本国主管机关提出反倾销调查申请。反倾销调查申请必须以书面形式提出，内容应当包括倾销、损害及因果关系的有关材料。在特殊情况下，主管机关在掌握充分证据的基础上，也可以依职权主动启动反倾销调查。②

(2) 立案和调查。主管机关应当审查申请人提供的申请材料的准确性和充分性，以及申请企业的代表性，以判断是否有足够证据证明立案调查是适当的。一旦决定

---

① 参见《反倾销协定》第2.3条。

② 参见《反倾销协定》第5条。

立案调查，应当立即发布立案公告。

（3）初裁和临时反倾销措施。临时反倾销措施是指，反倾销主管机关经过调查，已经作出关于倾销和由此产生的对国内产业的损害的初步肯定裁决，为了防止在调查期间国内产业继续受到损害，而采取的临时性措施。临时反倾销措施有两种形式：（a）征收临时反倾销税；（b）要求进口商提供与临时反倾销税相当的现金保证金或者保函等担保。根据《反倾销协定》的规定，临时反倾销措施实施时间应当尽可能短，一般情况下不得超过 4 个月，特殊情况下可以延长至 6 个月～9 个月。①

（4）实地核查。在反倾销调查过程中，为了核实当事方提供的信息或者获得进一步的细节，主管机关可以根据需要在其他成员领土内进行调查。此种调查应当获得有关企业的同意并通知所涉及成员的政府。②

（5）终裁和最终反倾销措施。在全部调查结束后，主管机关将作出终裁。一般情况下，反倾销调查应当在 1 年内结束，最长不得超过从调查开始之后的 18 个月。如果有充分证据证明被调查产品存在倾销，国内产业受到损害，且倾销和损害之间有因果关系，则进口成员的主管机关可以采取最终反倾销措施。最终反倾销措施采取征收反倾销税的形式，其金额不得超过确定的倾销幅度，征税期一般为 5 年。

（6）价格承诺。在进口成员的主管机关已经就倾销和损害作出肯定性初裁后，被调查产品的生产商和出口商可以与主管机关达成协议，出口商提高价格以消除损害，主管机关相应地中止或终止调查。③

（7）行政复审和司法审查。在征收最终反倾销税后，一旦有证据证明倾销所造成的损害已经被抵消，或者损害程度有所减轻，或者出现了新的影响征税的情况，利害关系方可以向主管机关申请复审，以取消或变更反倾销税。主管机关视情况也可以主动发起复审。实践中，反倾销的复审的形式有年度复审、新出口商复审、情势变迁复审、日落复审等多种形式。复审程序与反倾销调查程序基本相同。④ 此外，《反倾销协定》还要求各成员设置独立的司法审查程序，对最终裁决和行政复审决定进行审查。⑤

（8）证据和信息披露。《反倾销协定》要求主管机关进行反倾销调查时，必须遵循严格的法定程序，特别是应当给予有关利害关系方提供证据和充分辩论的机会，妥善处理机密信息。在保密和可行的情况下，主管机关应当使所有利害关系方了解与案件陈述有关的、在调查中使用的所有信息。⑥

---

① 参见《反倾销协定》第 7 条。

② 参加《反倾销协定》第 6.7 条、附件 1。

③ 参见《反倾销协定》第 8 条。

④ 参见《反倾销协定》第 11 条。

⑤ 参见《反倾销协定》第 13 条。

⑥ 参见《反倾销协定》第 6 条。

(七) 海关估价的法律制度

海关估价（customs valuation）通常是征收关税的基础。[①] 对于货物进口而言，确保通关时的合理估价具有重要意义。《1994 年关税与贸易总协定》第 7 条和乌拉圭回合达成的《海关估价协定》的主要目标是建立一套公正、统一、中性的海关对货物估价的制度，使海关估价更加符合商业实际，避免使用任意或虚构的海关估价。

为此目的，《1994 年关税与贸易总协定》第 7 条以及《海关估价协定》规定应以进口商品的“实际价格”（actual price）为基础。而“实际价格”应为在正常贸易过程中和充分竞争的条件下，此类或同类商品销售或标价出售的价格。《海关估价协定》具体确定了 6 种估价方法：(1) 依据“成交价格”（transaction value），即货物出口销售至进口国时的实付或应付的价格。这是最主要的估价方法。(2) 依据相同货物的成交价格（transaction value of identical goods）。(3) 依据类似货物的成交价格（transaction value of similar goods）。(4) 通过扣除法（deductive method），即根据进口货物（或相同或类似货物）在进口国出售给无连带关系的购买者的价格，并进行适当扣除。(5) 依据计算价格（computed method），即在货物生产成本基础上，加上利润和费用等加以确定。(6) 其他方法（fall-back method），即使用与《海关估价协定》和《1994 年关税与贸易总协定》第 7 条相一致的原则和规则所确定的合理方法，并依据在进口国可获得的数据确定完税价格。[②]

(八) 原产地规则的法律制度

在国际贸易中，判定进口产品来自哪个国家/地区，对于实施各项贸易政策措施具有重要意义。在全球经济一体化不断深入的今天，确定货物的原产地并不十分容易，需要一整套比较详细的规则，并且这些规则必须以公正、透明和一致的方式实施，这就是原产地规则。确切地说，原产地规则就是各国/地区为了专门确定货物原产地而实施的普遍适用的法律、法规和行政裁决等。

世界贸易组织出台的《原产地规则协定》主要约束非优惠贸易政策工具的原产地规则。例如：(1) 实施最惠国待遇；(2) 征收反倾销税和反补贴税；(3) 实施保障措施；(4) 实施原产地标记要求；(5) 任何歧视性数量限制或关税配额等；(6) 实施政府采购和贸易统计等。但其附件则以“共同宣言”的形式，对优惠原产地规则（preferential rules of origin），例如区域贸易协定下的原产地规则，进行了一定的约束。

根据《原产地规则协定》的规定，一特定货物的原产地应为完全获得该货物的国家；如果该货物的生产涉及一个以上的国家，则为进行最后实质性改变（substantial

---

① 关税一般可以分为从量税（specific duties）和从价税（ad valorem duties）两种。从量税是指以货物的数量（或重量、长度和面积等计量单位）为标准征收的税收，例如进口原油征收 100 美元/吨的关税。从量税一般适用于大宗商品，其特点是手续简便、便于计算、不涉及估价问题。从价税是以货物的价格为标准征收的税收，例如对于进口汽车征收其价值 25%的关税。其特点是税率明确、税负比较公平，而难点则在于估价问题。目前世界贸易组织成员所施行的多数关税均属于从价税。

② 参见《海关估价协定》第 1 条～第 7 条。

transformation）的国家。这就是判定原产地的“实质性改变”标准。关于如何判定“实质性改变”，比较常见的标准包括“税则归类改变标准”（criterion of change of tariff classification）、“百分比标准”（advalorem percentage criterion）以及“制造或者加工工序标准”（criterion of manufacturing or processing operation）等。

目前，世界海关组织（World Customs Organization，英文缩写为 WCO）和世界贸易组织下的技术委员会正在就协调非优惠原产地规则进行有关工作。《原产地规则协定》为此项工作完成之前的过渡期和过渡期后的实施制定了总的指导原则。

（九）补贴与反补贴措施的法律制度

1. 补贴的概念。补贴（Subsidy）是指一国政府或者公共机构提供财政资助、收入或者价格支持，使本国产业或企业得到在正常商业条件下无法得到的利益。构成补贴需要满足三个要件：（1）补贴是由政府或公共机构提供的；（2）政府提供了财政资助，或任何形式的收入或价格支持；（3）补贴使产业或企业得到了利益。

世界贸易组织制定的《补贴与反补贴措施协定》（Agreement on Subsidies and Countervailing Measures，英文通常缩写为 ASCM，以下简称《补贴协定》）仅约束具有专向性（specificity）的补贴。专向性包括法律上的专向性和事实上的专向性。法律上的专向性包括四种情况：（1）企业专向性，即补贴仅给予特定企业；（2）产业专向性，即补贴仅给予特定产业；（3）地区专向性，即补贴仅给予特定地理区域内的某些企业；（4）禁止性补贴。事实上的专向性需要结合具体情况和因素进行判断。

2. 补贴的分类。《补贴协定》将专向性补贴分为两类：禁止性补贴和可诉性补贴。

禁止性补贴，又称红灯补贴，是世界贸易组织法律完全禁止实施的补贴，主要包括出口补贴和进口替代补贴。出口补贴是指以出口实绩为条件，给予生产商或者出口商的补贴。进口替代补贴是指以使用国产货物为条件，给予生产商或使用者、消费者的补贴。

可诉性补贴，又称黄灯补贴，是指并非法律所禁止，但如果其对另一成员造成了不利影响，可以被质疑的补贴。不利影响包括三种情况：（1）对另一国国内产业造成损害；（2）使另一国丧失或者减损所获得的利益；（3）严重侵害了另一国的利益。

3. 补贴的救济。任何成员政府的补贴措施都可能严重扭曲国际贸易，并对其他世界贸易组织成员的利益造成不利影响。为此，《补贴协定》规定了两种救济途径：一是诉诸世界贸易组织的争端解决机制，要求有关成员取消补贴；二是对进口启动反补贴调查，根据调查结果征收反补贴税。反补贴调查程序，与反倾销调查程序基本相同。

（十）保障措施的法律制度

保障措施（Safeguard Measures）是指，世界贸易组织成员方在进口激增并对其国内产业造成严重损害或者严重损害威胁时，可以采取的进口限制措施。保障措施属于一种安全阀（safety valve）机制。虽然在形式和实施方式上，保障措施与反倾销措施、反补贴措施非常相似，但在性质上有很大差别。保障措施针对的是公平贸易条件下的进口产品，而反倾销措施和反补贴措施针对的是不公平贸易（即倾销进口或补贴进口）。

根据《1994年关税与贸易总协定》第19条和《保障措施协定》的规定，世界贸易组织成员方实施保障措施时必须满足以下三个法律要件：(1) 某项产品进口激增（包括绝对增长和相对增长）；(2) 进口激增是由于不可预见的情况或成员方履行世界贸易组织义务所造成的结果；(3) 进口激增对国内生产同类产品或直接竞争产品的产业造成了严重损害（serious injury）或者严重损害威胁（threat of serious injury）。①

世界贸易组织成员实施保障措施，还必须遵守严格的法定程序，包括需要与受到影响的其他成员进行协商。在紧急情况下，可以采取临时保障措施，但临时措施不得超过200天，且只能采取关税形式。最终保障措施可以采取提高关税、数量限制或关税配额等形式，但必须在最惠国原则基础上实施。保障措施只能在防止或补偿严重损害及促进调整所必需的期限内实施。保障措施的期限一般为4年，必要情况下可以延长至8年，但必须在实施期内逐步放宽。

（十一）国际服务贸易的法律制度

服务贸易的概念最早源自20世纪70年代经济合作与发展组织（Organization for Economic Cooperation and Development，英文缩写为OECD）的研究报告。从传统进出口角度来看，一国向外国提供服务并获得收入的过程被称为服务出口，购买外国服务被称为服务进口。各国的服务进出口活动，统称为国际服务贸易。随着经济全球化的加深和国际产业结构的调整，世界服务贸易迅猛发展。1980年至2009年间，世界服务贸易出口额从3 650亿美元增长到33 500亿美元，占世界贸易出口的比重从1/7增长到1/4。②

世界贸易组织下的《服务贸易总协定》（General Agreement on Trade in Services，英文缩写为GATS），在历史上第一次确立了有关国际服务贸易的多边法律框架，为在透明和渐进基础上进一步拓展国际服务贸易打下了基础。《服务贸易总协定》将《关税与贸易总协定》中的最惠国待遇、透明度等国际公认的贸易规则扩展到服务贸易领域，同时又结合服务贸易的特点，制定了新的规则。《服务贸易总协定》界定了服务贸易的范围，并将服务贸易分为12个部门和160个分部门③，规定了各成员开放服务贸易的集体承诺义务。《服务贸易总协定》有8个附件，主要涉及

---

① 注意：实施保障措施法律要件的标准要高于反倾销、反补贴措施。采取保障措施时所要求的国内产业损害的标准是严重损害或者严重损害威胁，而不是反倾销和反补贴措施所要求的实质损害、实质损害威胁、实质阻碍。

② 参见世界贸易组织：《2010年国际贸易统计》（*International Trade Statistics* 2010），资料来源：http://www.wto.org/english/res_e/statis_e/its2010_e/its10_toc_e.htm，访问时间：2011年9月26日。

③ 《服务贸易总协定》减让表所遵循的服务贸易部门分类基本是以《联合国中心产品分类系统》为基础的。这一体系确定了11个基本的服务部门，第12个部门为其他服务；在这12个部门的基础上，再进一步划分为160个分部门或独立的服务活动。这12个部门是：商务服务（business）、通讯服务（communication）、建筑和工程服务（construction and engineering）、分销服务（distribution）、教育服务（education）、环境服务（environment）、金融服务（financial）、健康服务（health）、旅行服务（tourism and travel）、娱乐文化和体育服务（recreation，cultural，and sporting）、运输服务（transport）、其他服务（other）。

自然人流动、空运服务、金融服务、电信和海运服务等。

《服务贸易总协定》根据服务提供的方式，将服务贸易划分为4种形式，包括：(1) 跨境交付 (cross border supply)，是指一成员服务提供者在其境内向任何其他成员境内服务消费者提供服务。例如，在美国的律师为在中国的客户提供法律咨询服务。这种服务贸易形式与传统的货物贸易形式非常相似，强调买方和卖方在地理上的界限，只有服务本身跨越边境。这是最简单的服务贸易形式。(2) 境外消费 (consumption abroad)，是指服务提供者在一个成员方境内向任何其他成员方的服务消费者提供服务。例如，中国游客（服务消费者）在瑞士旅游，中国学生在荷兰留学等。这种服务贸易形式的特点是服务消费者进入服务提供方的领土内，这也是比较简单的服务贸易形式。(3) 商业存在 (commercial presence)，是指一成员的服务提供者在任何其他成员境内设立商业存在，为后者境内的消费者提供服务。例如，中国银行在意大利米兰开设分行，为当地消费者提供银行服务。这种形式的特点是服务提供者进入服务消费者所在地，设立商业存在为其提供服务。这是最重要的一种服务贸易形式，也是国际服务贸易谈判的焦点问题。(4) 自然人流动 (movement of personel)，是指一成员的服务提供者以自然人身份进入任何其他成员境内，为后者境内的消费者提供服务。例如，一位日本翻译来到中国，为中国境内的消费者提供日文翻译服务。

根据《服务贸易总协定》，世界贸易组织成员须遵从以下义务：

1. 最惠国待遇。世界贸易组织各成员应当立即和无条件地给予任何其他成员的服务和服务提供者不低于其给予任何其他国家同类服务和服务提供者的待遇。与此同时，《服务贸易总协定》也允许若干最惠国待遇的例外，主要是区域经济一体化的例外（《服务贸易总协定》第5条）和成员共同议定的最惠国待遇的豁免。

2. 市场准入和国民待遇。市场准入是国际服务贸易谈判的核心问题。在《服务贸易总协定》下针对服务贸易的4种类型，设置了专门的减让表。任何成员对于来自其他成员的服务和服务提供者，都必须给予不低于其在具体承诺减让表中列明的待遇。除非在减让表中明确列明，否则任何成员不得维持或采取以下措施：(1) 限制服务提供者的数量；(2) 限制服务交易或资产总值；(3) 限制服务业务总量或者服务产出总量；(4) 限制雇佣人数；(5) 限制或要求服务提供者通过特定类型法律实体或合营企业提供服务；(6) 通过限制外国股权最高比例或限制外国投资总额方式限制外国资本的参与。

服务贸易的减让表比较复杂，且与货物贸易减让表有很大差别，以下举例予以说明（见表10—3）。从整体来看，服务贸易减让表可以分为两大部分：第一部分是"水平承诺"(horizontal commitments)，其内容适用于减让表中所列的所有服务部门和分部门；第二部分是"部门承诺"(sector-specific commitments)，列明对具体部门所作的承诺。在每一部分中，减让表又分为4栏，第1栏列出相关的服务部门或分部门；第2栏列出相应的市场准入限制，为了简便起见，这里一般用(1)、(2)、(3)、(4)代表4种服务贸易的形式（每页减让表的顶端都注有这4种服务贸易形式）；第3栏以同样方式列出各成员对外国服务提供者采取的国民待遇方面的限制；第4栏列出成员作出的其他附加约束承诺。

表 10—3　　服务贸易具体承诺减让表例示①

服务提供方式：(1) 跨境交付；(2) 境外消费；(3) 商业存在；(4) 自然人流动

部门或分部门	市场准入限制	国民待遇限制	附加承诺
一、水平承诺（Horizontal Commitments）			
本减让表中包括的所有部门	(3) 在中国，外商投资企业包括外资企业（也称为外商独资企业）和合资企业，合资企业有两种类型：股权式合资企业和契约式合资企业。 股权式合资企业中的外资比例不得少于该合资企业注册资本的 25%。 由于关于外国企业分支机构的法律和法规正在制定中，因而对于外国企业在中国设立分支机构不作承诺，除非在具体分部门中另有标明。 允许在中国设立外国企业的代表处，但代表处不得从事任何营利性活动，在 CPC861、862、863、865 下部门具体承诺中的代表处除外。	(3) 对于给予视听服务、空运服务和医疗服务部门中的国内服务提供者的所有现有补贴不作承诺。	
二、部门承诺（Sector-Specific Commitments）			
A. 专业服务 h. 医疗和牙医服务（CPC 9312）	(1) 没有限制。 (2) 没有限制。 (3) 允许外国服务提供者与中国合资伙伴一起设立合资医院或诊所，设有数量限制，以符合中国的需要，允许外资拥有多数股权。 (4) 除水平承诺中的内容和下列内容外，不作承诺： 应允许持有其本国颁发的专业证书的外国医生，在获得卫生部的许可后，在中国提供短期医疗服务。服务期限为 6 个月，并可延长至 1 年。	(1) 没有限制。 (2) 没有限制。 (3) 合资医院和诊所的大多数医生和医务人员应具有中国国籍。 (4) 除水平承诺中的内容外，不作承诺。	

上述减让表中包括了所有服务贸易减让表中都会出现的三种承诺方式。第一种是"没有限制"（none），意味着该成员对以该种方式提供服务的外国服务提供者，承诺不采取任何（市场准入或国民待遇方面的）限制。这相当于货物贸易约束承诺的"零关税和零配额"。第二种方式是"不作承诺"（unbound），意思是该成员不承担任何义务，保留了未来采取限制措施的充分的政策空间。介于二者之间的第三种承诺方式，则是详细列出所保留的市场准入或国民待遇限制措施的内容和性质。

① 节选自《中华人民共和国服务贸易具体承诺减让表》，载《中华人民共和国加入议定书》附件 9。

3. 国内规制。由于多数服务贸易交易要求服务提供者和消费者在同一地点，也就是在一成员境内进行，因而该成员的国内政策和法规对于服务贸易有很大影响。《服务贸易总协定》为此专门增加了有关国内规制（domestic regulation）的规定，对各成员国内政策、法规的制定和实施予以约束，以免形成对国际服务贸易的阻碍和限制。总体上，《服务贸易总协定》要求各成员应当保证所有影响服务贸易的普遍适用的措施以合理、客观和公正的方式实施。服务贸易总理事会应当制定多边规则，防止对服务提供者的资格要求、技术标准和行政许可构成对服务贸易的不必要限制。国内规制是国际服务贸易纪律的一个新的领域，目前许多具体规则仍在谈判之中，它反映了多边贸易体制对国内政策影响的加深。[①]

（十二）与贸易有关的知识产权法律制度

乌拉圭回合谈判达成的《与贸易有关的知识产权协定》（Agreement on Trade Related Aspects of Intellectual Property Rights，英文缩写为 TRIPs），首次将知识产权规则引入多边贸易体制之中。《与贸易有关的知识产权协定》包括 7 个部分：（1）总则和基本原则；（2）关于知识产权效力、范围和使用的标准；（3）知识产权的执法；（4）知识产权的取得和维持及当事人之间的相关程序；（5）争端的防止和解决；（6）过渡性安排；（7）机构安排和最后条款。

《与贸易有关的知识产权协定》是乌拉圭回合谈判新拓展的一个重要领域。与以往的国际知识产权条约相比，《与贸易有关的知识产权协定》有三个突出特点：一是设定了有关知识产权保护的最低实体标准。对于纳入《与贸易有关的知识产权协定》的每一类知识产权，包括版权和相关权利、商标、地理标识、工业设计、专利、集成电路布图设计、未披露信息等七大类知识产权，《与贸易有关的知识产权协定》均规定了成员应当给予的最低保护水平。二是规范了知识产权的执法。第一次在知识产权国际条约中系统规定了各成员在知识产权执法方面的义务。三是提供了解决争端的途径。将知识产权纠纷纳入世界贸易组织争端解决机制的管辖范围，为协定的监督和执行提供了有力保障。以下择其要述之。

1. 总则和基本原则

（1）最低保护原则。首先，各成员应当实施《与贸易有关的知识产权协定》的规定，即必须达到《与贸易有关的知识产权协定》设定的最低保护水平；其次，在此基础之上，只要不违反协定的规定，成员可以在法律中实施比协定要求更广泛的保护；最后，各成员有权在其各自的法律和实践中确定实施协定的适当方法。（2）非歧视原则。主要是国民待遇原则和最惠国待遇原则。（3）平衡保护原则。知识产权的保护和实施，应当有助于促进技术革新、转让和传播，有助于技术知识的创造者和使用者之间实现互利，有助于社会和经济福利及权利、义务的平衡。[②]

---

① 参见《服务贸易总协定》第 6 条。

② 参见《与贸易有关的知识产权协定》第 1 条、第 3 条、第 4 条、第 7 条。

2. 关于知识产权效力、范围和使用的标准[①]

每一类知识产权的实体保护标准，实际上都包括四个方面的内容：（1）保护的客体；（2）授予的权利；（3）允许的例外；（4）保护期限。《与贸易有关的知识产权协定》在相当大程度上将《保护工业产权巴黎公约》[②]、《保护文学艺术作品伯尔尼公约》（以下简称《伯尔尼公约》）[③]、《保护表演者、录音制品制作者和广播组织的国际公约》[④]、《关于集成电路知识产权的条约》[⑤] 的实体条款均纳入其中，同时又在此基础上增加了关于实体保护的新的规定。以下仅择要略述一二。

（1）关于版权和相关权利（copyright and related rights）。世界贸易组织成员需要遵守《伯尔尼公约》的实体条款（第1条至第21条），但《伯尔尼公约》中有关精神权利（moral rights）的条款除外。版权的保护期不得少于50年；表演者和录音制品制作者的权利应当至少保护50年；传媒的权利应当至少保护20年。

（2）商标（trademarks）。商标的首次注册及各次续展注册的保护期，均不得少于7年。商标的续展注册次数没有限制。如果以没有使用商标为由撤销商标注册，其条件必须是该商标连续3年未使用。服务标识应当按照产品商标的保护方式进行保护。在某一特定国家的驰名商标应当受到特别的保护。

（3）地理标识（geographical indications）。地理标识用于标示出某商品来源于某成员领土内，或者来源于该成员领土内的某地区或某地点，用以显示该商品的特定质量、声誉或其他特征主要与该地理来源相关联。各成员应当对地理标识提供保护，包括对含有虚假地理标识的商标予以拒绝注册或宣布无效，防止公众对商品的真正来源地产生误解或出现不公平竞争。此外，对葡萄酒和烈酒的地理标识，还应当给予更加严格的保护。

（4）工业设计（industrial designs）。工业设计是指，对产品的形状、图案、色彩或者其结合所作出的富有美感并适于工业应用的新设计。工业设计必须至少保护10年。

---

① 参见《与贸易有关的知识产权协定》第二部分。

② 《保护工业产权巴黎公约》（Paris Convention for the Protection of Industrial Property），1883年订立于法国巴黎，史称《巴黎公约》，后历经7次修订。《与贸易有关的知识产权协定》援引的是该公约1979年的最新修订文本。《巴黎公约》是人类历史上第一个保护知识产权的重要国际条约，迄今为止已有173个缔约方，是缔约方最为广泛和最为重要的国际知识产权条约之一。详情参见 http：//www. wipo. int/treaties/en/ip/paris，访问时间：2011年10月4日。

③ 《保护文学艺术作品伯尔尼公约》（Berne Convention for the Protection of Literary and Artistic Works），1886年订立于瑞士伯尔尼，简称《伯尔尼公约》，后历经8次修订补充。《与贸易有关的知识产权协定》援引的是该公约1979年的最新修订文本。《伯尔尼公约》是另一个历史悠久、影响深远的有关保护知识产权的重要国际条约，迄今为止已有164个缔约方。详情参见 http：//www. wipo. int/treaties/en/ip/berne，访问时间：2011年10月4日。

④ 《保护表演者、录音制品制作者和广播组织的国际公约》（International Convention for the Protection of Performers，Producers of Phonograms and Broadcasting Organizations），1961年订立于意大利罗马，简称《罗马公约》，迄今为止已有91个缔约方。详情参见 http：//www. wipo. int/treaties/en/ip/rome，访问时间：2011年10月4日。

⑤ 《关于集成电路知识产权的条约》（Treaty on Intellectual Property in Respect of Integrated Circuits），1989年订立于美国华盛顿，简称《华盛顿条约》。迄今为止已有10个缔约方，尚未生效。详情参见 http：//www. wipo. int/treaties/en/ip/washington，访问时间：2011年10月4日。

(5) 专利 (patents)。一切技术领域中的任何发明，不论是产品发明还是方法发明，只要其具有新颖性、创造性并适合于工业应用，均可获得专利。专利保护期应当不少于 20 年。此外，植物新品种 (new varieties of plants) 也应当受到专利或者特设体制的保护。

(6) 集成电路布图设计 (layout-designs of integrated circuits)。根据《关于集成电路知识产权的条约》，集成电路布图设计的保护期应当不少于 10 年。

(7) 未披露信息 (undisclosed information)。未披露信息具有三个特征：一是属于秘密，通常不为从事该信息领域工作的人所普遍了解或者容易获得；二是具有商业价值；三是为保密已经采取合理措施。商业秘密和其他类型的具有商业价值的"未公开信息"必须得到保护。

3. 知识产权的实施[①]

《与贸易有关的知识产权协定》比较详细地规定了各成员应当向知识产权权利人提供的法律程序和救济措施，包括民事程序、行政程序和刑事程序等，并且对临时措施和知识产权的边境执法程序提出了专门要求。

(十三) 多边贸易体制下政府采购的法律制度

世界贸易组织各成员政府实际上同时也是货物和服务的重要购买者，其购买数量占各成员国内生产总值 (GDP) 的 10%～15%。但是传统上，政府购买货物或者服务被排除在《1994 年关税与贸易总协定》和《服务贸易总协定》的管辖范围之外。[②] 为了推动政府采购领域的贸易自由化，在关税与贸易总协定的东京回合谈判启动了首个"政府采购协定"的谈判。而 1994 年乌拉圭回合达成的谈判《政府采购协定》(Agreement on Government Procurement，英文缩写为 GPA)，则进一步拓展了其覆盖的深度和广度。《政府采购协定》是世界贸易组织下最重要的一个诸边贸易协定，目前已有 41 个缔约方和 22 个观察员。中国自 2002 年 2 月成为《政府采购协定》的观察员，目前正在进行加入该协定的谈判。

目前，世界贸易组织在进一步推动政府采购领域的贸易自由化方面主要开展三项工作：(1) 继续推进《政府采购协定》的拓展，包括原有《政府采购协定》适用范围的扩大、规则的完善和新成员加入等；(2) 在《服务贸易总协定》下，根据该协定第 13.2 条的授权，推动服务贸易政府采购规则的制定；(3) 在多哈发展议程项下，推动"政府采购透明度"议题的谈判。[③]

关于适用范围，《政府采购协定》规定"本协定适用于有关本协定涵盖实体所从事的任何采购的任何法律、法规、程序或做法"。具体可从三方面确定：(1) 从采购主体来看，所有《政府采购协定》的缔约方均在附件中列明适用的采购实体，包括

---

① 参见《与贸易有关的知识产权协定》第三部分。

② 参见《1994 年关税与贸易总协定》第 3.8 条 (a) 项、《服务贸易总协定》第 13 条。

③ "政府采购透明度"属于"新加坡议题"之一。在 2004 年"七月框架"后，该议题的谈判已经不再纳入多哈发展议程，谈判目前已经暂停。

中央政府、地方政府（例如美国包括50个州中的37个州）和其他实体（如公用企业），只有这些主体从事的采购行为才可能适用该协定。(2) 从采购行为来看，其适用于通过任何契约方式（contractual means）进行的采购，包括购买、租赁、租购等方法，无论有无购买选择权；包括产品和服务的任何组合。(3) 从采购规模来看，《政府采购协定》仅适用于价值不低于最低限额的采购合同。所谓最低限额（threshold values），又称“门槛价”，对于各参加的缔约方最低限额可能不同，具体由谈判确定，一般以国际货币基金组织的特别提款权（Special Drawing Rights，英文缩写为SDR）表示。对于中央政府实体，一般在13万特别提款权；对于次级政府实体，一般为20万特别提款权或以上；对于建筑服务，一般为500万特别提款权或以上。[①]

《政府采购协定》下最基本的义务是“国民待遇和非歧视”。根据该协定第3条的规定，对于协定涵盖的有关政府采购的所有法律、法规、程序和做法，每一参加方应立即无条件地对其他参加方的产品、服务或提供产品或服务的其他参加方的供应商提供不低于给予本国国内或者任何其他参加方产品、服务和供应商的待遇。在此基础上，《政府采购协定》还规定了一系列有关技术标准、招标程序、质疑程序等细则，以确保上述基本义务得以实施。

四、世界贸易组织的争端解决机制

(一) 世界贸易组织争端解决机制的基本程序

争端解决机制是多边贸易体制的重要基石之一。早在关税与贸易总协定形成之初，就设定了关于解决争端的规则，主要体现在《1947年关税与贸易总协定》第22条和第23条。其中，第22条规定了缔约方之间进行磋商的权利；第23条规定了设立专家组解决争端的程序。这两条规定构成了关税与贸易总协定下解决缔约方争端的主要规则和法律基础。

具体而言，《1947年关税与贸易总协定》第23条规定了三种争端类型：一是违反之诉（violation complaints），申诉方必须证明被诉方违反了有关协定的条款；二是非违反之诉（non-violation complaints）；三是情势之诉（situation complaints）。

然而，关税与贸易总协定下的争端解决程序没有规定明确的时间表，裁决容易受到阻挠，致使许多案件久拖不决。为了进一步强化多边贸易体制的争端解决机制，乌拉圭回合谈判对关税与贸易总协定的争端解决规则和程序作了重大改进，制定了《关于争端解决规则与程序的谅解》（Understanding on Rules and Procedures Governing the Settlement of Disputes，英文缩写为DSU，以下简称《争端解决谅解》）。《争端解决谅解》既保留了关税与贸易总协定历年来争端解决的有效做法，又对原来的机制作了全面改进，其核心特点体现为更加精细完整的程序规则、明确的时间限

① 资料来源：http://www.wto.org/english/tratop_e/gproc_e/thresh_e.htm，访问时间：2011年10月5日。

制、统一的上诉机构审查以及严格的裁决执行机制。

1. 磋商（consultations）。磋商是早在关税与贸易总协定时就已确立的解决成员之间贸易纠纷的首要原则，体现了通过外交方式解决国家之间争端的传统。《争端解决谅解》对磋商规定了比较详细的时间表。一般而言，利益受到侵害的成员首先提出磋商请求；任何成员在接到磋商申请后10天内应作出答复，并在接到申请后30天内展开善意磋商。磋商是秘密进行的，并不妨碍任何成员在任何进一步程序中的各种权利。这一程序强制要求争端双方在进入正式法律程序之前重新回到谈判桌前，从而在制度上为争端各方能够自行解决问题留下了机会。事实证明，在相当多的情况下，争端双方最终通过磋商解决了争端。

2. 斡旋、调解与调停（good offices，conciliation and mediation）。与磋商程序不同，这些程序是在争端当事方同意情况下自愿选择进行的，而非强制程序。它也是秘密进行的，既可以在任何时候开始，也可以在任何时候结束。世界贸易组织总干事可以依其职权开展斡旋、调解和调停。一旦斡旋、调解和调停被终止，申诉方即可请求设立专家组；并且，只要各方同意，在专家组工作期间仍可继续进行斡旋、调解和调停。

3. 专家组审理（panel review）。如果有关成员未能在10天内对磋商请求作出答复，或者磋商未能在60天内解决争端，则申诉方可以要求争端解决机构设立专家组（panel）。专家组由独立的3名专家组成。除非争端各方一致同意，否则争端当事方的公民或在争端中有实质利害关系的第三方公民都不得作为有关争端的专家组成员。

专家组审理是世界贸易组织争端解决机制的核心程序。从严格意义上讲，专家组的设立才真正启动了多边贸易体制下争端解决的法律诉讼程序。专家组原则上在6个月（最长不超过9个月）内提交最终报告。在此期间，专家组通常要召开2次听证会，听取当事双方的陈述和辩护主张；在有第三方参与的情况下，专家组还将召开第三方听证会，听取第三方意见。专家组可以提出问题，要求当事方澄清。在专家组散发最终报告后20天至60天之间，除非某争端方提出上诉或争端解决机构一致反对采纳此报告，该报告将获得通过。①

4. 上诉机构审理（appellate review）。为了受理专家组案件的上诉，《争端解决谅解》设立了一个由7人组成的常设的“上诉机构”（appellate body）。在专家组报告发布后的60天内，任何争端方都可以向上诉机构提起上诉。上诉应当仅限于专家组报告涉及的法律问题和专家组所作的法律解释。上诉案审理期限原则上为60天～90天。上诉机构可以维持、修改或撤销专家组的法律调查结果和结论。上诉机构报告散发后30天内应由争端解决机构通过，除非经协商一致决定不通过该报告。② 上诉机构的裁决为最后裁决，争端各方应无条件接受。专家组审理和上诉机构审理，构成了世界贸易组织解决贸易争端的两审终审制。这极大地增强了争端解决机构的权威性和灵活性。

---

① 参见《争端解决谅解》第6条～第16条。

② 参见《争端解决谅解》第17条。

5. 关于裁决执行的监督（surveillance of implementation of recommendations and rulings）。《争端解决谅解》确立了具体的裁决执行监督机制。在专家组及上诉机构的报告被通过后，该报告即成为争端解决机构的正式裁决和建议；有关成员应向争端解决机构通报其执行这些建议或裁决的意向；如果不能马上执行，应当确立一个合理的执行期限（reasonable period of time）。从专家组设立之日起到争端解决机构确定合理执行期限为止，原则上时间不应超过 15 个月，最长不应超过 18 个月。[①]

6. 补偿与中止减让（compensation and the suspension of concessions）。如果有关成员没有在合理执行期限内实施争端解决机构的建议或裁决，申诉方可以要求与其磋商，以便确定双方可以接受的补偿。如果在 20 天内未能议定满意的补偿，那么申诉方可以要求争端解决机构授权其对另一方中止减让或其他义务的实施。一般申诉方应首先中止相同部门的减让或其他义务；在这种做法不奏效时，可以要求中止同一协定内其他部门的减让和义务；如果这种行动仍不能使当事方执行裁决，则申诉方可以中止另一有关协定下的减让或其他义务。后两项措施即所谓的"交叉报复"，这些措施将大幅度增加申诉方处理方式的灵活性，提高制裁的力度。[②] 如果有关成员反对请求所要求的中止水平，则可以提交仲裁确定。

7. 其他协定的特殊安排。《争端解决谅解》为世界贸易组织设定了一个统一的争端解决机制。与此同时，在各个协定中，还设置有一些补充性规定。例如，在《补贴与反补贴措施协定》下的某些争端，可以提交特别快速的争端解决程序予以解决。

8. 发展中成员。《争端解决谅解》规定了发展中成员作为争端当事方的特殊程序和时限。主要是争端解决专家组的成员至少要有 1 人来自发展中成员；可以获得斡旋，包括采用 1966 年制定的特定程序。[③] 此外，在程序上，对发展中成员还有其他一些特别待遇。

（二）世界贸易组织争端解决实践和中国的参与

截至 2011 年 9 月底，世界贸易组织成员根据《争端解决谅解》提出的磋商请求共 427 起，涉及 315 个争端事项；提出设立专家组的请求 287 项，发布专家组报告 143 件，上诉机构报告 83 件。在《争端解决谅解》第 21.5 条下提出的磋商请求 41 起，涉及 34 个争端事项，发布专家组报告 28 件，上诉机构报告 18 件。[④]

截至 2011 年 10 月，在 153 个世界贸易组织成员中，美国（起诉 98 件，下同）、欧盟（85 件）、加拿大（33 件）等运用争端解决机制比较活跃。由美国、欧盟起诉的案件占世界贸易组织争端案件总数的 43%，二者是最经常运用争端解决机制的成员。尽管发达成员仍是世界贸易组织争端解决机制的主要参与者，但是近年来，巴

① 参见《争端解决谅解》第 20 条。

② 参见《争端解决谅解》第 22 条。

③ BISD 14S/18，Decision of 5April 1966 on Procedures under Article XXIII。

④ 资料来源：http：//www. worldtradelaw. net/dsc/database/basicfigures. asp，访问时间：2011 年 10 月 7 日。

西（25件）、墨西哥（21件）、印度（19件）等发展中成员，也越来越多地主动运用世界贸易组织争端解决机制解决贸易争端。①

自2001年加入世界贸易组织以来，我国积极参与争端解决机制，取得了积极成果。十年来，我国在世界贸易组织争端解决机制下起诉和被诉案件共计22起（见表10—4），其中起诉案件8起，被诉案件14起，基本达到起诉案件与被诉案件之间的平衡。此外，我国还作为第三方参与了78起其他世界贸易组织成员之间的争端解决诉讼。

表10—4　　中国参与世界贸易组织争端解决机制案件一览表②

案号	争端名称	起诉时间	主要涉案问题
DS252	中国诉美国钢铁保障措施案	2002年3月	美国采取的钢铁保障措施
DS309	美国诉中国集成电路增值税补贴案	2004年3月	中国对国产集成电路免征增值税的措施
DS339/340/342	美国、欧共体、加拿大诉中国汽车零部件案	2006年3月/4月	中国对汽车零部件进口税所采取的措施
DS358/DS359	美国、墨西哥诉中国税收优惠补贴案	2007年2月	中国有关税收优惠的措施
DS362	美国诉中国知识产权案	2007年4月	中国知识产权立法、执法措施
DS363	美国诉中国出版物案	2007年4月	中国出版物、电影、音像制品的进口和分销体制
DS368	中国诉美国铜版纸反倾销、反补贴措施案	2007年9月	美国对中国采取反倾销、反补贴调查
DS372/373/378	美国、欧共体、加拿大诉中国金融信息案	2008年3月/6月	中国关于境外机构提供金融信息服务的管理规定
DS379	中国诉美国反补贴、反倾销措施案	2008年9月	美国对华标准钢管、矩形钢管、编织袋和轮胎所采取的反倾销和反补贴措施
DS387/388/390	美国、墨西哥、危地马拉诉中国出口补贴案	2008年12月/2009年1月	中国中央和地方的鼓励出口政策
DS392	中国诉美国禽肉限制措施案	2009年4月	美国制定的《2009年综合拨款法》限制中国禽肉进口的措施
DS394/395/398	美国、欧盟、墨西哥诉中国出口限制案	2009年6月/8月	中国原材料的出口数量限制和出口关税措施
DS397	中国诉欧盟紧固件反倾销措施案	2009年7月	欧盟反倾销法关于“分别税率”的规定；欧盟对中国紧固件所采取的反倾销措施
DS399	中国诉美国轮胎特殊保障措施案	2009年9月	美国对中国轮胎采取的特保措施

① 资料来源：http://www.wto.org/english/tratop_e/dispu_e/dispu_by_country_e.htm，访问时间：2011年10月7日。

② 限于篇幅，这里仅列出中国作为申诉方和被诉方的案件。

续前表

案号	争端名称	起诉时间	主要涉案问题
DS405	中国诉欧盟皮鞋反倾销措施案	2010年2月	欧盟反倾销法关于“分别税率”的规定；欧盟对中国皮鞋采取的反倾销措施
DS407	欧盟诉中国紧固件反倾销初裁措施案	2010年5月	中国对欧盟紧固件的临时反倾销措施
DS413	美国诉中国电子支付系统案	2010年9月	中国电子支付信息管理系统
DS414	美国诉中国对取向电工钢的反倾销、反补贴措施案	2010年9月	中国对美国取向电工钢（GOES）采取的反倾销、反补贴措施
DS419	美国诉中国风电设备补贴措施案	2010年12月	中国对风电设备采取的补贴措施
DS422	中国诉美国反倾销归零措施案	2011年2月	美国对中国冷冻暖水虾和金刚石锯片采取的反倾销措施中的“归零”做法
DS425	欧盟诉中国对X射线安检设备反倾销措施案	2011年7月	中国对来自欧盟的进口X射线安检设备采取的反倾销措施
DS427	美国诉中国对白羽肉鸡的反倾销、反补贴措施案	2011年9月	中国对美国白羽肉鸡采取的反倾销、反补贴措施

【案例评析】

一、日本酒精饮料税收案（Japan-Taxes on Alcoholic Beverages，DS8/DS10/DS11）

1. 争议措施

本案争议的主要措施是根据日本《酒税法》建立的一套酒税制度，该酒税制度对所有的酒根据其不同类别适用不同的国内税税率，而对烧酒（shochu）适用的税率与其他酒不同。本案争议涉及的产品是“伏特加（vodka）及其他含酒精的饮料，如金酒（genever）、杜松子酒（gin）、威士忌（whisky）、朗姆酒（rum）、利口酒（liqueurs）和白兰地酒（brandy）”和“国产烧酒”。

2. 案件经过

1995年5月21日，欧共体提出磋商请求。同年7月7日，加拿大和美国也提出磋商请求。1995年9月27日，世界贸易组织争端解决机构设立了专家组。1996年7月11日，专家组散发报告。同年8月8日，日本提出上诉。1996年10月4日，上诉机构散发上诉机构报告。1996年11月1日，争端解决机构通过了上诉机构的报告和修改后的专家组报告。

3. 上诉机构裁决

上诉机构确认了专家组的最终结论，裁决日本《酒税法》不符合《1994 年关税与贸易总协定》第 3.2 条之规定。具体而言，关于第 3.2 条第 1 句，上诉机构认为，审查与这一规定是否相符需要确认两点：（1）被征税的进口产品与国内产品是否为“同类产品”（like product）；（2）对进口产品所征的税收是否高于（in excess of）其同类的国内产品。上诉机构进一步审查后认为，伏特加酒和国产烧酒属于同类产品，日本对伏特加酒征税高于烧酒违反了第 3.2 条第 1 句的规定。

关于第 3.2 条第 2 句，上诉机构认为，要确认一项措施违反了第 3.2 条第 2 句，必须证明三点：（1）被征税的进口产品与国内产品为“直接竞争或可替代的产品”（directly competitive or substitutable products）；（2）对于直接竞争或可替代的进口产品和国内产品“征税不同”（not similarly taxed）；（3）对于直接竞争或可替代的进口产品和国内产品的不同征税“为国内生产提供了保护”（applied ... so as to afford protection to domestic production）。上诉机构认为，烧酒和金酒、杜松子酒、威士忌、朗姆酒、利口酒、白兰地酒属于“直接竞争或可替代的产品”，日本对这些产品的征税不同，对国内生产提供了保护，违反了第 3.2 条第 2 句的规定。

4. 简要评析

本案是世界贸易组织上诉机构的早期案例之一，是对《1994 年关税与贸易总协定》第 3 条（国民待遇）进行解释和适用的重要经典案例。读者可以仔细揣摩第 3.2 条第 1 句和第 2 句之间细微但重要的差别，体会不同产品之间适用国民待遇原则的宽严分寸。同时，本案还涉及对专家组报告法律地位的解释。①

二、美国对进口新鲜、冷藏和冷冻羔羊肉的保障措施案（US-Safeguard Measure on Imports of Fresh, Chilled or Frozen Lamb, DS177/DS178）

1. 争议措施

1998 年 10 月 7 日，美国羊业协会等 9 家团体和企业向美国国际贸易委员会（United States International Trade Commission，英文缩写为 USITC）提出对进口羔羊肉实施保障措施的申请。同年 10 月 23 日，美国国际贸易委员会发布公告，对进口羔羊肉启动保障措施调查。1999 年 7 月 7 日，美国总统宣布对进口的新鲜、冷藏和冷冻羔羊肉采取保障措施。②

---

① 读者如有兴趣进一步研究本案例，请查阅此案的原始材料，参见 http://www.wto.org/english/tratop_e/dispu_e/cases_e/ds8_e.htm，http://www.wto.org/english/tratop_e/dispu_e/cases_e/ds10_e.htm，http://www.wto.org/english/tratop_e/dispu_e/cases_e/ds11_e.htm，访问时间：2011 年 8 月 28 日。此案引发许多学者就“同类产品”和“国民待遇”等问题展开深入分析和讨论，例如，Donald H. Regan, “Regulatory Purpose and ‘Like Products’ in Article III: 4 of the GATT (With Additional Remarks on Article III: 2)”, 36 *Journal of World Trade* 3, pp. 443-478 (2002)。

② 关于本案的一个较为全面的介绍，参见陈雨松：《新澳诉美对新鲜、冷藏和冷冻羔羊肉保障措施案》，载《国际商报》，2001-10-07。进一步研究本案例，参见 http://www.wto.org/english/tratop_e/dispu_e/cases_e/ds177_e.htm，http://www.wto.org/english/tratop_e/dispu_e/cases_e/ds178_e.htm，访问时间：2011 年 8 月 28 日。

2. 案件经过

1999 年 7 月 16 日和 7 月 23 日，新西兰和澳大利亚分别要求与美国就其对进口羔羊肉采取的保障措施进行磋商。1999 年 8 月 26 日，新、澳分别与美国进行了磋商，但未能解决争议。同年 10 月 14 日，新、澳两国要求世界贸易组织争端解决机构成立专家组审议此事。1999 年 11 月 19 日，争端解决机构决定成立专家组。2000 年 12 月 21 日，专家组散发报告。2001 年 1 月 31 日，美国提出上诉；2 月 15 日，新、澳也提出上诉。5 月 1 日，上诉机构散发报告。

3. 上诉机构裁决

首先，上诉机构重申了"《1994 年关税与贸易总协定》第 19 条和《保障措施协定》均为《马拉喀什建立世界贸易组织协定》的组成部分"，二者的条文必须"协调的"理解，将其作为"一个不可分割的权利和纪律的整体"。本案中，美国国际贸易委员会报告提到了两种羊肉进口的变化：一是进口新鲜和冷藏羊肉相对于进口冷冻羊肉增多，二是进口羔羊肉的切块尺寸增大。但是该报告并未提出和解释此种变化构成了《1994 年关税与贸易总协定》第 19.1 条（a）项的"未预见的发展"，未能证明其保障措施是由于"未预见的发展"情况造成的。

其次，美国国际贸易委员会在保障措施的调查中，将饲养羔羊的生产商和对羔羊肉进行包装、分割的生产商均纳入"国内产业"（domestic industry）的范围。对此，上诉机构认为，原料只有在与最终产品构成同类产品或直接竞争产品时，原料的生产才能被纳入国内产业的范围。本案中的"国内产业"仅包括"羔羊肉"的生产商。美国国际贸易委员会将活羔羊饲养者纳入"国内产业"的范围不符合《保障措施协定》第 2.1 条和第 4.1 条（c）项之规定。

最后，上诉机构认为，由于美国国际贸易委员会在有关进口的增长和严重损害威胁之间存在因果关系的裁决中，不能确保造成严重损害威胁的"其他因素"没有被归因于增长的进口，因而美国政府的行动不符合《保障措施协定》第 2.1 条和第 4.2 条（b）项之规定。

4. 简要评析

本案是关于保障措施法律适用的一个经典案例。同时，专家组和上诉机构关于同类产品、国内产业、严重损害、因果关系等问题的分析和讨论，对于我们理解其他贸易救济措施的规则也是十分有益的。

三、欧盟对来自中国的某些钢铁紧固件的最终反倾销措施案（European Communities—Definitive Anti-Dumping Measures on Certain Iron or Steel Fasteners from China，DS397）

1. 争议措施

欧盟《反倾销基本条例》第 9 条第 5 款规定，在从包括中国在内的非市场经济国家进口的情况下，出口商和生产商必须证明满足该条设定的全部条件才能获得单独的反倾销税率。否则，调查机关在进行价格比较时，不使用企业自己的出口价格和正常价值进行比较。在这种情况下，有关企业将无法获得单独倾销的幅度，并因此被课征较高的反倾销税。该规定使中国企业在应对欧盟反倾销调查中长期处于严重不利地位。

2. 案件经过

2009年1月，欧盟裁决对来自中国的碳钢紧固件产品征收税率最高达85%的反倾销税，对中国国内产业利益造成严重影响。2009年7月31日，中国将欧盟上述立法及反倾销措施诉诸世界贸易组织争端解决机制。同年9月14日，中欧双方举行磋商，但磋商没有解决争议。10月12日，中国请求争端解决机构设立专家组审理本案。10月23日，争端解决机构决定设立专家组。2010年12月3日，专家组发布裁决报告，支持中国在单独税率问题上的全部主张及紧固件反倾销措施方面的部分主张。2011年3月25日，欧盟提出上诉。3月30日，中国也就未获专家组支持的问题提出上诉。2011年7月15日，上诉机构发布裁决报告，裁决欧盟《反倾销基本条例》和对中国紧固件采取的反倾销措施违反世界贸易组织规则。

3. 上诉机构裁决

首先，欧盟《反倾销基本条例》关于单独税率的规定违反世界贸易组织规则。上诉机构支持原审专家组裁决，再次确认欧盟《反倾销基本条例》第9条（5）关于单独税率的规定违反了世界贸易组织制定的《反倾销协定》的规定，也违反了《1994年关税与贸易总协定》的有关规定。其次，欧盟在国内产业认定方面违反世界贸易组织规则。上诉机构推翻了本案原审专家组在国内产业界定方面的裁决，指出欧盟在反倾销调查中，对国内产业"主要部分"的判定标准错误，混淆了国内产业界定和代表性两个反倾销调查中的不同问题，进而裁决欧盟在紧固件反倾销案中的做法违反了世贸规则。最后，欧盟在进行价格比较时违反公平比较要求。上诉机构推翻了原审专家组的结论，裁决欧盟调查机关未向应诉企业指明为保证公平比较所必需的信息，违反了《反倾销协定》关于出口价格和正常价值之间进行公平比较的要求。

4. 简要评析

本案是我国在世界贸易组织起诉欧盟的第一案。首先，本案裁决标志着中国首次挑战欧盟贸易救济立法和实践获得了重大体制性的胜利。欧盟必须修改其反倾销立法，并且在今后反倾销案件中不得采取类似做法。其次，本案的胜利是世界贸易组织规则的胜利，也是中国产业界的胜利。真正推动这个案件发起的是产业界，并在诉讼中给予政府坚定支持，本案的胜诉维护了中国紧固件产业参与国际竞争的合法权益。最后，本案将更好地促进中欧经贸关系向健康、互利、共赢的方向发展。较之双边交涉等政治解决方式，世界贸易组织争端解决机制是一种法律性和技术性较强的争端处理方式。美国、欧盟等发达成员一贯将诉诸世界贸易组织争端解决机制视作成熟贸易伙伴之间的通常做法。中欧政府和企业应进一步加强合作与交流，彼此增信释疑，共同进步，为企业营造公平竞争的国际贸易环境。

【疑难问题】

《1947年关税与贸易总协定》(GATT 1947) 和《1994年关税与贸易总协定》(GATT 1994) 之关系。

在乌拉圭回合谈判后,《1994年关税与贸易总协定》(GATT 1994) 已经取代了《1947年关税与贸易总协定》(GATT 1947)。但是《1947年关税与贸易总协定》中的许多要点,以及此后关税与贸易总协定缔约方达成的一些法律文件,已经被纳入《1994年关税与贸易总协定》。例如,有关最惠国待遇的条款(第1条),关于第IV部分贸易与发展的条款,等等。

具体而言,《1994年关税与贸易总协定》包括以下部分:(1) 经修订的《1947年关税与贸易总协定》;(2) 与关税减让相关的议定书和核准书;(3) 加入议定书;(4) 关于豁免的决定和《1947年关税与贸易总协定》缔约方全体的其他决定;(5) 乌拉圭回合谈判达成的关于解释《1994年关税与贸易总协定》条款的6个谅解。

实务训练

1. 如何查找世界贸易组织和关税与贸易总协定的文件和争端解决的案例?

世界贸易组织的绝大多数文件均通过网络对外公布。查找文件可以通过世界贸易组织建立的在线文献数据库查找(http://docsonline.wto.org)。例如,若希望查找世界贸易组织秘书处在2007年9月发布的一份题为"文献指南"(Guide to Documentation)的文件,其文件编号是WT/INF/130,可以在文献数据库网站上,点击"简易查询"(Simple Search),在"文件编号"(Document Symbol)一栏输入"WT/INF/130",然后点击"Search",即可查到;也可以在"文件标题"(Document Title)一栏输入"Guide to Documentation",然后点击"Search"也可查到。其他查询方法读者可自行实践。

若希望查找1947年至1994年间关税与贸易总协定时期的文件,则既可以在世界贸易组织建立的上述在线文献数据库中查找,也可以通过美国斯坦福大学与世界贸易组织联合建立的网上数字图书馆(http://gatt.stanford.edu)查找。

除此之外,独立的世界贸易法律网(http://www.worldtradelaw.net)综合了许多有关世界贸易组织法律的网络资源,对于深入研究有关法律制度很有帮助。另外,国际贸易和可持续发展研究中心(International Centre for Trade and Sustainable Development,英文缩写为ICTSD),是设在日内瓦的旨在促进可持续发展的非政府组织,其出版的《每周贸易新闻摘要》(Bridges Weekly Trade News Digest)对于跟踪了解国际贸易动态很有帮助。该简报可以在其网站(http://ictsd. org/news/bridgesweekly）上订阅或下载。

2. 如何应对美国和欧盟的反倾销调查？

反倾销措施是目前世界贸易组织成员运用最多的贸易救济措施，而我国是目前全球反倾销调查针对的主要目标。积极应对反倾销调查，对于维护我国正当贸易权益具有重要意义。

（1）美国的反倾销法

美国是普通法系国家，其反倾销法包括成文法和相关法院的判例。在成文法方面，主要包括国会立法和反倾销主管机关制定的部门规章。从国会立法来看，美国现行反倾销成文法主要是经《乌拉圭回合协定法》修正的《1930 年关税法》第 7 编；从主管机关制定的规章来看，主要包括美国商务部（Department of Commerce，英文缩写为 DOC）制定的《反倾销条例》，美国国际贸易委员会（International Trade Commission，英文缩写为 ITC）制定的《实践和程序规则》，以及美国海关和边境保护局为执行商务部反倾销命令制定的相关条例。

商务部（DOC）是美国负责对外贸易管理及出口促进的主要政府部门，负责美国国际贸易、出口管制、贸易救济措施等。其主要职责包括：经济数据的统计和公布、进出口商品的管制、国外直接投资的管理、进行各种经济调查和社会调查、专利商标管理等。

国际贸易委员会（ITC）是一个独立的准司法机构，负责向立法机构和执法机构提供国际贸易方面的专业意见。当涉及贸易救济措施的调查时，负责判定美国国内产业是否受到损害。

对于美国反倾销调查案例，可以在美国商务部网站（www. doc. gov）和国际贸易委员会网站（www. usitc. gov）上查找。

（2）欧盟的反倾销法

欧盟现行反倾销法是根据《欧洲联盟运行条约》（Treaty on the Functioning of the European Union，英文缩写为 TFEU）第 207 条有关共同贸易政策的规定制定的。根据该条制定的现行欧盟反倾销法规主要是《关于抵制来自非欧共体成员国倾销进口的理事会第 1225/2009 号条例》（Council Regulation（EC）No. 1225/2009 on protection against dumped imports from countries not Members of the European Community），简称《反倾销基本条例》。

根据欧盟反倾销法的规定，对进口产品采取反倾销措施必须满足四个要件：（1）进口产品存在倾销；（2）欧盟产业受到损害；（3）倾销和损害之间存在因果关系；（4）采取反倾销措施不会损害欧盟经济利益。在反倾销方面，采取低税原则（Lesser Duty Rule）和实施欧盟利益条款是欧盟反倾销制度的主要特色。

欧盟负责实施贸易救济措施的主要机构是欧盟委员会（European Commission）下设的贸易总司（Directorate General for Trade，简称 DG Trade），具体负责反倾销原审及复审的立案、倾销调查、损害调查、实地核查、终止调查、征收临时反倾销税、接受价格承诺等事宜，并在征求反倾销咨询委员会（Advisory Committee）的意见后，作出初裁；根据调查结果，就拟采取的最终反倾销措施提出建议，经反倾销咨询委员会讨论通过后，报部长理事会（European Council）批准，并在《欧盟官方公报》（Official Journal of the European Union）上公布。

对于欧盟反倾销调查和裁决的相关案例，可以在欧盟委员会贸易总司官方网站（http：//ec. europa. eu/trade/tackling-unfair-trade/trade-defence）上查找。

3. 如何运用贸易救济措施维护国内产业的合法权益？

早在加入世界贸易组织之前，我国在1994年就制定了《对外贸易法》，在1997年制定了《反倾销和反补贴条例》。在加入世界贸易组织之后，2004年，我国对《对外贸易法》进行了修改完善，并分别制定了《反倾销条例》、《反补贴条例》和《保障措施条例》。[①] 最高人民法院颁布了《关于审理反倾销行政案件应用法律若干问题的规定》和《关于审理反补贴行政案件应用法律若干问题的规定》，初步建立了从立案、调查、复审到司法审查的比较完善的贸易救济措施体系。根据我国立法的相关规定，商务部负责贸易救济措施的调查和裁决，由海关具体负责实施。

具体而言，商务部进出口公平贸易局下设的立案处具体负责贸易救济措施调查申请的受理和立案工作。企业可登录商务部进出口公平贸易局的网站（http：//gpj. mofcom. gov. cn），了解和查询有关贸易救济措施申请涉及的法律、法规及相关程序，也可直接向进出口公平贸易局立案处咨询有关问题。企业提起反倾销调查申请须满足的法定条件包括：（1）具备申请人资格，即代表国内产业；（2）书面提交申请；（3）提供有关倾销、损害及其因果关系等的证据材料。[②] 在调查中，商务部进出口公平贸易局负责进口倾销/补贴/保障措施进口数量增长的调查，商务部产业损害调查局（官方网站：http：//dcj. mofcom. gov. cn）负责国内产业损害的调查。

截至2011年5月底，我国共发起反倾销调查66起，反补贴调查4起，保障措施调查1起（按世界贸易组织统计口径分别为189起、4起、1起）。其中，作出肯定性裁决58起，无损害裁决4起，倾销幅度可忽略不计终止调查1起，当事人撤诉终止调查4起，目前还有4起案件正在调查中。已执行的反倾销措施中，有27起到期，自动终止7起，复审后终止3起，经期终复审维持的13起，经行政复议终止措施1起，目前有3起正在进行期终复审。[③]

---

① 为了实施有关贸易救济措施的法律和行政法规的规定，商务部先后制定了一批重要的部门规章，包括《反倾销调查听证会暂行规则》、《反倾销调查立案暂行规则》、《反倾销调查实地核查暂行规则》、《反倾销调查公开信息查阅暂行规则》、《反倾销调查抽样暂行规则》、《反倾销新出口商复审暂行规则》、《反倾销问卷调查暂行规则》、《反倾销调查信息披露暂行规则》、《倾销及倾销幅度期中复审暂行规则》、《反倾销退税暂行规则》、《反倾销价格承诺暂行规则》、《反补贴调查立案暂行规则》、《反补贴调查听证会暂行规则》、《反补贴调查实地核查暂行规则》、《反补贴问卷调查暂行规则》、《保障措施调查听证会暂行规则》、《保障措施调查立案暂行规则》、《产业损害调查听证规则》、《产业损害调查信息查阅与信息披露规定》等。

② 参见《反倾销立案申请指南》，见 http：//gpj. mofcom. gov. cn/aarticle/bu/by/201105/20110507532523. html，访问时间：2011年10月6日。

③ 资料来源：http：//www. cacs. gov. cn，访问时间：2011年10月6日。

课后练习

1. 某世界贸易组织成员规定，禁止在其境内发布有关外国手表的广告。此规定是否符合《1994 年关税与贸易总协定》的规定？为什么？

2. 在《服务贸易总协定》下，最惠国待遇原则和国民待遇原则分别适用于何种类型的服务？

3. 《与贸易有关的知识产权协定》涵盖了哪些知识产权领域？

延伸阅读

1. 世界贸易组织秘书处编．乌拉圭回合多边贸易谈判结果法律文本：汉英对照．对外贸易经济合作部国际经贸关系司译．北京：法律出版社，2000

2. 赵维田．世贸组织（WTO）的法律制度．长春：吉林人民出版社，2000

3. 世界贸易组织秘书处编．乌拉圭回合协议导读．索必成，胡盈之译．北京：法律出版社，2000

4. 石广生主编．世界贸易组织基本知识．北京：人民出版社，2001

5. Andreas F. Lowenfeld. International Economic Law. 2nd edition. New York：Oxford University Press，2008

6. 杨国华．WTO 的理念．厦门：厦门大学出版社，2012

7. 张晓君．国际服务贸易救济法律制度研究．厦门：厦门大学出版社，2012

8. 王衡．服务贸易原产地规则研究．北京：法律出版社，2010

第十一章 法律外交

【内容摘要】

法律外交是服务于国家总体外交，服务于国家发展战略，服务于国家根本利益，服务于促进国家参与经济全球化和区域经济一体化的重要手段。我国正处于实现跨越式发展、全面实现小康社会的伟大进程中，需要和平的国际环境，需要了解、掌握参与经济全球化、区域经济一体化进程中应当关注的法律问题和规则问题，需要促进法学理论界和法律实务界与国外相关领域、相关部门的交流、沟通和理解，需要借鉴人类社会发展过程中形成的有关法律文明的成果，化解我国在改革开放和现代化建设过程中出现的重大理论问题和实践问题。

【知识要点】

一、法律外交概述

（一）法律外交的定义

法律外交是指以法律为内容、机制和媒介的外交活动，也就是将法律理念贯穿在外交活动之中，善于将某些外交问题转化为法律问题，以合法的程序和行为处理外交事务、依法化解外交纠纷，从而转变外交方式方法，开辟外交工作的新局面。法律外交是对外法学交流发展到一定阶段的升华，它着重突出通过法律手段达到外交目的，是一个国家对外法学交流关系的总和。法律外交是个新的概念，但是在一些发达国家，其理念与实践已推行多年。许多国家认识到法律是解决国家间问题的一条有效途径，在驻外使馆已经设立负责法律事务的外交官，如法律参赞、法律专员等。一些国家通过人员交流、教育交流、信息咨询等方式潜移默化地传播其法律价值、法律文化。

法律外交是观察和思考外交问题的一个新的视野，也是处理对外关系的一个新的维度，是与政治外交、经济外交、军事外交等并行的概念。严格地来定义，法律外交即是以法律交流与沟通、法律文化传播为内容所展开的外交，是主权国家利用法律手段达到特定政治目的或对外战略意图的一种外交活动。这是从传统的外交概念自然引申出的关于法律外交的定义。

(二) 法律外交的特点

1. 法律外交具有很强的政治性。法律外交是国家在法律方面的对外交往活动，是国家外交活动的重要组成部分。法律外交服从和服务于以维护和发展国家安全利益为核心的整体外交战略，带有浓厚的政治色彩。依法治国是我国的一项基本方略，中国的法律外交要为建设社会主义法治国家服务。要紧紧把握我国国际地位日益提高、对外开放日益扩大的有利时机，积极开展与国外法学、法律组织的交流与合作，宣传我国法治建设的新进展，学习和借鉴外国推行法治的有益经验，为完善社会主义法律体系、构建和谐社会发挥积极的作用。

2. 法律外交具有很强的专业性。法律外交促进不同法学体系、学术观点的相互交流与借鉴，以及不同法学理念、观念、法律价值的相互理解和融通，推动法学理论、法学研究的不断创新。法律外交在实践中涉及具体的务实合作，如执行国际司法协助、缔结国际公约等，有很高的学术水平和专业技术要求。法律外交主要以法学、法律组织和机构及法学、法律工作者为主体进行组织和实施，需要专业人士和法律专业部门来完成，如法学家、法官、律师、法院、司法部等。

(三) 法律外交的主体和内容

法律外交的主体是指法律外交活动的承担者或实施者。按照不同的标准，法律外交主体可以有多种分类。本章中我们将主体分为政府组织和非政府组织（或称为民间组织）。政府组织是指官方机构，包括政府部门等具有一定政府职能和行使国家权力的机构和组织。非政府组织一般指非官方机构，如社会团体、大专院校等。

法律外交不仅包括传统外交中以法律为方式的一部分，如法律工作者互访、法律谈判、缔结条约、司法协助、国际审判、参加法律领域的国际组织和国际会议、跨国法律研究、处理国际问题中的法律事务等多边和双边活动，还包括法律外交日益活跃后出现的一些新的形式，如出现了许多新兴法律国际（区域）组织，如跨国法律培训、法律文明对话等，还包括在全球化时代以法律的新思维、新方式、新的工作机制处理政治或外交问题，即用法律手段达到政治或外交目的，或实现政治、外交问题的法律化。综合来看，法律外交包括以下几个方面内容：(1) 处理法律政策问题的外交；(2) 利用法律资源进行的外交工作；(3) 在海外大力宣传本国民主法制建设和依法治国的状况；(4) 不同国家法学、法律界之间的对话；(5) 跨国法律事务活动；(6) 国际司法协助活动。

二、中国历史上的法律交流

对外交流是中国古代国家政策的重要组成部分，是中国封建君主对内统治的有益补充，体现了当时封建王朝自身实力的强弱以及统治者个人的信仰。封建王朝是“家天下”，君主的旨意是至高无上的法律。几乎每个封建朝代的君主都对与“外国”交往有所指示，对外交往的一些礼仪和原则也是代代相传，甚至在封建王朝进入全盛时期后，还有专门的部门和官员掌管对外交往的礼仪和规范。四夷来朝更是中华礼乐制度的一个组成部分。中国封建王朝法律方面的对外交流，一方面通过政治规制、行政区划等方式确认了对来朝之国的统治，另一方面推动了王朝法律制度本身成为他国学习的模本，扩大了中国在当时世界上的影响。

（一）中国古代国家在对外交往中的杰出人物和人事制度

西汉时期主要围绕巩固王朝统治、解除周边地区游牧民族的威胁等方面开展了一系列的对外交往活动。张骞出使大月氏，联众构筑夹击匈奴的军事联盟，两次被擒，历时 13 年，虽未连成军事联盟，却使西域与汉帝国之间建立了正式的联系。此后，汉朝与西域的通使往来十分频繁，民间商贸也得到发展。西域地区 50 国接受汉帝国的封赠，佩带汉家印绶的侯王和官员多至三百余人。而康居、大月氏、安息、罽宾等绝远之国也有使者频繁往来。唐代出使的使者只有使、副使、判官，没有对出使人员的确切记载，这说明唐时出使的规模和人员的配备是无定规的，可能是视其使命而定，而且是不定期派遣的。宋代出现了外交使团的规模化和互派使节的制度化。纵观两宋时期，外交使团开始规模化，使节是指由一定数量人员组成的外交使团，外交使、副使与三节人从合称为使节，使团规模一般在百人左右，规模完备，人员配备也很完善。

（二）古代君主设定涉外制度，进一步巩固统治

汉武帝在乌垒设使者校尉，又在渠犁屯田。到宣帝神爵二年（公元前 60 年），设立西域都护，总管西域事务。普天之下通用的“王法”促进了西汉社会的稳定和民族融合，推动了中央政府与西域各国的交流，巩固了西汉中央政府在西域的统治。两宋是中国历史上军事力量比较弱的朝代，辽、金政权分别对北宋和南宋构成了巨大威胁，通过交往谈判，获取国家安定的重要性日益增加。两宋政府高度重视与辽、金的交往事务，确立了一整套专门的政治法律制度进行管理。首先，对辽、金的交往事务直接由枢密院掌管。其次，专门设置主管往来国信所，负责与辽、金交往的具体事务，主要职责包括选派外交使团的成员以及阅习外交仪范，负责接待辽、金使节，并督促地方做好接待工作，管理国信礼物，管理外交文档和对都亭驿进行管理等。宋朝还针对不同的外交对象，给予不同的馆待礼遇，并使之专门化。对外交往方面法律制度的完备足见宋朝对对外交往的重视，更是体现出涉及外国的法律制度是封建国家政治制度的重要组成部分。规范化的对外交流有效辅助甚至保障了封建国家的国内统治。

（三）封建王朝自身制度建设对周边国家的影响

唐朝是中国古代史上最为强大、开放并极具“兼容并蓄”精神的朝代，不仅广泛吸收西域和东亚诸国的文化，并且毫不吝啬地将中国文化，包括法律文化中的先进因素向外传播，并对大中华地区文化的发展作出了卓越的贡献，是中国历史上法学、法律领域对外交往较多的时期。彼时的日本与唐朝来往密切。孝德天皇推行革新，效法唐制，走向中央集权；引入均田制和租庸调制，落实户籍和记账制度，参考《唐令》写成《大宝令》法典，遵照长安城布局规划平安、平城。唐初，契丹族部落联盟首领大贺摩会臣服于唐。公元648年，唐在羁縻制度下设松漠都督府，任命大贺窟哥担任松漠都督兼左领军将军，赐姓李。开元初，松漠都督府得以复置，从此双方睦邻友好百余年，经济文化交流频繁，契丹始终臣服于唐，直至唐王朝灭亡之后，耶律阿保机才在塞北称汗。明朝建立伊始，朱元璋就制定了一系列以睦邻友好为核心的外交政策。对于睦邻友好的和平外交方针，朱元璋不仅自己身体力行，而且特地撰写“祖训”，正式颁布，要求后世子孙严格遵守，坚决贯彻。朱元璋之后的明成祖朱棣进一步继承和发扬了朱元璋的和平外交政策，积极开展睦邻友好的外交活动，并与十几个国家保持了良好的关系。明成祖时期的郑和还在维护东南亚和南洋地区的和平稳定方面发挥了重要作用。明初，东南亚各国矛盾重重，争斗不息。大欺小、强凌弱的现象比比皆是。例如，安南屡犯占城、爪哇入侵三佛齐；暹罗强迫满剌加年输金40万两等。此外，苏禄与渤泥之间，老挝与真腊之间也不时发生战争。南亚的锡兰国更自恃“强大”，经常制造事端，谋求向外扩张。各国间的冲突和战争，严重影响了东南亚地区的和平与安定，影响了中国与这些国家和地区的交往。因此，明朝政府高度重视，协助解决这些国家之间的矛盾与争端，也就成为郑和使团的一项外交使命。

古代封建国家的“外交”与现代国家的“外交”含义不同自不待言，但是，从“国家”这个角度来看中国古代封建王朝与周边国家甚至更远地区的政治、经济、文化等方面的交往，在一定程度上，符合现代“外交”的含义。

三、欧美国家历史上法律外交的形态

欧洲法律外交可以大致上溯至《威斯特伐利亚和约》。这一和约被普遍认为是国际法的源头。该和约创立了以国际会议解决国际争端的先例。从此，传统的以战争、冲突的手段解决国际争端的时代开始逐步走向结束，这就为以法律为中心的交流确立了平台。从历史的角度上讲，欧洲的先一步崛起使其成为法律交流最为成功的地区，欧洲法律交流的成功奠定了大陆法系与英美法系的基本格局。而其法律交流的成功又进一步巩固了国家崛起的成果，减少了其崛起的阻力。欧美各国的法律交流在历史上走出的路径有两种：一种是先通过军事、移民等手段殖民扩张，再通过手段实现制度、价值输出，巩固这种成果；另一种则是直接用法律交流的手段实现制度和价值这两种“软实力”的输出，培养国际上的亲己力量，获得交流利益，推动本国的崛起。采取前一种手段的多为早期资本主义殖民国家，如英国、法国，而后者多为在世界殖民体系形成、全球被瓜分殆尽后才兴起的新兴资本主义国家，如德国、美国。

（一）英法模式

英国是判例法系的始祖，也是早期最重要的殖民主义国家。制度输出、殖民扩张及殖民地的巩固是同步进行的，而其中制度的输出是巩固、扩大殖民地的手段。英国法的影响主要以下述这些形式进行：第一，强行实施英国的法律（包括判例法和制定法）；第二，通过英国殖民当局官员、英国移民或殖民地中受过英国法训练的人，在殖民地附属国地区建立以英国法为模式的、适合当地情况的法律制度；第三，英国殖民当局有意识地保留了该地区原有的一些法律制度，使它与英国法传统相互并存。① 例如，印度仍保留有本国的一些传统，印度教法对印度的影响依然突出。

这些手段使英国法迅速得以在世界各地传播，极大地维护了英国的殖民利益。澳大利亚、孟加拉国、博茨瓦纳、文莱、喀麦隆、加拿大、加纳、格林纳达、印度、牙买加、肯尼亚、基里巴斯、南非、莱索托、马拉维、马来西亚等国都深受英国法的影响。而其中的一些发达国家在崛起之后，又通过法律交流的手段将英国法的思想再次传播出去。美国就是一个非常好的例子。

法国是 17、18 世纪欧洲人文主义启蒙运动的中心，孟德斯鸠、卢梭、伏尔泰、狄德罗、孔多塞等思想家积极向欧洲各国传播资产阶级法律理念，将法学从神学的束缚中解脱出来，并确立以理性主义为核心资产阶级法律理念。这些理论在欧洲的广泛传播，为法国法律思想的传播和制度的输出开辟了道路。法国法（特别是民法典）本身的科学性是法国法律交流取得成功的关键。法国民法典成为许多资产阶级国家民事立法的范本。与此同时，法国开始大规模地对外扩张，逐步占领了德国、西班牙、葡萄牙等欧洲大片领土，并积极向这些地区移植法国的法律制度。这使法国法的制度和价值广泛地在欧洲得以传播。以法国民法典为例，在欧洲，比利时、荷兰、卢森堡、意大利、葡萄牙、西班牙、罗马尼亚、奥地利、丹麦、瑞士等国都或多或少地借鉴了法国民法典的经验，这是法国在制度输出方面取得的巨大成功。因为欧洲许多国家本身是宗主国，它们吸纳法国民法典后，又将法国的法律价值输出到玻利维亚、秘鲁、智利、厄瓜多尔、阿根廷、乌拉圭、委内瑞拉、墨西哥、哥伦比亚、危地马拉、洪都拉斯、萨尔瓦多、多米尼加、哥斯达黎加、巴西等西班牙、葡萄牙统治下的拉美国家。而在非欧洲地区，法国民法典伴随着法国的殖民扩张来到非洲和北美洲国家，并对这些国家的民法典产生了影响。这些都使法国成为当时最为重要的制度输出者之一。

（二）德美模式

如果说英国与法国开展法律交流的主要模式是“先硬实力，后软实力”的话，那么随着世界殖民地的瓜分殆尽，新兴的德、美等国已不可能通过大规模地向占领

---

① 参见付子堂主编：《法理学初阶》，2 版，北京，法律出版社，2006。

地区输出制度来开展法律交流。在近代，德国对外的制度输出主要体现在德国民法典的传播上。在近代，以法国民法典为代表的民法一直倡导个人本位，而随着各主要资本主义国家进入垄断阶段，以自由竞争商品经济为基础的个人本位的法律思想已经开始衰落，以社会本位为核心的法律思想开始出现并发展，德国民法典正是在此背景下产生的。德国民法典成为了大陆法系的另一源头，其价值取向、制度设计及立法技术、体例等为许多大陆法系国家和地区所借鉴。例如，日本民法典、中国台湾地区"民法典"、苏联及俄罗斯民法典就吸收了这种体例。总则编的设置，使德国民法典在逻辑、科学性上优越于法国民法典，因为其更充分反映了大陆法系"由一般到特殊"的演绎分析方法。从我国民法的发展趋势来看，民法典的逻辑性和体系性为民法学者所倾心。一些国家的民法典也效仿德国民法典而设置总则编，将诸如"意思表示"、"法律行为"等概念加以概括规定，使之也适用于分则各编。德国民法典不仅对一些国家的民事立法产生了影响，更重要的是，它还影响了外国的法学理论与学说，特别是德国民法典的概念体系已经成为各国法律文化的共同财富。

与前述国家不同，美国法律交流的开展是以经济全球化为背景的。进入 20 世纪，美国跃升为世界第一超级大国，在经济上一直站在"领头羊"的位置，其资本在全球范围内进行了新一轮的扩长。伴随资本输出的是制度的输出，这一点在涉及经济领域的法律方面尤为突出。美国的法律交流可以分为两个阶段：第一阶段，美国主要是英国法律制度的接受者；第二阶段，即进入 20 世纪后，美国开始成为制度的输出者，很明显，这一阶段非常突出体现美国法律交流的特点。

进入 20 世纪，美国由制度的输入者转变为制度的输出者，由规则的接受者转为规则的制定者。在经济全球化的背景下，软实力的较量越来越重要。法律交流正是国家软实力的重要体现。美国输出法律制度的方法主要有：一是采用资本输出、政治渗透甚至战争的方法，输出法律价值、法律制度，又通过这些制度巩固、加强其资本霸权、政治霸权在全球的扩张。美国对中东的民主制度输出多以战争、政治渗透的方式开场。美国不遗余力地通过经济援助伴随政治渗透的手段将其"民主宪政"、"三权分立"、"直接选举"等法律理念向东欧、中亚和非洲地区输出，以扩大亲美势力的力量。二是美国参与甚至主导国际规则的制定，使后继加入者不得不接受其法律价值。美国通过世界贸易组织、世界银行、国际货币基金组织输出它的自由市场价值和自由主义经济制度。这一系列国际组织的成立一方面是美国法律交流的重要成果，另一方面也为美国法律交流的开展提供了平台，使美国能够深深地介入别国的内部事务，强迫它们改变相关的法律和措施。这些国际组织会督促其他国家履行承诺，这又减少了美国推行法律交流的成本。这种法律交流的手段，使美国拥有了一种干涉别国内政的新工具；拥有了一种输出美式民主制度、宪政制度，对付所谓"民主威胁"的合法化的武器。三是美国通过教育、培训及文化传播等手段开展法律交流，传播美国法，输出法律价值、法律文化。这种法律交流的手段意义深远，具有长期的影响。美国是通过法律交流的手段输出价值观，来控制世界，军事、政治和经济只是辅助这种输出的手段而已。如果没有让世界接受的价值、没有相应的法律成果来说明其合法性，政治与军事上的突破与成就也会慢慢丧失。

四、新时期开展法律外交的重要意义

随着中国逐步走到世界舞台的中心，中国开展多元外交的重要性也在日益显现。法律外交作为国家整体外交的组成部分，要求交往各方从多元角度阐述本国法治理念、介绍国家法律体系、展现各自法律文化，在相互尊重、理解和学习的基础上，实现法学和法治领域的共同进步，推动国际法制的发展与完善。新时期开展法律外交的重要意义主要体现在以下四个方面。

（一）法律外交顺应了当今世界发展的趋势

1. 积极开展法律外交，有助于推动和谐世界的构建

中国提出“和谐世界”的理念、内涵和精神，与当代国际法的基本价值及发展趋向是一致的。面对当今深刻变化、纷繁复杂的国际环境，国际社会面临一系列重大课题：如何更有效地协调国家间的利益关系，以及国家利益、区域利益和全人类共同利益之间的矛盾，以实现各国的和谐共处；如何进一步协调全球性与区域性组织之间的关系，以切实保障区域性组织与全球性组织的合作和补充关系；如何在各种非政府组织愈加广泛、频繁地参与国际事务的情况下，规范国家与非政府组织、政府组织与非政府组织以及非政府组织相互之间的关系，进而强化持久和平的法律基础。构建和谐世界的基本目标是致力于实现各国和谐共处、全球经济和谐发展以及不同文明的和谐进步，以建设一个持久和平、共同繁荣的世界。这些价值和目标的实现既需要国际社会的共同努力，又需要国际法制的有效保障。作为一个致力于和平发展的负责任的大国，中国理应以全球性的开放视野为国际法的发展作出更大的贡献。这就要求我们既要遵守和维护国际法基本准则，有效运用国际法维护国家和人民的利益，同时要积极开展对外交流，同世界各国一道为国际法的发展和完善作出不懈努力，推动国际法朝着有利于建立和平稳定、公正合理、持续和谐的国际新秩序的方向发展。从法律层面看，建立公正、合理的国际关系新秩序，就是在国际关系主体，即国家、国际组织之间构建并维持和谐的法律关系，从而为维护世界和平、推动共同发展创造良好的国际法治环境——这也是各国法学界、法律界所共同追求的目标。这种和谐关系应建立在各国法学界、法律界加强联系、增进了解，并在扩大共识、求同存异的前提下增进交流、加强合作的基础上，因此对法律外交提出了更为迫切的现实要求。

2. 法律外交顺应了国际社会的法治化趋势

国际社会正呈现出一种法治化的趋势。在经济全球化、区域一体化的背景下，各国在经济、安全等领域的相互依赖程度日益加深，国际组织间合作进一步加强，非政府组织影响力迅速扩大。而这一切更迫切地要求建立与完善与之相适应的国际规范。这些国际规范对各国的立法、行政和司法行为均具有直接作用，并以强制性的约束力规范国内法，从而导致各国的法律规范、执法原则和法律价值等不断趋同。这一趋势的持续发展又势必导致国际社会成员的法律和法制逐步达到法治社会的要

求，即实现全球法治化。而目前，国际社会的法治化集中体现于三个方面：作为国际社会基本成员的国家接受国际法的约束；国际社会中越来越多的领域开始接受国际法的治理；国际法的宗旨已开始从确立秩序转向维持公正。① 面对上述趋势，中国要深化对外开放、加强国际交往，势必要更多地参与到国际法治化的进程中去，依据国际法准则和理念调整对外交往战略。为此，在外交领域，我国更应顺应形势、与时俱进，在国际治理结构法治化的背景下，将政治、经济、文化、军事、环境等方面的部分问题，转化为法律议题，开展更具专业性的对外交往活动。

(二) 法律外交体现了中国加强国内、国际法治建设的努力

1. 开展法律外交是依法治国、建设社会主义现代化国家的重要举措

在新的历史时期，国际法律规则体系对于国内治理同样具有重要的意义。国家兼具对内和对外职能，这两种职能对现代国家的生存和发展都将起到至关重要的作用；因此，用于调整国家、集体和个人之间关系的国内法和用于调整国家与国家之间关系的国际法对于一国法律体系的发展来说都是不可或缺的。建立并完善社会主义法律体系，不仅需要国内法，也需要国际法。

中国要全面落实依法治国基本方略、建设社会主义现代化国家，须进一步重视国际法与国内法的互动影响和相互作用，扩大依法治国的国际视野。为此，中国应注重借鉴和吸收国外法制建设的有益经验和人类共同创造的法治文明成果，不断丰富和完善中国特色社会主义法治体系；同时，还应加强国际交流与合作，注重与国际立法和国际规范的接轨。

2. 法律外交是提升中国在国际法律体系中话语权的重要渠道

中国应根据国情，在国际社会中提出建立新的国际秩序的国际法原则和规则，积极参与国际法律组织，处理国际法律事务，充分发挥中国在维护世界和平、和谐与发展，维护国家主权、安全与利益中的作用。对此，当务之急是扩大和深化对外法学和法律交流，紧随国际法治进程，提升中国法学界、法律界在国际法学、法律组织中的话语权。目前，中国法学界、法律界的国际话语权尚待加强，双边和多边交流的内容亟须深化，开辟更具专业性的对外交流新渠道势在必行。

(三) 法律外交是提升中国国际地位的重要途径

1. 法律外交是增强中国国际影响力的必然选择

开展法律外交，有助于提高中国影响国际关系规则制定和国际治理结构的能力，推动中国外交事业向更高层次、更宽领域发展。首先，法律外交领域宽广、内容丰富、形式多样，充分利用法律外交这一阵地，可以开展灵活多样的学术交流与务实合作。通过增进了解、加深互信、扩大共识，不断巩固国外对华友好的社会法律基础，从而通过法学、法律的交流促进政治、经济和文化等领域的交流与合作，用法

---

① 参见车丕照：《国际法治初探》，载《清华法治论衡》，第一辑，2000年11月。

律手段维护国家和人民的根本利益，推动国家对外关系稳步发展。其次，通过开展国际间的法律合作，各国之间得以沟通信息、探讨法律、交流做法，这样做有助于加深了解、减少误解，为各领域的关系向更高层次、更高水平发展创造良好的环境与条件，从而促进国家关系的健康稳定发展。

2. 法律外交有助于改善中国的国际形象

法律具有可预见性、可参照性，无论是在政治外交、经济外交还是文化外交中，保持一种良好的法律形象都是非常必要的。“和平崛起”既是当代中国对自身角色、未来形象的定位，也是中国对亚洲乃至世界所作的历史性的重大承诺。法律外交以各种法律规范为基础，具有平等性、长期性、稳定性、连续性的特点，其立足于对法律的尊重和遵守，有助于化解个别国家及其国民对我国的不解和疑虑，让国际社会对中国有更多的信心和信赖，更容易接受中国不会称霸、热爱和平、信守承诺的负责任的大国形象。同时，法律外交也是对外树立中国法治国家形象的有效手段。大国崛起需要树立大国形象，包括良好的法治形象。法律外交既是交流也是宣传，民间领域的声音、学者专家的语言、青年法律工作者的观点往往更具亲和力与说服力。近年来，中国法学界、法律界遵循因地制宜、因人制宜、有的放矢的原则，在对外法学、法律交流的各种场合积极宣传中国法制建设的新成就，介绍依法治国基本方略和建设法治国家、法治政府、法治社会的愿望和决心，展示中国开放、民主、负责任的大国风范，为树立中国法治国家的良好形象、创造和平的国际环境和稳定的周边环境发挥了积极作用。

（四）法律外交有助于维护国家利益

随着经济全球化的深入发展，积极开展国际经济技术合作，充分利用国际和国内两种资源、两个市场，已成为国家和平崛起的战略决策。当今世界，经济因素在国际关系中的地位和作用迅速上升，经济合作已成为国家友好关系健康稳定发展的物质基础。因此，为中国与世界各国的经济贸易技术合作提供法律支持和保障已成为法律外交的一项重要内容。从这一角度看来，法律外交一方面有助于宣传中国在投资、争端解决等领域的法律制度，帮助外国投资者熟悉中国相关法律，坚定投资信心；另一方面我国法学界、法律界人士通过对外的相互学习和借鉴，增进了对相关国家及其法律的了解，为落实国家“走出去”战略和中国企业海外投资提供了更有效的法律支撑。

五、法律外交的现状与特点

（一）法律外交面临的环境

1. 法律外交面临的国际环境

第一，世界多极化对法律外交具有深远影响。世界多极化趋势建立在《联合国宪章》所确立的宗旨和国际关系基本准则的基础上，各国应遵循《联合国宪章》所确立的宗旨和原则，恪守国际法和公认的国际关系准则，积极推进国际关系民主化。

作为推动世界多极化的重要力量，中国的和平崛起具有广泛而深刻的世界意义，不仅改变了亚洲地区的格局，也将使世界格局更趋均衡——这就为法律外交创造了良好的国际环境。同时，中国的和平崛起将进一步展现中国作为一个爱好和平国家的大国形象，中国的和平崛起有利于世界的和平与稳定，有利于推动建立以平等、尊重、互利为核心的国际政治经济新秩序。

第二，经济全球化对法律外交具有重大影响。在经济全球化进程中产生了大量的、国际间普遍认可的经贸法律制度，世贸组织（WTO）及其规则的发展就是一个极为典型的例证。在解决由于经济全球化不断发展而产生的诸多全球性经贸问题时，法律将发挥愈来愈重要的作用。这就要求各国法学界、法律界进一步加强交流，充分了解彼此的法律、法规，为全球经济的可持续发展和共同繁荣提供强有力的法律支持和保障。这就推动了各国之间法学、法律交流的迅速发展。[①] 经济全球化还深刻改变着法的存在方式、价值取向和运行模式，尤其是不同法律体系、法域、法律制度在一定程度和一定意义上的趋同化，为各国法学界、法律界人士的全球流动及法律服务方式的不断丰富创造了条件，并促使各国的法律理念、观念，包括一些基本的法律价值观相互接近或趋于认同，为法律外交直接提供了无限的机遇，同时也丰富了法律外交的内容和形式。在这一趋势下，法律文化传播与交流中多元主体的法律制度和体系蕴涵了世界法律文明进步的共同基本准则，多元主体的法律制度和体系在某些方面彼此接近和融合，进而形成一个相互依存、相互联结的国际化的发展趋势。

第三，区域经济一体化对法律外交具有重要影响。区域经济一体化的基石是自由贸易协定，其法律基础是国际条约及相关国际法和国际组织法，这些法律文件的起草、执行、解释都为法律外交提供了广阔的平台。区域经济一体化的形成、运行与发展自始至终都离不开法律，自由贸易区的发展客观上要求本区域内法律外交更频繁、更深入、更实用、更及时，从而催生出一种法律一体化的过程和趋势。[②] 通过法律趋同化和经济政策的协调一致，自由贸易区可以推动其成员在法律领域实现相互认同，抑或在此基础上创造新规则，从而直接促进在相对较短的时间内、在相对有限的区域范围内法学、法律交流的强化、细化、深入和创新。

第四，一些新科技问题对法律外交也具有不可忽略的影响。随着经济全球化、科技信息化的发展，基因、克隆、新型能源、环保、外空、集成电路设计等引起国际社会高度关注的热点问题使传统的法律理念、观念面临巨大的挑战。这些问题与人类生存、社会伦理、文明延续关系密切，也涉及国家的主权和根本利益，由此引发的关于法律理念、观念的碰撞和交锋，促使人们对法进行反思、再认识和创新，这样也势必引起全球法学界、法律界的共同关注。例如，中国主张“和平利用外空，防止外空武器化和外空军备竞赛”，但现有的相关法律不足以有效防止外空武器化和

① 参见刘永艳：《全球视角下的两大法系》，35页，北京，中国商务出版社，2003。

② 参见杨丽艳：《区域经济一体化法律制度研究：兼评中国的区域经济一体化法律对策》，2页，北京，法律出版社，2004。

军备竞赛，因此不仅需要加强法学界、法律界的交流、沟通，促进相关法律的完善，还需要从全人类的角度，甚至超越国家主权、时间、空间，对法的传统信仰、理念、观念重新进行思考。

2. 法律外交面临的国内环境

首先，综合国力的提升为法律外交奠定了坚实的基础。改革开放三十多年来，中国综合国力大幅提升，国际地位和影响显著提高，目前已成为全球第二大经济体。作为联合国安理会常任理事国，中国在国际事务中发挥着越来越重要的建设性作用，全方位外交取得了重大进展，国际影响不断扩大，并得到了国际社会的普遍尊重和欢迎。可以说，综合国力的增强、国际地位的提升为积极参与国际法学、法律交流与合作创造了良好的外部环境。

其次，依法治国方略的切实贯彻为法律外交的蓬勃发展创造了条件。法治在我国的社会经济生活中占据了越来越重要的地位，也越来越受到国家和人民的重视。依法治国方略的切实贯彻，为法律外交开辟了广阔的前景，奠定了坚实的法制基础。与此同时，中国民间法学交流也日趋活跃，民间法学、法律团体充分发挥自身的灵活性，配合国家外交政策，围绕国家政治、经济工作建设的重点，积极开展法律外交活动，极大地提升了中国法学、法律界的国际地位和影响。

再次，贸易投资的快速增长为法律外交开辟了更广的领域。随着对外开放的不断扩大，我国经济“走出去”战略也迈出了坚实的步伐，开放型经济进入新的发展阶段。“走出去”要靠法律，用理性的法律手段应对反倾销、反补贴、反贸易保护主义，利用国际法律规则妥善处理贸易摩擦，维护本国企业及在外公民的合法权益。与此同时，随着外商投资的不断增加与中国经济的快速发展，中国不仅正在成为“世界工厂”，而且日益成为跨国公司的地区总部与研发基地，中国作为世界航运中心、物流中心与采购中心的地位也正在形成。在引进外资过程中，涉外经济法为鼓励外商来华投资办厂、维护外商的合法权益发挥了重要作用，在某种意义上可以说，这是靠法律“引进来”的。贸易投资的增长加速了中国相关法律与国际的接轨，为法律外交拓宽了领域、丰富了内容、创造了条件，有力地促进了法律外交的发展。为中国与世界各国的经贸合作长期提供法律支持与保障已成为法律外交的一项重要任务。

最后，法学教育的长足发展为法律外交提供了充足的人力资源。改革开放三十多年来，国家高度重视发展法学教育，大力培养法学、法律领域的后备军。中国的法学教育已进入快速发展时期。从事法学研究、法学教育和法律实务的人员迅速增加，为法律外交储备了大量的专业人才；而法律院校法学学科和专业设置的齐备、法学科研院所的增多，则为开展法律外交提供了可靠的技术和专业基础保障。

（二）法律外交的现状与特点

1. 法律外交的主体更加广泛

随着我国改革开放的不断深化和法学、法律交流的快速发展，参与法律外交的主体更加广泛。根据交流主体的性质，可将参与法律外交的主体分为政府组织和非政府组织。政府组织包括立法、司法、执法和司法行政部门，以及各部委的法制司、局等，这些部门是指导、规划、推动、协调、组织、实施国家间法学、法律交流与合作的主要机构和力量。非政府组织包括社会团体、学术团体、科研教育机构等，其开展的民间法学、法律交流活动内容更加丰富、形式更加灵活，是对国家外交的重要辅助和补充。为应对国内外形势的新变化，一些新的法学、法律组织相继成立，一些原有的法学、法律组织也不断发展；一些专门研究 WTO 法、自由贸易区法、能源法的机构和研究会也纷纷成立。

2. 法律外交的内容和形式日趋多样

随着中国参与全球化进程步伐的加快，中国各法学、法律高校院所、非政府组织、立法司法机构广开渠道，与国际政府组织、非政府组织以及各国政府机构、司法机构、民间组织、科研机构、法律院校、律所、企业等，采取友好互访、学术交流、举办国际会议、讲座、课题研究、考察培训等灵活多样的形式，积极开展对外法学学术交流和法律实务合作。交往范围已从过去的以西方发达国家为主扩展到各大洲的各个国家和地区。交往方式已从过去的以向发达国家学习借鉴为主，逐渐转变为平等合作基础上的全方位相互学习与交流，以及对外传播中华民族法治建设的有益经验。交流机制也在不断成熟，呈现出关系更加稳定、形式更加规范、合作更加务实的特点。从整体上看，法律外交呈现出全球化、立体化、网络化的发展趋势。其中，非政府组织开展的法学、法律交流活动正发挥日益重要的作用，成为中国开展法律外交活动不可缺少的有生力量。

3. 多边法学、法律交流日益活跃

随着综合国力的增强、国际地位的上升和国家利益的延伸，中国更加积极、主动、自觉地利用多边外交维护世界和平、捍卫国家利益、促进经济社会发展。运筹多边外交、善用多边机制，是中国走向世界大国的必由之路。在法律外交领域，中国也越来越多地提出自己的倡议，把自己的看法和主张通过多边机制表达出来，采取积极行动，展示中国作为一个负责任的大国的良好形象。近年来，中国积极组织、参与和承办重要国际会议，并在其中发挥建设性作用。此外，中国法学界、法律界人士还积极争取在国际法律机构、国际法律组织中担任领导职务，从而发挥应有的作用和影响。例如，中国一些著名法学、法律专家已在世贸组织、海牙国际法院等国际法律机构中担任重要职务，在国际刑法学协会、国际法哲学与社会哲学协会等国际法学、法律组织中担任主要职务。

4. 法律外交逐步实现区域化

随着区域经济一体化的不断发展，不同国家在发展中往往面临共同的问题与挑战，亟须扩大对话与合作，建立相互认可的规则，共同承担责任。对于一些迫切需要解决的问题，虽然短期内难以在全球范围内达成一致，但在具有某种特殊联系的特定区域内往往可以做到。法律是调节经济关系的有效手段，经济和政治上的需要往往要求某些国家或地区的法学、法律工作者率先走到一起，共同研究对策，因此区域性法学、法律交流组织和机制大量出现。近些年来，仅在东北亚地区就出现了一系列不同学科的法学学术交流机制，例如亚洲体育法学会、东亚法哲学协会、东北亚民事诉讼法国际研讨会、东北亚法律争端调解学会、中日韩财税法学研讨会、中日刑事法学术研讨会、中韩刑事法学术研讨会、中日民商法研讨会、中日韩合同法国际学术研讨会、中日韩法学教育改革国际研讨会等。这些交流机制旨在解决本区域经济发展中出现的紧迫性问题，讨论题目往往与政治、经济领域的热点话题以及公众密切关注的问题有关，而且交往活动日趋频繁。

5. 法律文化成为法律外交的共鸣点和切入点

法律的生命深藏于文化中，人们对法律的理解往往建立在特殊的文化背景下。在经济全球化的影响下，中国与外部世界之间业已存在广泛的物质利益关系，但各种非正常的政治、价值矛盾和冲突仍时有发生，外界对中国依然心存猜疑和不信任。中国要在全球化进程中发挥更大作用，与外界建立互动的、相互认同的法律价值观是非常必要的。当前，法律外交中意识形态的影响在弱化，相互认同的法律价值的影响在上升——追求民主、自由、法治、公平、正义是人类共同的美好愿望，也是法律外交的共同价值基础，这些普遍存在的法律价值观得到各界的广泛认同，也是开展法学、法律交流的重要动因。中国有几千年的法律文化积淀，形成了独具特色的法律文化传统，一些正确的法律文化理念一直传承至今，如德治、民本、仁爱、和谐等，尽管中国法律在现实中受西方影响颇深，但从其逻辑、语言，法官的思维、判决中仍可感受到上述传统理念的存在。然而近代以来，在由西方法律价值观主导的秩序中，中华法系的地位一直未得到应有的承认，其所形成的法律文化价值观鲜为外界所知。因此，积极、主动地加强法律文化交流，推动不同法律文明之间的对话，创造性地继承、发展并传播中国传统的法律价值观，有助于提升我国的国际地位，建立相互认同的法律价值体系。在经济、政治日益全球化的今天，中国法学界、法律界利用法律外交这一阵地，开展了多种形式的法律文化交流活动。事实证明，在法律外交中，法律文化作为各方易于找到的切入点和共鸣点，往往更容易得到理解与认同。

【案例评析】

一、中国—东盟法律合作与发展高层论坛

“中国—东盟法律合作与发展高层论坛”是由中国法学会倡议发起的、在中国和东盟法学、法律界具有一定影响力和凝聚力的法律交流对话平台。2005 年首届论坛在广西南宁举办。论坛主题为“中国—东盟经贸法律政策与实务”，议题包括“法律在促进中国—东盟自由贸易区发展进程中的作用”、“《中国—东盟自由贸易区争端解决机制框架协定》的作用与意义”、“中国—东盟自由贸易区与 WTO 之间的法律关系问题研究”和“中国—东盟经贸法律制度比较研究”。论坛上通过了《南宁宣言》，并在广西民族大学设立了“法律文化广场”。2006 年 12 月 14 日至 17 日，第二届论坛在越南下龙湾举办。论坛主题为“中国—东盟自由贸易区建设中的法律合作”，议

题包括“中国—东盟自由贸易区的法律法规、活动机制”、“中国—东盟自由贸易区与 WTO 的关系”和“中国—东盟自由贸易区的投资、经营和服务等法律问题”。论坛期间通过了《下龙湾共识》。2007 年第三届论坛在重庆举办。论坛主题为“繁荣与发展——中国与东盟法律合作之前景”，议题包括“中国—东盟自由贸易区建设中的法律问题”、“中国与东盟各国法制建设新进展”和“中国—东盟各国在法律实务领域的合作”。论坛决定在西南政法大学设立“法律文化园”。2010 年第四届论坛在重庆举办。论坛主题为“走向互利共赢：中国—东盟自贸区建成后的法律合作”，议题包括“中国—东盟自由贸易区相关法律问题研究”、“中国—东盟自贸区建成后各国国内法的调整”和“中国—东盟自贸区建成后法律实务合作的新趋势、新特点”。论坛决定在西南政法大学设立“中国—东盟法律研究中心”。2011 年第五届论坛在马来西亚吉隆坡举办。论坛主题为“合作共赢”，议题包括“条约纠纷”、“中国—东盟自贸区内的仲裁中心——机遇与挑战”、“中国—东盟自贸区货物、服务和投资贸易现状与未来趋势”和“中国—东盟自贸区法律服务自由化”。在论坛框架下具体交流成果主要包括：

（1）2007 年，成立了“中国—东盟法律培训基地”，目前已举办六期东盟学员研修班和一期中国学员研修班，培养了近百位了解中国和东盟民商、经济法律制度的优秀青年法律人才。2010 年成立了“中国—东盟法律培训基地”东盟学员校友会，开通了校友网。

（2）2010 年，成立了“中国—东盟法律研究中心”。研究中心开展对中国与东盟法律的系统性、基础性、战略性和前瞻性研究，为区域经济一体化的全面、健康发展提供了法律支持，为我国政府、商业团体和其他机构决策提供理论和政策建议。

（3）2011 年，成立了“中国—东盟自由贸易区（重庆）商事调解中心”。调解中心的成立，旨在快捷、经济和公正地解决直接参与中国—东盟自贸区经贸投资活动平等主体之间发生的争议，切实维护自贸区内跨国民商事关系当事人的合法权利和正当期待，保障自贸区的顺利运作与和谐发展。

（4）2012 年，成立了“环宇中国东盟法律合作中心”。中心旨在建成中国—东盟间的资源整合型服务平台，通过促进中国与东盟各国法律实务界、理论界之间的交流与合作，整合各国间的法律服务资源，提高中国—东盟自由贸易区内跨国法律服务的质量和效率。中心的业务领域主要包括协调联络、交流培训、调研咨询、专项代理、争端调处等。

（5）2012 年，成立了“中国—东盟高端法律人才培养基地”。开展对中国与东盟法律、中国—东盟自由贸易区规则的系统性培训，培养通晓中国—东盟自由贸易区法律及相关领域的专业法律人才，为中国与东盟全方位合作提供法律服务和智力支持。

整体而言，中国—东盟法律合作与发展高层论坛具有如下意义：

1. 促进国家关系的发展，服务于总体外交。

东盟是中国的友好近邻和重要的合作伙伴，在国家总体外交中占有十分重要的地位。加强中国与东盟法学、法律界之间的对话、交流与合作，用法律的手段化解纠纷、应对挑战、维护和平、实现共同发展，对于增进中国与东盟法学、法律界的友谊，保障中国与东盟的贸易往来和投资顺畅，促进中国与东盟各国关系的发展，实现双方共同繁荣都具有重要意义。

借助论坛这一平台，中国与东盟政法界高官多次开展会谈，就双边关系和共同关心的重大国际问题坦诚、友好、深入地交换看法，就进一步推动法学、法律领域的交流与合作达成了广泛共识。会谈增进了理解，加深了友谊，进一步巩固了中国与东盟各国业已存在的法学交流，拓展了务实合作的领域，有力地配合了国家发展战略和外交大局，对消除分歧、化解冲突，构建互信、互利、平等、协作的双边关系发挥了重要作用。借助论坛这一平台，中国法学、法律界与东盟同行开展了多渠道、深层次、宽领域的交流与合作，增进互信，加深理解，扩大共识，不断促进了中国与东盟各国的睦邻友好和互利合作。中国法学会注重与东盟各国开展法律文明对话，共建“法律文化广场”和“法律文化园”等，展示各国法制理念、法制传统与文化，增进不同法律文化间的理解与认同，有助于求同存异、相互借鉴，有助于沟通思想、消除隔阂，有助于共同解决问题、探索发展道路。

2. 促进国家法制建设，提升国家软实力。

在法律外交的指引下，论坛在发展过程中，紧紧把握我国国际地位日益提高、对外开放日益扩大的有利时机，积极开展与东盟法学、法律组织的交流与合作，学习和借鉴东盟各国推行法治的有益经验，为完善社会主义法律体系、促进国家法制建设、提升国家软实力发挥了积极作用。论坛始终围绕中国—东盟自贸区法律制度、中国—东盟法学、法律界的务实合作和中国—东盟自贸区的发展主题，以法学、法律界的广泛交流为切入点，在平等协作的基础上，对如何创造有利于地区稳定和经济发展的法治环境，如何加强司法协助与合作，如何通过法律途径解决经贸纠纷等政治、经济和法律问题，进行深入探讨并达成广泛共识。中国与东盟各相关法律领域的专家和学者各抒已见、踊跃发言，形成了很多新的设想，提出了很多有益意见和建议，为各国政府和相关部门提供了很好的参考和借鉴。论坛研讨成果丰硕，为中国—东盟法学、法律界相互了解彼此的政策和法律、法规，学习和借鉴最新的法学理论和法治建设经验，促进各国法制建设，推动中国—东盟自由贸易区法律框架的建立和完善，促进自贸区的健康、快速发展发挥了积极作用，为保障中国—东盟经贸关系的长期稳定、持续发展和共同繁荣提供了法律支持。

3. 提高中国法学、法律界在本地区的地位和影响，创建和谐的区域法律环境。

加强中国与东盟法学、法律界的交流与合作，对于宣传我国法治建设的新进展，树立我国负责任的民主法治大国形象，提高中国法学、法律界在本地区的地位和影响，创建和平、稳定、和谐的区域法律环境，促进中国与东盟的共同发展和繁荣具有重要意义。借助论坛这一平台，中国与东盟各国加深了对各自法律制度的了解，有利于双方制定更加公正、合理、有效的区域规则，促进双方的贸易顺畅及投资便利，优化区域法治环境，创建长期和平、稳定、和谐的区域环境，实现中国与东盟各国的共同进步与繁荣。

在论坛框架下，法律人才培训、法律研究、专著翻译以及法律咨询服务等一系列合作不断发展成熟。中国—东盟法学、法律界的交流与合作提升了中国法学、法律界在本地区的地位，扩大了影响力，对构建“以我国为主导”的多边法律交流合作机制，积极主动地开创法律外交新局面，具有积极的示范作用和重要的战略意义。

中国正全面贯彻依法治国基本方略，中国特色社会主义法律体系也已经形成。通过宣传我国法治建设的最新发展及成就，东盟各国越来越重视学习借鉴我国的法学理论成果和法制建设经验，比如越南邀请我国宪法领域的专家赴越南为其修改宪法提出建议，泰国中央知识产权与国际贸易法院邀请我国国际法领域专家赴泰国参加有关促进东盟经济一体化的国际会议。这充分证明了中国法学、法律界在本地区的地位和影响不断提高，话语权进一步得到提升。

4. 深化务实合作，提高中国—东盟自贸区法律服务水平。

随着中国—东盟自由贸易区的发展，中国与东盟各国的经贸往来不断增多，随之而来的是双方在经贸和投资等领域的矛盾和问题逐渐增多。为了保障自贸区的贸易顺畅和投资便利，为相关单位和人员提供法律服务，中国法学会先后成立了“环宇中国东盟法律合作中心”和“中国—东盟自由贸易区（重庆）商事调解中心”。这两个中心的成立，是深化中国—东盟法学、法律界务实合作，提高中国—东盟自贸区法律服务水平的重大举措，将为保障自贸区的顺利运作和和谐发展发挥积极作用。此外，“中国—东盟法律研究中心”创建了中国—东盟法律文献数据库，不仅为国内外的中国—东盟法律研究提供帮助，而且为相关企业和人员提供经贸和投资领域的法律指南，促进中国与东盟各国经贸往来的健康、快速发展。

二、国际刑法学协会中国分会对外法学交流的发展

国际刑法学协会（International Association of Penal Law）成立于1924年，是刑事法律科学领域历史最悠久的国际学术团体，从其前身——国际刑法学联盟（International Union of Penal Law，1889年成立）算起，它的历史已有一百二十余年。国际刑法学协会在国际社会具有广泛的影响，在联合国享有咨询地位，在国际法院、前南法庭、国际刑事法院等国际司法机构中也发挥着重要的作用。迄今为止，国际刑法学协会拥有来自刑事法律理论与实务界的教授、法官、律师、政府官员和专家等正式会员3 500多名，其中包括50多个国家分会，遍布世界五大洲120多个国家。

中国刑事法学界与国际刑法学协会的合作较晚，但发展迅速，成绩显著。1988年国际刑法学协会中国分会正式成立。同年6月，国际刑法学协会理事会正式接纳中国分会为其国家分会会员。二十多年来，中国分会组团参加了1989年以来的历届国际刑法大会。

三、中非合作论坛—法律论坛

为推动中非法律外交的开展，本着“平等、合作、发展、共赢”的精神，2010年9月16日～17日，第二届“中非合作论坛—法律论坛”在北京隆重召开。来自埃及、安哥拉、埃塞俄比亚、肯尼亚、利比亚、马里、苏丹、莫桑比克、毛里求斯、

马拉维、纳米比亚、塞纳加尔、塞舌尔、突尼斯、贝宁等38个非洲国家的总检察长、最高法院院长、司法部长等司法界高官及部分学者、大使，以及来自中国最高人民法院、最高人民检察院、司法部、外交部、商务部、中国法学会及高校的代表共计两百多位人员参加了此次盛会。此次论坛的主题是“把握机遇、加强法律合作，推动中非新型战略伙伴关系全面发展”。可以说，“中非合作论坛—法律论坛”的举办具有如下重要意义：

1. 促进国家关系发展，服务于总体外交。

中国和非洲的友谊源远流长，基础坚实。中非有着相似的历史遭遇，在争取民族解放的斗争中始终相互同情、相互支持，结下了深厚的友谊。

新中国的成立和非洲国家的独立开创了中非关系的新纪元。半个多世纪以来，双方政治关系密切，高层互访不断，人员往来频繁，经贸关系发展迅速，其他领域的合作富有成效，在国际事务中的磋商与协调日益加强。中国向非洲国家提供了力所能及的援助，非洲国家也给予中国诸多有力的支持。真诚友好、平等互利、团结合作、共同发展是中非交往与合作的原则，也是中非关系长盛不衰的动力。随着经济全球化和区域一体化的深入发展，法律在促进国家关系中的作用日益凸显。中非关系的全面提升为中非法学、法律交流奠定了坚实的基础。推动法律外交，加强中非法学、法律界之间的对话、交流与合作，共同推动“法律外交”，用法律的手段化解纠纷、应对挑战、维护和平，实现共同发展，对于增进中非友谊，保障中非的贸易往来和投资顺畅，促进中非共同繁荣，乃至世界的和平、发展都具有重要意义。

2. 推动法制交流，为经贸往来保驾护航。

本次论坛就“中非关系发展与中非法律合作”、“中非经贸合作法律制度”和“中非司法合作”等三个议题进行了热烈的讨论。在“中非关系发展与中非法律合作”议题下设三个专题——“中非合作对国际法发展的影响”、“中非各国法治社会建设及经验”、“中非法律合作的框架和机制”。在“中非经贸合作法律制度”议题下设四个专题，分别是“中非各国投资自由化与便利化的法律问题与对策”、“中非各国涉外劳动用工法律制度”、“中非经贸合作纠纷的解决机制”和“中非经贸合作中的法律服务”。在“中非司法合作”议题下设有三个专题，即“中非领事保护法律制度”、“中非刑事司法协助”、“中非民商事司法协助”。最后，大会通过了《中非合作论坛—法律论坛北京宣言》。

非洲代表对于这次论坛的主题给予了充分的肯定。例如，安哥拉代表认为本次论坛的主题选择是明智之举，因为本论坛要涉及非洲大陆所遇到的法律问题。在寻求和平、安全和发展的进程中，非洲大陆应该将法律方面的合作作为行动的核心。加强同中国的法律合作的思想是稳定乃至安全的保证。

在中非交流与合作中，与会者均认识到了法律合作的重要性，只有通过不断深化法律交流与合作，双方才能更好地了解彼此的法律制度，进而进一步推动中非新型战略伙伴关系的发展。对于中非经贸纠纷的解决以及中非经贸中的法律服务，与会者都认识到中非双方加强法律交流与合作的重要性，只有通过不断深化法律交流与合作，双方才能更好地了解彼此的法律制度。这样，中非之间的经贸合作纠纷才能妥善得以解决，中非经贸法律服务工作才能得到提升。

3. 推动建立区域国际政治经济新秩序。

在中非合作论坛—法律论坛上，全体代表通过了《中非合作论坛—法律论坛北京宣言》（以下简称《北京宣言》）。在《北京宣言》中，中非法学、法律界同仁认为，随着中非共同利益的扩大、相互需求的增加，加强和扩大中非法学、法律界之间的交流与合作，对于增进中国同非洲国家的相互理解和信任，保障中非经贸合作正常进行，促进中非共同发展，推动国际关系民主化和国际秩序公正化，建设持久和平、共同繁荣的和谐世界具有重要意义。中非法学、法律界同仁将在中非合作论坛的框架下，继续秉承“平等、合作、发展、共赢”的宗旨，将法律论坛建设成为推动中非关系全面、持续、快速发展的法律智库，并在以下方面共同努力：推动中非法学、法律领域的交流与合作，贯彻沙姆沙伊赫行动计划，为中非新型战略伙伴关系的全面发展发挥积极作用；加强中非法学、法律界之间的了解、友谊与合作，积极发挥法律在中非政治、经济、文化等领域合作中的保障作用。推动法律外交，促进国家关系发展；建立健全论坛机制，论坛在中国和非洲国家轮流举行。论坛成立开放性秘书处；努力拓展中非法律务实方面的合作项目，在双边层面积极开展司法协助等合作；积极寻求与其他国际性、区域性法学、法律组织的交流与合作，扩大论坛的国际影响。

图书在版编目（CIP）数据

国际经济法实务教程/张晓君，谷昭民主编．—北京：中国人民大学出版社，2013.8
应用型高级法律人才系列教材
ISBN 978-7-300-17916-2

Ⅰ.①国… Ⅱ.①张… ②谷… Ⅲ.①国际经济法-研究生-教材 Ⅳ.①D996

中国版本图书馆 CIP 数据核字（2013）第 188114 号

应用型高级法律人才系列教材
国际经济法实务教程
主编　张晓君　谷昭民
Guojijingjifa Shiwu Jiaocheng

出版发行	中国人民大学出版社		
社　　址	北京中关村大街 31 号	**邮政编码**	100080
电　　话	010－62511242（总编室）		010－62511398（质管部）
	010－82501766（邮购部）		010－62514148（门市部）
	010－62515195（发行公司）		010－62515275（盗版举报）
网　　址	http://www.crup.com.cn		
	http://www.ttrnet.com(人大教研网)		
经　　销	新华书店		
印　　刷	北京鑫丰华彩印有限公司		
规　　格	185 mm×260 mm　16 开本	**版　　次**	2013 年 9 月第 1 版
印　　张	19.75 插页 1	**印　　次**	2013 年 9 月第 1 次印刷
字　　数	417 000	**定　　价**	39.80 元

#《　　　　　　　》※任课教师调查问卷

为了能更好地为您提供优秀的教材及良好的服务，也为了进一步提高我社法学教材出版的质量，希望您能协助我们完成本次小问卷，完成后您可以在我社网站中选择与您教学相关的1本教材作为今后的备选教材，我们会及时为您邮寄送达！如果您不方便邮寄，也可以申请加入我社的**法学教师QQ群：83961183（申请时请注明法学教师）**，然后下载本问卷填写，并发往我们指定的邮箱（cruplaw@163.com）。

邮寄地址：北京市海淀区中关村大街31号中国人民大学出版社411室收

邮　　编：100080

再次感谢您在百忙中抽出时间为我们填写这份调查问卷，您的举手之劳，将使我们获益匪浅！

基本信息及联系方式：※

姓名：________ 性别：________ 课程：________

任教学校：________ 院系（所）：________

邮寄地址：________ 邮编：________

电话（办公）：________ 手机：________ 电子邮件：________

调查问卷：※

1. 您认为图书的哪类特性对您使用教材最有影响力？（　　）（可多选，按重要性排序）

   A. 各级规划教材、获奖教材　　B. 知名作者教材

   C. 完善的配套资源　　D. 自编教材

   E. 行政命令

2. 在教材配套资源中，您最需要哪些？（　　）（可多选，按重要性排序）

   A. 电子教案　　B. 教学案例

   C. 教学视频　　D. 配套习题、模拟试卷

3. 您对于本书的评价如何？（　　）

   A. 该书目前仍符合教学要求，表现不错将继续采用。

   B. 该书的配套资源需要改进，才会继续使用。

   C. 该书需要在内容或实例更新再版后才能满足我的教学，才会继续使用。

   D. 该书与同类教材差距很大，不准备继续采用了。

4. 从您的教学出发，谈谈对本书的改进建议：________

____

____

选题征集：如果您有好的选题或出版需求，欢迎您联系我们：

联系人：黄　强　联系电话：010-62515955

索取样书：书名：________

书号：________

备注：※ 为必填项。